Inhalt

5 Der Zweite Weltkrieg und die Shoah

Service-Anhang

Unter dem Mediencode 31033-02 findest du die Methodenkärtchen aus Geschichte entdecken 1 und 2.

Methoden auf einen Blick

Medienkompetenzen auf einen Blick

So findet ihr euch im Buch zurecht

Geschichte entdecken wird euch durch das Schuljahr begleiten. Es ist ein Lern-, Arbeits- und Lesebuch. Wie ihr euch in den verschiedenen Teilen des Buches gut zurechtfindet, zeigen euch die folgenden Erklärungen.

Der Auftakt – wissen, worum es geht

Die Auftaktseiten stehen am Beginn eines jeden Großkapitels. Große Abbildungen zeigen euch, um welches Thema es sich handelt. Die Köpfe der Comicfiguren sollen zum **Nachfragen und Nachdenken** anregen: Um welche Fragen könnte es auf den folgenden Seiten wohl gehen? Was macht die Zeit für uns heute interessant?

Auf der rechten Seite findet ihr Aufgaben. Hier könnt ihr zeigen, was ihr schon wisst. Die Arbeitsvorschläge helfen euch, erste Fragen über das Thema und die Zeit zu stellen. Sie machen auch deutlich, **was die Geschichte von damals mit uns heute zu tun hat**.

In Raum und Zeit orientieren

Texte, Bilder und Karten auf diesen Seiten geben euch einen Überblick: Um **welchen Zeitraum** und **welchen Teil der Welt** geht es? Was ist für den Einstieg in das Thema wichtig zu wissen? Wo finden wir heute Überreste aus der Zeit?

Was ihr am Ende des Kapitels wissen und können solltet – also welche Kompetenzen ihr haben solltet –, wird jeweils auf der linken unteren Seite aufgelistet.

Die Arbeitsvorschläge auf der rechten Seite zeigen euch, was ihr mithilfe der Karten über die Zeit erfahren könnt.

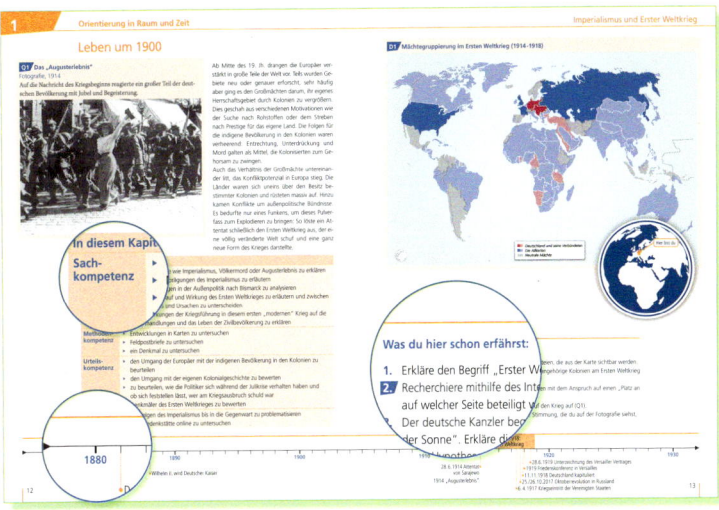

Mediencodes und QR-Codes

Oft haben wir am Seitenrand oder in den Arbeitsvorschlägen Tipps mit Nummern angegeben: die **Mediencodes**. Dahinter verbergen sich spannende Inhalte: Internettipps, animierte Karten und Hörtexte, kurze Filme oder Lesetipps, aber auch hilfreiche Zusatzmaterialien. Sie helfen euch dabei, mehr über ein bestimmtes Thema zu erfahren und Arbeitsvorschläge leichter zu bearbeiten.

Wenn ihr die Tipps einsehen wollt, müsst ihr nur unsere Homepage **www.ccbuchner.de** aufrufen und in das Suchfeld oben rechts den Mediencode eingeben. Damit ihr es leichter habt, könnt ihr die Inhalte auch direkt über einen **QR-Code** abrufen.

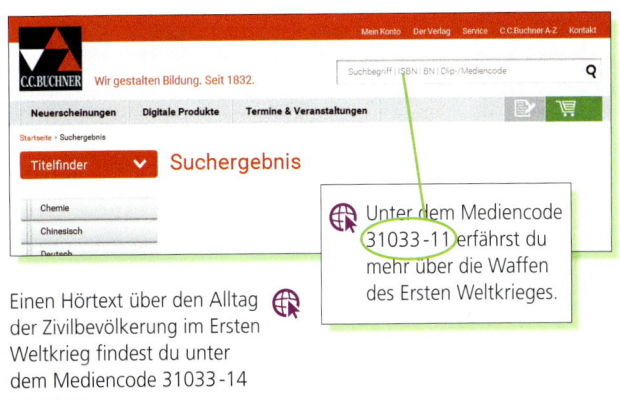

Einen Hörtext über den Alltag der Zivilbevölkerung im Ersten Weltkrieg findest du unter dem Mediencode 31033-14

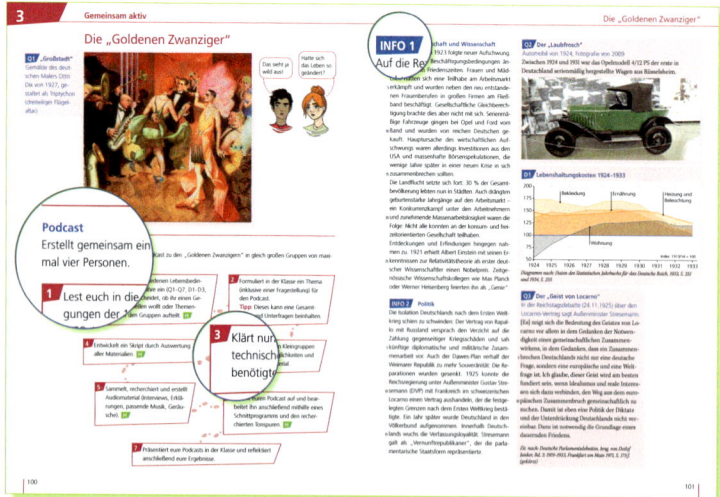

Teilkapitel – das Wichtige auf zwei Seiten

Am Anfang stehen immer Bilder oder kurze Texte. Sie zeigen anschaulich, worum es im Kern geht. Die **Kommentare der Comicfiguren** helfen euch, das mit der richtigen Fragestellung eigenständig herauszufinden.

In den Darstellungen (**Verfassertexte** = VT) haben die Verfasser des Schulbuches aufgeschrieben, was sie für wichtig halten. Wichtige **Namen und Fachbegriffe** sind im Text hervorgehoben. Sie werden im **Lexikon** hinten im Buch noch einmal ausführlich erklärt. Kurze Erklärungen der Begriffe findest du gleich am Seitenrand, um den VT besser zu verstehen. Manchmal besteht der VT auch aus einer **Geschichtserzählung**. Sie ist am ⟫ Anfang und am Ende ⟪ gekennzeichnet.

Mit weiteren Bildern und Materialien könnt ihr euch das Thema eigenständig erarbeiten. Wir unterscheiden dabei **Quellen (Q)**, die aus der damaligen Zeit stammen, und **Darstellungen (D)** aus späterer Zeit. Am Ende der Seiten stehen **vielfältige Arbeitsvorschläge**. Zu allen mit **H** markierten Aufgaben geben wir Tipps im Anhang des Buches. Steht ein **H** neben einer Quelle, findet ihr hierzu im Anhang über Medien- und QR-Code ein Arbeitsblatt, das den Text in verschiedenen Schwierigkeitsstufen anbietet. Vertiefende Aufgaben haben wir blau gekennzeichnet **1.**. In manchen Aufgaben erleichtern euch Internettipps 🌐 die eigenständige Weiterarbeit. Spezielle Aufgaben zur **Medienkompetenz** trainieren den Umgang mit dem Internet und anderen digitalen Anwendungen. **MK**

Geschichte global – ein Fenster zur Welt

Diese Seiten sind aufgebaut wie andere Teilkapitel und trotzdem besonders. Sie ermöglichen euch **Einblicke in andere Kulturen**, die in früheren Zeiten auf anderen Erdteilen gelebt haben. Sie verdeutlichen aber auch, wie vieles zusammenhängt und es zu Begegnungen zwischen Menschen kam – über tausende von Kilometern hinweg.

Gemeinsam aktiv – im Team arbeiten

Diese vierseitigen Kapitel ermöglichen euch, mit dem Buch ein ganzes Thema **im Team** zu erarbeiten. Dazu machen wir viele Vorschläge. Unter dem Einstiegsmaterial erklären wir **Schritt für Schritt** ganz genau, wie ihr die Materialien erforschen und mithilfe der **INFO-Texte** bestimmte Fragestellungen eigenständig erarbeiten könnt.

Schritt für Schritt – Arbeitsmethoden lernen und anwenden

Wer Quellen und Materialien (z. B. Texte, Bilder, Karten) verstehen will, muss sie richtig untersuchen. Auf den Methodenseiten werden die **Arbeitstechniken** erklärt, die für das Fach Geschichte wichtig sind. An einem Beispiel lernt ihr **Schritt für Schritt**, wie ihr vorgeht. Dabei gibt es meistens drei Abschnitte: **Beschreiben – untersuchen – deuten**.

Am Ende der Seite gibt es Arbeitsvorschläge und Hinweise zum selbstständigen Üben. Im Anhang hinten im Buch findet ihr zusätzlich Hilfen, wie ihr am besten formulieren könnt.

Schritt für Schritt – Medienkompetenz erwerben

In unserem Alltag sind das Internet und digitale Anwendungen nicht mehr wegzudenken. Auch für das Fach Geschichte können sie hilfreich sein. Auf diesen Seiten stellen wir verschiedene digitale Medien und Anwendungen vor.

Aber um sie richtig zu nutzen, braucht es Wissen: **Medienkompetenz**. Hier lernt ihr **Schritt für Schritt**, wie ihr mithilfe digitaler Medien forschen und recherchieren, lernen, Inhalte mit anderen teilen, kritisch bewerten, ordnen und anschaulich präsentieren könnt. Die **Medienkompetenz (MK)** könnt ihr zusätzlich in den Kapiteln an zahlreichen Arbeitsvorschlägen üben. **MK**

Kompetenzcheck – teste dein Wissen!

Am Ende des Kapitels seid ihr Experten für die behandelte Zeit. Auf den Kompetenzcheck-Seiten findet ihr Rätsel und neues Material mit Arbeitsvorschlägen und Lernaufgaben.

Hier könnt ihr nicht nur zeigen, was ihr gelernt habt. Ihr sollt euer **Wissen und Können** auch **kompetent anwenden, selbstständig arbeiten und eigene Lösungen finden**.

Über einen Mediencode oder QR-Code könnt ihr zusätzlich einen **Selbstdiagnosebogen** und eine **Zusammenfassung** des jeweiligen Kapitels in kleinen Kärtchen aufrufen.

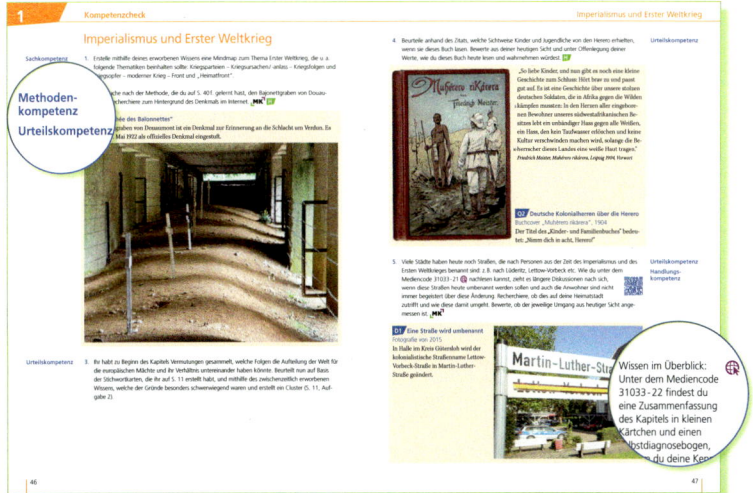

1 | Imperialismus und Erster Weltkrieg

Q2 Mondlandschaft: Das Schlachtfeld von Verdun im Ersten Weltkrieg
Luftbild des Stützpunktes Douaumont nach der Schlacht im Mai 1916

Der Kampf um die französische Stadt Verdun führte zu einem jahrelangen Massensterben und einer Verwüstung der ganzen Gegend. Mindestens 700 000 Soldaten fielen in der „Knochenmühle von Verdun". Die Landschaft glich bald einer Kraterlandschaft wie auf einem unbewohnten Planeten.

Die Europäer teilen die Welt unter sich auf?

Und was danach im Ersten Weltkrieg passiert ist und bis heute zu sehen ist – das war dann die Konsequenz daraus?

D1 **Ausgelöscht: Hier war einmal ein Dorf**
Fotografie von 2018

Ganze Ortschaften wurden im Ersten Weltkrieg wegradiert – wie das Dorf Fleury d'Douaumont. Der Granattrichter ist vom Wald überwachsen, die Gegend bleibt unbewohnbar: der Boden ist durch giftige Schwermetalle verseucht, das Grundwasser nicht trinkbar, Granaten in der Erde können bis heute explodieren. Schilder erinnern an den jahrelangen Kampf um Verdun, der ein Symbol des sinnlosen Massensterbens geworden ist.

1. Erinnert euch, was ihr über Kolonien in der Frühen Neuzeit gelernt habt. Könnt ihr mithilfe der Karikatur feststellen, was sich zum Ende des 19. Jh. verändert hat (Q1)? **H**
2. Sammelt Vermutungen, welche Folgen die Aufteilung der Welt für die europäischen Mächte und ihr Verhältnis untereinander haben könnte, und notiert eure Ergebnisse auf Stichwortkarten (Q1).
3. Leitet aus den beiden Fotografien Vermutungen ab, inwiefern der Erste Weltkrieg sich von bisher erlebten Kriegen unterschied (Q2, D1).

Leben um 1900

Fotografie, 1914

Auf die Nachricht des Kriegsbeginns reagierte ein großer Teil der deutschen Bevölkerung mit Jubel und Begeisterung.

Ab Mitte des 19. Jh. drangen die Europäer verstärkt in große Teile der Welt vor. Teils wurden Gebiete neu oder genauer erforscht, sehr häufig aber ging es den Großmächten darum, ihr eigenes Herrschaftsgebiet durch Kolonien zu vergrößern. Dies geschah aus verschiedenen Motivationen wie der Suche nach Rohstoffen oder dem Streben nach Prestige für das eigene Land. Die Folgen für die indigene Bevölkerung in den Kolonien waren verheerend: Entrechtung, Unterdrückung und Mord galten als Mittel, die Kolonisierten zum Gehorsam zu zwingen.

Auch das Verhältnis der Großmächte untereinander litt, das Konfliktpotenzial in Europa stieg. Die Länder waren sich uneins über den Besitz bestimmter Kolonien und rüsteten massiv auf. Hinzu kamen Konflikte um außenpolitische Bündnisse. Es bedurfte nur eines Funkens, um dieses Pulverfass zum Explodieren zu bringen: So löste ein Attentat schließlich den Ersten Weltkrieg aus, der eine völlig veränderte Welt schuf und eine ganz neue Form des Krieges darstellte.

In diesem Kapitel lernst du	
Sach-kompetenz	▸ wichtige Begriffe wie Imperialismus, Völkermord oder Augusterlebnis zu erklären ▸ Motive und Ausprägungen des Imperialismus zu erläutern ▸ die Veränderungen in der Außenpolitik nach Bismarck zu analysieren ▸ Ausbruch, Verlauf und Wirkung des Ersten Weltkrieges zu erläutern und zwischen dessen Anlass und Ursachen zu unterscheiden ▸ die Auswirkungen der Kriegsführung in diesem ersten „modernen" Krieg auf die Kampfhandlungen und das Leben der Zivilbevölkerung zu erklären
Methoden-kompetenz	▸ Entwicklungen in Karten zu untersuchen ▸ Feldpostbriefe zu untersuchen ▸ ein Denkmal zu untersuchen
Urteils-kompetenz	▸ den Umgang der Europäer mit der indigenen Bevölkerung in den Kolonien zu beurteilen ▸ den Umgang mit der eigenen Kolonialgeschichte zu bewerten ▸ zu beurteilen, wie die Politiker sich während der Julikrise verhalten haben und ob sich feststellen lässt, wer am Kriegsausbruch schuld war ▸ Denkmäler des Ersten Weltkrieges zu bewerten
Handlungs-kompetenz	▸ die Folgen des Imperialismus bis in die Gegenwart zu problematisieren ▸ eine Gedenkstätte online zu untersuchen

1880   1890   1900

•Der „Wettlauf um Afrika" der europäischen Mächte beginnt   •Wilhelm II. wird Deutscher Kaiser

D1 Mächtegruppierung im Ersten Weltkrieg (1914-1918)

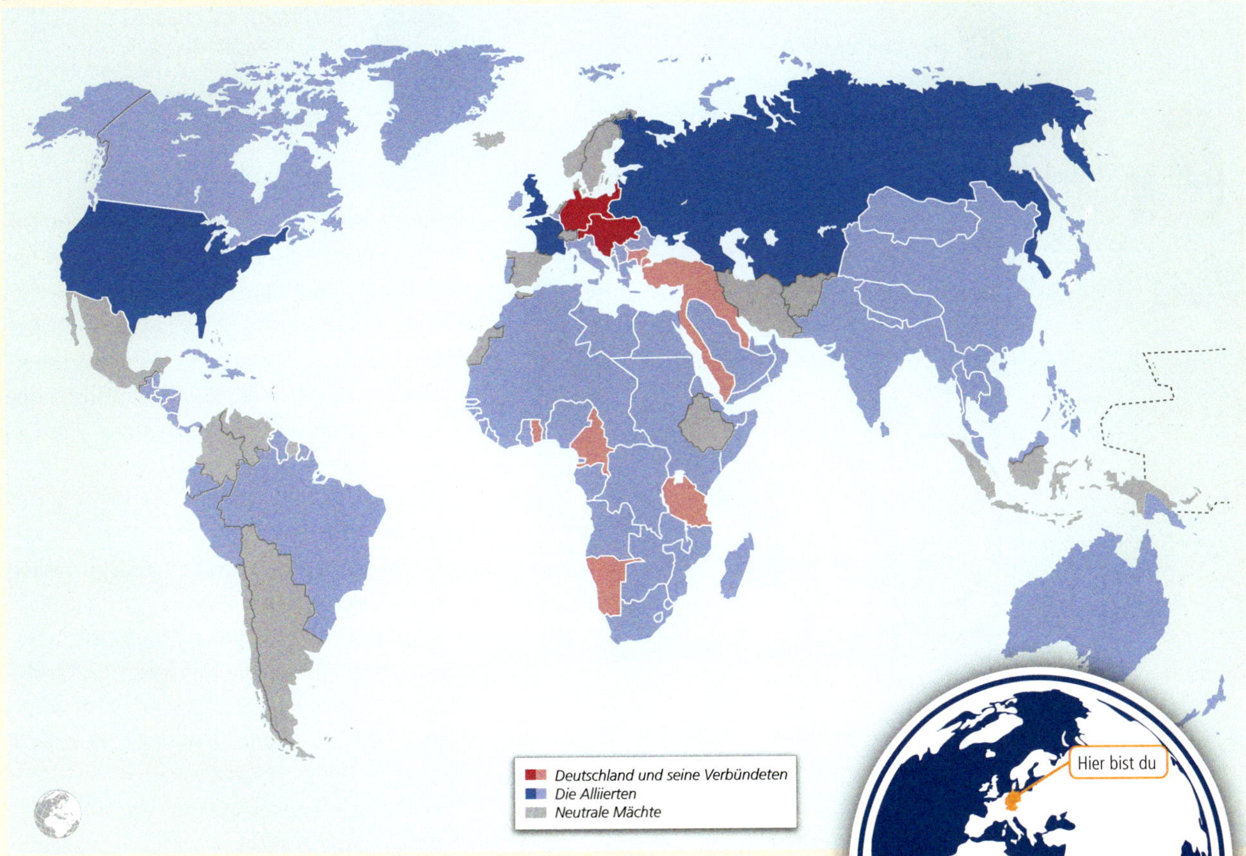

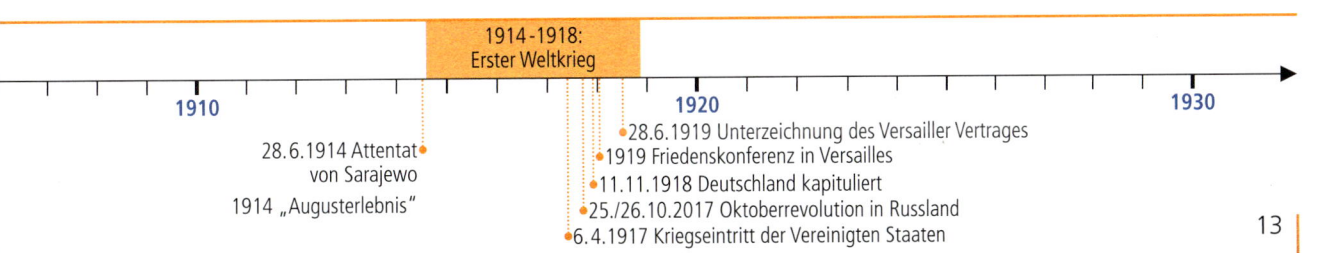

Legende:
- Deutschland und seine Verbündeten
- Die Alliierten
- Neutrale Mächte

Hier bist du

Was du hier schon erfährst:

1. Erkläre den Begriff „Erster Weltkrieg" anhand der Kriegsparteien, die aus der Karte sichtbar werden.
2. Recherchiere mithilfe des Internets, welche Staaten und ihr angehörige Kolonien am Ersten Weltkrieg auf welcher Seite beteiligt waren. **MK**
3. Der deutsche Kanzler begründete das Streben nach Kolonien mit dem Anspruch auf einen „Platz an der Sonne". Erkläre diese Metapher.
4. Stelle Hypothesen zu den Reaktionen der Bevölkerung auf den Krieg auf (Q1).
5. Recherchiere zum Begriff „Augusterlebnis" und ob die Stimmung, die du auf der Fotografie siehst, anhielt oder sich wandelte (Q1). **MK**

1914-1918:
Erster Weltkrieg

1910   1920   1930

28.6.1914 Attentat von Sarajewo
1914 „Augusterlebnis"

28.6.1919 Unterzeichnung des Versailler Vertrages
1919 Friedenskonferenz in Versailles
11.11.1918 Deutschland kapituliert
25./26.10.2017 Oktoberrevolution in Russland
6.4.1917 Kriegseintritt der Vereinigten Staaten

Europa verteilt die Welt

Eine weiße Monsterkralle?

Französische Zeichnung von 1899

Der Schriftzug lautet übersetzt „Verachtet sei, wer Schlechtes dabei denkt" – der Wahlspruch auf dem Wappen der englischen Monarchie.

Und sie schnappt sich einen Teil der Welt …

Die Verteilung der Welt

Seit dem 15. Jh. nahmen europäische Entdecker Gebiete in Übersee im Namen ihrer Herrscher in Besitz. Als Erste errichteten Portugiesen und Spa-
5 nier Kolonien in Mittel- und Südamerika sowie an den Küsten Afrikas und Asiens. Diese Entwicklung erfuhr im späten 19. Jh. einen rasanten Aufschwung. Auf der „Kongo-Konferenz" in Berlin im November 1884 schufen die Europäer ohne
10 Beteiligung der Afrikaner Möglichkeiten, Kolonialbesitz zu erwerben und anerkennen zu lassen. Es begann ein Wettlauf um die Aufteilung der Welt und insbesondere des afrikanischen Kontinents. Der sich steigernde Nationalismus in Europa sowie
15 der industrielle Fortschritt ermöglichten den großen europäischen Ländern den Machtausbau. Vom lateinischen Begriff „imperium" für Herrschaft leitet sich die Bezeichnung **Imperialismus** für die Errichtung der Großreiche ab. Hierbei gin-
20 gen die Europäer oft skrupellos vor.

Ziele der Kolonialmächte

Aus wirtschaftlicher Sicht wollten die Kolonialmächte ihre Handelswege ausdehnen, neue Handelsstützpunkte errichten und die Rohstoffe der
25 Kolonien ins Mutterland bringen, um sie dort zu veredeln und zu verkaufen. Oft verfolgten sie das Ziel, Landwirte in den Kolonien anzusiedeln. Daneben stand die Missionierung im Zentrum des Interesses: Teilweise durch Zwang sollten die Ein-
30 heimischen zum Christentum bekehrt werden, das die Europäer als überlegene Religion ansahen. Des Weiteren wollten Kolonisatoren durch den Erwerb von Kolonien ihr Ansehen (franz. Prestige) steigern.

35 Formen der Herrschaft

Um ihre Interessen durchzusetzen, nutzten die Europäer zwei Herrschaftsformen:

- die formelle Herrschaft: Die Kolonialmächte übernahmen die direkte Herrschaft. Sie bau-
40 ten eine eigene Verwaltung auf und kontrollierten das Gebiet mithilfe von Militär und Polizei.
- die informelle (indirekte) Herrschaft: Um möglichst wenig finanziellen Aufwand zu haben,
45 ließen die Kolonialmächte einheimische Machthaber im Amt und zwangen sie, so zu regieren, wie es für die jeweilige Kolonialmacht nützlich war.

Folgen des Imperialismus

50 Die jahrzehntelange Fremdherrschaft hatte Folgen, die die sogenannten Entwicklungsländer bis heute prägen: Traditionelle Lebensformen und einheimische Sprachen gingen verloren. Durch verbesserte Hygienebedingungen wuchs die Be-
55 völkerung rasch. So bildeten sich städtische Ballungszentren mit Slums (Elendsvierteln). Die vorkolonialen Wirtschaftssysteme wurden durch globale Beziehungen ersetzt, doch eine eigenständige Industrie der unterworfenen Länder wurde be-
60 wusst verhindert. Es bildete sich eine neue Sozialstruktur mit einer weißen Elite, einem kooperativen einheimischen Bürgertum und einer riesigen rechtlosen Landbevölkerung. Kurzfristig führte der Imperialismus zu Spannungen zwischen den
65 europäischen Staaten und komplizierten Bündnissen, Freunden und Feinden.

Imperialismus
„Großreichspolitik":
Herrschaft der industriell entwickelten europäischen Staaten, aber auch Japans und der USA über unterlegene Regionen (ca. 1880 bis 1918)

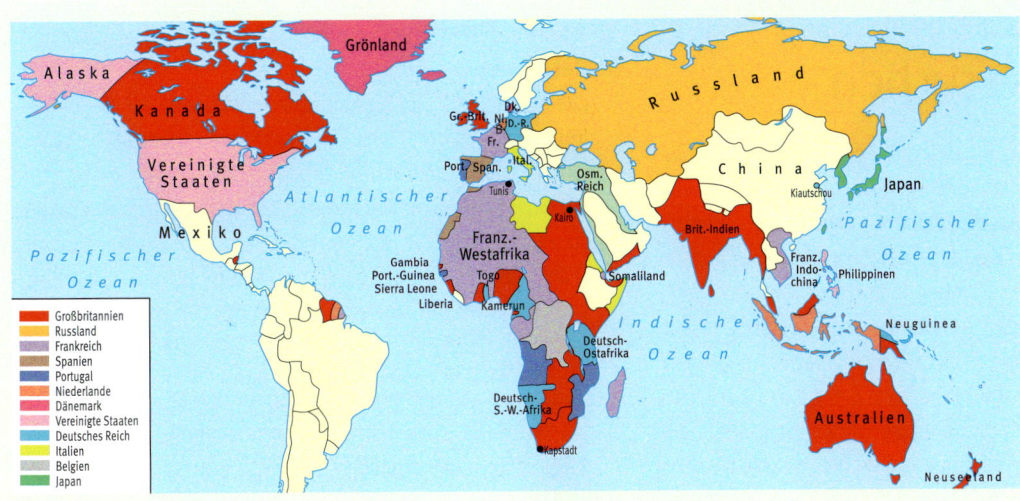

Q2 Zerstörung der Lebensformen

Der deutsche Naturforscher Alexander von Humboldt notiert 1803 in seinem Tagebuch:

Die Idee der Kolonie selbst ist eine unmoralische Idee, diese Idee eines Landes, das einem andern zu Abgaben verpflichtet ist, eines Landes, in dem man nur zu einem bestimmten Grad an Wohl-
5 stand gelangen soll. Je größer die Kolonien sind, je konsequenter die europäischen Regierungen in ihrer politischen Bosheit sind, umso stärker muss sich die Unmoral der Kolonien vermehren. Man sucht seine Sicherheit in der Uneinigkeit,
10 man trennt die Kasten, man schürt ihren Hass und ihre Streitigkeiten, man beklagt (heuchlerisch) ihren gegenseitigen Hass, man verbietet ihnen, sich durch Heiraten zu verbinden, man fördert die Sklaverei. Man vergibt Ämter nur an
15 Emporkömmlinge und gemeine Menschen, die der Hunger aus Europa vertrieben hat.

Alexander von Humboldt, Lateinamerika am Vorabend der Unabhängigkeitsrevolution, hrsg. von Margot Faak, Berlin 1982, S. 65 (gekürzt)

Q3 Herren und Diener

Der britische Kolonialpolitiker Cecil Rhodes rechtfertigt 1877 den Erwerb von Kolonien:

Ich behaupte, dass wir die erste Rasse in der Welt sind und dass es für die Menschheit umso besser ist, je größere Teile der Welt wir bewohnen. Darüber hinaus bedeutet es einfach das En-
5 de aller Kriege, wenn der größere Teil der Welt in unserer Herrschaft aufgeht. Da [Gott] sich die englischsprachige Rasse offensichtlich zu seinem auserwählten Werkzeug geformt hat, durch welches er einen auf Gerechtigkeit, Freiheit und
10 Frieden gegründeten Zustand der Gesellschaft hervorbringen will, muss es auch seinem Wunsch entsprechen, dass ich alles in meiner Macht Stehende tue, um jener Rasse so viel Spielraum und Macht wie möglich zu verschaf-
15 fen: nämlich so viel von der Karte Afrikas britisch rot zu malen wie möglich.

Zit. nach: Wolfgang Mommsen (Hrsg.), Imperialismus. Seine geistigen, politischen und wirtschaftlichen Grundlagen, Hamburg 1977, S. 103 f. (gekürzt und angepasst)

---

1. Nenne Ursachen, Ziele und Herrschaftsformen der europäischen Länder bei der Kolonialisierung (VT).
2. Vergleiche Humboldts und Rhodes' Ansichten über den Kolonialerwerb (Q2, Q3).
3. Erarbeite aus der Karte, welche Nationen in Afrika Kolonien in welchen Regionen besaßen (D1).
4. Diskutiert in der Klasse, inwiefern der Erwerb von Kolonien als Raub und Unterdrückung afrikanischer Länder zu verstehen ist, und nehmt hierzu begründet Stellung (VT, Q1-Q3, D1).
5. Erstellt in Teams eine Liste der kurz- und langfristigen Folgen des Imperialismus in Afrika. Unter dem Mediencode 31033-03 findet ihr eine aktuelle Karte des Kontinents. Recherchiert zu einem ehemaligen Kolonialstaat und ergänzt die Liste um gegenwärtige Probleme des Landes. Fasst zusammen, welche heutigen Schwierigkeiten der Entwicklungsländer auf die ehemalige imperialistische Politik zurückzuführen sind (VT, Q2). **MK** **H**

Entwicklungen in Karten untersuchen

Du weißt bereits, dass wir Karten, die einen vergangenen Zustand abbilden, aber von modernen Grafikern gestaltet wurden, als (thematische) Geschichtskarten bezeichnen. Zeitgenössische Karten, die den Zustand zum Zeitpunkt ihrer Entstehung zeigen, nennen wir hingegen historische Karten.

Thematische Karten zeigen entweder einen festen Zustand (statische Karten) oder eine Entwicklung (dynamische Karten). So gibt es Karten, die Handelswege, eine Besiedlung, Schlachtverläufe, die Verteilung politischer/religiöser Gruppen oder Grenzverläufe zeigen. Insbesondere Geschichtskarten verfolgen eine bestimmte Absicht, die entschlüsselt werden muss. Das kann schwieriger als bei einer schriftlichen Quelle sein, da die Bilder und Symbole oft weniger klar zu deuten sind als Sätze oder Karikaturen.

Schritt für Schritt:
Entwicklungen in Karten untersuchen

1. Beschreiben:
Gehe so vor: Was sehe ich, was fällt auf? Meist liefern der Kartentitel und eine mögliche Legende am unteren Rand wesentliche Informationen. Welcher Prozess wird in der Karte widergespiegelt? Werden Grenzen, Volksgruppen, Schlachten, Rohstoffvorkommnisse, Glaubensrichtungen oder Reisen dargestellt? Welche Farben stellen was dar?

2. Erklären:
Unterscheide zunächst, ob es sich um eine statische oder dynamische Karte handelt. Wird ein Zustand zu einem bestimmten Zeitpunkt gezeigt, spricht man von einer statischen Karte. Wird dargestellt, wie sich ein Zustand verändert, hast du eine dynamische Karte vor dir. Erkläre, welche Entwicklung in der Karte dargestellt ist, z.B. der Wechsel eines Gebietes von einem Herrscher oder Machthaber zum nächsten. Erläutere, ob es sich um eine zeitgenössische historische oder eine moderne Geschichtskarte handelt. In welchen historischen oder politischen Zusammenhang lässt sich die Karte einordnen?

3. Deuten:
Lassen sich Ursachen, Entwicklungen und Folgen aus der Karte ablesen? Frage nach Absicht und Aussage der Karte: Was soll sie aussagen? Welche Folgen ergeben sich historisch aus den Aussagen der Karte? Welche Fragen kann die Karte beantworten, welche nicht?

So könnte deine Analyse einer Geschichtskarte aussehen:
1. Beschreiben
Die Karte zeigt den afrikanischen Kontinent vor Beginn des Imperialismus um 1880. Eine präzisere Jahreszahl liegt weder im Titel noch in der Legende vor. Diese umfasst drei Großbereiche: eine Darstellung der ursprünglichen afrikanischen Reiche, die ersten Kolonien von Großbritannien, Frankreich, Portugal, Spanien und dem Osmanischen Reich sowie Entdeckungsreisen europäischer Expeditionen.

2. Erklären
Es handelt sich um eine überwiegend dynamische Karte, die verschiedene Entdeckungsreisen europäischer Forscher zeigt, doch auch statische Elemente enthält: Es werden die afrikanischen Reiche in ihrer Ausdehnung um 1880 sowie die ersten Kolonien gezeigt. Die Karte spiegelt also den Zustand kurz vor Beginn des „Scramble for Africa" (Wettlauf um Afrika) wider. Es ist eine Geschichtskarte. Solche werden von modernen Bearbeiter:innen, nicht von zeitgenössischen Forscher:innen hergestellt. Die Karte wurde sehr stark verkleinert: Ein halber Zentimeter auf der Karte stellt 250 km in der Realität dar.

3. Deuten
Die Karte trifft keine eindeutigen Aussagen zu Ursachen des Imperialismus. Es lassen sich aber mehrere Aspekte feststellen: Die großen Kolonialmächte der Frühen Neuzeit besitzen bereits Kolonien in Afrika und haben so eine Art „Ankerpunkt", um ihr Herrschaftsgebiet weiter auszudehnen. Die Forschungsreisen haben vermutlich zu dieser Ausdehnung beigetragen, da Afrika kartografiert wurde. Mithilfe der Ergebnisse dieser Expeditionen fiel es den Kolonisatoren wohl leichter, Gebiete zu erobern.

Es fällt auf, dass die Entdeckungsreisen durch Zentralafrika verlaufen, wo 1880 noch großenteils afrikanische Völker ihr Einflussgebiet hatten. Weitere Expeditionen führen von der Nordküste bis in die Wüstengebiete und das Sokoto-Reich. Die verschiedenen Entdeckungsrouten erschlossen weite Teile des Kontinents. Der britische Forscher Livingstone führte 1877 seine Expedition am Kongo entlang. Er wusste, dass der Kongo in den Atlantik mündet und er sicher die Westküste erreichen könne: Er machte sich also die Gegebenheiten des Kontinents zunutze. Zuletzt fällt der große Einflussbereich des Osmanischen Reiches auf, das vor allem um das Rote Meer sein Herrschaftsgebiet besaß.

Die Karte erklärt allerdings nicht die Motive der Imperialisten, da sie nicht zeigt, welche Rohstoffe den afrikanischen Kontinent interessant machten. Zudem bildet sie das rassistische und nationalistische Gedankengut der Kolonisatoren nicht ab.

Das sieht ganz schön kompliziert aus: Farben, gepunktete und gestrichelte Linien, Pfeile und noch viel mehr!

Soll das vielleicht zeigen, wie sich die Landschaft entwickelte oder was im Land passiert ist? Lass uns mal in die Legende schauen …

D1 Afrika vor 1880

Die Farbgebung (hier blau) zeigt die Grenzen des Gebiets und die europäische Kolonialmacht.

Afrika um 1880

- ☐ Afrikanische Reiche
- ☐ Osmanisches Reich mit abhängigen Staaten

Kolonialbesitz in Afrika
- ☐ Britisch
- ☐ Französisch
- ☐ Portugiesisch
- ☐ Spanisch

Entdeckungsreisen
- → Livingstone (britisch)
- → Stanley (britisch)
- → Caillié (franz.)
- → Barth (deutsch)
- ⋯→ Nachtigal (deutsch)

Die beigefarbene Kennzeichnung zeigt Reiche afrikanischer Stämme und Völker. Die Schraffuren sind nicht exakt, da es hier nicht wie in Europa genaue Grenzziehungen gab.

Entdeckungsreise von René Caillié. Von Sierra Leone an der Westküste Afrikas reiste er 1827 nach Timbuktu und ein Jahr später weiter in den Norden nach Marokko.

Beginn der Forschungsreise Henry MortonStanleys vom Sultanat Sansibar im Jahr 1874. Von dort aus reiste er durch das Reich der Nguru nach Norden zum Victoriasee. Drei Jahre lang durchstreifte er hiernach Zentralafrika und reiste dann dem Flusslauf des Kongo folgend zur afrikanischen Westküste.

Die grüne Farbgebung zeigt, dass Portugal diese Ländereien in Besitz genommen hat.

Der Maßstab zeigt, wie stark die Karte verkleinert wurde.

Jetzt bist du dran: Entwicklungen in Karten untersuchen

Mit den Arbeitsschritten, die an D1 angewendet wurden, kannst du nun die Karte D1 auf S. 27 selbst interpretieren. Verwende dabei auch die Formulierungshilfen auf S. 196. **H**

Ein Platz an der Sonne

Deutschland hatte also auch Kolonien!

Aber wenn es dafür solche Schutztruppen brauchte, lief es da sicher nicht immer friedlich ab.

Q1 Das heutige Namibia wird deutsche Kolonie
Zeichnung von 1884

Reichskanzler Bismarck erklärt das heutige Namibia zum Protektorat Deutsch-Südwestafrika. Er unterstellte es deutscher „Schutzherrschaft". In der Realität war Bismarck aber nicht vor Ort.

Q2 Deutsche Propaganda für die Eroberung der Kolonialgebiete
Postkarte aus den 1880er-Jahren

„Schutztruppen" sicherten die Gebiete.

Protektorat
„Schutzgebiet": ein einem anderen Staat unterstelltes Land, das formal noch ein Mitspracherecht hat – im Gegensatz zu einer Kolonie, die dem überlegenen Staat gehörte. Im 19. Jh. waren die Begriffe jedoch noch nicht klar getrennt.

Rassismus
Vorstellung, dass die eigene Rasse einer fremden überlegen ist

Deutschland – eine verspätete Kolonialnation

Deutschland beteiligte sich erst spät am Wettlauf der europäischen Mächte um Afrika. Der Grund lag vor allem bei **Otto von Bismarck**, der be
5 fürchtete, ein zu offensiver Kolonialerwerb könnte zu Spannungen, vielleicht sogar Kriegen mit anderen europäischen Großmächten führen. Vor allem aufgrund der Initiative sowie des Drängens privater Kaufleute und Eroberer wurde ab 1884
10 „Deutsch-Südwestafrika unter den Schutz des deutschen Staates" gestellt. Im Juli folgten Togo und Kamerun. Diese **Protektorate** wurden Anfang des 20. Jh. in Kolonien umbenannt.
Die Unterstützung der Kolonisatoren durch den
15 Staat blieb gering, das Kaiserreich garantierte lediglich militärischen Schutz und grundlegende Verwaltungsaufgaben. Die Kolonisatoren und Abenteurer in Afrika blieben zunächst ohne große Kontrolle. Der offizielle Titel der Kolonien lautete
20 deshalb „Schutzgebiete", auch um nicht den Eindruck zu erwecken, das Kaiserreich verfolge hier weitergehende Interessen. Das Deutsche Reich war somit eine verspätete Kolonialnation.

Das Scheitern der Bismarck'schen Strategie

25 Langfristig erwiesen sich Bismarcks Pläne als undurchführbar. Die Kosten für die Kolonialisierung waren deutlich höher als gedacht, sodass der Staat mit hohen Summen eingreifen musste. Die Versorgung und Verkehrserschließung der Gebie
30 te konnten durch Kaufleute kaum geleistet werden. Das Verhältnis von deutschen Kolonisatoren und einheimischer Bevölkerung blieb aufgrund des **Rassismus** der Kolonialherren, die sich als überlegen betrachteten, angespannt. Letztendlich
35 musste der Staat stärker eingreifen und eine direktere Herrschaft ausüben, um die Kontrolle über die Gebiete zu behalten. Militär und deutsche Verwaltung rückten in die Kolonien nach.

Der „Platz an der Sonne"

40 Hinzu kam, dass seit 1890 der Imperialismus eine breitere Anhängerschaft im Kaiserreich gewann. Vor allem die Mittelschicht bewarb das imperialistische Gedankengut und der 1891 gegründete Alldeutsche Verband stellte die Forderung nach
45 dem Erwerb weiterer Kolonien in den Mittelpunkt. Das deutsche Drängen wurde am prägnantesten von Reichskanzler Bülow formuliert: 1896 sprach er vom „Platz an der Sonne". Dem Kaiserreich gelang es jedoch nur noch, einzelne Gebiete
50 in China sowie im Pazifik zu erwerben, da der afrikanische Kontinent bereits unter den europäischen Mächten aufgeteilt war.

Q3 Bismarck schielt auf Afrika

Karikatur, 1884

Nach jahrelanger Zurückhaltung in der Kolonialpolitik änderte das Deutsche Kaiserreich 1884/85
seine Strategie und begann, „Schutzgebiete" zu
erwerben.

Q4 Kritik am Erwerb und der Unter-
drückung der Kolonien

Karikatur zu Carl Peters aus dem Jahr 1896

Carl Peters war ein bekannter deutscher Kolonisa-
tor, der aufgrund seiner Brutalität in den Kolonien
spöttisch als „Hänge-Peters" bezeichnet wurde.

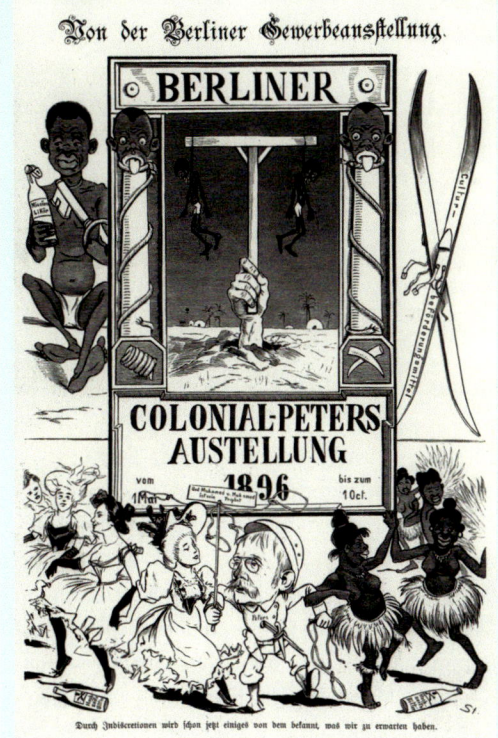

Q5 Ein Platz an der Sonne

1896 fordert der deutsche Reichskanzler Bülow
eine aktivere Kolonialpolitik:

Es ist Zeit, es ist hohe Zeit, dass wir uns klar
werden über die Haltung, welche wir einzunehmen haben gegenüber den Vorgängen, die sich
um uns herum abspielen und vorbereiten und
5 welche die Keime in sich tragen für die künftige
Gestaltung der Machtverhältnisse für vielleicht
unabsehbare Zeit träumend beiseite stehen,
während andere Leute sich den Kuchen teilen,
das können wir nicht und wollen wir nicht. Wir
10 können das nicht aus dem einfachen Grunde,
weil wir jetzt Interessen haben in allen Weltteil-
len. Die rapide Zunahme unserer Bevölkerung,
der beispiellose Aufschwung unserer Industrie,
die Tüchtigkeit unserer Kaufleute, kurz, die ge-
15 waltige Vitalität des deutschen Volkes haben uns
in die Weltwirtschaft verflochten und in die
Weltpolitik hineingezogen. Wenn die Engländer
von einem Greater Britain reden, wenn die Franzosen sprechen von einer Nouvelle France, wenn
20 die Russen sich Asien erschließen, haben auch
wir Anspruch auf ein größeres Deutschland.

*Michael Behnen (Hrsg.), Quellen zur deutschen Außenpolitik
im Zeitalter des Imperialismus 1890-1911, Darmstadt 1977,
S. 231 ff. (gekürzt)*

---

1. Ein berühmter Bismarck zugeschriebener Satz lautet: „Meine Landkarte von Afrika liegt in Europa."
   Erkläre, was hiermit gemeint sein könnte (VT).
2. Arbeite Bülows Argumente heraus. Beurteile mögliche Folgen einer solchen Außenpolitik (Q5).
3. Untersuche die beiden Karikaturen und erläutere deren Aussage. Bewerte das Bild der Europäer von
   den Kolonien und der dortigen Bevölkerung, das in den Karikaturen sichtbar wird (Q3, Q4, VT). **H**
4. Diskutiert in Zweierteams die Ziele deutscher Kolonialpolitik in Afrika und nehmt Stellung dazu, ob
   sich diese von der Politik der anderen Kolonialreiche unterschied.

Der Völkermord der Deutschen an den Herero und Nama

Ein Völkermord durch Deutsche an afrikanischen Völkern?

D1 Gedenktafel an die Opfer des Völkermordes an den Herero und Nama
Der Herero Israel Kaunatjike vor der Gedenktafel auf dem Garnisonfriedhof in Berlin

Zum Gedenken an die Opfer des deutschen Völkermordes in Namibia 1904 - 1908

Und warum redet das Deutsche Auswärtige Amt da heute noch so drumherum – bloß weil es den Begriff „Völkermord" damals noch nicht gab?

D2 „Handelte es sich um Völkermord?"
Die damaligen im deutschen Namen begangenen Gräueltaten waren das, was heute als Völkermord bezeichnet würde. Deshalb geht es in den Gesprächen [zwischen Deutschland und Nami-
5 bia] auch um die Einordnung des Begriffs Völkermord in den historisch-politischen Kontext.

Aus der Vergangenheit in die Zukunft: Deutsch-Namibische Vergangenheitsbewältigung, in: Auswärtiges Amt – Außen- und Europapolitik – Regionen – Afrika, 1.7.2019 (gekürzt)

Die Herero und Nama in Deutsch-Südwestafrika: Ein Aufstand bricht aus

Ein Aufstand lieferte den deutschen Kolonialherren das Argument, fast ein ganzes Volk zu ermor-
5 den. Die Herero und Nama waren Hirtenvölker in Deutsch-Südwestafrika. Traditionell lebten die Herero mit ihren Herden als Nomaden. Eine Rinderpest und die Verdrängung durch die weißen Siedler gefährdeten ihre Existenz. Infolgedessen
10 mussten sie teilweise als unterbezahlte Lohnarbeiterinnen oder -arbeiter bei den Siedlern arbeiten. Die Konflikte verschärften sich so sehr, dass es im Januar 1904 unter der Führung ihres Oberhauptes Samuel Maharero zu einem Aufstand kam, der
15 sich zu einem mehrjährigen Krieg ausweitete.

Die Vernichtung der Herero und Nama durch die deutschen Kolonialherren

Die deutschen Truppen vor Ort reagierten mit großer Brutalität und Grausamkeit. Die entscheiden-
20 de Auseinandersetzung fand im August 1904 am Waterberg im heutigen Namibia statt. Dort umzingelten die technisch überlegenen deutschen Truppen die Herero und trieben Männer, Frauen und Kinder in die wasserlose Omaheke-Wüste.
25 Dies bedeutete den sicheren Tod für Tausende von Herero, was die deutschen Kolonialherren nicht nur billigend in Kauf nahmen, sondern explizit zu ihrem Ziel machten: General Lothar von Trotha ließ die Wüste abriegeln und auf 250 km von Sol-

Unter dem Mediencode 31033-04 findest du eine erste Antwort auf die Frage der weiblichen Leitfigur.

Völkermord
Die gezielte Vernichtung eines ganzen Volkes, häufig von rassistischem Hass getragen

30 daten alle Wasserstellen besetzen. Sie verjagten die Hereroflüchtlinge von den wenigen dort existenten Wasserstellen, sodass Tausende Herero mitsamt ihren Familien und Rinderherden verdursteten. Außerdem erließ er einen „Vernichtungsbe-
35 fehl": Alle Herero, auch Frauen und Kinder, sollten erschossen werden.
Wer nicht in der Wüste starb, wurde in Gefangenenlager gesperrt, die Zeitgenossen „Konzentrationslager" nannten. Von den schätzungsweise
40 80 000 Herero lebten 1911 nur noch etwa 15 000; von den rund 22 000 beteiligten Nama überlebte wohl nur die Hälfte. Das Vorgehen der deutschen Offiziere war 1904 zwar höchst umstritten: Im Reichstag kritisierten die Abgeordneten und auch
45 der Reichskanzler das grausame Vorgehen. Doch es waren auch rassistische Stimmen zu hören, die das Vorgehen rechtfertigten.

Die Anerkennung der Schuld am Völkermord

Jahrzehntelang bemühten sich die Herero um An-
50 erkennung der Geschehnisse als **Völkermord** und um ein deutsches Schuldbekenntnis. Im Jahr 2015 löste die deutsche Bundesregierung dies nach langem Zögern ein. Vorher hatte sie immer von „Gräueltaten" gesprochen, um den Begriff des
55 Völkermordes zu vermeiden. Auf finanzielle Wiedergutmachung warten die Nachkommen der Opfer bis heute.

Q1 „Jeder Herero wird erschossen"

Schießbefehl General von Trothas, 2.10.1904:

Ich, der große General der deutschen Soldaten, sende diesen Brief an das Volk der Herero. Die Herero sind nicht mehr deutsche Untertanen. Sie haben gemordet und gestohlen, haben verwun-
5 deten Soldaten Ohren und Nasen und andere Körperteile abgeschnitten und wollen jetzt aus Feigheit nicht mehr kämpfen. Ich sage dem Volk: Jeder, der einen der Kapitäne an eine meiner Stationen als Gefangenen abliefert, erhält tausend
10 Mark, wer Samuel Maherero bringt, erhält fünftausend Mark. Das Volk der Herero muss jedoch das Land verlassen. Wenn das Volk dies nicht tut, so werde ich es mit dem Groot Rohr[1] dazu zwingen. Innerhalb der deutschen Grenze wird
15 jeder Herero, mit oder ohne Gewehr, mit oder ohne Vieh erschossen, ich nehme keine Weiber und keine Kinder mehr auf, treibe sie zu ihrem Volke zurück oder lasse auf sie schießen. Dies sind meine Worte an das Volk der Herero. Der
20 große General des mächtigen deutschen Kaisers.

Zit. nach: Horst Gründer (Hrsg.), Geschichte der deutschen Kolonien, Paderborn ⁷2018, S. 133

Q2 Menschenunwürdig

1905 beschreiben Geistliche Gefangenenlager in Deutsch-Südwest:

Dabei war die Ernährung mehr als dürftig: Reis ohne jegliche Zutaten war nicht genügend, den durch das Feldleben geschwächten und an
5 die heiße Sonne des Innern gewöhnten Körper die Kälte und ruhelose Anspannung aller Kräfte in der Swakop-
10 munder Gefangenschaft ertragen zu lassen. Wie Vieh wurden hunderte zu Tode getrieben. Dieses Urteil
15 mag übertrieben erscheinen, vieles ist auch im Verlauf der Gefangenschaft geändert und gemildert
20 worden und muss manche Härte in der Lage der Dinge und Unkenntnis der Aufseher ihre mildernde Erklärung finden, auch soll dankbar zugegeben werden, dass die Behörde fast immer den Vorstellungen und Bitten der Mission entgegen-
25 kam, aber die Chronik darf nicht verschweigen, dass eine solche rücksichtslose Rohheit, geile Sinnlichkeit, brutales Herrentum sich hier unter der Truppe und Zivil breit machte, dass ein Übertreiben in der Beschreibung kaum möglich ist.

Archives of the Evangelical-Lutheran Church in the Republic of Namibia, Windhoek, Gemeinde-Chronik Swakopmund, zit. nach: Jürgen Zimmerer und Joachim Zeller (Hrsg.), Völkermord in Deutsch-Südwestafrika, Berlin 2003, S. 64 (gekürzt)

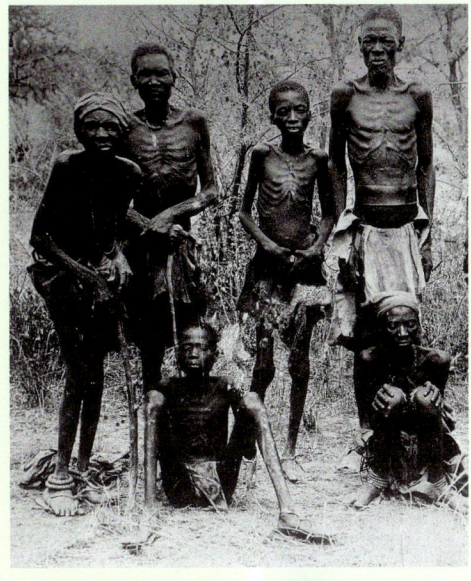

Q3 Überlebende Herero

Fotografie um 1907

Unter dem Mediencode 31033-05 kannst du dir die Sichtweise eines Herero auf die Ursachen des Aufstandes anhören.

[QR-Code]

[1] Groot Rohr: Geschütz

1. Nenne die Gründe für den Aufstand der Herero und Nama (VT).
2. Lange vermied die deutsche Regierung, von „Völkermord"/„Genozid" zu sprechen. Recherchiere die Begriffe online. Begründe, warum sie das Vorgehen der Deutschen treffend bezeichnen (VT, Q1, Q3). **MK**
3. Recherchiere in den Archivprotokollen des Bundestages aus dem Jahr 2016 nach Beiträgen zur Aussöhnung mit den Herero und Nama. Teilt die Klasse in sechs Gruppen auf und erschließt arbeitsteilig die Positionen der verschiedenen Redner:innen. **MK**
4. Das Bundesarchiv Berlin hat eine virtuelle Ausstellung zum Herero-Aufstand erstellt, die du unter dem Mediencode 31033-06 findest. Sichtet arbeitsteilig die dort hinterlegten Dokumente und beurteilt, inwieweit die deutsche Kolonialgeschichte hier angemessen dargestellt wird. **MK**
5. Erläutere die Sichtweise des Missionars auf das Gefangenenlager der Herero und die Bewacher (Q2).
6. Zeitgenossen bezeichneten diese Gefangenenlager mitunter als „Konzentrationslager". Recherchiere zum Beispiel auf Wikipedia, was ein Konzentrationslager ist, und nimm Stellung zur Verwendung dieses Begriffs für die Gefangenenlager der Herero und Nama (Q2, Q3). **MK** **H**
7. Verfasse eine E-Mail, die man an Verantwortliche des Auswärtigen Amtes schicken könnte. Beurteile und bewerte darin den Umgang der Bundesrepublik Deutschland mit der eigenen Vergangenheit in früheren Jahrzehnten und heute. **H**

Deutsche Außenpolitik im Wandel

Q1 „Die dreizehnte Arbeit des Herkules. Des Reichskanzlers Stellung seit 1870"

Zeichnung von Wilhelm Scholz aus dem „Kladderadatsch" vom 8. Juli 1888

Links und rechts von Bismarck stehen ein französischer und ein russischer Offizier. Herkules ist ein griechischer Halbgott. Er musste zuerst fast unmögliche Aufgaben lösen, um in den Götterhimmel aufgenommen zu werden.

Die dreizehnte Arbeit des Herkules.

Des Reichskanzlers Stellung seit 1870.

Steht der Palmenzweig auf Bismarcks Stirn für Frieden?

Und die anderen schauen nur zu, wie Bismarck irgendetwas auf der europäischen Landkarte ausbalanciert …

Andererseits wollte Bismarck den anderen Mächten signalisieren, dass das Kaiserreich mit seinen Grenzen zufrieden war und keine weiteren Ge-
20 bietserweiterungen anstrebte (Saturiertheit).

Bündnisse und Abhängigkeiten

Aus diesem Grund schloss das Kaiserreich zahlreiche Bündnisse und Verträge, die wechselseitige Friedensversicherungen und Abhängigkeiten mit
25 sich brachten. Dies waren:
* 1879: Zweibund zwischen Deutschland und Österreich-Ungarn
* 1881: Dreikaiserbündnis zwischen Deutschland, Österreich-Ungarn und Russland
30 * 1882: Dreibund zwischen Deutschland, Österreich-Ungarn und Italien
* 1887: Rückversicherungsvertrag zwischen Deutschland und Russland

Somit waren fast alle Großmächte auf dem Konti-
35 nent durch Verträge aneinandergeknüpft. Ein Land aber fehlte in diesen Bündnissen: Frankreich. Damit war Bismarcks Ziel erreicht, und es war ihm gelungen, Frankreich zu isolieren.

Eine stabile Außenpolitik?

40 Viele Historiker:innen vertraten früher die Ansicht, dass diese Außenpolitik ein stabiles Friedenssystem bildete, das vor allem auf Bismarck zurückzuführen war. Dies ist nur eingeschränkt richtig. Bismarck entschied nie allein, sondern war auf die
45 Zusammenarbeit mit den anderen Ländern angewiesen. Auch stellten diese Bündnisse ein kompliziertes Geflecht dar, das jederzeit zerbrechen konnte, und die Vertragsunterzeichnungen änderten nichts an den gegensätzlichen Interessen
50 Russlands, Englands und Österreichs. So schien es nur eine Frage der Zeit, bis Gegensätze wieder stärker an die Oberfläche treten würden.

Eine neue europäische Großmacht?

Mit der Gründung des Kaiserreiches war eine neue außenpolitische Situation in Europa eingetreten, da es noch nie ein so großes einheitliches
5 Reich auf dem Gebiet Deutschlands gegeben hatte. Bismarck war sich bewusst, dass daher nun alle anderen Länder aufmerksam auf die Außenpolitik des Kaiserreiches achten würden.
Er verfolgte zwei Ziele: Einerseits wollte er einen
10 „Albtraum der Koalitionen" (frz. cauchemar des coalitions) vermeiden. Hierunter verstand er ein Bündnis Frankreichs mit einer anderen Großmacht, was das Kaiserreich in einen Zweifrontenkrieg verwickeln könnte. Die Sorge war realistisch,
15 denn in Frankreich gab es viele Stimmen, die Elsass-Lothringen zurückgewinnen wollten.

Albtraum der Koalitionen
Bismarcks Vorstellung von einer gegen das Kaiserreich gerichteten Bündnislage der Großmächte unter Einbeziehung Frankreichs

D1 Bismarcks Bündnisse um 1887

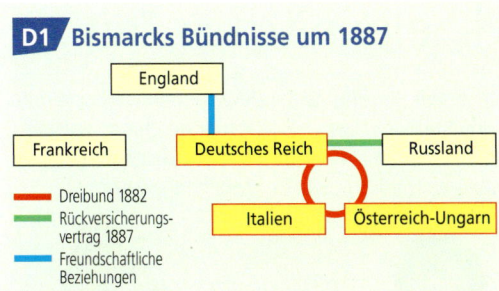

- Dreibund 1882
- Rückversicherungs-vertrag 1887
- Freundschaftliche Beziehungen

Q2 „Die drei Kaiser oder der Bauchredner von Varzin"

Karikatur aus dem Magazin Punch von 1884

Varzin war eine Stadt in Pommern und gehörte zum Besitz Otto von Bismarcks.

Q3 Pläne für eine Neubewaffnung

1887 schreibt Bismarck an den preußischen Kriegsminister:

Nach meiner Berechnung würde ein Zeitraum von etwa 2 Jahren hinreichen, um uns in der Neubewaffnung einen Vorsprung zu gewähren, den die gegnerischen Mächte nicht mehr einho-

5 len. Ich kann keine Sicherheit dafür haben; aber ich hoffe, dass es möglich sein wird, den Frieden wenigstens mit Russland so lange zu erhalten, wie es nach vorstehendem erforderlich ist, während der Frieden mit Frankreich allerdings von

10 explosiven und unberechenbaren Elementen und Zuständen abhängt. Versäumen wir in dieser Beziehung kürzere oder längere Fristen, so verlieren wir damit Zeit und ist mit Wahrscheinlichkeit anzunehmen, dass die Katastrophe zum

15 Ausbruch kommen wird.

Zit. nach: Bismarck und die preußisch-deutsche Politik (1871-1890), Michael Stürmer (Hrsg.), München, [3]1978, S. 248 f. (gekürzt)

Q4 Wahrung des Friedens

1888 äußert sich Bismarck hingegen so:

Seit siegreiche Kriege zur Errichtung des Norddeutschen Bundes und des Deutschen Reiches geführt hätten, sei die Politik Seiner Majestät [Kaiser Wilhelms I.] vornehmlich darauf gerich-

5 tet gewesen, den Frieden zu bewahren und Koalitionen auswärtiger Mächte gegen Deutschland vorzubeugen. Eine Koalition hätte leicht Russland, Frankreich und Österreich umfassen können. Es sei deshalb geboten gewesen, eine Ver-

10 söhnung mit einer der beiden bekämpften Großmächte zu suchen, und diese habe nur Österreich sein können. Diese Versöhnung sei geglückt und habe zu einem Bündnis geführt.

Zit. nach: Michael Epkenhans und Andreas von Seggern, Leben im Kaiserreich. Deutschland um 1900, Stuttgart 2007, S. 23 (gekürzt)

---

1. Erläutere die Vor- und Nachteile der Außenpolitik Bismarcks sowie die Folgen für die einzelnen europäischen Staaten (VT, D1).

2. Arbeite die Widersprüche heraus, die zwischen den Aussagen Bismarcks in den Jahren 1887 und 1888 liegen (Q3, Q4).

3. Arbeite die jeweilige Aussageabsicht aus den Karikaturen heraus und beurteile, ob die Sicht auf Bismarck im „Kladderadatsch" oder im „Punch" besser getroffen ist (Q1, Q2, VT).

4. Nimm Stellung, ob man die deutsche Außenpolitik als Politik zwischen „Stabilität und Wandel" zur Sicherung des europäischen Friedens bezeichnen kann.

Bündnissysteme in der Wilhelminischen Zeit

D1 **Bündnisse zwischen den Großmächten um 1910**

Frankreich, Russland und Großbritannien waren ab 1907 in der Triple Entente verbündet. Das Deutsche Kaiserreich hatte mit Österreich-Ungarn und Italien den Dreibund geschlossen.

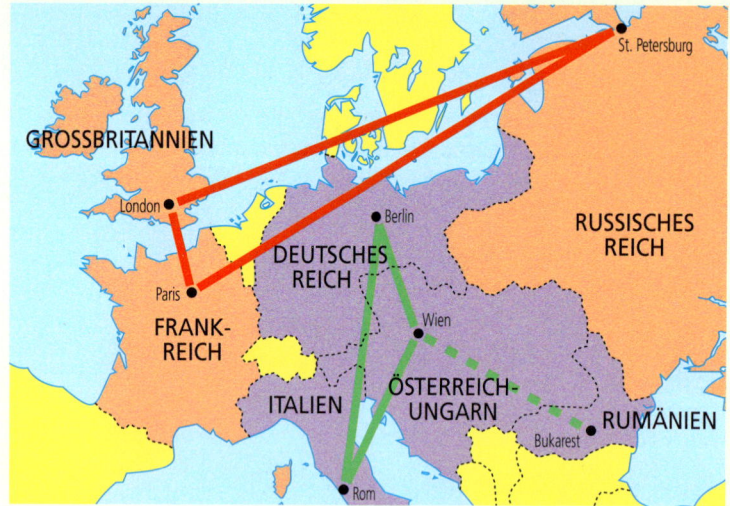

In jedem Bündnis sind drei Staaten – das sorgte bestimmt dafür, dass es friedlich blieb.

Wenn man die Karte genauer anschaut, sind die Bündnisse aber nicht sehr ausgeglichen!

provoziert fühlte, reagierte es mit einer aggressiven Rhetorik, manchmal sogar mit dem symbolischen Aufmarsch von Militär. Dies geschah beispielsweise in der „Marokko-Krise" 1911, als
30 Deutschland Frankreich daran hindern wollte, Marokko in Besitz zu nehmen und das Kanonenboot „Panther" entsandte. Dieser Schritt wird auch als „**Panthersprung** nach Agadir" bezeichnet.

Eine neue Außenpolitik

Am Vorabend des Ersten Weltkrieges standen sich viele europäische Länder kriegsbereit gegenüber. Von den Bündnisgeflechten und Friedensbemü-
5 hungen aus der Bismarckzeit war nur noch wenig übrig. Das Deutsche Kaiserreich hatte einiges dazu beigetragen: 1888 war **Wilhelm II.** Kaiser geworden. Zwei Jahre später entließ er Bismarck als Reichskanzler. Bereits jetzt hatte er die Ziele
10 der deutschen Außenpolitik verändert; er wollte sich durch Bismarcks Bündnissystem nicht einschränken lassen. Bündnisse hatten unter Bismarck dazu gedient, Krieg überflüssig zu machen. Nun wurden sie mit der Absicht geschlossen, mili-
15 tärische Auseinandersetzungen zu gewinnen.

Flottenwettrüsten und Kanonenbootpolitik

Das Deutsche Reich bemühte sich zunächst um ein Bündnis mit Großbritannien. Doch die Briten wollten ihre Politik der „splendid isolation" (dt.
20 „glänzendes Alleinsein") nicht aufgeben. Es entstand ein britisch-deutscher Gegensatz, der zu einem erfolglosen Flottenwettrüsten mit England führte. Eine deutschlandfeindliche Stimmung auf der Insel war die Folge. Hinzu kam, dass Deutsch-
25 land in Krisensituationen eine „Kanonenbootpolitik" verfolgte: Wann immer das Kaiserreich sich

35 Frankreich durchbricht die Isolation

Frankreich gelang es, seine außenpolitische Isolation zu durchbrechen: zunächst durch ein Bündnis mit Russland, dann durch eine Annäherung an Großbritannien, die 1904 in dem Bündnis der **En-**
40 **tente cordiale** (dt. „herzliches Einvernehmen") ihren Höhepunkt fand. 1907 schlossen auch Großbritannien und Russland eine ähnliche Übereinkunft. So entstand die **Triple Entente** zwischen den drei Großmächten.

45 Eingekreist oder isoliert?

Das Kaiserreich fühlte sich von diesen Entwicklungen „eingekreist". Das Militär befürchtete, dass Krieg unvermeidbar sei. Letztlich war genau das geschehen, was Bismarck hatte vermeiden wollen:
50 Frankreich war in Bündnisse eingebunden – und Deutschland isoliert. Hinzu kam, dass Deutschland den Rückversicherungsvertrag mit Russland unter Kaiser Wilhelm II. nicht mehr verlängert hatte. Der wichtigste Bündnispartner des Kaiserreiches war
55 Österreich-Ungarn. Auch wenn Deutschland sich durch seine Aggressivität zunehmend selbst isoliert hatte, wäre es einseitig, das Kaiserreich als einzigen Provokateur zu bezeichnen. Prestigedenken, offene Feindseligkeiten und Kriegsvorberei-
60 tungen gab es in allen europäischen Ländern. Die Grundstimmung war gereizt und angespannt.

Panthersprung
Entsendung eines deutschen Kanonenbootes nach Marokko

Entente cordiale
Französisch-britische Allianz (1904)

Triple Entente
Aus der Entente cordiale und dem britisch-russischen Abkommen von 1907 entstandenes Bündnis zwischen Frankreich, Russland und Großbritannien

Q1 Die britische Perspektive auf das Flottenbauprogramm

Der britische Außenminister Sir Edward Grey sagt am 27.10.1911 im Unterhaus:

Deutschland ist mit Recht stolz auf seine Stärke. Es baut eine große Flotte. Es ist gewiss natürlich und einleuchtend, dass das Anwachsen dieser Flotte Befürchtungen erwecken oder andere Na-
5 tionen zum Mindesten sehr empfänglich für Befürchtungen machen muss, die stark werdende Macht hege aggressive Pläne gegen sie. Ich glaube nicht an diese aggressiven Pläne. Ich möchte es nicht in diesem Sinn ausgelegt wissen, aber
10 ich meine, man muss sich vergegenwärtigen, dass andere Nationen besorgt und empfindlich sein und nach irgendwelchen Anzeichen einer Aggression ausspähen werden. Alles, was wir oder die andern Nachbarn Deutschlands wün-
15 schen, ist, auf gleichem Fuß mit ihm zu leben.

G. P. Gooch und Harold Temperley (Hrsg.), Die britischen amtlichen Dokumente über den Ursprung des Weltkrieges 1898-1914, Bd. 7/2, Berlin 1932, S. 1199

Q2 Rüstungsanstrengungen

Ein Historiker stellt die militärische Aufrüstung der Staaten am Vorabend des Weltkrieges gegenüber:

Vor allem Österreich muss seine personell wie technisch zurückgebliebenen Streitkräfte auf eine neue Grundlage stellen. Bis 1914 wird die Friedensstärke von 385 000 Mann auf 470 000 ge-
5 bracht. Die Artilleriekraft wird um 60 Prozent angehoben. Russland erhöht die Friedensstärke von 1,2 auf 1,42 Millionen Mann, ergänzt sein Militärabkommen mit Frankreich durch ein Marineabkommen und erhält französische Finanzhilfen.
10 Während England nur unwesentliche Heeresverstärkungen vornimmt, aber Teile der Mittelmeerflotte in die Nordsee verlegt, führt Frankreich die 3-jährige Dienstzeit ein, verlegt das Einberufungsalter vom 21. auf das 20. Lebensjahr und
15 verstärkt das Landheer auf 750 000 Mann.

Am 30. Juni 1913 stimmen die bürgerlich-konservativen Parteien im Reichstag der Wehrvorlage zu. Sie sieht eine Erhöhung der Friedensstärke des Heeres von 666 000 Mann auf 748 000 im
20 Frühjahr 1914, auf 800 000 im Herbst 1914 und auf rund 900 000 Ende 1915 vor. Zur Finanzierung wird eine einmalige Abgabe von fast 1 Milliarde Mark sowie eine neue laufende Steuer ("Reichsbesitzsteuer") erhoben.

Zit. nach: Jochen Schmidt-Liebich, Deutsche Geschichte in Daten, Bd. 2: 1770-1918, München 1981, S. 321, S. 108 (gekürzt)

Q3 „Wenn's nach uns ginge, müsste das Auto in den Abgrund!"

Karikatur aus dem „Wahren Jacob" Nr. 694 vom 22.02.1913

Im Auto sitzt eine Figur mit der Aufschrift „Europa".

DER WAHRE JACOB

Nr. 694.   Stuttgart den 22. Februar   1913

"Wenn's nach uns ginge, müßte das Auto in den Abgrund!"

---

1. Stelle die außenpolitischen Entwicklungen in einem Konfliktschaubild dar (VT, D1). **H**
2. Entschlüssle mithilfe des Mediencodes 31033-07 die Figuren in der Karikatur und formuliere deren Aussageabsicht (Q3).
3. Stelle die militärische Aufrüstung der einzelnen Staaten in einer Tabelle gegenüber (Q2).
4. Arbeite heraus, warum Großbritannien auf das deutsche Vorgehen mit Misstrauen reagierte (Q1).
5. Beurteile, ob die Bündnisse der Wilhelminischen Zeit die Sicherung des außenpolitischen Friedens in Europa herstellten (D1).

Die Balkankrise

Q1 „Balkan-Troubles"

Karikatur „Der Siedepunkt" aus dem britischen Satiremagazin „Punch", 1912

Dargestellt sind die führenden Politiker der europäischen Großmächte.

Da sitzen die europäischen Mächte auf einem Topf, der gleich anfängt, überzukochen …

Da gab es wohl Ärger. Aber was ist dann passiert?

Ein informatives Video zur Balkankrise findest du unter dem Mediencode 31033-08.

Viele verschiedene Völker auf engem Raum

Auf der Balkanhalbinsel lebten im 19. Jh. zahlreiche Völker, die jedoch keine eigenen Nationalstaaten hatten, sondern teils weit verstreut über meh-
5 rere Staaten lebten. Viele von ihnen gehörten zum Herrschaftsgebiet des Osmanischen Reiches, einige, wie zum Beispiel die Kroaten, Slowenen, Bosnier und Herzegowiner, wurden von Österreich-Ungarn beherrscht. Sowohl das Osmanische Reich
10 als auch Österreich-Ungarn waren Vielvölkerstaaten. Die Menschen, die auf dem Balkan lebten, waren also meist Minderheiten innerhalb größerer Staatsgebilde, die ihre eigenen Interessen nicht durchsetzen konnten.

15 Interessenkonflikte auf dem Balkan

Deshalb bemühten sie sich, die Herrschaft der Türken und Österreicher zu beenden und ihre eigenen Nationalstaaten zu gründen. Serbien, das schon ein unabhängiger Staat war, wollte alle auf
20 dem Balkan lebenden Serben in einem Großserbischen Reich vereinen. Dies betraf allerdings auch

die Interessen Österreich-Ungarns, auf dessen Gebiet zahlreiche Serben wohnten.

Auswirkungen auf ganz Europa

25 In den Jahren 1912/13 kam es zu Balkankriegen, bei denen die Balkanstaaten versuchten, die Vorherrschaft des Osmanischen Reiches und Österreich-Ungarns zu beseitigen. Es war für die europäischen Großmächte sehr schwierig, diese Kriege
30 durch Friedensverträge zu beenden – auch deshalb, weil die Interessen der Staaten so unterschiedlich waren: Österreich-Ungarn hatte großes Interesse an den nördlichen Balkanländern als Teil des eigenen Herrschaftsgebietes. Großbritannien
35 hatte Angst vor einem wachsenden Einfluss Russlands im Mittelmeer und Sorge um das „europäische Gleichgewicht", also eine ausgewogene Kräfteverteilung auf dem Kontinent.

Das Pulverfass

40 Eine Fortführung der Konflikte hätte jedoch möglicherweise zu Kriegen zwischen den europäischen Großmächten geführt: Einerseits unterstützte Russland die Serben in ihren Bemühungen um ein Großserbisches Reich, da man sich als Be-
45 schützer aller slawischen Völker, zu denen Slawen und Russen gehören, sah (**Panslawismus**). Andererseits fühlte sich Österreich-Ungarn eben dadurch in seinen Gebietsansprüchen auf dem Balkan bedroht. Die Spannungen insbesondere zwi-
50 schen Russland und Österreich wuchsen immer mehr. Da auch andere Balkanstaaten Unterstützer unter den europäischen Großmächten hatten, konnte jeder neue Konflikt weitreichende Folgen unter Beteiligung aller Großmächte haben.

Panslawismus
Nationalistische Bewegung am Beginn des 19. Jh. mit dem Ziel der kulturellen, religiösen und politischen Einheit aller slawischen Völker in Europa

D1 Die Auflösung des Osmanischen Reiches in Südosteuropa (Balkan) zwischen 1815 und 1913

Legende:
- Grenze des Osmanischen Reiches bis 1815
- Grenze des Osmanischen Reiches seit 1913
- „Neue" Staatsgrenzen
- Verluste bis 1912
- Verluste 1913
- Osmanisches Reich seit 1913
- Konflikte um Gebiete oder Grenzkonflikte

0   50 100 150 200 250 km

Q2 Position Österreichs gegenüber Serbien

Der führende österreichische Politiker Conrad von Hötzendorff schreibt im Januar 1913:

Die Entwicklung eines selbstständigen großserbischen Staates ist eine eminente[1] Gefahr für die Monarchie, sie liegt darin: dass die Slawen der Monarchie ihren Hort in diesem neuen, von Russ-
5 land unterstützten Staatswesen suchen, dass vor allem die Serben der Monarchie die Angliederung an dasselbe anstreben werden; damit droht der Monarchie der Verlust der wichtigsten Gebiete für ihre Großmachtstellung und ihr wirtschaftli-
10 ches Gedeihen. Eingekeilt zwischen Russland, einem mächtig gewordenen Serbien und Montenegro und einem auf die Dauer kaum verlässlichen Italien wird die Monarchie zur politischen Ohnmacht und damit zum sicheren Niedergang ver-
15 urteilt sein. Die Monarchie muss durch eine militärische Kraftäußerung ihr Prestige, besser gesagt ihre politische Geltung, wiederherstellen.

Franz Conrad von Hötzendorff, Aus meiner Dienstzeit 1906-1918, Bd. 3, Wien 1922, S. 11 f. (gekürzt)

[1] herausragende

---

1. Untersuche die Überblickskarte darauf, wie sich auf dem Balkan die Grenzen veränderten (D1).
2. Erkläre, inwiefern daraus außenpolitische Konflikte entstehen konnten (D1, VT).
3. Analysiere die Karikatur nach der erlernten Methode, indem du sie zunächst genau beschreibst und dann deutest. Du kannst die einzelnen Schritte dieser Methode unter dem Mediencode 31033-09 nachlesen (Q1).
4. Fasse die Handlungsvorschläge Hötzendorffs zusammen und nimm zu seiner abschließenden Aussage Stellung (Q2).
5. Beurteile unter Rückgriff auf deine Ergebnisse aus Aufgabe 1, ob die Karikatur die historische Situation der Balkankrise 1912/13 treffend widerspiegelt (Q1).

Der Ausbruch des Ersten Weltkrieges

Fröhlich sehen die Soldaten aus – sie jubeln, und sieh dir die Sprüche an!

Aber ob sich alle über den Krieg gefreut haben?

Q1 Das „Augusterlebnis": Kriegsbegeisterung und Jubel
Soldaten auf dem Weg zur Front. Patriotische Sprüche wie „Auf zum Preisschießen nach Paris" schmückten die Zugwaggons.

Mord mit Folgen: das Attentat von Sarajewo

Die Ursachen des Ersten Weltkrieges liegen in den Jahrzehnten zuvor begründet: Imperialistische Konflikte, Wettrüsten und neue Bündnisse in Eu-
5 ropa hatten das Verhältnis der Großmächte untereinander verschlechtert. Als Anlass für den Krieg gilt das Attentat von Sarajewo (28. Juni 1914), als ein serbischer Nationalist den österreichischen Thronfolger und seine Frau, die zu Besuch in der
10 Stadt waren, ermordete.

Europa zwischen Krieg und Frieden

Die folgenden Wochen brachten in ganz Europa intensive diplomatische Verhandlungen. Dabei gab es Initiativen, die einen Krieg mindestens in
15 Kauf nahmen, aber auch Versuche, Frieden zu stiften. Diese Zeit wird als **Julikrise** bezeichnet.
Österreich-Ungarn stellte den Serben ein nicht akzeptables Ultimatum: Österreichische Beamte sollten die Morde von Sarajewo untersuchen – ein
20 Ansinnen, das tief in die Souveränität Serbiens eingriff. Österreich-Ungarn war sich der Unterstützung des Deutschen Reiches sicher, das einen sogenannten **Blankoscheck** erteilt hatte: Dies war ein Versprechen, dass Österreich in jedem Fall
25 Unterstützung durch das Deutsche Reich erfahren

sollte. Serbien hingegen erfuhr von Russland Hilfe. Erwartungsgemäß lehnte Serbien das Ultimatum ab, woraufhin Österreich-Ungarn dem Land am 28. Juli den Krieg erklärte. Die Bündnisse, von de-
30 nen du bereits weißt, griffen eines nach dem anderen, sodass sich die Großmächte in Europa innerhalb weniger Tage im Krieg untereinander befanden.

Die Menschen zwischen Jubel und Furcht

35 „In Europa gehen die Lichter aus" – dieser Satz des englischen Außenministers beschreibt gut die vorherrschende Stimmung. Viele Menschen fürchteten einen Krieg und die damit verbundenen Folgen zum Beispiel für die eigene Familie. Allerdings
40 war auch viel Enthusiasmus und jubelnde Unterstützung für den Krieg zu beobachten. Im Deutschen Reich meldeten sich im Spätsommer begeistert Freiwillige, in der festen Überzeugung, Weihnachten nach beendetem Krieg zurück in der
45 Heimat zu sein. Viele Personen teilten diese Gefühle, sodass man diese Zeit auch **August-
erlebnis** nennt. Alle politischen Parteien wirkten zusammen, um die Finanzierung des Krieges möglich zu machen, ohne eigene Sonderinteres-
50 sen durchzusetzen (Burgfrieden).

Julikrise
Zuspitzung der Konfliktlage zwischen den europäischen Großmächten und Serbien nach der Ermordung des österreichischen Thronfolgers

Blankoscheck
Die ungeteilte Bündnistreue des Deutschen Reiches zu Österreich-Ungarn im Rahmen des Dreibundes

Augusterlebnis
Patriotische Kriegsbegeisterung 1914

Q2 Angst vor dem Krieg

Ein Pfarrer einer Landgemeinde trägt zum August 1914 in die Pfarrchronik ein:

Von Begeisterung war in unserem Dorfe nichts zu merken. Keine Vaterlandslieder, kein Hurra-Rufen ertönte. Der Gedanke an das Düstre, Schwere, das bevorstand, der Gedanke, unsere Männer, Söhne
5 müssen fort, ließ keinen Enthusiasmus aufkommen. Überall das Gefühl, als sei ein großes Unglück geschehen, das, obwohl man es ja eigentlich erwartet hatte, doch eine Art starren Schreckens allein einflößte. In großen Gruppen
10 standen die Männer und besprachen ihren Marschbefehl, in den Häusern sah man weinende Frauen; besonders die klagten, deren Angehörige bereits unter den Fahnen [= im Heer] waren. Aber bei aller Ergriffenheit und bei allem Schre-
15 cken zeigte sich doch auch bei unsern Dorfbewohnern die ruhige Entschlossenheit, die bereit war, sich zu wehren gegen den mächtigen, wohl überlegten feindlichen Überfall und schon regte sich in ihnen der tiefe, ehrliche Zorn, der so
20 furchtbar für den Feind geworden ist. Besonders gewaltig flammte dieser Zorn auf, als England uns den Krieg erklärte, aber auch gegen den alten Erbfeind Frankreich, von dem man für unsere Gegend die erste und größte Gefahr fürchtete.
25 In solch ehrlichem Zorn hörte ich einen der Ausrückenden sagen: „Und wenn der Rhein von unserem Blute rot wird, sie sollen ihn nicht haben." Vaterlands- und Familienliebe gab wohl den meisten der ausziehenden Krieger diese Ent-
30 schlossenheit mit.

Zit. nach: Franz Dumont, Die Geschichte von Appenheim, in: 1100 Jahre Appenheim. Festschrift zu den Jubiläumstagen 8. bis 11. Juli 1983, ohne Ort 1983, S. 57 (gekürzt)

Q4 Ein Telegramm als Blankoscheck?

Der österreichisch-ungarische Botschafter Ladislaus von Szögyény-Marich, schreibt dem deutschen Außenminister Leopold Graf Berchtold, 6. Juli 1914:

Unser Verhältnis zu Serbien betreffend stehe deutsche Regierung auf dem Standpunkt, dass wir beurteilen müssten, was zu geschehen hätte, um dieses Verhältnis zu klären; wir könnten hie-
5 bei – wie auch immer unsere Entscheidung ausfallen möge – mit Sicherheit darauf rechnen, dass Deutschland als Bundesgenosse und Freund der Monarchie hinter ihr stehe. Im weiteren Verlaufe der Konversation habe ich
10 festgestellt, dass auch Reichskanzler, ebenso wie sein kaiserlicher Herr ein sofortiges Einschreiten unsererseits gegen Serbien als radikalste und beste Lösung unserer Schwierigkeiten am Balkan ansieht. Vom internationalen Standpunkt
15 hält er den jetzigen Augenblick für günstiger als einen späteren.

Zit. nach: Gerd Krumeich, Juli 1914. Eine Bilanz, Paderborn 2014, S. 224 (gekürzt)

Q3 Patriotismus und Enthusiasmus

Postkarte von 1914 (Ausschnitt)

„Ich kenne keine Parteien mehr, kenne nur noch Deutsche!": Das Zitat Wilhelms II. wurde vervielfältigt und rasend schnell verbreitet.

---

1. Beschreibe die Fotografie zum „Augusterlebnis" und stelle Vermutungen an, welche Gefühle die Soldaten bewegt haben könnten (Q1, VT)?
2. Erläutere den Unterschied zwischen Anlass und Ursachen des Ersten Weltkrieges (VT).
3. Untersuche die Chronik des Landpfarrers und notiere in Stichworten die Gefühle der Bevölkerung des beschriebenen kleinen Dorfes. Führe dazu Belege aus dem Text an (Q2). **H**
4. Schreibt einen kurzen Brief an eure Familien aus der Perspektive eines der Soldaten auf der Fotografie oder eines der Soldaten aus Appenheim, wie sie den Kriegsbeginn erlebten (Q1, Q2). **H**
5. Nehmt im Team Stellung zum Verhalten verschiedener Politiker in der Julikrise (Q4, VT).
6. Beurteilt gemeinsam in der Klasse, inwieweit die Kriegsbegeisterung die gesamte Bevölkerung erfasste oder welche Gegenpositionen es gegeben haben könnte.

Der erste moderne Krieg

Q1 **Stellungskrieg im Kessel von Verdun**
Fotografie, 1915

Der technisierte Einsatz von Waffenmaterial ist mit ein Grund dafür, dass viele Historiker den Ersten Weltkrieg als „Urkatastrophe des 20. Jh." bezeichnen.

> Der Soldat im Schützengraben hat ja sogar eine Gasmaske auf! Mit so grausamen und modernen Waffen war so ein Krieg sicher schnell gewonnen.

> Aber wenn alle Gegner ein solches Kriegsmaterial einsetzten?

 Stellungskrieg
Starrer Frontverlauf

 **Schützengraben**
Feldbefestigung zur sicheren Schussabgabe und zum Schutz vor Geschossen

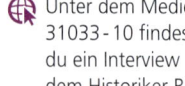 Unter dem Mediencode 31033-10 findest du ein Interview mit dem Historiker Rainer Schmidt.

¹ Die „Büchse der Pandora" enthielt in der antiken griechischen Mythologie alle der Menschheit bis dahin unbekannten Übel wie Arbeit, Krankheit und Tod. Sie entwichen in die Welt, als Pandora, eine von Zeus aus Lehm geschaffene Frau, die Büchse öffnete.

Stellungskrieg im Westen

Der Beginn des Ersten Weltkrieges schien zunächst denen Recht zu geben, die einen kurzen Krieg vorhergesagt hatten. Innerhalb weniger
5 Wochen gelangten die deutschen Truppen durch Belgien bis kurz vor Paris. Doch mit dem sogenannten „Wunder an der Marne" wendete sich der Kriegsverlauf unerwartet: Den Franzosen, die von den Briten unterstützt wurden, gelang es, den
10 deutschen Vormarsch zu stoppen, indem sogar Pariser Taxis herangezogen wurden, um Soldaten an die Front zu bringen.
Sehr schnell kam es dadurch an der Westfront zu einem **Stellungskrieg**: Sämtliche Truppenbewe-
15 gungen erstarrten. Man lag einander dicht gegenüber, geschützt durch ganze Systeme von **Schützengräben** und Stacheldrahtverschlägen. In den folgenden vier Kriegsjahren bewegte sich die Front kaum, die beiden Seiten konnten jeweils nur
20 schmale Streifen an Gebiet dazugewinnen.

Grausame Folgen für die Soldaten

Dieser Zustand machte den Dienst an der Front für Soldaten geradezu unerträglich. In den Schlachten um die Schützengräben kamen zahl-
25 reiche neue Waffen zum Einsatz, so zum Beispiel Maschinengewehre und Giftgase als erste

Massenvernichtungswaffen. Dum Dum-Geschosse verursachten entsetzliche innere Verletzungen. Der Einsatz von Waffen dieser Art gilt heute als
30 Kriegsverbrechen. Auch Flammenwerfer wurden eingesetzt, ebenso Kanonen („Die dicke Bertha") und Panzer. Antwerpen, englische Städte sowie Köln und Düsseldorf wurden bombardiert.
Es war ein industrialisierter Krieg: Der Verbrauch
35 an Material, Waffen und Munition schien keine Rolle zu spielen. Daher stammt auch der Begriff der Materialschlachten. Entsprechend grausam waren die Kämpfe. Die steigende Zerstörungskraft der Waffen führte zu bis dahin unvorstellbaren
40 Opferzahlen und schweren Verwundungen. Unter anderem aus diesem Grund nennt der Historiker Rainer Schmidt wie bereits andere vor ihm den Ersten Weltkrieg die „Urkatastrophe des 20. Jh.". Er sagt: „Damals wurde gewissermaßen die Büch-
45 se der Pandora¹ geöffnet, und daraus kroch ein Unheil, das Gift für die ganze Geschichte des 20. Jh. sein sollte."

Bewegungskrieg im Osten

Der Krieg an der Ostfront verlief ganz anders: Hier
50 blieb die Front durchgängig in Bewegung. Die deutschen Truppen eroberten unter den Generälen **Paul von Hindenburg** und Erich Ludendorff ein riesiges Gebiet, das das heutige Polen, Litauen, Südlettland und die westliche Ukraine umfass-
55 te. Sie installierten im sogenannten „Ober Ost" eine gewaltsame Besatzungsherrschaft. Nachdem das alte Zarenreich in der Oktoberrevolution zusammengebrochen war, wurde Russland im Frieden von Brest-Litowsk 1918 zu einem harten Frie-
60 densvertrag gezwungen, dessen Bedingungen die Deutschen diktierten (Diktatfriede).

Q2 Ein Gasangriff
Gemälde „Gassed"
von John Singer Sargent, 1919

Q3 Gift in den Lungen

Bericht über den ersten deutschen Gasangriff 1915:

Die Soldaten starrten vollkommen unvorbereitet einen Augenblick lang wie gebannt auf das seltsame Phänomen, das sie langsam auf sich zukommen sahen. Wie eine Flüssigkeit ergoss sich
5 der farbige Dampf unerbittlich in die Schützengräben, füllte sie und floss immer weiter. Einen Moment lang geschah gar nichts; nur in den Nasen prickelte der süßliche Stoff; sie erkannten die Gefahr nicht. Dann wirkte das Gas mit unbe-
10 greiflicher Geschwindigkeit – und blinde Panik verbreitete sich. Hunderte verloren das Bewusstsein, nachdem sie fürchterlich um Luft gekämpft hatten und starben an den Stellen, wo auch immer sie gerade lagen. Es war ein grausamer Fol-
15 tertod mit schäumenden Blasen, die in ihren Kehlen zerplatzen, und faulig scheinender Flüssigkeit, die sich in ihren Lungen sammelte. Mit schwarz angelaufenen Gesichtern und verzerrten Gliedmaßen ertranken sie regelrecht nachei-
20 nander, aber die Ursache ihres Ertrinkens kam von innen, nicht von außen. Gewehrfeuer und Splittergranaten streckten sie wie ein Hagel hin, die Frontlinie war durchbrochen.

The Coming of the Gas upon the French Described by a British Eye-witness, in: Charles F. Horne (Hrsg.): Source Records of the Great War, Volume III, New York 1923, S. 46, übersetzt u. bearbeitet von Cornelia Herbers-Rauhut (gekürzt)

Q4 Gift im Schützengraben

Der weltbekannte Roman „Im Westen nichts Neues" von Erich Maria Remarque schildert einen Gasangriff aus der Sicht eines Soldaten:

Ich reiße meine [Gasmaske] auch heraus, der Helm fliegt beiseite, sie streift sich über mein Gesicht. Der dumpfe Knall der Gasgranaten mischt sich in das Krachen der Explosivgeschos-
5 se. Eine Glocke dröhnt zwischen die Explosionen, Gongs, Metallklappern künden überallhin – Gas – Gas
Diese ersten Minuten mit der Maske entscheiden über Leben und Tod: Ist sie dicht? Ich kenne
10 die furchtbaren Bilder aus dem Lazarett: Gaskranke, die in tagelangem Würgen die verbrannten Lungen stückweise auskotzen.
Vorsichtig, den Mund auf die Patrone [= Gasmaske] gedrückt, atme ich. Jetzt schleicht der
15 Schwaden über den Boden und sinkt in alle Vertiefungen. Wie ein weiches, breites Quallentier legt er sich in unseren Trichter[1], räkelt sich hinein. Ich stoße Kat [einen Freund] an: Es ist besser, herauszukriechen und oben zu liegen, als
20 hier, wo das Gas sich sammelt. Doch wir kommen nicht dazu; ein zweiter Feuerhagel beginnt. Es ist, als ob nicht mehr die Geschosse brüllen; es ist, als ob die Erde selbst tobt.

Erich Maria Remarque, Im Westen nichts Neues, Berlin ³⁹1990, S. 53 ff. (gekürzt)

[1] Die Trichter auf dem Schlachtfeld entstanden durch Granateneinschläge.

Unter dem Mediencode 31033-11 erfährst du mehr über die moderne Waffen des Ersten Weltkrieges.

1. Beschreibe das Gemälde und schildere, was für eine Situation hier dargestellt wird (Q2).
2. Arbeite aus dem Bericht und der Geschichtserzählung heraus, was bei einem Giftgasangriffe geschieht. Recherchiere im Internet, woher Remarque seine Informationen bezog (Q3, Q4). H
3. Informiere dich über die modernen Waffen im Ersten Weltkrieg und ihre Folgen für den einzelnen Kriegsteilnehmer. Präsentiere deine Ergebnisse in einem Kurzvortrag (Q1-Q4, VT).
4. Nimm zu der Aussage des Historikers Rainer Schmidt Stellung (VT). H
5. Erläutert die Auswirkungen der „modernen" Kriegsführung auf die Kampfhandlungen und das Leben der betroffenen Zivilbevölkerung. Beurteilt, inwiefern die Bezeichnung „der erste moderne Krieg" für den Ersten Weltkrieg gerechtfertigt ist.

Die Kriegsschuldfrage

Schon vor 60 Jahren haben sich Historiker darüber gestritten, ob der Erste Weltkrieg absichtlich angefangen wurde? Geht die Diskussion heute noch weiter?

Und wer hat dann Recht?

D1 **Fritz Fischer (1908-1999)**
Fotografie von 1979

D2 **Der Krieg war gewollt**

Der Historiker Fritz Fischer eröffnete bereits im Jahr 1959 eine langjährige wissenschaftliche Debatte zur Frage, ob der Erste Weltkrieg bewusst herbeigeführt wurde („Fischer-Kontroverse"). In der „Zeit" schreibt Fischer 1965:

Deutschland hat im Juli 1914 nicht nur das Risiko eines eventuell über den österreichisch-serbischen Krieg ausbrechenden großen Krieges bejaht, sondern die deutsche Reichsleitung hat die-
5 sen großen Krieg gewollt, dementsprechend vorbereitet und herbeigeführt.

Fritz Fischer, Vom Zaun gebrochen – nicht hineingeschlittert, in: Die Zeit, 3.9.1965 (gekürzt)

D3 **Karl Dietrich Erdmann (1910-1990)**
Fotografie von 1965

D4 **Niemand wollte Frieden**

Verschiedene Historiker stellten sich Fischers These entgegen. Karl Dietrich Erdmann war von Anfang an in die Debatte involviert. Er schreibt 1973:

Das Problem [der Kriegsschuld] gewinnt eine andere Dimension, wenn man die Frage umgekehrt stellt, ob sie denn den Frieden gewollt haben. Auch auf diese Frage muss die Antwort für alle
5 Beteiligten Nein lauten. Niemand wollte den Preis für den Frieden bezahlen. Wenn man den Frieden auch wünschte, so hat ihn doch niemand ernsthaft gewollt.

Karl Dietrich Erdmann, Der Erste Weltkrieg (Gebhardt, Handbuch der Deutschen Geschichte 18), Stuttgart 1973, S. 92 f. (gekürzt)

Expertendiskussion

Führt in Expertengruppen eine simulierte Podiumsdiskussion zur Kriegsschuldfrage durch.

1 Bildet vier Expertengruppen (A-D). Jede Gruppe beschäftigt sich intensiv mit einem der vier aktuellen Historiker-urteile D5, D6, D10 und D12 über die Frage, ob der Erste Weltkrieg absichtlich herbeigeführt wurde oder nicht.

2 Lest euren Text aufmerksam. Klärt Unklarheiten und unbekannte Begriffe. Nutzt INFO 1-3, um die Historikerurteile besser verstehen zu können.

3 Notiert stichwortartig die wesentlichen Argumente eurer Historiker:innen auf einer Art „Spickzettel". Überlegt euch, welche Argumente überzeugend und welche relativ leicht widerlegbar sind. Bezieht die Bildquellen (Q1-Q3) mit ein.

4 Wählt Sprecher:innen oder eine Gruppe aus, der eure Position vertreten wird.

5 Führt eine simulierte Podiumsdiskussion durch, in der die Experten in einem Eingangsstatement ihre Position umreißen und dann miteinander über die unterschiedlichen Beurteilungen der Kriegsschuldfrage diskutieren.

6 Verfasst individuell einen kurzen schriftlichen Kommentar, ob der Erste Weltkrieg eher bewusst herbeigeführt wurde oder die gegnerischen Parteien eher in den Krieg „hineingeschlittert" sind.

INFO 1   Eine Debatte bis heute

Die Frage, wer vor allem den Ersten Weltkrieg verursacht habe, wurde nach Kriegsende wichtig. Zu
diesem Zeitpunkt konnten die Sieger (Großbritannien, die USA und Frankreich) Wiedergutmachung
5 in Form von Reparationszahlungen vom Deutschen Reich fordern, das den Krieg verloren hatte.
Auch zu diesem Zweck wurde im Friedensvertrag
eine alleinige Kriegsschuld des Deutschen Reiches
und seiner Verbündeten festgehalten.
10 Aber ist das so richtig? Hatte nur das Deutsche
Kaiserreich einen Krieg gewollt? Wie sah es mit
Friedensinitiativen der europäischen Mächte aus?
Zum hundertjährigen Jubiläum des Ersten Weltkrieges um 2014 griffen Historiker:innen Fragen
15 der „Fischer-Kontroverse" aus den sechziger Jahren wieder auf. Sie diskutieren bis heute und geben ganz unterschiedliche Antworten.

D5   Herfried Münkler zum Jahr 1914   H

Der 1951 geborene Politikwissenschaftler argumentiert, dass der Erste Weltkrieg auch ohne die
Schüsse auf den österreichischen Thronfolger
ausgebrochen wäre:

Für die Entscheidungen des Juli 1914 war ausschlaggebend, dass nicht nur Deutschland den
Österreichern und Russland den Serben, sondern
auch Frankreich den Russen einen „Blanko-
5 scheck" ausgestellt hat. Im Falle eines Krieges gegen die Mittelmächte wusste die russische Regierung Frankreich sicher an ihrer Seite. [...] Großbritannien hatte den Russen zwar keine
expliziten Zusagen gegeben, in St. Petersburg
10 aber Erwartungen geweckt. Der Schlüssel zum
Krieg lag somit in der russischen Hauptstadt.
Hätte man dort auf Mobilmachung und Kriegserklärung verzichtet, so wäre es nur zu einem Dritten Balkankrieg gekommen, den Österreich-Un-
15 garn aller Voraussicht nach gewonnen hätte. Die
Triple Entente hätte sich bei einem solchen Ausgang der Krise vermutlich gelockert, weil die
Russen zu dem Ergebnis gekommen wären, dass
ihr politisches Ziel, im östlichen Mittelmeer zu
20 einer erstrangigen Macht aufzusteigen, auf diesem Weg nicht zu erreichen war. Dieses Gedan-
kenexperiment zeigt, dass der große Krieg in
Europa ohnehin stattgefunden hätte.

*Herfried Münkler, Der Große Krieg. Die Welt 1914-1918, Berlin
2013, S. 100 f. (gekürzt)*

D6   Christopher Clark zum Kriegsausbruch des Jahres 1914   H

Der Historiker wurde 1960 in Australien geboren
und lebt heute in Großbritannien. Er löste mit seinem Buch „Die Schlafwandler" 2013 eine Neu-
auflage der Diskussion um die Kriegsschuld aus.

Der Kriegsausbruch von 1914 ist kein Agatha-
Christie-Thriller, an dessen Ende wir den Schuldigen im Wintergarten über einen Leichnam
gebeugt auf frischer Tat ertappen. In dieser Ge-
5 schichte gibt es keine Tatwaffe als unwiderlegba-
ren Beweis, oder genauer: Es gibt sie in der Hand
jedes einzelnen wichtigen Akteurs. So gesehen
war der Kriegsausbruch eine Tragödie, kein Verbrechen. Wenn man dies anerkennt, so heißt das
10 keineswegs, dass wir die kriegerische und imperialistische Paranoia der österreichischen und
deutschen Politiker kleinreden sollten, die zu
Recht die Aufmerksamkeit Fritz Fischers und
seiner historischen Schule auf sich zog. Aber die
15 Deutschen waren nicht die einzigen Imperialisten, geschweige denn die einzigen, die unter einer Art Paranoia litten. Die Krise, die im Jahr 1914
zum Krieg führte, war die Frucht einer gemeinsamen politischen Kultur. So gesehen waren die
20 Protagonisten von 1914 Schlafwandler – wach-
sam, aber blind, von Albträumen geplagt, aber
unfähig, die Realität der Gräuel zu erkennen, die
sie in Kürze in die Welt setzen sollten.

*Christopher Clark, Die Schlafwandler. Wie Europa in den
ersten Weltkrieg zog, München 2013, S. 715 ff.*

D7   Der Politologe Herfried Münkler
Fotografie von 2015

D8   Der Historiker Christopher Clark
Fotografie von 2019

D10 **Gerd Krumeichs Erwiderung auf Christopher Clark** H

Der Historiker Gerd Krumeich, geboren 1945, war bis 2010 Professor an der Universität Düsseldorf. Der Experte für den Ersten Weltkrieg hat Clarks Bestseller „Schlafwandler" rezensiert.

Die „Schlafwandler" gibt zwar genau das nicht wieder, was in dem Buch steht, wo im Grunde alle Politiker sehr zielstrebig und wohlbewusst daran gehen, den „Weltenbrand" zu entfesseln, in-
5 teressanterweise die Deutschen und die Österreicher noch am wenigsten ... Aber der Titel suggeriert eine wohltätige Wiederholung des alten, in den 1930er-Jahren als Versöhnungsformel gefundenen Ausspruches von David Lloyd Geor-
10 ge, dass die Großmächte alle unbewusst über den Rand des Hexenkessels in den Krieg „hineingeschlittert" seien. Die Abmachung zwischen den deutschen und französischen Geschichtsverbänden von 1953, dass man keiner Nation vor-
15 werfen könne, absichtlich den Ersten Weltkrieg ausgelöst zu haben, hatte vor allem für das Bewusstsein der Deutschen eine beruhigende Wirkung. Dann kam in den 1960er-Jahren die „Fischer-Revolution". Heute zweifelt kein Lehrbuch
20 mehr daran, dass die Deutschen in der Julikrise zumindest unverantwortlich den Knopf auf den entscheidenden Drücker zur Explosion gelegt haben. Clark insinuiert[1] eine besondere russische Verantwortlichkeit. Und auch die Franzosen
25 kommen nicht besser weg. Demgegenüber bleiben die deutschen Handelnden in der Julikrise eigentümlich profillos: Bethmann Hollweg[s][2] kriegstreibende Risikopolitik wird in der konkreten Darstellung heruntergespielt. [Und] keiner
30 der verantwortlichen Staatsmänner hätte sich im Juli 14 so schlafwandlerisch verhalten, hätte man 1914 gewusst, was Verdun und die Somme 1916 sein würden.

Gerd Krumeich, Schlafwandelnd in die Urkatastrophe? Zu Christopher Clarks Bestseller, Geschichte für heute, 2/2014 (gekürzt)

INFO 2   **Vorstellungen vom Krieg**

Der preußische Major Carl von Clausewitz hatte zu Beginn des 19. Jh. in seinem „Buch vom Kriege" geschrieben: „Der Krieg ist eine bloße Fortsetzung der Politik mit anderen Mitteln." Diese
5 Vorstellung hatte die Kriege des 19. Jh. überdauert und wirkte bis ins frühe 20. Jh. fort. Erst der Verlauf des Ersten Weltkrieges änderte diese Einstellung. Hatten die Soldaten der europäischen Länder im August 1914 noch geglaubt, bereits
10 Weihnachten wieder zu Hause zu feiern, entwickelte sich der Erste Weltkrieg zu einem Flächenbrand, der Europa, den Nahen Osten, Afrika, Ostasien und die Ozeane überzog. Er kostete etwa 17 Millionen Menschen das Leben und war der bis
15 dahin umfassendste Krieg der Geschichte, in dem 70 Millionen Menschen unter Waffen standen. Die Kriegsbegeisterung, die am Beginn des Ersten Weltkrieges stand, schwand erst mit den vielen Toten, den grausamen Waffen und dem zähen
20 Stillstand der Truppen, die nicht mehr vor und zurückkamen.

[1] unterstellt
[2] Reichskanzler von 1909-1907

Nr. 356. Abendausgabe.   Erstes Blatt.   Sonnabend, 1. August 1914.

Königsberger Hartungsche Zeitung.

Der Weltkrieg.

Zwölf Stunden Frist für Rußland zum Rückzug.

Eine Schicksalsfrage an Frankreich. — Mobilmachung und „Vermittlung" gleichzeitig. —
Enthüllungen der deutschen Regierung über rußische „Kriegslist." —
Die kaiserliche Familie; Bethmann Hollweg; König Ludwig. — Die öffentliche Meinung. —
Sozialdemokratisches. — Jaurès erschossen!

INFO 3 Kriegsschuld oder Tragödie?

Die Diskussion über den Ersten Weltkrieg prägen immer wieder „Schuldbegriffe": Die Rede ist von Alleinschuld, Teilschuld, Kollektivschuld, Bündnistreue, Unausweichlichkeit und Tragödie. Damit
5 werden in unterschiedlicher Art und Weise zwei Meinungen dazu, wie es zum Krieg kam, deutlich gemacht. Spricht die Forschung von „Alleinschuld", „Teilschuld" oder „Kollektivschuld", so ist gemeint, dass es einen oder mehrere Schuldige
10 gegeben hat, die für den Ausbruch des Ersten Weltkrieges verantwortlich sind. Der Begriff der „Bündnistreue" schwächt eine solche Schuld bereits ab, denn er besagt, dass die Kriegsparteien letztlich aufgrund von Bündnisverpflichtungen
15 keine andere Möglichkeit hatten, als sich in den Krieg einzumischen. Wird von „Unausweichlichkeit" gesprochen, impliziert dies, dass die Parteien in den Krieg „hineingeschlittert" seien, wie es der britische Politiker David Lloyd George in den drei-
20 ßiger Jahren bezeichnete. Wird der Begriff der „Tragödie" verwendet, so befreit dies letztlich alle Beteiligten von Schuld und Verantwortung.

Q3 „Nimm das Schwert der Gerechtigkeit"
Britisches Poster von 1915

Das Propagandaposter wurde vom Parlamentarischen Rekrutierungsausschuss in London veröffentlicht mit dem Ziel, Freiwillige für den Kriegsdienst zu gewinnen.

D11 Annika Mombauer
Fotografie von 2014

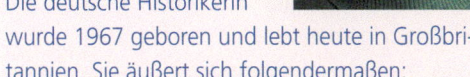

D12 Annika Mombauer über Entscheidungen und Schuldfragen H

Die deutsche Historikerin wurde 1967 geboren und lebt heute in Großbritannien. Sie äußert sich folgendermaßen:

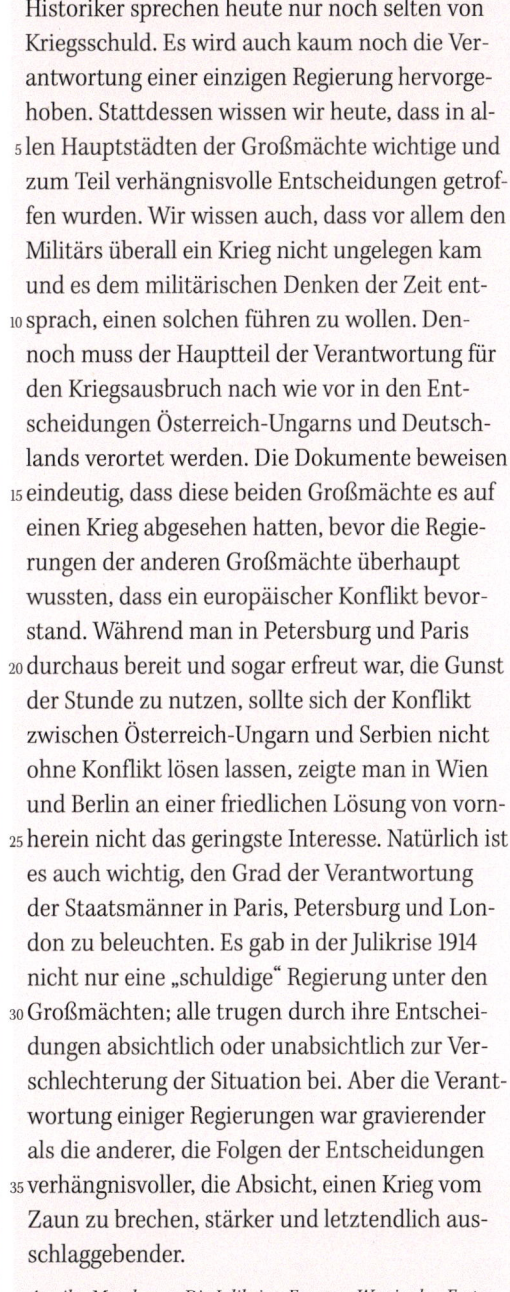

Historiker sprechen heute nur noch selten von Kriegsschuld. Es wird auch kaum noch die Verantwortung einer einzigen Regierung hervorgehoben. Stattdessen wissen wir heute, dass in al-
5 len Hauptstädten der Großmächte wichtige und zum Teil verhängnisvolle Entscheidungen getroffen wurden. Wir wissen auch, dass vor allem den Militärs überall ein Krieg nicht ungelegen kam und es dem militärischen Denken der Zeit ent-
10 sprach, einen solchen führen zu wollen. Dennoch muss der Hauptteil der Verantwortung für den Kriegsausbruch nach wie vor in den Entscheidungen Österreich-Ungarns und Deutschlands verortet werden. Die Dokumente beweisen
15 eindeutig, dass diese beiden Großmächte es auf einen Krieg abgesehen hatten, bevor die Regierungen der anderen Großmächte überhaupt wussten, dass ein europäischer Konflikt bevorstand. Während man in Petersburg und Paris
20 durchaus bereit und sogar erfreut war, die Gunst der Stunde zu nutzen, sollte sich der Konflikt zwischen Österreich-Ungarn und Serbien nicht ohne Konflikt lösen lassen, zeigte man in Wien und Berlin an einer friedlichen Lösung von vorn-
25 herein nicht das geringste Interesse. Natürlich ist es auch wichtig, den Grad der Verantwortung der Staatsmänner in Paris, Petersburg und London zu beleuchten. Es gab in der Julikrise 1914 nicht nur eine „schuldige" Regierung unter den
30 Großmächten; alle trugen durch ihre Entscheidungen absichtlich oder unabsichtlich zur Verschlechterung der Situation bei. Aber die Verantwortung einiger Regierungen war gravierender als die anderer, die Folgen der Entscheidungen
35 verhängnisvoller, die Absicht, einen Krieg vom Zaun zu brechen, stärker und letztendlich ausschlaggebender.

Annika Mombauer, Die Julikrise. Europas Weg in den Ersten Weltkrieg. München 2014, S. 117 ff. (gekürzt)

Feldpostbriefe untersuchen

Du hast im Geschichtsunterricht bereits gelernt, verschiedene Arten von Textquellen zu untersuchen. Eine besondere Art bilden die Feldpostbriefe – Briefe oder Postkarten, die die Soldaten im Ersten Weltkrieg von der Front in die Heimat schickten. Sie berichteten Familie und Freunden von ihrem Leben an der Front. Somit stellen diese Briefe eine wichtige Quelle für Historiker dar. Auch wenn Karten und Briefe von den Militärbehörden zensiert wurden, können wir ihnen doch wichtige Informationen insbesondere über die Gefühlslage der Betroffenen oder die Stimmung an der Front und in der Heimat entnehmen.

> Von der Kriegsfront wurden also auch Briefe geschrieben …

> Ob man daraus erfährt, wie es den Soldaten wirklich ergangen ist?

Schritt für Schritt:
Feldpostbriefe untersuchen

1. Beschreiben
Zentrale Fragen:
a) Wann wurde der Brief geschrieben? Wo entstand er?
   Tipp: Das ist bei Feldpostbriefen nicht immer herauszufinden.
b) Wer ist der Absender; an wen richtet sich der Brief? Kannst du über den Verfasser noch mehr herausfinden?
c) Welche übergreifende Thematik wird in dem Brief angesprochen?

2. Untersuchen
Zentrale Fragen:
a) Kannst du Näheres über die Situation herausfinden, in der der Brief entstand? Du kannst neben den Hinweisen im Brief auch dein Vorwissen nutzen oder recherchieren (z.B. den Zeitpunkt des Krieges, bestimmte Ereignisse wie Schlachten, Orte etc.).
b) Wieso könnte der Verfasser den Brief geschrieben haben?
c) Beschreibt der Brief eher Tatsachen oder lässt der Verfasser auch seine Meinung erkennen?
d) Wie steht der Verfasser dem Krieg und seinen Auswirkungen gegenüber? Führe dafür Textbelege an.

3. Deuten
Zentrale Fragen:
a) Wie wird im Brief insgesamt die Stimmung an der Front beschrieben?
b) Was wird ausgelassen, nicht erwähnt oder verharmlost? Hier solltest du dein Vorwissen heranziehen.
c) Kannst du dir Gründe für die Auslassungen vorstellen?
d) Welche Wirkung soll der Brief auf den Empfänger haben?
e) Wenn du mehrere Briefe eines Schreibers vergleichst: Welchen Sinn sieht der Verfasser im Krieg? Lässt sich darin ein Wandel im Lauf der Zeit feststellen?

So könnte deine Untersuchung des Feldpostbriefes vom 26.9.1914 von Ulrich Ditzen an seine Eltern aussehen.

1. Beschreiben
Die Briefe sind geschrieben von Ulrich Ditzen, dem jüngeren Bruder des Schriftstellers Hans Fallada, der als Kriegsfreiwilliger ab 1914 im Feld stand. Der erste Brief ist datiert auf den 26.9.1914, also zu Kriegsbeginn, und entstand offenbar auf dem Truppentransport per Zug über den Rhein Richtung Frankreich. Gerichtet ist er an die Eltern, Ditzen beschreibt die Erlebnisse und Stimmung beim Transport.

2. Untersuchen
Offenbar möchte Ditzen seine Eltern beruhigen, indem er mehrfach betont, wie gut die Stimmung sei, und – wie auf einer Erholungsreise – die landschaftliche Schönheit beschreibt. Es scheint ein Geist der Kameradschaft und Einigkeit vorzuherrschen: Die Soldaten sind überzeugt davon, ihr Vaterland zu verteidigen, das nach Meinung Ditzens von Frankreich angegriffen wurde (Brief vom 26.9.1914, Z. 9f.). Dafür spricht insbesondere die Erwähnung des Liedes „Wacht am Rhein". Ditzen scheint sich auf den Krieg zu freuen und völlig von seiner Berechtigung überzeugt zu sein.

3. Deuten
Insgesamt findet man nur positiv gefärbte Schilderungen im Brief, obwohl solch ein Truppentransport bestimmt keine allzu komfortable Angelegenheit war. Als einziger Negativpunkt wird das Frieren am Morgen erwähnt, aber sehr verharmlost. Dies passt gut in die Zeit des sogenannten „Augusterlebnisses", als begeisterte Freiwillige jubelnd in den Krieg zogen und solche Briefe in die Heimat schrieben, um Familie und Freunde zu eben solcher Begeisterung zu bewegen.

Q1 **Briefe des Kriegsfreiwilligen Ulrich Ditzen an seine Eltern, 1914-1918**

Ein besonders interessanter Fund sind die mehr als 500 Feldpostbriefe und -karten des Kriegsfreiwilligen Ulrich Ditzen, dem jüngeren Bruder des bekannten Schriftstellers Hans Fallada, die er von 1914 bis zu seinem Tod im August 1918 an seine Familie schrieb. Der Leser kann Gefühle Ditzens dem Krieg gegenüber und deren Wandlung gut nachvollziehen.

Weniger positiv berichtet der Bauer Stefan Schimmer von der Front. Was er seiner Frau schrieb, kannst du dir unter dem Mediencode 31033-12 anhören.

> 26.9.1914
>
> Liebe Eltern.
> Überall ist die Stimmung herrlich, auch bei uns. Die Wachtmeister sind recht fidel, sie lassen immer eine Kognakflasche herumgehen. Nachts schläft man im Ganzen recht gut, nur
> 5 dass man am Morgen ganz gemein friert. Die gestrige Fahrt war geradezu großartig. Das Lahntal herrlich, eine Burg an der anderen in der Abendbeleuchtung. Man sieht das alles jetzt mit anderen Augen an, und es wird einem jetzt gerade klar, ein wie schönes Land man verteidigen darf. Die Über-
> 10 fahrt über den Rhein werde ich nie vergessen. Schon seit Lahnstein lugten wir aus und als wir über die Brücke fuhren, sang der ganze Zug die „Wacht am Rhein". Noch nie hat mir dieses Lied einen derartigen Eindruck gemacht.

> 30.7.1918
>
> Liebe Eltern.
> Man hat uns in der letzten Zeit so hin- und hergeworfen, dass man kaum je zur Ruhe, geschweige denn zum Briefeschreiben kam. Und so ist denn auch in der Zwischenzeit
> 5 eine ganze Menge passiert.
> Vor allem ist, wie ich Euch schon schrieb, Kletzin weg. Er hatte sich zu den Fliegern gemeldet. Sein Gesuch wurde wegen seiner Nerven abschlägig beschieden. Ich hätte es ihm gerne nachgemacht, konnte aber nicht, wegen meiner Farben-
> 10 blindheit. Da ist er denn ein wenig zusammengeklappt und abgedampft auf Nimmerwiedersehen. So fühle ich mich denn jetzt nicht gerade glücklich. Ein wenig einsamer jetzt und noch ein wenig gottverlassener als bisher. Zudem haben sich die Verhältnisse zugespitzt. Es ist alles noch viel unangeneh-
> 15 mer geworden, und so ist denn das Leben im Stab, weiß Gott, keine Freude. Demgemäß ist denn auch mein allabendliches Gebet – Oh Herr, lass Frieden werden – desto inniger geworden. Mein Glaube allerdings an seinen Erfolg nicht größer. Eh bien, warten wir in Geduld auf bessere Zeiten. Mein Ur-
> 20 laub? Bis dahin ist's noch weit. Durch die vielen Urlaubssperren ist alles verzögert und ich habe noch unendliche Vorderleute.

> 12.4.1918
>
> Liebe Eltern.
> 14 Tage sind es nun, dass ich nicht mehr in Leipzigs schönen Gefilden weile. Wenn Verhältnisse verschieden sein können, so sind es diese. Und doch lässt sich eine 3 ½-jährige Ge-
> 5 wöhnung nicht verleugnen. Nachdem ich mich einige Tage lang, wie der Landser sagt, lausig umgekuckt habe, kommt mir alles schon wieder ganz natürlich vor. Und nur manchmal, wenn die Sonne so schön scheint, dann steigt eine leise und wehmütige Erinnerung auf an die schöne Zeit, die jetzt
> 10 endgültig hinter mir liegt. Die Erfolge jetzt sind schön, aber man hat auch jetzt so eine kleine Auffrischung nötig und hoffentlich führt uns das alles nun doch noch und bald nach Haus. Wenn wir erst wieder, ohne an ein Ende denken zu müssen, in der Kaiser-Wilhelm-Straße zusammen sein kön-
> 15 nen, das soll eine schöne Zeit werden.

Zit. nach: Hans-Fallada-Gesellschaft e.V. (Hrsg.), „Sonst nichts Neues." Briefe aus dem Ersten Weltkrieg von Hans Falladas Bruder Ulrich Ditzen, Friedland 2017, S. 9, 122, 132 (gekürzt)

Jetzt bist du dran: Feldpostbriefe untersuchen

1. Untersuche, wie sich Ditzens Haltung gegenüber dem Krieg in seinen späteren Briefen von 1918 verändert, und erläutere, ob und wenn ja, welchen Wandel er im Lauf der Zeit durchmacht (Q1, Briefe vom 12.4. und 30.7.1018).
2. Am Text der Postkarte Q3 auf S. 39 kannst du nochmals selbst üben, Feldpost zu untersuchen. Benutze dabei die Formulierungshilfen auf S. 197-198. **H**

Zivilbevölkerung im Ersten Weltkrieg

Q1 Harte Arbeit für die Zivilbevölkerung

Für die Feldarbeit sprangen Frauen, alte Männer und Kinder ein: Sie mussten die Ernte einbringen. Weil Pferde für das Militär requiriert wurden, mussten die Bauern Ochsen und Kühe vor die Fuhrwerke spannen.

Auf dem Foto sieht man, dass der Krieg für die Menschen in der Heimat weit weg war …

Im Gegenteil – die befanden sich wohl auch im Kriegseinsatz: Lies doch mal!

Die „Heimatfront"

Hinzu kamen ständige Aufrufe zur Spende von kriegswichtigen Materialien, den sogenannten „Liebesgaben", um den
30 Truppen zu helfen. Dies betraf nicht nur Geldsammlungen, sondern auch Gegenstände, die für das tägliche Leben benötigt wurden, wie Stoffe, Wolle oder metallene oder kupferne Kessel, die dann
35 eingeschmolzen wurden. Viele Kinder waren an den verschiedenen Sammelaktionen beteiligt. Ihre Schulbildung oder Ausbildung trat weit in den Hintergrund. Zur Motivation der Daheimgebliebenen wurde der Propagandabegriff
40 der „**Heimatfront**" ersonnen – alle sollten am Krieg und seinem Erfolg beteiligt sein.

Not an der Front und in der Heimat

Krieg fand nicht nur in den Schützengräben oder nahe der großen Schlachtfelder statt. Er bestimmte auch den Alltag der in der Heimat gebliebenen
5 Männer, Frauen und Kinder. Schon zu Beginn des Krieges wusste die deutsche Regierung, dass aufgrund der vielfältigen und zahlreichen Lieferungen an die Truppen an zwei Fronten die Versorgung und Ernährung der heimischen Bevölkerung nicht
10 zu sichern war – Mangel und Not waren die Folge. Bereits im Jahr 1915 wurde der freie Verkauf von Lebensmitteln und manchen Versorgungsgütern eingeschränkt. Waren erhielten die Menschen nur noch über Lebensmittelkarten, wobei streng kal-
15 kulierte Rationen für jede Person berechnet wurden. Die Menge an Zuteilungen wurde mit fortdauerndem Krieg immer knapper. Die englische Seeblockade gegen Deutschland sorgte 1916/17 für den sogenannten „Steckrübenwinter", in dem
20 die Menschen zu Hause und an der Front hungerten. Auch Versuche, sich selbst zu helfen, zum Beispiel durch Gemüseanbau im Garten, linderten die Not nicht. Alle möglichen Dinge wurden als Ersatzstoffe gesammelt und verwendet, beispielsweise
25 Brennnesseln als Grundlage für Stoffe.

Neue Freiheiten für Frauen?

Auch die Wirtschaft konnte nur noch eingeschränkt arbeiten, da viele Männer an der Front
45 standen. Man behalf sich mit der Einstellung weiblicher Arbeitskräfte, die in weiten Teilen ehemals „männliche" Berufsbilder besetzten: So sah man in den Straßenbahnen die ersten Schaffnerinnen oder Fensterputzerinnen auf den Straßen.
50 Nicht zuletzt wurden Frauen in Rüstungsbetrieben eingesetzt. Für die Frauen bedeutete das zwar eine neue Form von Freiheit und auch Gleichberechtigung, gleichzeitig aber auch eine Doppelbelastung von Beruf und alleiniger Versorgung der
55 Familie. Unterstützt wurden sie von der Reichsregierung dabei nicht: Eine Gleichberechtigung auch im politischen Leben, zum Beispiel indem Frauen das Wahlrecht erhalten hätten, fand nicht statt.

Einen kurzen Videoclip zum Leben an der Heimatfront im Steckrübenwinter 1916/17 findest du unter dem Mediencode 31033-13.

„**Heimatfront**"
Umschreibung für die Einbeziehung der Zivilbevölkerung in einen Krieg, u. a. durch Arbeit in der Rüstungsindustrie

Q2 Kein Widerstand trotz Schlangestehen

Bericht eines Schülers über seinen Alltag:

Seit Februar 1915 gab es Lebensmittelkarten. Die Zuteilungen waren nicht nur gering, sondern auch unregelmäßig und fielen zuweilen aus. Die Folge war, dass man „Schlange stehen" musste, stundenlang. Meine Mutter schickte mich als den Älteren oft zum „Anstehen". Nicht selten passierte es, dass ich mit leerer Tasche nach Hause kam, weil die Ware, zumal Butter, nicht gereicht hatte. Gehungert haben wir oft, und den Geruch erfrorener Kohlrüben im Kochtopf aus dem berüchtigten Kohlrübenwinter 1916/17 habe ich heute noch in der Nase. Aber trotz Hunger und Kälte – auch Kohle war knapp – zeigte sich bis zum Streik im Januar 1918 kein offenes Aufbegehren. In der Schule wurden wir schon im zweiten Kriegsjahr angehalten zu Aktivitäten für die „Kriegswirtschaft". Die Lehrer hielten Sammelstunden ab, zu denen wir brachten, was wir auftragsgemäß gesammelt hatten. Das gewünschte Material wechselte: Mal waren es Konservendosen aus Weißblech, mal Altgummiteile, mal ausländisches Geld, mal anderes.

Zit. nach: Rudolf Pörtner, Kindheit im Kaiserreich. Erinnerungen an vergangene Zeiten, München 1989, S. 242 f.

Q3 Frontnachrichten in die Heimat

Hermann Keck (1898-1917) war als Soldat an der Westfront und fiel am 9. Oktober 1917 in Flandern. Kurz zuvor, im September 1917, schickt er seinen Eltern noch folgende Postkarte:

Liebe Eltern!

Habe gestern die Pakete Nr. 7 u. 8 mit bestem Dank erhalten. Mit der Post ist es jetzt zur Zeit

ganz gut. Heute Nacht gehen wir wieder in Stellung[1], hoffentlich wird dann das Essen nicht wieder schlechter. Seid auch so gut und schickt mir bald ein Paar Socken. Habe noch 2 Paar gute, aber komme nicht mit aus. Das dritte Paar wurde mir gestohlen. Auch einige Taschentücher könnte ich brauchen. Habe nur 3 und die sind schmutzig, kann sie jetzt nicht waschen. Habe heute 3 Pakete weggeschickt. Ich glaube es wird sich schon lohnen, die leeren Schachteln[2] zurückzuschicken, sie werden auch nicht mehr billig sein.

Schließe nun in der Hoffnung, dass Ihr alle gesund seid, und grüße Euch alle herzlich

Euer Hermann

Letzte Postkarte Nr. VII: Den 30. September 1917, zit. nach: Hermann Keck, Feldpost aus dem Ersten Weltkrieg. 1917. https://www.dhm.de/lemo/zeitzeugen/hermann-keck-feldpost-aus-dem-ersten-weltkrieg.html (23.10.2020)

Q4 Frauen in der Metallindustrie

Stellenanzeigen in der Ratinger Zeitung, 15.6.1918

Einen Hörtext über den Alltag der Zivilbevölkerung im Ersten Weltkrieg findest du unter dem Mediencode 31033-14.

[1] „In Stellung gehen" bedeutet im Militärwesen, dass sich die Kampfverbände oder Teile von ihnen an einen selbstgewählten Aufenthaltsort während eines Gefechts begeben.

[2] In früheren Briefen schreibt Hermann, dass er seinen Eltern leere Dosen und Behältnisse zurückschicken möchte.

---

1. Stelle in einer Mindmap dar, inwiefern der Krieg das Alltagsleben der Zivilbevölkerung veränderte. Berücksichtige die Aspekte Schule, Freizeit und Berufstätigkeit (Q1-Q4, VT).

2. Diskutiert im Team, welche Folgen der veränderte Alltag der Frauen für die Nachkriegszeit haben konnte, und beurteilt ihre Rolle (VT, Q4).

3. Analysiere die Feldpostkarte Hermann Kecks und fasse zusammen, woran es wohl den Soldaten im Schützengraben und den Menschen in der Heimat mangelte (Q3).

4. Stell dir vor, du lebst 1917. Verfasse einen Tagebucheintrag, der sich mit den Auswirkungen des Krieges auf das Leben der Zivilbevölkerung befasst. Teile diesen auf der Plattform ZUMpad, die du unter dem Mediencode 31033-15 findest, mit deiner Klasse. **MK H**

5. Sammle deine Kenntnisse, wie sich die Situation der Zivilbevölkerung in aktuellen Kriegen verändert hat. Bewerte aus heutiger Sicht das Verhalten der kriegführenden Parteien früher und heute gegenüber der Zivilbevölkerung. Beziehe dich dabei auf Werte, die dir wichtig sind. **H**

Ein Denkmal untersuchen

Nach dem Ersten Weltkrieg entstanden in vielen deutschen Städten und Orten Denkmäler an den gerade beendeten Krieg. Diese haben ganz unterschiedliche Schwerpunkte: Häufig geht es um die Gefallenen und Verwundeten des jeweiligen Ortes, oft aber auch um die Erinnerung an bestimmte Schlachten oder Ereignisse. Manche Denkmäler sind aber auch abstrakter und mahnen an die Rolle des Friedens.

Für die Betrachter:innen ist es wichtig, die jeweiligen Denkmäler in den historischen Kontext einzuordnen, um sie sinnvoll deuten zu können. Die Bedeutung von Symbolen kann sich ändern, Darstellungsformen werden neu geschaffen und wirken nach über 100 Jahren irritierend auf uns. Auch die Deutung des Weltkrieges an sich hat sich gewandelt: Handelte es sich wirklich um einen Verteidigungskrieg in einer „Welt von Feinden"?

Schritt für Schritt:
Ein Denkmal untersuchen

1. Beschreiben
a) Welche Grundinformationen über das Denkmal kannst du sammeln (Ort, Entstehungszeit, Künstler)?
b) Welche Thematik behandelt das Denkmal? Gibt es zum Beispiel einen Titel oder eine Inschrift?
c) Betrachte das Material des Denkmals und seine Ausmaße.
d) Beschreibe das Denkmal: den Aufbau in verschiedenen Ebenen, verschiedene Gruppen/Figuren etc.

2. Untersuchen
a) Betrachte das Denkmal nun genauer und überlege dir eine sinnvolle Reihenfolge der Untersuchung. Gibt es verschiedene Gruppen/Figuren, verschiedene Szenen oder gar eine Abfolge an bildlichen Darstellungen?
b) Untersuche nun die einzelnen Elemente des Denkmals in der von dir erarbeiteten Reihenfolge. Notiere eine Beschreibung und wichtige Elemente in der Darstellung.
c) Ordne ein, was einzelne hervorgehobene Bildelemente bedeuten könnten: Sind sie ein Symbol für etwas? Welche Reaktion sollen sie bei den Betrachter:innen auslösen?
d) Kommen die Symbole/Bildelemente alle aus einer bestimmten Thematik? Verbindet sich eine „Botschaft" damit?

3. Deuten
a) Fasse nun deine Ergebnisse zu den Einzelelementen zusammen: Gibt es eine übergreifende Botschaft, die alle verbindet?
b) Gibt es bestimmte Aspekte, die besonders hervorgehoben werden und so in Erinnerung bleiben sollen?
c) Wäge ab, ob diese Wirkung in der Gegenwart noch anhält. Spricht das Denkmal dich heute noch an oder ist die Darstellungsweise aus deiner Sicht „veraltet"?

1. Beschreiben
Das Denkmal, geschaffen im Jahr 1927 von Otto Scheib und Georg Grasegger, steht im Kölner Friedenspark, der früher Hindenburgpark hieß. Es befindet sich inmitten der alten Befestigungsanlagen Kölns (Forts). Es ist der Erinnerung an die Gefallenen des Ersten Weltkrieges gewidmet und besteht aus zwei Teilen: einer Säule aus Backstein und einer metallenen Skulptur in Form eines fliegenden Adlers, zusammen etwa 15 Meter hoch. Eine Inschrift auf einer Bronzetafel erläutert die Widmung näher.

2. Untersuchen
Den Sockel des Denkmals bildet die viereckige hohe Säule aus Backsteinen. Sie ist einfach gehalten und lenkt die Aufmerksamkeit der Betrachter:innen in die Höhe, hin zur Adlerskulptur, die sich sehr dominant erhebt. Der Adler ist im scheinbar schnellen Flug dargestellt, er schaut starr nach vorn und hat die Schwingen starr zu den Seiten ausgebreitet. Er wirkt energisch und entschlossen, das vor ihm liegende Gebiet zu erkunden, vielleicht zu erobern. Dies könnte in Zusammenhang mit den Kriegszielen des Deutschen Kaiserreiches stehen, das sich im Weltkrieg angegriffen fühlte und meinte, sich verteidigen zu müssen – so wie ein Adler auch seinen Horst verteidigt. Eine Internetrecherche hat ergeben, dass der Adler aus erbeuteten Kanonen des Ersten Weltkrieges gegossen wurde. Auch das Material erinnert also an die behandelte Zeit. Die Verwendung erbeuteter Kanonen soll sicherlich an die siegreichen Momente erinnern, bevor das Deutsche Kaiserreich den Ersten Weltkrieg verlor.

3. Deuten
Insgesamt wirkt das Denkmal sehr heroisch, insbesondere der Adler als Symbol lässt an Eroberung denken. Es scheint nicht um das einzelne Leben zu gehen, sondern es wird den Betrachter:innen suggeriert, die Gefallenen hätten ihr Leben zu einem höheren Zweck geopfert. Ausgeblendet wird die Tatsache, dass das Deutsche Reich den Ersten Weltkrieg militärisch verlor. Laut Recherche weihte Paul von Hindenburg als Reichspräsident das Denkmal ein; nach ihm wurde der Park auch ursprünglich benannt. Auch seine Person ist – als einer der Oberkommandierenden – eng mit dem Weltkrieg verknüpft, insbesondere verbanden Zeitgenossen ihn mit dem Sieg in der Schlacht bei Tannenberg. Auch dadurch wird der verlorene Krieg umgedeutet.

Ist das ein Kriegsdenkmal? Oder steht das für den Frieden?

Lass uns mal sehen, was wir über dieses Monument herausfinden können.

Q1 Friedenspark in Köln
Denkmal von 1927, Fotografie von 2014

FORT ERBGROSSHERZOG
PAUL von MECKLENBURG

Jetzt bist du dran: Ein Denkmal untersuchen

Unter dem Mediencode 31033-16 kannst du dir das Kriegerdenkmal von Widdersdorf ansehen. Daran kannst du nun selbst üben, ein Denkmal zu untersuchen. Nutze bei Bedarf dafür die Formulierungshilfen auf S. 198. **H**

Eine Gedenkstätte online untersuchen

Gedenkstätten sind Erinnerungsorte, die als Orte gemeinsamen Lernens zur Auseinandersetzung mit der Geschichte anregen. Den Besuch einer Gedenkstätte müsst ihr umfangreich vorbereiten und im Voraus planen. Doch auch online kann man Gedenkstätten erkunden und dort recherchieren. In Verdun erinnern gleich mehrere Stätten an die Schlacht von 1916.

Schritt für Schritt:
Ein digitales Angebot recherchieren und untersuchen

1. Eine Gedenkstätte im Internet finden und besuchen
a) Suche mithilfe einer Suchmaschine oder einer digitalen Karte nach Gedenkstätten oder Denkmälern zu einem bestimmten Ereignis oder einer ausgewählten Zeit.
b) Besuche die Website der Gedenkstätte und unternimm, wenn möglich, einen Rundgang oder schau dir mithilfe von Google Maps oder Google Streetview die Gedenkstätte an.

2. Informieren und recherchieren
a) Informiere dich mithilfe der recherchierten Medienangebote zu dem gesuchten Ereignis oder der gesuchten Zeit.
b) Untersuche die Hintergründe zur Entstehung der Gedenkstätte.

3. Den digitalen Gedenkstättenbesuch reflektieren
Beurteile die Gedenkstätte und deinen digitalen Besuch dort.

So könnte deine Untersuchung der Gedenkstätte zur Schlacht von Verdun aussehen:

1. Gedenkstätten zur Schlacht von Verdun im Internet finden und besuchen
Gib Schlagworte wie z. B. „Gedenkstätte Verdun" in eine Suchmaschine ein. Verschaffe dir einen Überblick über die Gedenkstätten und das Medienangebot. Wähle eine Gedenkstätte aus und besuche eine interessante Internetseite, z. B. die offizielle Website des Mémorial de Verdun, die du auch unter dem Mediencode 31033-17 ⊕ findest.
Sieh dir auch bei Google Maps die Gedenkstätte an. **Tipp**: Klicke auf die orangefarbene Figur und dann auf die blauen Punkte, um verschiedene Perspektiven einzunehmen.

2. Über die Gedenkstätte von Verdun informieren und zum Mémorial recherchieren
Recherchiere, was man bei der Gedenkstätte sehen und erfahren kann. Überlege dir Leitfragen, zu denen du mehr erfahren möchtest. Stelle auch Fragen, die die Absicht und den Bau der Gedenkstätte Mémorial de Verdun kritisch hinterfragen. **Tipp**: Im Kasten auf der nächsten Seite findest du Beispielfragen. Recherchiere dann mithilfe des Medienangebotes die relevanten Informationen. Das könnte z. B. so aussehen:

Leitfragen	Informationen
Wie ist die Gedenkstätte aufgebaut?	• Museum: Rundgang und Terrasse mit Blick auf ein ehemaliges Schlachtfeld • Dokumentationszentrum • Freilichtmuseum zu verschiedenen Denkmälern und Kriegsschauplätzen
Wann und aus welchem Anlass wurde die Gedenkstätte errichtet?	• 1967 • um Verdun nachzuerleben und zu verstehen
An wen oder woran soll sie erinnern?	• An die berühmteste Schlacht des Ersten Weltkrieges, die Schlacht von Verdun, in der über 300 000 Soldaten starben und 400 000 verwundet wurden

3. Den digitalen Besuch des Mémorial de Verdun reflektieren
Nimm Stellung zu deinem digitalen Besuch der Gedenkstätte, indem du überlegst, was du dadurch gelernt hast. Findest du, die Gedenkstätte bietet eine gute Möglichkeit, aus der Geschichte zu lernen?

D1 Gedenkstätten in Verdun mithilfe von Google Maps finden und dazu recherchieren

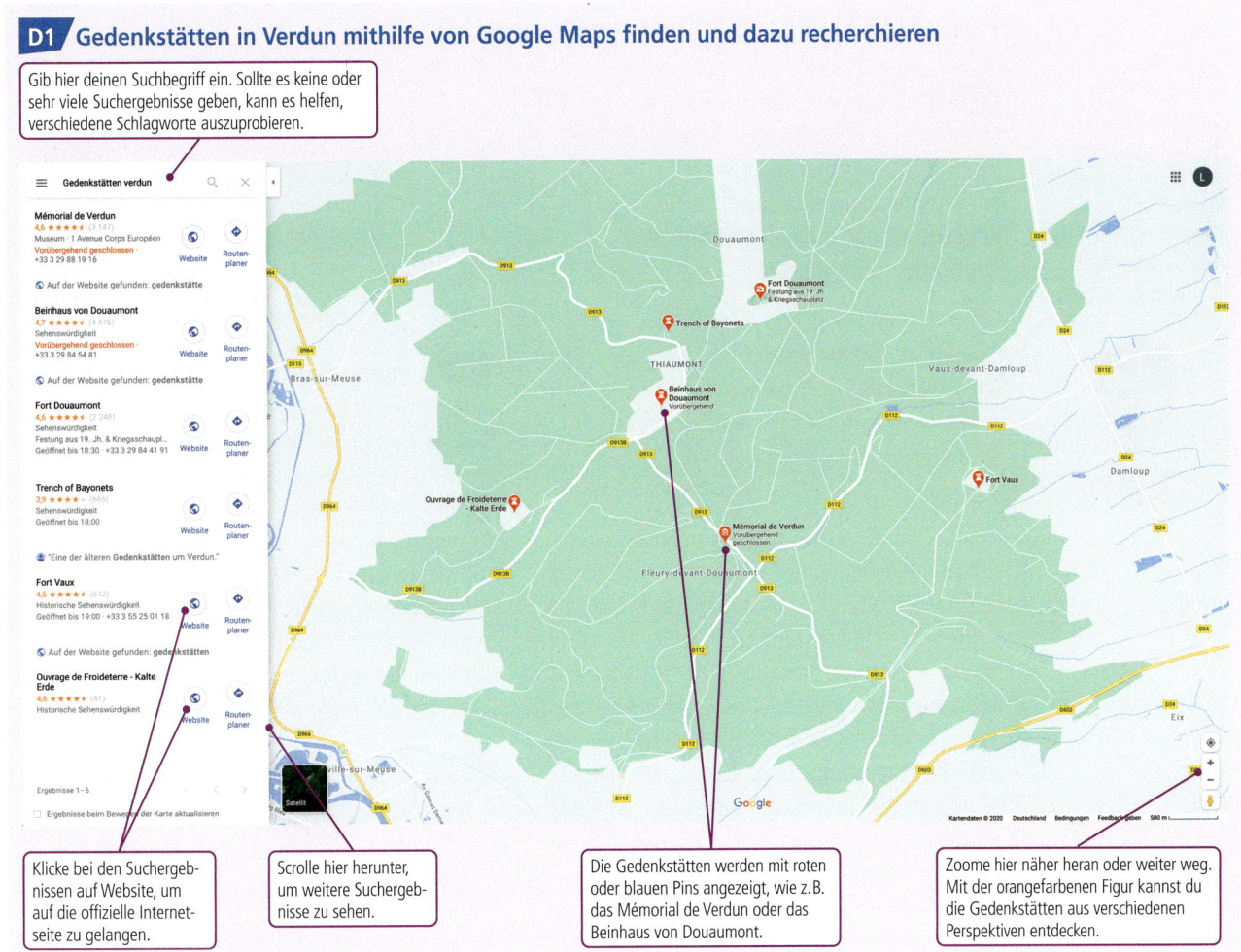

Gib hier deinen Suchbegriff ein. Sollte es keine oder sehr viele Suchergebnisse geben, kann es helfen, verschiedene Schlagworte auszuprobieren.

Klicke bei den Suchergebnissen auf Website, um auf die offizielle Internetseite zu gelangen.

Scrolle hier herunter, um weitere Suchergebnisse zu sehen.

Die Gedenkstätten werden mit roten oder blauen Pins angezeigt, wie z.B. das Mémorial de Verdun oder das Beinhaus von Douaumont.

Zoome hier näher heran oder weiter weg. Mit der orangefarbenen Figur kannst du die Gedenkstätten aus verschiedenen Perspektiven entdecken.

Mögliche Leitfragen bei der Auseinandersetzung mit einer Gedenkstätte:

- Wie ist die Gedenkstätte aufgebaut?
- Wann und aus welchem Anlass wurde die Gedenkstätte errichtet?
- An wen oder woran soll sie erinnern?
- Was können wir dort erfahren?
- Wer gab den Auftrag? Wer bezahlte die Gedenkstätte?
- Mit welcher Absicht wurde sie errichtet? Welche Wirkung sollte sie erzielen?
- Wurde die Gedenkstätte verändert? Was waren die Gründe dafür?
- Wie wirkt die Gedenkstätte und wie gehen wir heute mit ihr um?

Jetzt bist du dran: Eine Gedenkstätte online untersuchen

1. Suche nach Gedenkstätten zum Ersten Weltkrieg in Verdun und Umgebung.
2. Recherchiere zum Beinhaus von Douaumont, indem du die Gedenkstätte bei Google Maps und Google Streetview anschaust und die offizielle Website besuchst. **Tipp**: Du kannst die Leitfragen aus dem Kasten beantworten oder dir selbst passende Leitfragen überlegen.
3. Reflektiere deine digitale Recherche über das Beinhaus von Douaumont, indem du die Informationen und die dahinterliegenden Absichten kritisch beurteilst. H
4. Nimm Stellung, ob digitale Besuche von Gedenkstätten eine echte Exkursion ersetzen können. Nenne dafür Vor- und Nachteile eines digitalen Gedenkstättenbesuchs.

Pandemien in der Geschichte

Genau vor 100 Jahren hatten die Menschen wohl auch Probleme mit einer Krankheit. Das klingt doch genauso wie in der Corona-Pandemie.

Q1 „Die Grippe und die Menschen" H
Satirisches Gedicht über die spanische Grippe:

Als Würger zieht im Land herum
Mit Trommel und mit Hippe,
Mit schauerlichem Bum, bum, bumm,
Tief schwarz verhüllt die Grippe.

5 Es schrie das Volk in seiner Not
Laut auf zu den Behörden:
„Was wartet ihr? Schützt uns vorm Tod –
Was soll aus uns noch werden?"

Der Nebelspalter, Jg. 46, 10, 6. März 1920 (gekürzt)

Auch heute scheint es noch darum zu gehen, Maßnahmen gegen Pandemien zu finden.

D1 Kampf gegen Covid-19
Bundeskanzlerin Angela Merkel sagt:

Der wichtigste Schlüssel zur Bekämpfung des Virus ist das verantwortliche Verhalten jedes Einzelnen. Wir wissen, dass wir verbindliche Regeln brauchen, und wir wissen auch, dass sich nicht 5 alle daran halten. Ganz alarmierend ist, wie stark die Zahl der Menschen gestiegen ist, die intensivmedizinisch behandelt werden müssen, und die Zahl der Menschen, die an dem Virus sterben.

Generaldebatte im Bundestag, 9. Dezember 2020, zit. nach: https://www.bundesregierung.de/breg-de/mediathek/ generaldebatte-1826222 (10.12.2020)

Auslöser und Verbreitung von Pandemien
Seuchen tauchen in der Geschichte der Menschheit wiederholt auf. Man unterscheidet zwischen **Epidemien** und **Pandemien**. In der Antike glaub-5 ten die Menschen, dass die Götter die Menschen mit Krankheiten strafen wollten. Heute weiß man, dass sich Infektionen durch Bakterien, Viren, Pilze oder Parasiten verbreiten. Doch erst Mitte des 19. Jh. entdeckte der Londoner Arzt John Snow 10 zur Zeit einer Cholera-Welle, dass verunreinigtes Wasser an der Krankheit schuld sein könnte. Die Wissenschaft erklärt heute die Weitergabe von Viren und Bakterien direkt von Mensch zu Mensch z. B. über Tröpfchen-Infektion – oder eine Übertra-15 gung findet indirekt statt (über Insekten, Nahrungsmittel oder Gegenstände).

Historische Beispiele
Epidemisch auftretende Krankheiten gibt es seit der Antike – unter anderem Cholera, Typhus, Po-20 lio, Grippe und die Pest. Der heute erste bekannte, bakterielle Pesterreger trat 541 n. Chr. im Nildelta auf. Die Justinianische Pest, benannt nach dem damaligen Herrscher, der selbst erkrankte, ging mit Fieber, Schnupfen und Gliederschmerzen 25 einher. Die bekannteste Pestepidemie brach im Mittelalter aus und wird noch heute als der „Schwarze Tod" bezeichnet: Im 14. Jh. vernichtete dieser Peststamm ca. ein Drittel der bekannten Weltbevölkerung.
30 Die „Spanische Grippe" als bislang schlimmste Grippeepidemie der Geschichte mit 27 bis 50 Mio. Toten breitete sich zwischen 1918 und 1920 von den USA über die Schlachtfelder des Ersten

Weltkrieges in drei Wellen über den ganzen Glo-35 bus aus. Auf Militärschiffen auf engstem Raum kamen Soldaten über den Pazifik nach Europa und kämpften dort gegen europäische Truppen. Besonders in den engen Rekruten- oder Kriegsgefangenenlagern starben zahlreiche Menschen an 40 Lungenversagen. In einer zunehmend globalisierten Welt verbreiten sich Krankheiten also immer schneller.

Umgang mit Pandemien
Die Spanische Grippe wurde so genannt, weil spa-45 nische Medien zuerst über die Krankheit berichteten: Menschen suchen die Schuld für Pandemien möglichst in der Ferne. Bereits während der Kolonialisierung galt der „schmutzige Wilde" als Träger gefährlicher Krankheitserreger. Seit dem 20. 50 Jh. nimmt die Sterberate durch Infektionskrankheiten besonders in den Industriestaaten durch verbesserte Hygiene, Quarantäne und Impfungen sowie die Verfügbarkeit von Antibiotika ab. Dort, wo die medizinische Versorgung schlecht ist und 55 die hygienischen Bedingungen mangelhaft sind, sterben noch heute viele Menschen.

Unter dem Mediencode 31033-18 kannst du dich über verschiedene Epidemien und die Auslöser der Krankheiten informieren. Du findest hier auch weitere Informationen zur Pest.

Epidemie
Eine große Zahl an Menschen infiziert sich in einem begrenzten Ausbreitungsgebiet mit einer Krankheit.

Pandemie
Eine Krankheit breitet sich über Länder- und Kontinentalgrenzen hinweg aus.

Q2 Die bösartige Seuche in Köln

Der Kölner Lokalanzeiger über die Todesopfer der „Spanischen Grippe", 25. Oktober 1918:

Die Grippe hält auch in unserer Stadt noch immer ihren Umzug. Die Zahl der Todesfälle ist nicht unerheblich. Während im linksrheinischen Köln im ersten Drittel des Monats die Zahl aller
5 an den verschiedensten Krankheiten Gestorbenen auf täglich rund 30 sich belief, stieg sie seitdem auf allmählich bis 69 (am 19. Oktober). Man kann sagen, dass von den Verstorbenen die Hälfte der Grippe und deren Folgen zum Opfer fielen.
10 Mit Rücksicht auf die Bösartigkeit der Seuche kann man sagen, dass die durch sie hervorgerufenen Todesfälle nicht zahlreich sind. Da man aber bezüglich der Beerdigungen auf eine Durchschnittszahl der Sterbefälle eingerichtet ist und
15 diese nun auf das Doppelte gestiegen ist, geriet die Begräbnis- und Friedhofsverwaltung in eine vorübergehende Schwierigkeit. Im Bezirk des rechtsrheinischen Köln tritt eine Änderung in der bisherigen Begräbnisordnung nicht ein.

Zit. nach: Victoria Daniella Lorenz, Die Spanische Grippe 1918/1919 in Köln: Darstellung durch die Kölner Presse und die Kölner Behörden, Diss. 2011 (gekürzt und angepasst)

D2 Verschwörungstheorien und Schuldzuweisungen **H**

Interview mit Historiker Christian Scholl über „Sündenböcke" in Pandemien:

Die ersten Pogrome an Juden hat es um die Osterzeit 1348 gegeben. Begründet hat man diese damit, dass man den Juden vorgeworfen hat, die Brunnen vergiftet zu haben und so dieses Mas-

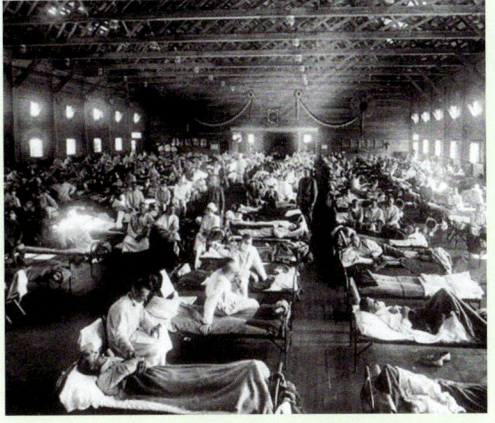

Q3 Patienten der Spanischen Grippe 1918

Fotografie von 1918

Im Notfallkrankenhaus in Fort Riley in Kansas/USA reichten die Plätze für die Erkrankten nicht aus.

5 sensterben im Zuge der Pest verursacht zu haben. Man hat sie dann in einer großen Prozession durch die Stadt geführt, einen Scheiterhaufen errichtet und die Gemeinde kollektiv verbrannt. Eine Kontinuität sehe ich, wenn heute gesagt wird,
10 die Corona-Epidemie ist von Israel ins Leben gerufen worden oder von Laboren, die jüdischen Institutionen oder Wissenschaftlern unterstehen, und dass die dieses Virus bewusst in die Welt gesetzt haben, um die Feinde der Juden zu
15 schädigen. Und die Menschen im Mittelalter konnten sich die Pest nicht erklären. Eins zu eins ist es so heute natürlich nicht. Wir wissen, dass Corona ein Virus ist, aber wir wissen noch nicht, wie genau man es eindämmen kann, es gibt kei-
20 ne Medikamente, keine Impfstoffe. Und in dieser Phase des Nicht-Wissens kommt dann der Vorwurf, dass es eben die Juden waren, die das Virus in die Welt gesetzt haben.

Zit. nach: Ruth Kinet, Mit der Pest kamen die Pogrome, Deutschlandfunk, 10. 4. 2020 (gekürzt und angepasst)

Unter dem Mediencode 31033-19 kannst du dir das gesamte Interview anhören.

---

1. Verschiedene deutsche Universitäten haben ein Corona-Archiv eingerichtet, um die Stimmung der Krise festzuhalten. Sprich mit Freund:innen und Familie über deine Erlebnisse in dieser Zeit. Halte stichpunktartig fest, was du zu einem solchen Archiv beitragen würdest.

2. Vergleiche die vorgestellten Pandemien. Erläutere Parallelen und Unterschiede zwischen den Pandemien der Menschheitsgeschichte, dem Umgang mit ihnen und ihre Folgen (VT, Q1-Q3, D1-D2).

3. Nenne Gründe, warum Menschen früher und heute nach Schuldigen für den Ausbruch von Pandemien suchen und suchten. Nimm Stellung zu historischen und aktuellen Versuchen, Schuldzuweisungen für den Ausbruch von Pandemien zu konstruieren (VT, Q1, D2).

4. Beurteile den Umgang der Menschen mit der Ausbreitung von Pandemien. Recherchiere dazu im Internet. Der Mediencode 31033-20 hilft dir dabei (Q1, D1, Q3). **MK** **H** 🌐

5. Covid-19 (Corona) stellte die Menschen vor große Herausforderungen. Entwickle ein Handout für die Menschen in 100 Jahren, wie sie am besten mit Pandemien umgehen sollten. Bewerte dabei auch den zurückliegenden Umgang mit Covid-19.

Imperialismus und Erster Weltkrieg

Sachkompetenz

1. Erstelle mithilfe deines erworbenen Wissens eine Mindmap zum Thema Erster Weltkrieg, die u. a. folgende Thematiken beinhalten sollte: Kriegsparteien – Kriegsursachen/-anlass – Kriegsfolgen und Kriegsopfer – moderner Krieg – Front und „Heimatfront".

**Methoden-
kompetenz**

Urteilskompetenz

2. Untersuche nach der Methode, die du auf S. 40 f. gelernt hast, den Bajonettgraben von Douaumont. Recherchiere zum Hintergrund des Denkmals im Internet. **MK** **H**

> **Q1** „Tranchée des Baïonnettes"
>
> Der Bajonettgraben von Douaumont ist ein Denkmal zur Erinnerung an die Schlacht um Verdun. Es wurde am 6. Mai 1922 als offizielles Denkmal eingestuft.

Urteilskompetenz

3. Ihr habt zu Beginn des Kapitels Vermutungen gesammelt, welche Folgen die Aufteilung der Welt für die europäischen Mächte und ihr Verhältnis untereinander haben könnte. Beurteilt nun auf Basis der Stichwortkarten, die ihr auf S. 11 erstellt habt, und mithilfe des zwischenzeitlich erworbenen Wissens, welche der Gründe besonders schwerwiegend waren und erstellt ein Cluster (S. 11, Aufgabe 2).

4. Beurteile anhand des Zitats, welche Sichtweise Kinder und Jugendliche von den Herero erhielten, wenn sie dieses Buch lasen. Bewerte aus deiner heutigen Sicht und unter Offenlegung deiner Werte, wie du dieses Buch heute lesen und wahrnehmen würdest. **H**

Urteilskompetenz

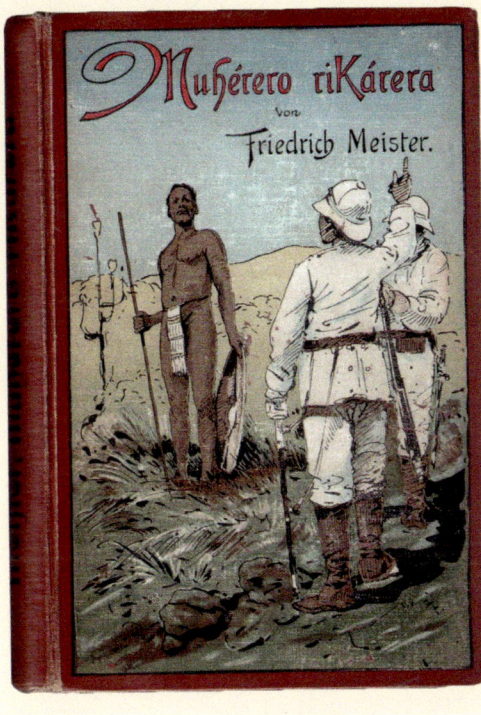

„So liebe Kinder, und nun gibt es noch eine kleine Geschichte zum Schluss: Hört brav zu und passt gut auf. Es ist eine Geschichte über unsere stolzen deutschen Soldaten, die in Afrika gegen die Wilden
5 kämpfen mussten: In den Herzen aller eingeborenen Bewohner unseres südwestafrikanischen Besitzes lebt ein unbändiger Hass gegen alle Weißen, ein Hass, den kein Taufwasser erlöschen und keine Kultur verschwinden machen wird, solange die Be-
10 herrscher dieses Landes eine weiße Haut tragen."

Friedrich Meister, Muhérero rikárera, Leipzig 1904, Vorwort

Q2 **Deutsche Kolonialherren über die Herero**
Buchcover „Muhérero rikárera", 1904
Der Titel des „Kinder- und Familienbuches" bedeutet: „Nimm dich in acht, Herero!"

5. Viele Städte haben heute noch Straßen, die nach Personen aus der Zeit des Imperialismus und des Ersten Weltkrieges benannt sind: z.B. nach Lüderitz, Lettow-Vorbeck etc. Wie du unter dem Mediencode 31033-21 🔍 nachlesen kannst, zieht es längere Diskussionen nach sich, wenn diese Straßen heute umbenannt werden sollen und auch die Anwohner sind nicht immer begeistert über diese Änderung. Recherchiere, ob dies auf deine Heimatstadt zutrifft und wie diese damit umgeht. Bewerte, ob der jeweilige Umgang aus heutiger Sicht angemessen ist. **MK**

Urteilskompetenz

**Handlungs-
kompetenz**

D1 **Eine Straße wird umbenannt**
Fotografie von 2015
In Halle im Kreis Gütersloh wird der kolonialistische Straßenname Lettow-Vorbeck-Straße in Martin-Luther-Straße geändert.

Wissen im Überblick: 🔍
Unter dem Mediencode 31033-22 findest du eine Zusammenfassung des Kapitels in kleinen Kärtchen und einen Selbstdiagnosebogen, an dem du deine Kenntnisse überprüfen kannst.

2 | Das Epochenjahr 1917

Q1 „Spirit of 1917"
Rekrutierungsplakat, 1917
In den USA wurden die Männer aufgefordert, sich freiwillig zum Kriegsdienst zu melden.

D1 „1917. Revolution. Russland und Europa"
Cover des Katalogs einer Ausstellung im Deutschen Historischen Museum Berlin, 2017

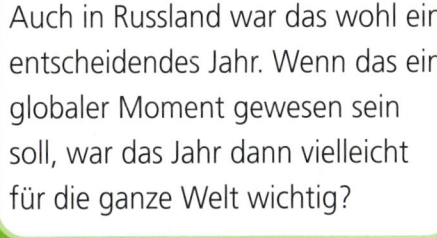

1917 scheint ein besonderes Jahr in Amerika gewesen zu sein, wenn die Menschen damals schon einen besonderen Geist verspürt haben.

Auch in Russland war das wohl ein entscheidendes Jahr. Wenn das ein globaler Moment gewesen sein soll, war das Jahr dann vielleicht für die ganze Welt wichtig?

1917 wurde ein Jahr globaler Übergänge, eine Formverwandlung der Geschichte. Es war nicht allein die Phase, in der sich der Krieg nochmals in seinem Wesen veränderte, technologisch und taktisch, vor allem aber durch die Verknüpfung von Weltkrieg, Revolution und Bürgerkrieg in Russland.

Jörn Leonhard, Die Büchse der Pandora. Geschichte des Ersten Weltkriegs, Bonn 2014, S. 614

D2 **Ein globales Jahr**
Der Historiker Jörn Leonhard, *1967

Was ihr schon hier entdecken könnt:

1. Beschreibe, wie die beiden Abbildungen auf dich wirken (Q1, D1).
2. Vergleiche die Wirkung der Bilder mit der Aussage Jörn Leonhards (Q1, D1, D2).
3. Stelle Hypothesen auf, welche Folgen der Kriegseintritt der USA für den Ersten Weltkrieg gehabt haben könnte.
4. Benenne, welche Revolutionen in der Weltgeschichte du bisher kennengelernt hast. Erkläre, inwiefern eine Revolution ein Land verändern kann, und versuche, diese Änderungen zu kategorisieren. **H**

Umbrüche 1917

1917 befand sich Europa mitten im Ersten Weltkrieg. Verlustreiche Schlachten ohne Gebietsveränderungen wie in Verdun führten bei allen Parteien zu Kriegsmüdigkeit. Zu Beginn des Jahres 1917 änderte sich plötzlich vieles. An verschiedenen Orten der Welt kam es zu bedeutenden Ereignissen. In Russland begann eine Revolution. Mit dem Eintritt der USA in den Ersten Weltkrieg betrat nun eine neue Großmacht die Bühne der Weltpolitik und nahm auf den Kriegsverlauf in Europa Einfluss.

1917 wird deshalb in der Geschichtswissenschaft oft als „Epochenjahr" bezeichnet. Dieser Begriff kennzeichnet Zeitabschnitte, die einen deutlichen Einschnitt in der Chronologie darstellen – und zwar nicht nur für eine kleine Gruppe von Menschen, sondern für die Weltbevölkerung oder die Welt insgesamt. In diesem Kapitel wirst du untersuchen, inwiefern 1917 auch für dich ein „Epochenjahr" ist. Sicherlich wirst du auch einige Aspekte kennenlernen, die dagegensprechen.

Q1 „Dämmerung"

Gemälde von Wassily Kandinsky, 1917

Der russische Künstler Kandinsky hatte 16 Jahre in Deutschland gelebt. Bei Kriegsbeginn 1914 wurde er als „Angehöriger des Feindes" des Landes verwiesen.

In diesem Kapitel lernst du	
Sach-kompetenz	▸ die russische Gesellschaftsordnung und Herrschaftsform vor 1917 darzustellen
	▸ die russischen Revolutionen und ihre Folgen in eigenen Worten zu erklären
	▸ die Gründe für den Aufstieg der USA zur Großmacht zu erläutern
	▸ die Umstände, die zum Kriegseintritt der USA führten, zu erörtern
	▸ gesellschaftspolitische Sichtweisen auf den Vertrag von Trianon und die Pariser Friedensregelungen zu erläutern
Methoden-kompetenz	▸ politische Bildquellen zu untersuchen
	▸ historische Fachliteratur am Beispiel eines Textes zum Epochenjahr 1917 zu untersuchen
	▸ eine eigene Narration digital und analog zu präsentieren
	▸ ethnografische Karten zu untersuchen
Urteils-kompetenz	▸ die Russische Revolution hinsichtlich der Frage nach sozialer Gerechtigkeit für die Bevölkerung zu beurteilen
	▸ die Rolle der USA im internationalen Staatengeflecht im Kontext des sogenannten Epochenjahres 1917 zu beurteilen
	▸ die Bedeutung des Ersten Weltkrieges für die Karibik zu beurteilen
	▸ auch unter Rückgriff auf Erinnerungsorte, Symbole und Rituale das Gedenken an die Opfer des Ersten Weltkrieges zu bewerten
	▸ die Frage der nationalen Selbstbestimmung am Beispiel Ungarns in den Pariser Friedensregelungen zu beurteilen
	▸ den Zäsurcharakter der Ereignisse des Jahres 1917 zu erörtern
Handlungs-kompetenz	▸ die Wirkmächtigkeit von Fotografien im öffentlichen Diskurs zu reflektieren

Über die Wahrnehmung der Russischen Revolution aus künstlerischer Perspektive erfährst du mehr in der Dokumentation unter dem Mediencode 31033-23.

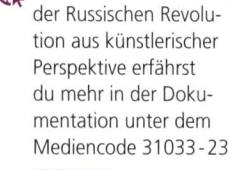

Aufstieg der USA zur Großmacht

| 1820 | 1830 | 1840 | 1850 | 1860 |

• 1823: Monroe-Doktrin

D1 Die USA und Russland im Jahr 1917

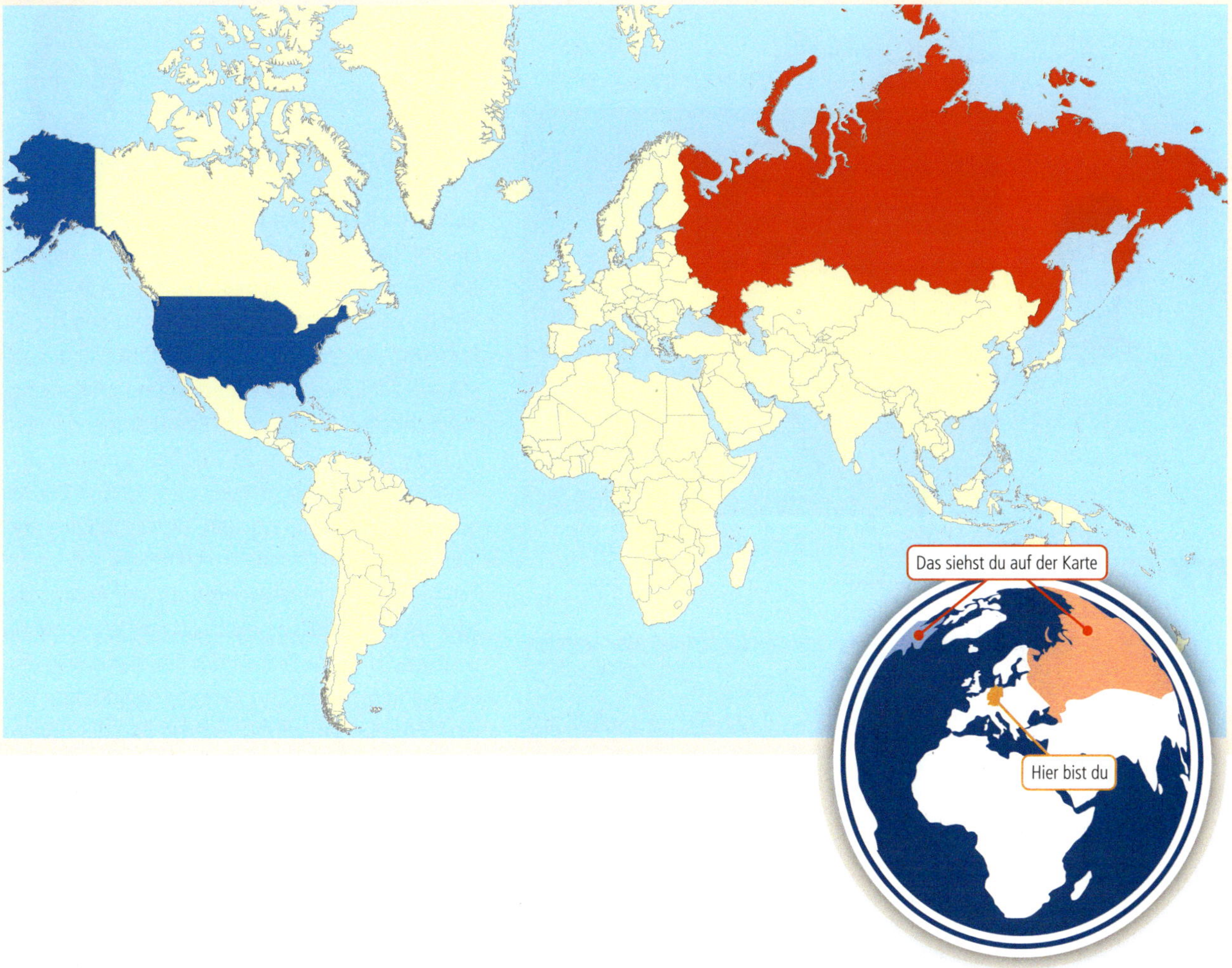

Das siehst du auf der Karte

Hier bist du

Was du hier schon erfährst:

1. Beschreibe, wie das Bild auf dich wirkt, und erkläre, wie diese Wirkung erzeugt wird (Q1).
2. Stelle Vermutungen auf, inwiefern sich der Eindruck eines tief greifenden Einschnitts in die Weltge-schichte durch das sogenannte Epochenjahr 1917 in dem Gemälde widerspiegeln kann (Q1).
3. Beschreibe, inwiefern sich die Karte von den dir bekannten Karten unterscheidet. Stelle Hypothesen auf, warum dies der Fall ist (D1).
4. Gleiche die Fläche der USA mit der Russlands und Europas ab und benenne, was dir auffällt (D1).
5. Unter dem Mediencode 31033-24 ⊕ findest du einen Beitrag des Deutschen Spionage-Museums zur „Zimmermann-Depesche" (siehe Zeitstrahl). Recherchiere davon ausgehend im Internet und kläre den Begriff „Kryptoanalyse". ⌐**MK**⌐

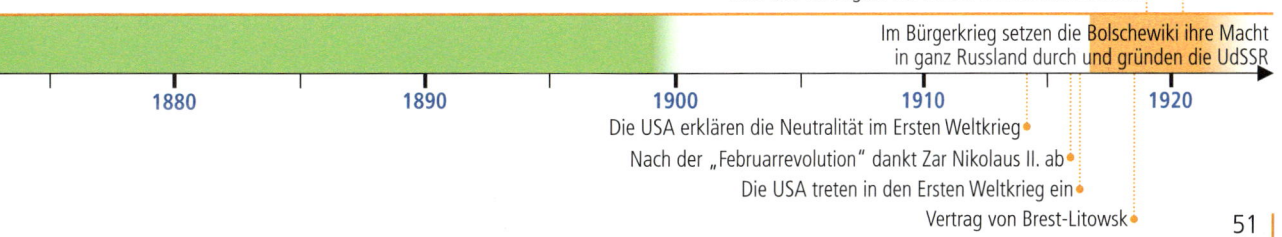

04.06.1920: Vertrag von Trianon●

16.01.1919: Die „Zimmermann-Depesche" wird vom britischen Geheimdienst abgefangen●
18.01.1919: Beginn der Pariser Friedenskonferenzen

Im Bürgerkrieg setzen die Bolschewiki ihre Macht
in ganz Russland durch und gründen die UdSSR

1880   1890   1900   1910   1920

Die USA erklären die Neutralität im Ersten Weltkrieg●
Nach der „Februarrevolution" dankt Zar Nikolaus II. ab●
Die USA treten in den Ersten Weltkrieg ein●
Vertrag von Brest-Litowsk●

Das Ende der Zarenherrschaft in Russland

So ein Herrschaftsverständnis war doch seit der Französischen Revolution total out!

Q1 **Zar Nikolaus II.**
Herrschergemälde von Alexander Demianchuk

Das sieht auch so aus, als hätten die Menschen versucht, sich von der Zarenherrschaft zu befreien …

Fehlende Reformen führen zu Protesten

Nur in den Großstädten gab es eine breitere Schicht gebildeter und freier denkender Bürgerinnen und Bürger, Intellektueller und Studenten. Sie
20 forderten zunehmend eine Einschränkung der absoluten Zarenherrschaft, Rechte und Mitsprachemöglichkeiten für die breite Bevölkerung in einem Parlament. Es kam zu zahlreichen Unruhen und Streiks, die das Militär niederschlug. Der Zar re
25 agierte mit Verfolgung und Unterdrückung der Oppositionellen. Daneben gestattete er jedoch die Einrichtung einer Volksvertretung, der **Duma**, die aber relativ einflusslos blieb. So steigerte sich die politische Unzufriedenheit der Bevölkerung in den
30 Folgejahren, zahlreiche Parteien gründeten sich und forderten einen massiven Umbau des Staates bis hin zur Abschaffung der Monarchie. Politische Reformen vonseiten der Regierung fanden nicht statt, auch die Not der Menschen im Land wurde
35 nicht gelindert.

Die Februarrevolution

Mit Beginn des Ersten Weltkrieges wurde die Lage der Bevölkerung noch problematischer: Neben Armut und Mangelversorgung litten viele Familien
40 unter steigenden Preisen für Lebensmittel, dem Verlust von Angehörigen und den Ungewissheiten des Krieges. Viele nichtrussische Völker, die dem riesigen Zarenreich angehörten, forderten ihre Unabhängigkeit. Im Februar 1917 kam es zu langen
45 Straßenkämpfen, Demonstrationen und Protesten, unter deren Druck Zar Nikolaus II. schließlich zurücktrat. Diese Vorgänge bezeichnet man als Februarrevolution. Wie sollte es mit Russland weitergehen? – Diese Frage sollte eine provisorische
50 Regierung beantworten, die eine liberale parlamentarische Demokratie anstrebte. Neben dieser Regierung bildete sich eine inoffizielle Räteebene, sodass faktisch eine Doppelherrschaft entstand. Der Bevölkerung ging es noch lange nicht besser:
55 Der Krieg dauerte fort und die Machtfrage im Land war ungelöst.

Q2 **Demonstration in St. Petersburg**
Fotografie der Februarrevolution, 23. Februar 1917

Ein absolutistisch beherrschter Agrarstaat

Zu Beginn des 20. Jh. hatte der Staat in Russland sowohl gesellschaftlich als auch wirtschaftlich weniger Modernisierungen erfahren als die europäi
5 schen Großmächte. Der **Zar**, der russische Kaiser, herrschte absolutistisch über seine Untertanen, die gesellschaftlichen Unterschiede waren größer als im übrigen Europa. Die meisten Menschen lebten auf dem Land und litten unter großer Armut,
10 Rechtlosigkeit und unzureichenden Bildungsmöglichkeiten – die meisten waren Analphabeten. Der Staat war vor allem landwirtschaftlich geprägt, abgesehen von den beiden größten Städten Moskau und St. Petersburg hatte kaum eine Industria
15 lisierung stattgefunden.

Zar
früher der höchste Herrschertitel in Russland, Bulgarien und Serbien mit imperialem Anspruch

Duma
Unterhaus in Russland; vom Volk gewähltes Parlament, das unter dem Zaren kaum Rechte besaß

Q3 Bitte der Petersburger Arbeiter

135 000 Arbeiterinnen und Arbeiter unterschreiben diese Bittschrift an den Zaren vom 9. Januar 1905:

Herrscher! Wir, die Arbeiter der Stadt Petersburg, unsere Frauen, Kinder und hilflosen greisen Eltern sind zu Dir, Herrscher, gekommen, Wahrheit und Schutz zu suchen. [...] Herrscher, wir
5 sind hier mehr als 300 000, und sie alle sind nur dem Aussehen nach, nur ihrem Äußeren nach Menschen, in Wirklichkeit erkennt man uns kein menschliches Recht zu, wir dürfen nicht einmal sprechen, denken, uns versammeln, unsere Nöte
10 besprechen, Maßnahmen zur Verbesserung unserer Lage ergreifen. [...] Russland ist viel zu groß, seine Nöte sind viel zu mannigfach und zahlreich, als dass die Beamten allein es verwalten könnten. Es ist notwendig, dass das Volk
15 selbst sich helfe – kennt es doch allein seine Nöte. Stoße seine Hilfe nicht von Dir: Nimm sie an, befiehl sofort, gleich, die Vertreter aller Klassen und Stände der russischen Erde einzuberufen. Mögen da der Kapitalist und der Arbeiter und
20 der Geistliche und der Doktor und der Lehrer vertreten sein; mögen alle ihre Vertreter wählen, möge jeder im Recht zu wählen gleich und frei sein, – und zu diesem Zweck sollst Du befehlen, dass die Wahlen zur konstituierenden Versamm-
25 lung unter der Bedingung der allgemeinen, geheimen und gleichen Stimmabgabe stattfinden. Das ist unsere Hauptbitte.

Nach: Wladimir I. Lenin, Sämtliche Werke, Bd. 7, Moskau 1929, S. 537f.

Q4 Blick in die Zukunft

Sergej J. Witte prägt um die Jahrhundertwende die russische Wirtschaftspolitik. Im Oktober 1905 legt er dem Zaren eine Denkschrift vor:

Noch ist kein Jahr verstrichen, da das allgemeine Wahlrecht nur von den radikalsten Elementen der Gesellschaft gefordert wurde. Heute gibt es keinen Verband und keine Zeitung, die es nicht
5 verlangen, es wird nicht einmal mehr darüber gestritten. Als selbstverständlich sind die Gleichberechtigung der Frau, die Nationalisierung des Grundbesitzes und eine soziale Neuordnung des Staates mit inbegriffen. Es erheben sich Stim-
10 men für eine Autonomie der Provinzen, für die Umwandlung Russlands in einen Bundesstaat freier, über sich selbst bestimmender Völker. Wir leben in einer Zeit extremster Ideen. Sogar die konstitutionelle Verfassung erfährt Kritik. Sozia-
15 listische Tendenzen bedrohen die individuelle Freiheit, wirtschaftliche Probleme ersticken rechtliche. Entweder wird die bürgerliche Freiheit durch Reformen verwirklicht oder durch eine Revolution. Im zweiten Fall aber wird diese
20 Freiheit erst spät aus dem Aschenhaufen eines zerstörten tausendjährigen geschichtlichen Daseins entstehen. Die russische Revolution, sinnlos und erbarmungslos, wird alles wegfegen, alles in Trümmer schlagen. In welcher Form
25 Russland aus dieser Prüfung hervorgehen wird, übersteigt unser Darstellungsvermögen. Aber die Schrecken der Revolution werden alles übertreffen, wovon die Geschichte berichtet. Man wird versuchen, die Ideale des theoretischen Sozialis-
30 mus zu verwirklichen; diese Versuche werden die Familie zerstören, das religiöse Leben vernichten, das Eigentum beseitigen und alle Rechtsgrundlagen untergraben.

Nach: Wladimir von Korostowetz, Graf Witte, der Steuermann in der Not, übersetzt von Heinz Stratz, Berlin 1929, S. 229 und 16 (gekürzt)

---

1. Erläutere das Herrschaftsverständnis des russischen Zaren, das im Gemälde deutlich wird (Q1).
2. Erarbeite aus der Bitte der Petersburger Arbeiter:innen die Forderungen der Bevölkerung. Entwirf auf dieser Grundlage ein Plakat für eine Demonstration der russischen Bevölkerung im Jahr 1905 (Q3).
3. Diskutiert, welche Handlungsmöglichkeiten der Zar hatte. Bezieht dabei in eure Überlegungen mit ein, welche Forderungen ihm vielleicht zu radikal erschienen (Q3, Q4). **H**
4. Beurteilt in der Klasse die Frage, ob und inwiefern die sogenannte Februarrevolution zu einer Befreiung der russischen Bevölkerung beitrug (Q2). **H**

Die Oktoberrevolution

Q1 Die Bolschewiken siegen in der Oktoberrevolution

Boris Michailowitsch Kustodijew: The Bolshevik (dt: Der Bolschewik).
Öl auf Leinwand

Die Revolutionäre haben sich wohl durchgesetzt.

Ob die Gesellschaft dadurch gerechter wurde?

⊕ Unter dem Mediencode 31033-25 findest du ein informatives Video zur Oktoberrevolution.

Sowjets
Räte, die Arbeiterinteressen vertraten

Menschewiki
Russ. „Minderheitler" gemäßigter Flügel der russischen Sozialdemokratie, der eine demokratisch-parlamentarische Partei anstrebte

Bolschewiki
Russ. „Mehrheitler"; radikale kommunistische Fraktion unter Führung Wladimir Lenins innerhalb der Sozialdemokratischen Arbeiterpartei Russlands (SDAPR)

Doppelte Herrschaft

Während die provisorische Regierung sich bemühte, einerseits die Not der Bevölkerung zu lindern und andererseits eine parlamentarische Demokra-
5 tie in Russland zu schaffen, bildeten sich weitere Gruppen heraus, die das System grundlegend verändern wollten. Aus ihnen gingen überall im Land Räte (russisch **Sowjets**) als Interessenvertretung der Arbeiter, Bauern und Soldaten hervor. Sie
10 kümmerten sich um die Anliegen kleinerer Gruppen wie die Probleme von Arbeiterinnen und Arbeitern in einer bestimmten Fabrik. So entschieden sie in vielen Problemen des Alltagslebens, ohne offiziell Teil der Regierung zu sein.

15 Eine gespaltene Bewegung

Die meisten Menschen, die sich in den Räten engagierten, vertraten die Ziele der russischen Sozialdemokratie, die allerdings in sich gespalten war. Ihr gehörten die **Menschewiki** an, die eher ge-
20 mäßigte Ziele vertraten, und die radikalen **Bolschewiki**. Ihr Führer war **Wladimir I. Lenin**. Während die Menschewiki eine liberale Demokratie in Russland forderten, wollten die Bolschewiki nach dem Vorbild des Kommunismus eine ganz
25 neue Form von Gesellschaft: Die ungerechten Besitzverhältnisse sollten aufgehoben und alle Men-

schen gleichgestellt werden. Dies bedeutete allerdings auch, dass keine Privatleute mehr Produktionsmittel besitzen sollten – alle Produktionsgüter
30 würden dem Staat gehören. Adel und Bürgertum sollten die Macht verlieren, die Gesetze sollten von den Arbeitern, Bauern und Soldaten bestimmt werden. Der Plan war, dass nicht die breite Masse, sondern nur eine kleine Gruppe von Be-
35 rufsrevolutionären diesen Prozess anführen sollte. Eine bürgerliche Revolution als Zwischenstufe, wie sie Marx vorgesehen hatte, sollte übersprungen werden: Alle Macht sollte von den Räten ausgehen, die eine Alleinherrschaft errichten würden.

40 Der Putsch

Im Oktober 1917 besetzten die Bolschewiki mithilfe militärischer Einheiten zunächst wichtige Plätze in St. Petersburg, später auch das Winterpalais, den Sitz der provisorischen Regierung. Die-
45 se wurde verhaftet. Zeitgleich erhoben sich viele Aufstände auf dem Land, Bauern nahmen die Güter der Adligen ein. Die Menschewiki traten aus Protest gegen die gewaltsame Übernahme aus dem Rätekongress aus, sodass der Weg für die
50 Bolschewiki frei war. Als diese bei den Wahlen zur verfassunggebenden Nationalversammlung im November nicht die Mehrheit errangen und die Abgeordneten den Antrag, alle Macht den Sowjets zu übertragen, ablehnten, lösten die Bolsche-
55 wiki auch die gewählte Versammlung gewaltsam auf. Von da an errichtete ihre Regierung (Rat der Volkskommissare) die „Diktatur des Proletariats". Großgrundbesitzer wurden enteignet, ohne eine Entschädigung für ihre Güter zu erhalten. Die Bol-
60 schewiki forderten außerdem, den Krieg umgehend zu beenden. Der militärische Putsch wurde unter dem Begriff „Oktoberrevolution" zusammengefasst und unter den neuen Machthabern zu einem Mythos.

Q2 Lenin verkündet den Sieg der Revolution

Die sowjetische Briefmarke von 1954 wurde zum 30. Todestag Lenins einem Gemälde von Wladimir A. Serow nachempfunden.

Q3 Lenins Aprilthesen

Im Revolutionsprogramm heißt es am 4. April 1917:

1. In unserer Stellung zum Krieg auch nicht die geringsten Zugeständnisse an Vaterlandsverteidigung.

2. Die Eigenart der gegenwärtigen Lage in Russland besteht im Übergang von der ersten Etappe der Revolution, die der Bourgeoisie die Macht gab, zur zweiten Etappe der Revolution, die die Macht in die Hände des Proletariats und der ärmsten Schichten der Bauernschaft legen muss.

3. Keinerlei Unterstützung der Provisorischen Regierung.

5. Keine parlamentarische Republik, sondern eine Republik der Sowjets der Arbeiter-, Landarbeiter- und Bauerndeputierten im ganzen Lande von unten bis oben. Abschaffung der Polizei, der Armee, der Beamtenschaft.

6. Beschlagnahmung der gesamten Ländereien der Gutsbesitzer. Nationalisierung des gesamten Bodens im Lande.

Zit. nach: Oskar Anweiler, Die Russische Revolution 1905 - 1921, Stuttgart 1971, S. 37 f. (gekürzt)

Q4 Uneingeschränkte Macht der Sowjets [H]

Aus dem Dekret über die Auflösung der konstituierenden Versammlung vom 19.1.1918:

Die Russische Revolution hat die Sowjets geschaffen als Massenorganisation aller werktätigen und ausgebeuteten Klassen. Im Laufe der ganzen ersten Periode der Russischen Revolution mehrten sich die Sowjets, erstarkten und zogen praktisch die Schlussfolgerung, dass die Befreiung der unterdrückten Klassen unmöglich ist ohne den Bruch mit diesen Formen und mit allen Kompromissen. Ein solcher Bruch war die Oktoberrevolution, die alle Macht in die Hände der Sowjets legte. Die Konstituierende Versammlung, gewählt aufgrund von Kandidatenlisten, die vor der Oktoberrevolution aufgestellt worden waren, brachte das alte politische Kräfteverhältnis zum Ausdruck. Jeder Verzicht auf die uneingeschränkte Macht der Sowjets wäre jetzt ein Schritt rückwärts, würde den Zusammenbruch der ganzen Oktoberrevolution der Arbeiter und Bauern bedeuten.

Zit. nach: Helmut Altrichter (Hrsg.), Die Sowjetunion. Von der Oktoberrevolution bis zu Stalins Tod, Bd. 1: Staat und Partei, München 1986, S. 29-31 (gekürzt)

1. Stelle die wichtigsten Forderungen Lenins mithilfe der „Aprilthesen" zusammen (Q3).
2. Diskutiert im Team, ob der Begriff „Doppelherrschaft" für die Zeit zwischen Februar und Oktober 1917 zutreffend ist (VT).
3. Interpretiere das Historiengemälde, das die Briefmarke von 1954 zeigt (Q2). [H]
4. Recherchiere die Rolle Lenins in der Oktoberrevolution.
5. Erläutere die Argumentation, mit der die Bolschewiki die konstituierende Versammlung auflösten, und beurteile deren Tragfähigkeit (Q4, VT).
6. Verfasse eine begründete Stellungnahme, ob die Oktoberrevolution mehr Gerechtigkeit für die Bevölkerung mit sich brachte.

Einen Podcast erstellen

D1 Podcast zur Oktoberrevolution in Russland

Kannst du später vorbeikommen und mir die Oktoberrevolution nochmal erklären?

Das hat Sabrina auch schon gefragt. Schaffe ich nicht, aber ich mach euch einen Podcast.

Du hast gelernt, dass die Oktoberrevolution 1917 eine bedeutende Zäsur in der Geschichte Russlands und für das Geschehen in Europa war.

Um dein Wissen über die Oktoberrevolution noch einmal zu strukturieren und zu präsentieren, kannst du zum Beispiel einen Podcast erstellen. Podcasts sind Mediendateien, die du dir über Computer, Tablet oder Smartphone im Internet anhören kannst.

Schritt für Schritt:

Ein digitales Angebot recherchieren und untersuchen

1. **Einen Podcast planen**
   a) Bereite deinen Podcast vor, indem du dir Titel und Inhalt überlegst und in einem Skript festhältst.
   b) Recherchiere im Internet nach passenden Sounds oder musikalischer Untermalung. Achtung: Benutze nur Töne und Musik, die GEMA[1]-frei bzw. zur Verwendung freigegeben sind.

2. **Den Podcast aufnehmen und bearbeiten**
   a) Nimm den Podcast mit einer Aufnahmesoftware und einem Mikrofon auf. **Tipp**: Achte darauf, dass keine Nebengeräusche zu hören sind.
   b) Bearbeite den Podcast, indem du ihn mit einem Audioeditor schneidest und ggf. mit Tonspuren unterlegst.

3. **Den Podcast beurteilen**
   a) Nimm Stellung, ob der Podcast gelungen ist.
   b) Hat die Erstellung dir geholfen, das Thema besser zu verstehen?

[1] Die GEMA ist die Gesellschaft für musikalische Aufführungs- und mechanische Vervielfältigungsrechte. Sie verwaltet in Deutschland die Nutzungs- und Urheberrechte von Ton- und Musikaufnahmen.

Erstelle selbst einen eigenen Podcast. Das könnte so aussehen:

1. **Deinen eigenen Podcast planen**
   Verfasse ein Skript, indem du die Anfänge und den Verlauf deines Themas festhältst. Du kannst einen Text ausformulieren, den du später vorliest, oder Stichworte aufschreiben, um den Podcast freier vorzutragen.
   Musik oder Sounds lassen deinen Podcast lebendig wirken. Recherchiere mithilfe der Links im Kasten auf S. 57 Tonspuren. Achtung: Benutze nur passende Musik oder Sounds im Einspieler oder zur Untermalung deines Vortrags.

2. **Einen Podcast über die Oktoberrevolution aufnehmen und mit Audacity bearbeiten:**
   Lade dir eine Software zum Aufnehmen und Bearbeiten von Audio-Dateien herunter. Dafür bietet sich zum Beispiel das kostenlose Programm Audacity an, das du unter dem Mediencode 31033-26 findest. Die Checkliste hilft dir dabei, auf alle Details zu achten, die wichtig für die Erstellung eines Podcasts sind.
   Nimm deinen Podcast auf, indem du auf „Aufnahme" klickst und dein Skript vorliest oder vorträgst (D2). **Tipp**: Achte auf eine deutliche Aussprache, auf die passende Betonung und mache Pausen zwischen den Abschnitten.
   Klicke auf „Play" und höre dir den Podcast an. Wenn du mit dem Ergebnis zufrieden bist, kannst du es bearbeiten und mit Musik und Sounds unterlegen (D3). Achte darauf, dass die Tonspuren im gleichen Format (z.B. WAV/Mp3) gespeichert sind. Mit einem Konverter wie dem unter dem Mediencode 31033-27 kannst du das Format ändern. **Achtung**: Der Inhalt steht im Vordergrund! Wähle nicht zu viel Musik oder Sounds, die abzulenken könnten.
   Höre dir deinen fertigen Podcast an und speichere ihn, indem du auf → Datei → Exportieren klickst und ein Format wählst, z.B. → Als MP3 exportieren.

3. **Beurteilen, ob dein Podcast gelungen ist:**
   Überprüfe deinen fertigen Podcast mithilfe der Checkliste (D4). Überlege, ob dir die Erstellung des Podcasts dabei geholfen hat, dein Wissen über dein Thema zu strukturieren und zu vertiefen.

D2 Audio-Editor Audacity

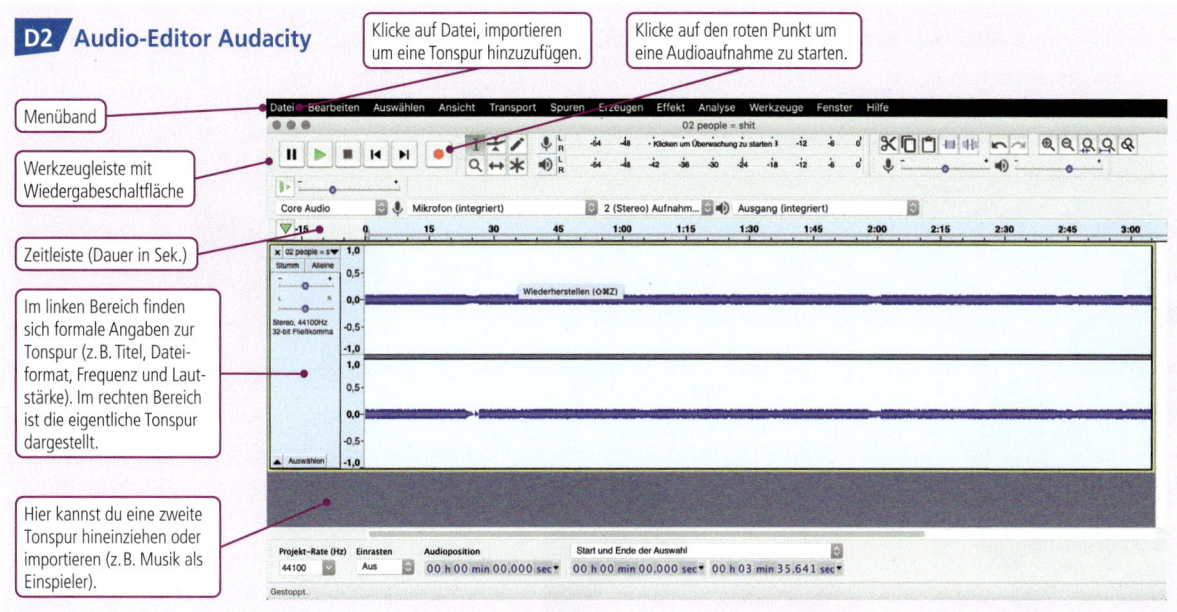

Klicke auf Datei, importieren um eine Tonspur hinzuzufügen.

Klicke auf den roten Punkt um eine Audioaufnahme zu starten.

Menüband

Werkzeugleiste mit Wiedergabeschaltfläche

Zeitleiste (Dauer in Sek.)

Im linken Bereich finden sich formale Angaben zur Tonspur (z. B. Titel, Dateiformat, Frequenz und Lautstärke). Im rechten Bereich ist die eigentliche Tonspur dargestellt.

Hier kannst du eine zweite Tonspur hineinziehen oder importieren (z. B. Musik als Einspieler).

D3 Zwei Tonspuren bearbeiten

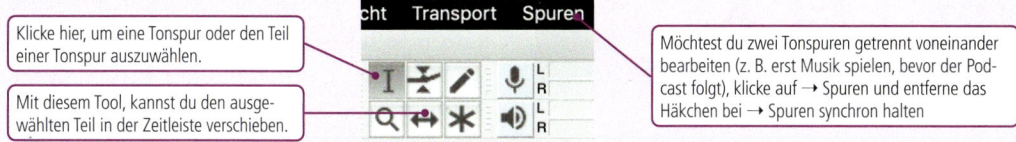

Klicke hier, um eine Tonspur oder den Teil einer Tonspur auszuwählen.

Mit diesem Tool, kannst du den ausgewählten Teil in der Zeitleiste verschieben.

Möchtest du zwei Tonspuren getrennt voneinander bearbeiten (z. B. erst Musik spielen, bevor der Podcast folgt), klicke auf → Spuren und entferne das Häkchen bei → Spuren synchron halten

D4 Checkliste

Vor der Aufnahme:

- Skript geschrieben (Einleitung, Hauptteil, Schluss)?
- Gemeinfreie Musik und Sounds heruntergeladen?
- Technische Bedingungen abgeklärt (Aufnahmegerät, Mikrofon, Software)?
- Aufnahmeraum ohne Nebengeräusche gesucht?
- Aufnahmetest durchgeführt (Funktion und Lautstärke überprüft)?

Tipps für die Recherche nach Tonspuren

Wenn du Tonspuren (Musik, Geräusche) für deinen Podcast verwendest, beachte das Urheberrecht. Unter dem Mediencode 31033 - 28 findest du einige Datenbanken, die kostenfreie Geräusche oder GEMA-freie Musik anbieten.
Sie bieten:

- Aufnahmen klassischer Musik, die aufgrund des Alters gemeinfrei sind
- eine Datenbank mit Musik und Sounds (Klängen und Geräuschen)
- eine Datenbank mit Filmmusik (Achtung: Nicht alle Songs sind kostenfrei. Bei Verwendung der kostenlosen Musik muss der/die Interpret/in genannt werden)

Jetzt bist du dran: Einen Podcast erstellen

1. Schreibe mithilfe der Texte, Materialien und Aufgaben auf den Seiten 54 - 55 ein Skript, in dem du die Oktoberrevolution in eigenen Worten erklärst. Der Mediencode 31033 - 29 hilft dir dabei.
2. Recherchiere im Internet passende Musik oder Sounds (D4).
3. Nimm den Podcast auf und bearbeite ihn anschließend mithilfe eines Schnittprogramms und den recherchierten Tonspuren (D2 - D4).
4. Nimm Stellung, ob dein Podcast gelungen ist, indem du die Qualität der technischen Aufnahme und des Inhalts prüfst. Beurteile, ob dir die Erstellung des Podcasts dabei geholfen hat, dein Wissen über die Oktoberrevolution zu vertiefen.

Die bolschewistische Machtsicherung

Q1 „Genosse Lenin reinigt die Erde von Unrat"

Bolschewistisches Plakat von Victor Deni, 1920

Q2 „Schlagt die Weißen mit dem roten Keil"

Bolschewistisches Propaganda-plakat von El Lissitzky, 1929

Die Opposition im Bürgerkrieg bestand aus Zaristen, Großgrundbesitzern und gemäßigten Demokraten. Ihr militärischer Arm war die „Weiße Armee". Die Kampfverbände der Bolschewiki nannten sich „Rote Armee".

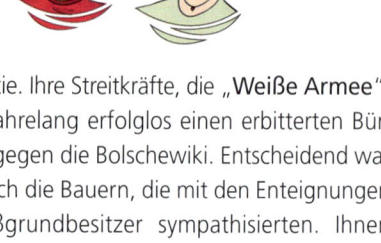

Lenin räumt da richtig auf und macht Platz für das neue System …

Aber alle stürzen ab – die Gegner wurden wohl mit Gewalt beseitigt!

Demokratie. Ihre Streitkräfte, die „Weiße Armee", führten jahrelang erfolglos einen erbitterten Bürgerkrieg gegen die Bolschewiki. Entscheidend waren letztlich die Bauern, die mit den Enteignungen
30 der Großgrundbesitzer sympathisierten. Ihnen war der Besitz eines eigenen Stückes Land wichtiger als die Herrschaftsform im Staat.

Reformpolitik?

Nach Weltkrieg und Gebietsverlusten lag die russi-
35 sche Wirtschaft am Boden. Eine Hungersnot im Winter 1921/22 kostete mehr als zwei Millionen Russen das Leben. Die Bolschewiki beschlossen eine neue Wirtschaftspolitik, die Neue Ökonomische Politik (NÖP): Sie lockerten die begonnene
40 Verstaatlichung von Betrieben und den Verkauf. So konnten die Bauern die Hälfte ihrer Erzeugnisse mehr oder weniger frei verkaufen, eine grundsätzliche staatliche Kontrolle in allen Bereichen wurde aber beibehalten. Eine freie Wirtschaft gab
45 es nicht. Russland sollte möglichst schnell Industriestaat werden und die Produktion steigern. Neben wirtschaftlichen Maßnahmen wollte Lenin die Bildung modernisieren und die Lese- und Schreibfähigkeit der Bevölkerung verbessern.

Macht durch Unterdrückung

Die Macht der Bolschewiki war noch nicht gesichert: In den Wahlen zu einer verfassunggebenden Versammlung hatten sie keine Mehrheit er-
5 langt. Sie lösten die Versammlung auf und verlegten die Regierung ins politisch ruhigere Moskau. Der Sowjet, die zentrale politische Institution, versammelte sich weiterhin in St. Petersburg. Lenin schaltete innerpolitische Konkurrenz aus. Im März
10 1921 erließ er das Verbot, innerhalb der Partei eine andere Meinung als die der Parteiführung zu vertreten. Sämtliche politischen Gegner wurden in den Folgejahren rücksichtslos verfolgt.

Das Kriegsende führt zum Bürgerkrieg

15 Schnell lösten die Bolschewiki eines ihrer zentralen Ziele ein: Am 3. März 1918 schlossen sie mit den Mittelmächten den Frieden von Brest-Litowsk. Darin verlor Russland große Gebiete und wirtschaftlich wichtige Regionen in der Eisen- und
20 Stahlindustrie. Zum gleichen Zeitpunkt wurden die Kampfverbände in „Rote Armee" umbenannt, zarentreue Offiziere entlassen.
Es bildete sich eine Opposition gegen Lenin aus hohem Militär, Großgrundbesitzern und Anhän-
25 gern der Monarchie oder einer parlamentarischen

Die Gründung der UdSSR

50 Lenin konnte viele Völker an seinen Staat binden – vor allem mit dem Versprechen, dass die anderen Völker in ihren Sowjetrepubliken, die nach dem Vorbild Russlands aufgebaut sein sollten, ihre An-
55 gelegenheiten selbstbestimmt regeln können sollten. Ende 1922 vereinigten sich so drei nichtrussische Staaten mit Russland zur Union der Sozialistischen Sowjetrepubliken (UdSSR). Bis 1936 waren es elf Sowjetrepubliken, nach dem Zweiten Welt-
60 krieg kamen weitere vier hinzu.

 **Rote Armee**
Revolutionäre Truppen der Bolschewiki, organisiert von Leo Trotzki

Weiße Armee
Militärische Streitkräfte der alten Elite und politischen Opposition im Bürgerkrieg

Q3 Lenins Modernisierungsprogramm
Rede auf dem 8. Parteitag, Dezember 1920

Solange wir in einem kleinbäuerlichen Lande leben, besteht für den Kapitalismus in Russland eine festere ökonomische Basis als für den Kommunismus. Das darf man nicht vergessen. Jeder,
5 der das Leben auf dem Lande aufmerksam beobachtet und es mit dem Leben in der Stadt verglichen hat, weiß, dass wir den Kapitalismus nicht mit den Wurzeln ausgerottet haben und dem inneren Feind das Fundament, den Boden nicht
10 entzogen haben. Dieser Feind behauptet sich dank dem Kleinbetrieb, und um ihm den Boden zu entziehen, gibt es nur ein Mittel: die Wirtschaft des Landes, auch die Landwirtschaft, auf eine neue technische Grundlage, auf die techni-
15 sche Grundlage der modernen Großproduktion, zu stellen. Eine solche Grundlage bildet nur die Elektrizität. Kommunismus – das ist Sowjetmacht plus Elektrifizierung des ganzen Landes. Sonst wird das Land ein kleinbäuerliches Land
20 bleiben, und das müssen wir klar erkennen. Wir sind schwächer als der Kapitalismus, nicht nur im Weltmaßstab, sondern auch im Innern unseres Landes. Das ist allbekannt. Wir haben das erkannt, und wir werden es dahin bringen, dass die
25 wirtschaftliche Grundlage aus einer kleinbäuerlichen zu einer großindustriellen wird. Erst dann, wenn das Land elektrifiziert ist, wenn die Industrie, die Landwirtschaft und das Verkehrswesen eine moderne großindustrielle technische
30 Grundlage erhalten, dann werden wir endgültig gesiegt haben.

Zit. nach: Helmut Altrichter (Hrsg.), Die Sowjetunion. Von der Oktoberrevolution bis zu Stalins Tod, Bd. 2: Wirtschaft und Gesellschaft, München 1987, S. 109f.

Q4 Lenin zum Umgang mit der politischen Opposition
Rede auf dem 10. Parteitag, März 1921

Wir brauchen jetzt keine Opposition, Genossen, es ist nicht die Zeit danach! Entweder hier oder dort mit dem Gewehr, aber nicht mit einer Opposition! Das ergibt sich aus der objektiven Lage,
5 ob es ihnen passt oder nicht! Und ich denke, der Parteitag wird die Schlussfolgerung ziehen müssen, dass es jetzt mit der Opposition zu Ende sein, ein für alle Mal aus sein muss, dass wir jetzt der Opposition müde sind.
10 Der Parteitag erklärt ausnahmslos alle Gruppen, die sich auf der einen oder anderen Plattform gebildet haben, für aufgelöst bzw. ordnet ihre sofortige Auflösung an.

Lenin, Werke, Bd. 32, Berlin 1974, S. 201f. (gekürzt)

Q5 Flagge der Union der Sozialistischen Sowjetrepubliken

---

1. Analysiere das Plakat von Viktor Deni und erläutere, welche Wirkung der Zeichner beabsichtigt (Q1).
2. Vergleiche die Aussage des avantgardistischen Plakates von El Lissitzky mit Lenins Aussagen zum Umgang mit der Opposition. Welche Schlussfolgerungen, wie mit politischen Gegnern verfahren wurde, lassen sich daraus ziehen (Q2, Q4, VT)?
3. Stelle aus Lenins Rede wesentliche Maßnahmen der Neuen Ökonomischen Politik zusammen. Erkläre dabei insbesondere Lenins einleitenden ersten Satz (Q3, VT).
4. Recherchiere im Internet die Bedeutung der Symbole auf der Flagge der UdSSR und welche Länder der Union angehörten (Q5). **MK**
5. Beurteilt die politischen Maßnahmen der Bolschewiki zur Machtsicherung. **H**

Die Herrschaft Stalins

Die wirtschaftlichen Veränderungen im Sozialismus gingen aber schnell voran!

Aber ob das politisch und gesellschaftlich alles so positiv war?

Q1 „Wir erbauen den Sozialismus"
Plakat von Jurij I. Pimenow, 1928

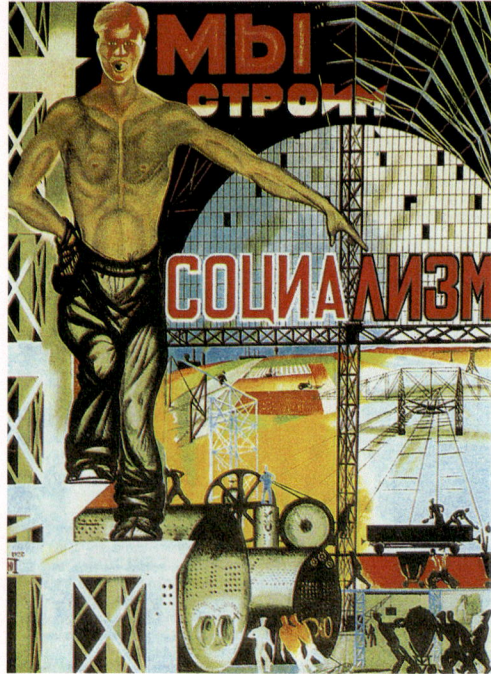

Plakatgestützter Gruppenvortrag

Bereitet in kleinen Gruppen Plakate vor, mit deren Hilfe ihr dann in der Klasse einen Vortrag haltet.

1 Teilt euch in vier Kleingruppen auf, die eines der folgenden Themen bearbeiten.

2A Kollektivierung der Landwirtschaft
Wertet INFO 1 und 2 und Q1 und Q2 aus. Erklärt, wie die Kollektivierung in der Landwirtschaft in der Realität aussah. Zeigt im Kontrast dazu auf, wie sie gegenüber der Öffentlichkeit dargestellt wurde.

2B Reformmaßnahmen Stalins in der Industrialisierung
Wertet INFO 3 und 4 und Q1 sowie D1 aus. Erläutert, wie Stalin den Prozess der Industrialisierung reformierte, und setzt euch mit den Ergebnissen auseinander.

2C Staatliche Verfolgung Andersdenkender
Wertet INFO 5 und 6 und D2 sowie Q3 und Q4 aus. Setzt euch damit auseinander, welche Maßnahmen staatlichen Terrors und staatlicher Verfolgung Andersdenkenden drohten und welche Folgen das hatte.

2D Rolle der Frauen im Sozialimus
Wertet INFO 7 und 8 und Q5 und Q6 aus. Erläutert die Rolle, die Frauen im Sozialismus zugeschrieben wurde, und erklärt das neue Bild der Frau.

3 Gestaltet mithilfe eurer Arbeitsergebnisse ein Konzept für euren Vortrag auf Karteikarten. **H**

4 Plant euer Plakat zunächst in Form einer Skizze und gestaltet auf dieser Grundlage euer Präsentationsplakat. **H**

5 Stellt mithilfe des Plakats und der vorbereiteten Karteikarten eure Gruppenergebnisse in der Klasse vor.

INFO 1   Zwangskollektivierung

Lenins Neue Ökonomische Politik hatte in der Landwirtschaft neue Ungleichheiten entstehen lassen, da einige Bauern durch Erwerb großer Landstücke zu Großbauern geworden waren. Die- [5] se Ungleichheit sollte nun aufgehoben werden, indem man die einzelnen Großbauern enteignete und ihre Güter durch staatliche Großbetriebe ersetzte. Im Zuge dieser Zwangskollektivierung (erzwungene Vergemeinschaftung) bewirtschafteten [10] Bauern keine eigenen Landstücke mehr, sondern mussten ihre Arbeitskraft komplett den staatlichen Großbetrieben (Kolchosen) zur Verfügung stellen. Die erwirtschafteten Gewinne wurden vorab exakt geplant und in sogenannten Fünfjah- [15] resplänen festgehalten. Die einzelnen Kolchosen erhielten genaue Vorgaben, was sie in welchem Zeitraum zu erwirtschaften hatten.

INFO 2   Kontrolle der Bauern

Diese Maßnahmen hatten zwei Ziele: Zum einen ließ sich in Großbetrieben natürlich der Einsatz von Maschinen oder Düngemitteln viel effizienter und preisgünstiger gestalten. Noch wichtiger al- [5] lerdings war die Kontrolle, die man so über die Bauern ausüben konnte. Man unterstellte ihnen, dass sie sich nach wie vor Privateigentum wünschen würden statt sich in den Dienst des Staates zu stellen. Daher sollten sie im sozialistischen Sin- [10] ne kontrolliert und „umerzogen" werden. Eine Mehrheit der Bauern leistete tatsächlich Widerstand gegen die Zwangskollektivierung und erlitt massive Verfolgung durch staatliche Organe.

INFO 3   Umbau zum Industriestaat

Lenins Nachfolger **Josef W. Stalin** intensivierte dessen Bemühungen, Russland zu einem Industriestaat zu machen. Hierfür setzte er ebenfalls viele Maßnahmen um, festgehalten in den Fünfjah- [5] resplänen. Ein wesentliches Ziel war die Gewinnung industrieller Grundstoffe (Stahl, Kohle, Erdöl). Weiter wurde der Maschinenbau als Basis moderner Industrieanlagen gefördert. Stalin ließ neue Industriezentren in bisher vernachlässigten [10] Regionen errichten, um diese wirtschaftlich zu beleben, zum Beispiel in Sibirien. Auch Verkehrswege und Infrastruktur wurden ausgebaut und verbessert, um die Industrieregionen miteinander zu verbinden.

Q2   Die Enteignung der Bauern   H

Der russische Schriftsteller Lew Kopelew schildert die Zwangskollektivierung:

Ich hörte, wie die Kinder schrien. Ich sah die Blicke der Männer: eingeschüchterte, flehende, hasserfüllte, stumpf ergebene, verzweifelte oder in halbirrer böser Wut blitzende. Ich sah, was [5] durchgängige Kollektivierung bedeutete, wie sie den Bauern erbarmungslos alles nahmen. Ich nahm selbst daran teil, durchstreifte die Dörfer auf der Suche nach verstecktem Getreide. Gemeinsam mit anderen leerte ich die Vorratskis- [10] ten alter Leute und verstopfte mir die Ohren, um das Geschrei der Kinder nicht anhören zu müssen. Im schrecklichen Frühjahr 1933 sah ich, wie Menschen Hungers starben. Ich sah blau angelaufene Frauen und Kinder mit aufgetriebenen [15] Bäuchen und leeren, leblosen Augen, die kaum noch atmeten. Und ich sah Leichen in Bauernhütten, im tauenden Schnee und unter Brücken. Ich sah all das und verlor doch nicht den Verstand. Ich verfluchte auch diejenigen nicht, die [20] mich ausgesandt hatten, um den Bauern das Getreide wegzunehmen und die zum Skelett abgemagerten Menschen, die sich kaum auf den Beinen halten konnten, zu überzeugen, auf die Felder zu gehen und den Anbauplan der Bolsche- [25] wiki nach Art von Stoßbrigaden zu erfüllen. Ich verlor auch meinen Glauben nicht. Wie bisher glaubte ich, weil ich glauben wollte.

Zit. nach: Allan Bullock, Hitler und Stalin. Parallele Leben, übersetzt von Helmut Ettinger und Karl Heinz Siber, Berlin 1991, S. 368 (gekürzt)

D1   Industrieproduktion

	Gesamtproduktion	Produktionsgüter[1]	Konsumgüter[2]
1913	100	100	100
1917	71	81	67
1921	31	29	33
1925	73	80	69
1927	111	128	102
1930	193	276	151
1933	281	450	196
1936	529	934	324
1939	763	1353	464

Nach: Helmut Altrichter, Kleine Geschichte der Sowjetunion 1917-1991, München 1993, S. 216 (Auszug)

[1] Produktionsgüter: Güter oder Dienstleistungen, die zur Produktion oder Weiterverarbeitung von Gütern dienen
[2] Konsumgüter: Güter zum (privaten) Ge- und Verbrauch

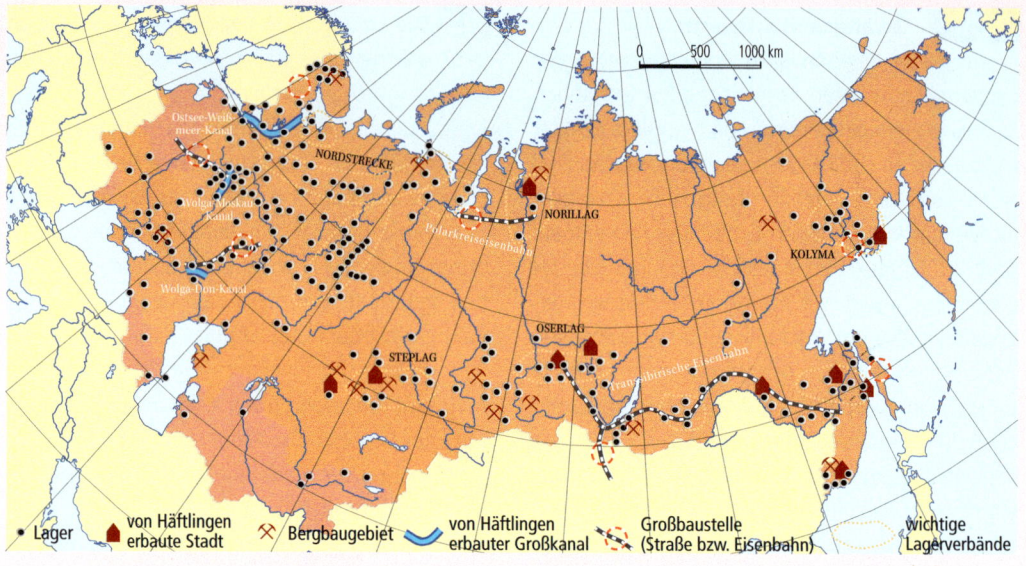

D2 Das Zwangs-arbeitssystem in der Sowjetunion

Legende:
- **Lager**
- 🔺 von Häftlingen erbaute Stadt
- ⚒ Bergbaugebiet
- 〰 von Häftlingen erbauter Großkanal
- ···· Großbaustelle (Straße bzw. Eisenbahn)
- wichtige Lagerverbände

Q3 Wir vernichten …

Wolfgang Leonhard flieht als Jugendlicher vor den Nationalsozialisten aus Deutschland. 1935 bis 1945 lebt er in Moskau. 2008 erinnert er sich:

Neu und ungewöhnlich war vor allem die öffentliche Zurschaustellung des Terrors im Alltag: So sah man 1937 in Moskau riesige Plakate mit dem Konterfei von Stalin und dem von Nikolai Je-
5 schow, dem damaligen Generalkommissar für Staatssicherheit, der die Verhaftungen organisierte und unmittelbar befehligte. Jeschow trug auf diesen Plakaten Handschuhe mit Stacheln, zwischen denen er Menschenkörper zusammen-
10 presste, dass ihr Blut spritzte. Darüber stand in großen Lettern: „Wir vernichten die Feinde des Volkes." Und darunter: „Der sowjetische Geheimdienst wird noch zeigen, wozu er fähig ist."

Wolfgang Leonhard, Anmerkungen zu Stalin, Berlin 2009, S. 134

 Stalinismus
Herrschaft Stalins in der Sowjetunion, geprägt durch Machtkonzentration, Terror und Zwang

Tscheka
sowjetische Staatspolizei

Q4 „Der eiserne Stachelhandschuh"

Karikatur aus der sowjetischen Satirezeitschrift „Krokodil" von 1937
Die Schlange trägt die Namen dreier bekannter Gegner Stalins: Trotzki, Bucharin und Rykow.

INFO 4 Lebensstandard der Arbeiter

Wenig beachtet wurde die Konsumgüterindustrie, der Lebensstandard der Bevölkerung blieb niedrig. Auch Wohnraum wurde zu wenig gebaut. Die Arbeiter wurden durch propagandistische Maßnah-
5 men unter Druck gesetzt: Einerseits wurde ihre Opferbereitschaft für den Staat bemüht, andererseits mangelnde Arbeitsdisziplin mit Freiheitsstrafen belegt.

INFO 5 Umgang mit Gegnern

Von Anfang an hatte es Widerstände gegen die wirtschaftlichen und politischen Änderungen gegeben. „Gegner der Revolution" waren stetiger Verfolgung ausgesetzt. Dabei gingen die staatli-
5 chen Organe brutal vor. Viele Menschen wurden verhaftet, deportiert und körperlich bis zum Tode misshandelt. Einzelne Ereignisse wie ein Attentat auf einen Parteisekretär wurden zum Anlass für Verfolgungswellen genommen.

INFO 6 Terror und Zwang

Stalin „säuberte" die kommunistische Partei von scheinbaren oder potenziellen Gegnern, um jegliche Opposition auszuschalten (**Stalinismus**). Die Menschen wurden angeklagt, in Arbeitslager de-
5 portiert und zu Tode geschunden oder von der Staatspolizei (**Tscheka**) umgebracht. Die Gerichtsverhandlungen waren Schauprozesse, bei denen die Angeklagten keine wirkliche Möglichkeit zur Verteidigung hatten. Die Zahl der Opfer geht in
10 die Millionen.

INFO 7 Frauen in der Sowjetunion

Laut Verfassung der Sowjetunion waren beide Geschlechter gleichberechtigt. Tatsächlich förderte
der Staat auch intensiv die Bildung der Frauen:
Aufgrund allgemeiner Schulpflicht nahm die Lese-
5 und Schreibfähigkeit zu, viele Frauen absolvierten
Ausbildungen oder ein Studium. In der Realität
aber fanden sie eher schlecht bezahlte Anstellun-
gen, so zum Beispiel im medizinischen oder päda-
gogischen Bereich. In Industrie und Landarbeit
10 waren arbeitende Frauen schon länger die Norm,
doch waren diese Berufe sehr schlecht bezahlt. In
der Politik waren sie ebenso nicht wirklich gleichberechtigt. So stellten Frauen zwar etwa ein Drittel der Parteimitglieder, waren allerdings nur sel-
15 ten in hohen Positionen vertreten.

INFO 8 Doppelbelastung

Zusätzlich hatten Frauen das Problem, die Kinder-
erziehung neben ihrer Berufstätigkeit zu leisten.
Zwar baute der Staat die Betreuungsangebote
schon für die Kleinsten aus, doch gab es bei Wei-
5 tem nicht genug Plätze in Kindergärten, um alle
Kinder dort unterbringen zu können. Auch im eigenen Heim war es um die propagierte Gleichberechtigung nicht gut bestellt, da viele Männer sich
nicht an der Hausarbeit beteiligten.

Q5 Arbeiter und Kolchosbäuerin
Figurengruppe aus Stahl von Verena
Muchina, geschaffen für den Sowjetischen Pavillon der Weltausstellung
1937 in Paris, danach in Moskau ausgestellt

Q6 „Unvergessli-
che Begegnung"
Gemälde von Wassi-
lij Jefanow, 1939

Politische Bildquellen untersuchen

Seit der Erfindung der Fotografie werden Fotos auch nachträglich bearbeitet und retuschiert. Die Möglichkeiten der Bildbearbeitung wurden bereits früh für politische Zwecke missbraucht. Denn Fotos konnten schon immer so stark verändert werden, dass sie uns einen völlig falschen Eindruck der „Wirklichkeit" vermitteln. Vor allem diktatorische Regimes fälschten mit Pinsel und Schere regelmäßig Fotos, um sich selbst ins beste Licht zu rücken und ihre Macht zu sichern. Ungeliebte Personen wurden herausgeschnitten oder übermalt, Motive und Hintergründe verändert oder mehrere Fotos zu einem zusammengefügt. Die Bilder sollten genau das zeigen, was das Regime zeigen wollte. Auch diese Fälschungen sind für uns wichtige Quellen und erzählen uns viel über ihre Entstehungszeit. Sie wurden oft massenhaft veröffentlicht, entstanden mit einer bestimmten politischen Absicht und ersetzten das Originalbild in der Erinnerung.

Schritt für Schritt:
Politische Bildquellen untersuchen

1. Beschreiben
a) Betrachte die Fotos zunächst ganz genau.
b) Benenne Thema, Ort, Datum, die Fotografin oder den Fotografen des Originals und das Datum der Fälschung.
c) Beschreibe die Unterschiede zwischen Original und Fälschung.

2. Untersuchen
a) Versuche herauszufinden, wie die Originalaufnahme konkret verändert wurde. Wurde etwas übermalt, hinzugefügt oder herausgeschnitten?
b) Untersuche, welcher Eindruck durch die Fälschung erzeugt wird.
c) Erkläre, warum die Bildmanipulation zu dieser Zeit wichtig war.

3. Deuten
a) Erläutere, welche politische Absicht mit der Manipulation wohl verfolgt werden sollte.
b) Erkläre, ob – und wenn ja wie – die Vergangenheit durch das manipulierte Foto nachträglich verändert wurde.
c) Fasse – wenn möglich – zusammen, was uns das manipulierte Foto über die Herrschaftspraxis oder den Regierungsstil in einem Land erzählt.

So könnte deine Untersuchung der Aufnahmen von Lenins Rede aussehen:

1. Beschreiben
Das Originalfoto Q1 ist eine Aufnahme einer Rede Lenins vor dem Bolschoj-Theater in Moskau vor Soldaten der Roten Armee. Es zeigt Lenin auf einem Holzpodest in Begleitung zweier wichtiger Bolschewiki: Leo Trotzki und Lew Kamenew. Sie waren enge Vertraute Lenins und wurden später zu erbitterten politischen Gegnern von Josef Stalin. Die Fälschung Q2 wurde 1928 veröffentlicht und war bis 1991 in Umlauf. An der Stelle, an der ursprünglich Trotzki und Kamenew standen, ist nur noch eine Holztreppe zu erkennen.

2. Untersuchen
Trotzki und Kamenew wurden offensichtlich aus dem Originalbild wegretuschiert. Mit den einfachen Mitteln der Zeit wurden beide Personen mit einer Holztreppe überdeckt. Das manipulierte Foto verfälscht somit die tatsächlichen Ereignisse. Es sieht nun so aus, als hätte nur Lenin zu den Soldaten gesprochen und als wären Trotzki und Kamenew gar nicht vor Ort gewesen. Die Manipulation von Fotos ist typisch für die Herrschaftspraxis des Stalinismus. Nachdem Stalin 1927 die Alleinherrschaft übernommen hatte, ließ er seine Kritiker und politischen Gegner verfolgen und ermorden. Zusätzlich wurden sie aus offiziellen Bildern wegretuschiert. Stalin wollte so seine eigene Bedeutung steigern und die seiner „Feinde" herunterspielen.

3. Deuten
Indem nur noch das retuschierte Foto veröffentlicht wurde, sollte die Geschichte bewusst verfälscht werden. Nachdem Trotzki und Kamenew vertrieben beziehungsweise hingerichtet wurden, sollte auch die Erinnerung an sie ausgelöscht werden. Niemand sollte überhaupt an sie zurückdenken können. Indem seine Gegner aus dem kollektiven Gedächtnis gedrängt wurden, versuchte Stalin, seine eigene Macht zusätzlich zu festigen.

 Weitere Beispiele und Informationen zur Geschichte der Bildmanipulation erfährst du unter dem Mediencode 31033-30.

Interessant, dass man damals schon Fotos bearbeiten konnte. Was man wohl damit bezweckt hat?

Ich glaube, man kann manipulierte Fotos für politische Zwecke benutzen. Lass uns die beiden Fotos mal etwas genauer untersuchen.

Q1 Originalaufnahme von Grigorij Goldstejn

Lenin spricht von einem hölzernen Podest zu den Soldaten.

Trotzki und Kamenew warten auf ihre Auftritte.

Auf dem retuschierten Foto sind beide Akteure verschwunden und durch Holzstufen ersetzt.

Q2 Retuschiertes Foto, veröffentlicht von 1928 bis 1991

Jetzt bist du dran: Politische Bildquellen untersuchen

Interpretiere die Fotos Q1 und Q2 auf S. 78, indem du die oben beschriebenen Arbeitsschritte anwendest. Die Formulierungshilfen auf S. 200 helfen dir dabei. **H**

Die USA im 19. Jahrhundert

Foto, um 1931

Zwischen 1926 und 1930 gelangten jährlich etwa eine Million Auswanderer, Geschäftsleute, Touristen und Prominente in die USA.

Großartige Gebäude sind das! Kein Wunder, dass so viele Menschen davon träumten, in Amerika reich zu werden!

Meinst du? Da bin ich mir nicht so sicher …

Ein riesiger Flächenstaat

Keimzelle der USA waren dreizehn ehemals britische Kolonien, die sich 1776 vom Mutterland losgesagt und für unabhängig erklärt hatten. Von da
5 an besiedelten die Amerikaner immer weitere Gebiete des riesigen Kontinents. In der zweiten Hälfte des 19. Jh. erfolgte eine schier unermessliche Ausdehnung nach Westen: Das Gebiet zwischen Mississippi und den Rocky Mountains wurde be-
10 siedelt. Die Vereinigten Staaten erstreckten sich am Ende dieses Prozesses komplett vom Atlantik bis zum Pazifik. Die sogenannten **Frontiers**, die sich nach Westen vorwagten, um dort zu siedeln, gründeten zahlreiche Siedlungen und Städte –
15 zum Teil in Wüsten oder Gebirgen. Opfer dieser Entwicklung waren die indigenen Ureinwohner des Kontinents, die aus ihren angestammten Gebieten vertrieben und fast komplett ausgerottet wurden. Ihre Nachkommen erhielten als Ausgleich
20 kleine Reservate, die nicht mit den ursprünglichen Siedlungsgebieten zu vergleichen waren.

Industriemacht USA

Zur geografischen Ausdehnung kam massives Wachstum, ein Boom in der Industrialisierung des
25 Landes. In den östlichen Staaten – zum Beispiel um die Großen Seen herum – entstanden große Industriezentren. Neuerungen in Technik und Ma-

schinenbau wurden zügig eingeführt und trieben weitere Innovationen und Industriezweige voran.
30 Wichtig für die Verbindung industrieller Zentren war ein funktionstüchtiges Eisenbahnnetz, das quer durch die USA gebaut wurde. Schon zu Beginn des 20. Jh. übertraf es die Länge des gesamten europäischen Schienennetzes! Kohle und Erd-
35 öl wurden intensiv gefördert, Eisen und Stahl massenhaft hergestellt. Die Einwanderung (vor allem aus Europa) schuf ein schier unerschöpfliches Reservoir an Arbeitskräften, die mit für den wirtschaftlichen Aufstieg der USA sorgten.

American Dream
40
Viele Einwanderinnen und Einwanderer kamen mit großen Hoffnungen in die USA, fand doch der Gedanke des „**American Dream**" in Europa weite Verbreitung – der Glaube, mit Fleiß und Tüch-
45 tigkeit in den USA alles erreichen zu können und „vom Tellerwäscher zum Millionär" werden zu können. Die in den USA vorherrschende Wirtschaftsform des Kapitalismus beflügelte diese Anschauung und Arbeitsauffassung zusätzlich. Frei-
50 heit und freier Wettbewerb der Unternehmen galten als höchste Güter. Der Staat hielt sich in der Wirtschaft weitestgehend zurück und schuf nur die wirtschaftspolitischen Rahmenbedingungen.

Ungleichheit und Ungerechtigkeit

55 Viele Migrantinnen und Migranten erfuhren aber, dass die Geschichten vom schnellen Reichtum selten wahr wurden. Nur wenige konnten sich im kapitalistischen System so energisch durchsetzen, dass sie tatsächlich Millionäre wurden. Die meis-
60 ten verharrten auf niedrigem Lebensstandard bei mittelmäßigen Löhnen, während wenige sehr Reiche ein ganz anderes Leben führten.

Frontiers
Siedler:innen im Westen der USA, die schwer zugängliche Gebiete erschlossen

American Dream
weitverbreitete Vorstellung, in den USA könne man mit Fleiß alles erreichen und sich einen hohen Lebensstandard unabhängig von der sozialen Schicht erarbeiten

D1 Die Vereinigten Staaten von Amerika im 19. Jh.
Die Karte zeigt die Westausdehnung der USA und den Ausbau des Eisenbahnnetzes bis 1887.

Gebiet der 13 Gründerstaaten (Jahr des Eintritts in die USA)
1783 durch den Vertrag von Versailles erworbenes Gebiet
1803 von Frankreich erworbenes Gebiet
(1845) spätere Gebietserwerbungen (Jahr der Erwerbung)
Territorium der USA 1803
Abtretung Mexikos 1848
Zentral-Pazifik-Bahn — weitere Bahnen
Wege der Siedler (Trails)
0   500 km

CT   Connecticut
DE   Delaware
D.C. District of Columbia
MA   Massachusetts
MD   Maryland
NH   New Hampshire
RI   Rhode Island
VT   Vermont

Q2 Das große Geld?

1913 führt Henry Ford die Fließbandarbeit ein. Die Folgen für die Arbeitskräfte schildert John Dos Passos (1896 – 1970) in einem Roman:

Der Produktionsprozess bei Ford wurde ständig verbessert; weniger Verschwendung, mehr Aufpasser, Vorarbeiter, Spitzel (fünfzehn Minuten Mittagspause, drei Minuten für einen Gang zur
5 Toilette, überall die taylorisierte Beschleunigung, nach unten greifen, Unterlegscheibe aufsetzen, Schraube festziehen, Sicherungssplint einstecken, nachuntengreifen Unterlegscheibeaufsetzen, Schraubefestziehen, nachuntengreifenfest-
10 schraubennachuntengreifenaufsetzen, bis der Produktionsprozess jedes Gramm Lebenskraft aufgesogen hatte und die Arbeiter abends als graue, zitternde leere Hüllen nach Hause gingen).

John dos Passos, USA-Trilogie. Der 42. Breitengrad/1919/Das große Geld, hrsg. von Kristian Wachinger, aus dem Englischen von Dirk van Gunsteren und Nikolaus Stingl, Hamburg 2020, S. 1040f.

Q3 „American Progress" von John Gast
Gemälde von 1872 (Ausschnitt)

Q4 Der Eisenbahnmagnat Edward Harriman
Karikatur, 1907 (Ausschnitt)

1. Stelle die Gründe für den wirtschaftlichen Aufstieg der USA zusammen (Q1, D1, VT).
2. Beschreibe und analysiere das Gemälde zum „Fortschritt Amerikas" und erläutere, welche Hoffnungen der Migrant:innen in die USA du daraus ableiten kannst (Q3).
3. Erkläre Harrimans Darstellung in der Karikatur sowie die Kritik Dos Passos' an den sozialen Zuständen in den USA. Begründe, warum das kapitalistische System keinen Wohlstand für alle ermöglichte (Q2, Q4).
4. Nimm Stellung zu der Frage, wie realistisch die Erfüllung des „American Dream" für die Mehrheit der Einwander:innen im kapitalistischen System der USA war.

Der Aufstieg der USA zur Großmacht

Was fragt dieser Uncle Sam da? Er weiß nicht, was er zuerst nehmen soll?

WELL, I HARDLY KNOW WHICH TO TAKE FIRST!

Kuba, Philippinen, Karibik – sieht so aus, als hätten die USA da überall imperialistische Interessen gehabt!

Q1 „Uncle Sams unstillbarer Hunger"
Karikatur, 1900
Uncle Sam ist die bekannteste Allegorie auf die Vereinigten Staaten. Er war bereits im 19. Jh. eine verbreitete Werbefigur, die bis heute verwendet wird.

Von der wirtschaftlichen zur militärischen Großmacht

Trotz des rasanten Aufschwungs kam es zu mehreren wirtschaftlichen Krisen, da zu viele Produkte
5 für den eigenen Markt hergestellt worden waren. Während in Europa der Wettlauf um die Kolonien in vollem Gange war, forderten nun auch viele Unternehmer, es den Europäern gleichzutun, um weitere Absatzmärkte zu erschließen. Die Regie-
10 rung sympathisierte mit diesen Plänen und ließ zum Schutz der Unternehmen eine große Kriegsflotte bauen – damit wurden die USA auch zur militärischen Großmacht. Die breite Bevölkerung hatte neben den wirtschaftlichen Argumenten vor
15 allem Interesse an kulturmissionarischen Motiven: Sie glaubte, es sei die offenkundige Bestimmung (manifest destiny) der USA, den Menschen ihre demokratische Lebensweise und die christliche Religion nahezubringen.

20 Wo sollen die Kolonien liegen?

Zunächst fielen ehemalige spanische Kolonien, unter anderem Kuba und die Philippinen, an die USA, da dortige Unabhängigkeitsbestrebungen wirtschaftliche Interessen der USA begünstigten:
25 In beiden Gebieten bekämpfte die lokale Bevölkerung die Kolonialherren und klagte über grausame Behandlung von deren Seite. Die USA hatten aus verschiedenen Gründen ein tatsächliches militärisches Eingreifen hinausgezögert, gleichzeitig
30 aber einen Expansionskrieg vorbereitet.

1898 stellten die Vereinigten Staaten ein Ultimatum an Spanien, einen Waffenstillstand mit den Aufständischen in Kuba zu schließen, und entsandten das Kriegsschiff Maine in den Hafen von Ha-
35 vanna. Als die US Maine dort aus bis heute ungeklärten Umständen explodierte, beschuldigten die USA Spanien eines Anschlags und griffen an. Spanien war mithilfe der neu erbauten Flotte schnell besiegt und musste seine Kolonien abtreten.

40 Der Dollarimperialismus

Auch Mittel- und Südamerika hatten schon zuvor im besonderen Augenmerk der USA gelegen. Bereits 1823 hatte Präsident James Monroe in der **Monroe-Doktrin** die Europäer aufgefordert, Mit-
45 tel- und Südamerika nicht zu kolonialisieren, sondern als amerikanisches Interessengebiet zu betrachten. Als Gegenangebot würden sich die USA aus innereuropäischen Konflikten und Angelegenheiten heraushalten. Präsident Theodore Roose-
50 velt verschärfte dies 1904, indem er die USA zur alleinigen Schutzmacht Mittel- und Südamerikas erklärte: Sie würden die Staaten vor dem Eingreifen fremder Mächte schützen und als Polizei- und Ordnungsmacht auftreten. In lokale Regierungs-
55 bildungen griffen die Vereinigten Staaten lenkend ein. Hinzu kam der „Dollarimperialismus": Maßnahmen wie Handelsverträge und Darlehen, die mit den betroffenen Ländern abgeschlossen wurden, aber insbesondere zum Vorteil der USA
60 ausfielen.

Monroe-Doktrin
Außenpolitik der Vereinigten Staaten nach Präsident James Monroe (1817-1825), die eine dauerhafte Unabhängigkeit der Staaten auf dem amerikanischen Doppelkontinent von der Alten Welt betonte

Dollarimperialismus
wirtschaftliche Vormachtstellung der USA, die durch gezielte Verträge und Verschuldung abhängiger Staaten entstand

Q2 Eine Begründung für Interventionen

Theodore Roosevelt, seit 1901 Präsident, spezifiziert Ende 1904 die Monroe-Doktrin:

Es ist nicht wahr, dass die Vereinigten Staaten Hunger auf Land haben und irgendetwas mit anderen Nationen der westlichen Hemisphäre vorhaben, es sei denn, es dient deren eigener Wohl-
5 fahrt. Dieses Land wünscht, seine Nachbarländer stabil, geordnet und blühend zu sehen. Jedes Land, dessen Bewohner sich gut betragen, kann unserer herzlichen Freundschaft sicher sein. Wenn eine Nation zeigt, dass sie weiß, wie man
10 soziale und politische Angelegenheiten anfasst, wenn sie für Ordnung sorgt und ihre Schulden bezahlt, braucht sie kein Eingreifen der Vereinigten Staaten zu befürchten. Chronisches Fehlverhalten oder Schwächen, die auf eine Lockerung
15 der Bindungen einer zivilisierten Gesellschaft hinauslaufen, kann in Amerika wie überall schließlich die Intervention einer zivilisierten Nation erfordern, und in der westlichen Hemisphäre kann die Bindung an die Monroe-Doktrin die Vereinig-
20 ten Staaten zwingen, in besonders schlimmen Fällen von Fehlverhalten oder Schwäche, wenn auch widerstrebend, eine internationale Polizeigewalt auszuüben. Wenn jedes Land am Karibischen Meer den gleichen Fortschritt in Richtung
25 auf eine stabile und gerechte Zivilisation aufwiese, gäbe es für unsere Nation überhaupt keine Frage der Einmischung in ihre Angelegenheiten.

Zit. nach: Herbert Scharmbeck u. a. (Hrsg.), Dokumente zur Geschichte der Vereinigten Staaten von Amerika, Berlin 1993, S. 418 (gekürzt)

Q3 Die religiöse Argumentation

US-Senator Beveridge äußert sich 1901:

Gott hat die englischsprechenden germanischen Völker nicht deshalb in einer tausendjährigen Geschichte so geformt, wie sie heute sind, damit sie

Q4 Die Philippinen als „Stepping-Stone" (Trittbrett) nach China

Karikatur auf Uncle Sam, 1898 (Ausschnitt)

In China verließen sich die USA auf die wirtschaftliche Macht des Stärkeren („Politik der Offenen Tür"): Sie wurden nicht militärisch aktiv, machten aber über Stützpunkte ökonomische Interessen geltend.

AND, AFTER ALL, THE PHILIPPINES ARE ONLY THE STEPPING-STONE TO CHINA.

in einer nutzlosen Selbstbetrachtung und Selbst-
5 bewunderung ihre Zeit und Kraft vergeuden. Nein! Gott hat uns zu Organisatoren der Welt bestimmt, mit dem Auftrag, da Ordnung zu schaffen, wo das Chaos herrscht. Er hat den Glauben an den Fortschritt in unser Herz gepflanzt. Er hat
10 uns geschickt gemacht, in allen Künsten der Regierung, damit wir diese Kunst an wilden und senilen Völkern betätigen. Wenn es eine solche Kraft nicht gäbe, wie wir sie darstellen, so müsste die Welt in Barbarei und Nacht zurückfallen. Und
15 Gott hat das amerikanische Volk gekennzeichnet als erwähltes Volk, das bei der Erneuerung der Welt die führende Rolle spielen soll.

Zit. nach: Hartmut Wasser, Die USA – Der unbekannte Partner, Paderborn 1983, S. 109 (gekürzt)

---

1. Analysiere die Karikatur „Uncle Sams unstillbarer Hunger" und ihre Aussage (Q1).
2. Stelle in einer Mindmap die Gründe der USA zusammen, Kolonien zu erwerben (VT, Q2, Q3). **H**
3. Recherchiere im Internet, wie die „Politik der Offenen Tür" aussah (Q4). **MK**
4. Vergleiche die Begründungen der USA zum Kolonialerwerb mit den Motivationen der Europäer, Imperialismus zu betreiben. Ordne den Imperialismus der USA in die Politik des 19. Jh. ein (VT, Q1-Q4).
5. Die USA greifen immer wieder in die Politik anderer Staaten ein, indem sie Regierungen oder politische Gruppierungen unterstützen. Diskutiere, ob dies eine moderne Form des Imperialismus ist. **H**

Der Kriegseintritt der USA

Q1 **Der gemeinsame Kampf der Alliierten gegen das Deutsche Reich**
Zeichnung des Italieners A. Beltrame, veröffentlicht in La Domenica del Corriere (15.-22.04.1917)

Obwohl der Krieg auf der anderen Seite des Atlantiks stattfand, haben die USA sich eingemischt?

Damit hat sich das Kräfteverhältnis sicher deutlich verschoben – zugunsten der Alliierten.

chen Schlachten mit minimalen Bodengewinnen
25 zu kippen – und ab dem Frühjahr 1917 wurde Russland durch Revolutionen erschüttert, sodass die USA befürchteten, Russland könne sich aus dem Krieg zurückziehen. Die Niederlage der Entente-Mächte hätte schwerwiegende finanzielle
30 Folgen für die Wallstreet und die amerikanische Bevölkerung gehabt.

Als das Deutsche Reich am 31. Januar 1917 die Wiederaufnahme des uneingeschränkten U-Boot-Krieges erklärte, bedeutete dies, dass deutsche
35 U-Boote auch auf Handelsschiffe der USA feuern würden. Somit waren die lukrativen Geschäfte mit Großbritannien bedroht – ein wichtiges Argument für die USA, den Kriegsverlauf zu beeinflussen. Außerdem weckte die Ankündigung Erinnerun-
40 gen an die Versenkung des Passagierschiffs „Lusitania" 1915, bei der 1198 Menschen, davon 128 US-Bürgerinnen und Bürger, ums Leben kamen.

In der animierten Karte zum Jahr 1917, die du unter dem Mediencode 31033-31 findest, kannst du dir noch einmal ansehen, welche Ereignisse zum Kriegseintritt der USA führten.

Neutralitätspolitik gegenüber Europa?

Wie du gehört hast, hatte 1823 die Monroe-Doktrin wechselseitige Einmischungen zwischen den USA und Europa auszuschalten versucht. Dem
5 folgte auch **Woodrow Wilson**, der bei Kriegsausbruch 1914 die Neutralität der USA verkündete. Allerdings lieferten US-amerikanische Unternehmen seit Kriegsbeginn unter anderem Waffen, Munition und Lebensmittel an die Entente-Mäch-
10 te. Auch große US-amerikanische Banken wie J. P. Morgan Chase & Co. gewährten Frankreich und Großbritannien mit dem Einverständnis der US-Regierung Staatskredite. Im Jahr 1917 beliefen sich diese insgesamt auf 2,3 Milliarden Dollar.

15 Wirtschaftliche Gründe für den Kriegseintritt

Noch 1916 gewann Wilson mit dem Slogan „He kept us out of war" die Wiederwahl zum Präsidenten. Welche Veränderungen führten 1917 dann also zur Aufgabe dieser Neutralitätspolitik?
20 Zum Ende des Jahres 1916 waren die Entente-Mächte geschwächt: Großbritannien hatte sich finanziell übernommen, bei den französischen Truppen drohte die Moral aufgrund von verlustrei-

Politische Gründe für den Kriegseintritt

Im Januar 1917 fing die britische Regierung ein
45 verschlüsseltes Telegramm ab, das an einen deutschen Gesandten in Mexiko gerichtet war. In dieser „Zimmermann-Depesche" ließ der deutsche Außenminister Zimmermann mitteilen, dass der mexikanischen Regierung folgendes Angebot zu
50 unterbreiten sei: Falls die USA in den Krieg eintreten sollten, würde das Deutsche Reich finanzielle Mittel zur Verfügung stellen, um die Mexikaner bei der Eroberung der Gebiete Arizona, Texas und New Mexico zu unterstützen. Die Briten spielten
55 das Telegramm Wilson zu, der es am 1. März in der New York Times veröffentlichen ließ. Daraufhin erklärten die USA dem Deutschen Reich am 6. April 1917 den Krieg und verschoben damit das Kräfteverhältnis zugunsten der Alliierten.

Q2 „Declaration of Neutrality"

Präsident Wilson sagt am 19. August 1914:

Wer Amerika liebt, wird handeln und sprechen im echten Geiste der Neutralität. Die Menschen der Vereinten Staaten stammen aus vielen Nationen, und hauptsächlich aus Nationen, die sich nun im
5 Krieg befinden. Die einen werden der einen Nation, die anderen der anderen Nation wünschen, dass sie den Kampf erfolgreich besteht.

www.encyclopedia.com/history/educational-magazines/woodrow-wilsons-declaration-neutrality (gekürzt), übersetzt von Markus Brogl (22.2.2021)

Q3 Kritische Stimmen zum Kriegseintritt

Senator Robert M. La Follette (Wisconsin) in der Kongressdebatte zum Kriegseintritt (04.04.1917):

Er [Wilson] sagt, dass dies ein Krieg sei für die Dinge, die uns besonders am Herzen liegen – für Demokratie, für das Recht jener, die der Autokratie[1] unterworfen sind, auf ein Mitspracherecht
5 bei ihrer Regierung. Aber der Präsident schlägt eine Allianz mit Großbritannien vor, welche, so freiheitsliebend sein Volk auch sein mag, eine erbliche Monarchie ist, mit einem erblichen Herrscher, mit einem erblichen House of Lords,
10 mit einem erblichen System von ländlichen Gütern, mit einem eingeschränkten Wahlrecht für eine Klasse und mehrfachem Wahlrecht für eine andere, und mit zermürbenden industriellen Arbeitsbedingungen für ihre Arbeiter. Der Präsi-
15 dent hat nicht gesagt, dass wir unsere Unterstützung von Großbritannien abhängig machen davon, dass sie Selbstverwaltung zugesteht an Irland, Ägypten oder Indien.

Zit. nach: Praxis Geschichte 1, 2007, übersetzt von Georg Mondwurf und Alexander Ganse, S. 32 (gekürzt und angepasst)

Q4 Der Weltfrieden?

Rede des US-Präsidenten Wilson am 3. April 1917

Wir sind jetzt im Begriff, den Fehdehandschuh aufzunehmen, um uns im Streit der Waffen mit diesem natürlichen Feinde der Freiheit zu messen. Wir freuen uns also, da wir nunmehr für den
5 endgültigen Weltfrieden und für die Freiheit aller Völker – der deutschen Völker mit eingeschlossen – für die Rechte aller Nationen und für das Recht der Menschen, ihre eigene Lebensweise und ihre eigene nationale Staatsangehörigkeit zu
10 wählen, kämpfen können. Die Welt muss für die Demokratie gesichert werden. Der Weltfrieden muss auf dem bewährten Boden der politischen Freiheit aufgebaut werden. Wir verfolgen keine egoistischen Ziele. Wir streben nach keiner Er-
15 oberung und keiner Oberherrschaft. Für uns suchen wir keine Entschädigung. Wir sind nur einer unter den Vorkämpfern der Menschenrechte, und wir werden zufrieden sein, wenn diese Rechte so sichergestellt sind wie ein zukünftiger Tat-
20 bestand und die Freiheit der Nationen sie sicher stellen können. Gerade weil wir ohne Hass und ohne selbstsüchtige Ziele kämpfen, gerade weil wir für uns nichts suchen, als das, was wir mit allen freien Völkern teilen möchten, werden wir
25 unsere Kriegsoperationen ohne Leidenschaft führen; und wir werden Grundsätze von Recht und Loyalität, wofür wir als Streiter auftreten, mit stolzer Genauigkeit selbst hochhalten.

Woodrow Wilson: Rede des Präsidenten Wilson in der amerikanischen Kammer bei der Gelegenheit von dem Ausbruch des Krieges zwischen Deutschland und den Vereinigten Staaten von Amerika den 3ten April 1917, Paris 1918, Staatsbibliothek zu Berlin – Preußischer Kulturbesitz, Einbl. 1914/18, 3415 R5 (gekürzt und angepasst)

[1] Staatsgewalt, die durch eine Person uneingeschränkt ausgeführt wird

---

1. Stelle die Ereignisse, die zu einer Aufgabe der US-amerikanischen Neutralitätspolitik führten, in einem Schaubild dar (VT, Q4). **H**

2. Arbeite Gründe heraus, die für und gegen einen Kriegseintritt der USA sprechen, und kategorisiere sie. Der Mediencode 31033-32 hilft dir dabei (VT, Q2, Q3, Q4).

3. Stell dir vor, du lebst im frühen 19. Jh. in den USA. Nimm in einem Zeitungskommentar Stellung zur Entscheidung des Präsidenten, dem Deutschen Reich am 6. April den Krieg zu erklären.

4. Stellt euch vor, Bankier J. P. Morgan, Präsident Wilson und Senator La Follette diskutieren über einen möglichen Kriegseintritt der USA am Morgen des 06. April 1917. Führt die Diskussion als Rollenspiel durch und trefft eine eigene Entscheidung, ob die USA in den Krieg eintreten sollen (VT, Q2-Q4).

5. Begründe, inwiefern die Bezeichnung „Epochenjahr" für 1917 durch den Kriegseintritt der USA gerechtfertigt ist. **H**

Unter dem Mediencode 31033-33 findet ihr Rollenkarten für eure Diskussion über einen Kriegseintritt.

Einen historischen Darstellungstext untersuchen

Historikerinnen und Historiker forschen, um etwas Neues über die Vergangenheit herausfinden. Dazu werten sie Quellen und wissenschaftliche Texte nach einer bestimmten Fragestellung aus. Anschließend veröffentlichen sie ihre Erkenntnisse in einem Aufsatz für eine historische Fachzeitschrift oder einem Buch. Diese Beiträge zur Forschung nennen wir Fachliteratur. Sie richten sich vor allem an wissenschaftliche Leserinnen und Leser.

Doch auch wenn diese historischen Darstellungstexte von Historikerinnen und Historikern geschrieben wurden, müssen wir sie kritisch untersuchen. Weil die Erkenntnisse immer nur eine persönliche Deutung der Vergangenheit sind, können sie uns auch nicht sagen, „wie es wirklich war". Diese Deutung ist von vielen Faktoren abhängig: der Auswahl der Quellen, der Perspektive des Autors, seiner Intention oder der Gewichtung von historischen Ereignissen. Um zu prüfen, ob ein Text der Fachliteratur überzeugend ist, gehst du am besten folgendermaßen vor:

Schritt für Schritt:

Einen historischen Darstellungstext untersuchen

1. Beschreiben

Du entnimmst dem Text Grundinformationen und gibst den Gang der Argumentation strukturiert wieder. Richte folgende Fragen an den Text:

a) Wer hat den Text verfasst? Wo und wann wurde er veröffentlicht? Was ist das Thema?

b) Verstehe ich alle Inhalte? **Tipp**: Markiere Begriffe farbig, die du nicht verstehst, und schlage sie nach.

c) Welche Behauptungen werden aufgestellt und wie werden sie begründet? Wie wird das Dargestellte bewertet? **Tipp**: Markiere Behauptungen, Begründungen und Wertungen farbig. Kennzeichne den Gedankengang der Autorin/des Autors durch Schlagworte am Rand.

2. Untersuchen

Erläutere Standpunkt und Argumentation der Autorin/des Autors genauer:

a) Was ist der Autorin/dem Autor besonders wichtig?

b) Auf welche historischen Ereignisse oder Prozesse bezieht sich die Argumentation? Wie werden diese gewichtet?

3. Beurteilen

Beurteile nun die Argumente der Autorin/des Autors:

a) Ist die Argumentation überzeugend? Gibt es Lücken oder Schwachstellen?

b) Stimmst du der Argumentation zu? Warum (nicht)?

So könnte deine Untersuchung eines historischen Darstellungstextes aussehen:

1. Beschreiben

Der Text ist ein Ausschnitt aus dem Artikel „Zeitgeschichte als Aufgabe" des Historikers Hans Rothfels. Er erschien 1953 in der Zeitschrift „Vierteljahreshefte für Zeitgeschichte". Rothfels nimmt zur Frage Stellung, warum das Jahr 1917 als ein Epochenjahr der Weltgeschichte anzusehen ist. Er argumentiert, dass der Erste Weltkrieg zunächst nur ein nationalstaatlicher Konflikt war. Erst durch den Kriegseintritt der USA und die Revolution in Russland sei der Krieg universal geworden. Außerdem legt er dar, dass politische und gesellschaftliche Gegensätze zwischen den beiden Staaten schon 1917/18 sichtbar wurden. Diese hätten den Konflikt zusätzlich verschärft. Insgesamt wertet er die Ereignisse so, dass das Jahr 1917 der Ausgangspunkt für die jahrelangen Spannungen zwischen den USA und der Sowjetunion gewesen sei.

2. Untersuchen

In seiner Argumentation bezieht sich Rothfels auf politische und gesellschaftliche Veränderungen im Jahr 1917 und deren Folgen. Besonders wichtig sind ihm die Bedeutung der USA und die der Sowjetunion. So benennt er zum Beispiel den Kriegseintritt der USA im Jahr 1917 als zentrales Ereignis, denn durch diesen wurde der Krieg nicht mehr nur zwischen europäischen Staaten ausgetragen. Außerdem beteiligten sich die USA nun zum ersten Mal an einem europäischen Konflikt. Zusätzlich trug die Überlegenheit der US-Truppen zum Ende des Krieges bei – genauso wie die Oktoberrevolution in Russland. Die Bolschewiki, die aus der Revolution siegreich hervorgegangen waren, nahmen nämlich schon bald Friedensverhandlungen auf. Stark gewichtet er auch die gegensätzlichen politischen und gesellschaftlichen Systeme: die demokratischen, kapitalistischen USA auf der einen und die sich entwickelnde kommunistische Sowjetunion auf der anderen Seite. Beide erhoben den Anspruch, dass ihr System das Richtige sei, und wollten es in der Welt verbreiten.

3. Deuten

Die Argumentation von Rothfels ist überzeugend. Das Jahr 1917 brachte gravierende politische und gesellschaftliche Veränderungen mit sich. Die Ereignisse trugen dazu bei, dass ein Krieg erstmals global wurde. Zugleich bildeten sie die Grundlage für das Kriegsende und für den Konflikt zwischen zwei Systemen. Dieser beeinflusste in den nächsten Jahren die ganze Welt. Auch das Selbstverständnis der USA als Groß- und Schutzmacht nahm zu dieser Zeit seinen Anfang.

Ein Text von einem Histori-ker?! Der muss ja wissen, wie es wirklich war …

Ich glaube, so einfach ist das nicht.

D1 **Was macht das Jahr 1917 zum Epochenjahr der Weltgeschichte?**

Für den Historiker Hans Rothfels beginnt „Zeit-geschichte" mit dem Jahr 1917. Er nennt dafür 1953 folgende Gründe:

Aber selbst vom Ersten Weltkrieg, so sehr er revolutionärer Einbruch und Erschütterung der Sekurität gewesen ist, ließe sich mit gutem Grunde sagen, dass er nur ein in die Welt ver-
5 längerter nationalstaatlicher Konflikt war. Erst mit dem eigentümlich zusammengeordneten Doppelereignis, dem Eintritt der Vereinigten Staaten in den Krieg und dem Ausbruch der Russischen Revolution, wurde die Konstellati-
10 on wirklich universal und wurde zugleich der Konflikt von Völkern und Staaten durch gesell-schaftliche Gegensätze tief greifender durchzo-gen und durchkreuzt. Schon 1918 ist im Grunde die Antithese Washington – Moskau eine sehr
15 reale gewesen.

Hans Rothfels, Zeitgeschichte als Aufgabe, in: Vierteljahres-hefte für Zeitgeschichte, 1. Jg. (1953), S. 6 f.

Behauptung, Teil 1	
Begriff nachschlagen	→ **Sekurität** Gefühl der Sicherheit und Sorg-losigkeit. Hier ist die vermeint-liche Sicherheit vor einem Krieg gemeint.
Behauptung, Teil 2	→ **Konstellation** eine Gesamtlage, die sich aus dem Zusammenspiel verschiedener Faktoren ergibt. Hier ist die welt-weite politische Lage gemeint.
Begriffe nachschlagen	
Behauptung, Teil 3	**universal** allumfassend, die ganze Welt betreffend
Wertung	
Begriff nachschlagen	→ **Antithese** hier: der Gegensatz

Unter dem Mediencode 31033-34 findest du den Text aus D1 noch einmal in einer ausführlichen Fassung sowie ein Arbeitsblatt mit Hilfestellungen zur Interpretation.

Jetzt bist du dran: Einen historischen Darstellungstext untersuchen

An der Stellungnahme Gerd Krumeichs zur Kriegsschuldfrage (D10 auf S. 34) kannst du nun selbst üben, einen historischen Darstellungstext zu untersuchen und zu beurteilen. Benutze dazu die Formulie-rungshilfen auf S. 201. **H**

Kriegsfolgen weltweit: die Karibik im Ersten Weltkrieg

Warum starb ein Soldat aus der Karibik 1918 in Frankreich?

Rekrut Private A. Grant, gefallen im British West Indies Regiment, 15. Februar 1918; Boulogne Ost Friedhof Pas-de-Calais, Frankreich

Davon habe ich ja noch nie gehört. Ob noch mehr Menschen und Material aus der Karibik kamen?

Materielle Ressourcen

Die Westindischen Inseln leisteten auch Abgaben
25 („gifts") im Wert mehrerer tausend Pfund für Kriegsgerätschaften und Versorgung. Darüber hinaus wurden etwa zwei Millionen Pfund für die britische Armee gesammelt.

In Trinidad befand sich eine Funkstation, die die
30 Kommunikation über See im karibischen Raum sicherstellte. Daneben versorgte das Land die britische Marine mit dem kriegswichtigen Rohstoff Öl, durch den Panzer und Kriegsschiffe betrieben wurden.

35 Soziale Bedeutung

Obwohl nun insbesondere die schwarze Bevölkerung der West Indies als „men of every class, creed and colour" (Q3) eine neue Bedeutung für sich erfuhr, verbreitete sich ebenso die Auffassung, der
40 Krieg sei ein Krieg der „weißen Männer". Hierzu trug die Diskriminierung des BWIR – beispielsweise durch Beschränkung der Aufstiegschancen Schwarzer innerhalb des britischen Militärs – bei. Daneben war auch die Zivilbevölkerung in der Ka-
45 ribik vom Ersten Weltkrieg betroffen.

Die Karibik als strategischer Stützpunkt

Bereits vor 1917 vertraten die USA eigene Interessen in der Karibik, insbesondere 1915, als Haiti beinahe an seinen Schulden bei deutschen und
5 französischen Banken kollabierte. Da deutsche Investoren großen Einfluss auf die lokale Elite besaßen, fürchteten die USA, die deutsche Marine könnte auf Haiti einen U-Boot-Stützpunkt etablieren, und nahmen die Insel Mitte des Jahres ein.

10 Personelle Ressourcen

Neben der strategischen Bedeutung kamen aus der Karibik materielle und personelle Ressourcen. Großbritannien konnte 1914 auf wesentlich weniger Soldaten zurückgreifen als das Deutsche Kai-
15 serreich. Daher rekrutierte das Königreich in seinen zahlreichen Kolonien etwa ein Drittel seiner Truppen. Insgesamt dienten 16 000 Männer und Frauen aus den **West Indies**, den britischen **Westindischen Inseln** in der Karibik, freiwillig in
20 einer eigenen Einheit der Armee Großbritanniens, dem **BWIR**. Es wurde in erster Linie für niedere Arbeitseinsätze eingesetzt.

Relationen

Alles in allem spendete die Karibik den Alliierten etwa 47 Millionen Dollar. Der Krieg kostete Großbritannien über 35 Milliarden US-Dollar. Etwa fünf
50 Millionen britische Soldaten dienten von 1914 bis 1918 in der Armee: Der Beitrag der Westindischen Inseln war nicht unerheblich.

Eurozentrismus

Komplexe Themenbereiche wie der Erste Welt-
55 krieg rücken einzelne Aspekte in den Vordergrund. Die Karibik findet kaum Eingang in die großen Überblickswerke, weil diesen ein **Eurozentrismus** zugrunde liegt: Sie konzentrieren sich auf Geschehen und Folgen des Krieges in Europa.

West Indies / Westindische Inseln
Britisch besetzte Inselgruppe in der Karibik

BWIR
Ein Freiwilligenregiment aus den britischen Kolonien der West Indies

Eurozentrismus
Forscherperspektive mit Fokus auf Europa

Q2 Geschenke der Westindischen Inseln H

Am 21. September 1915 veröffentlicht der Manchester Guardian folgende Auflistung:

Im Namen des Armeerates des West Indies-Komitees wurden nun über 6 500 Früchte von Plantagen aus der Dominikanischen Republik, Jamaika und Trinidad verteilt. Unter
5 den letzten Geschenken aus Übersee waren 40 Imperial-Gallonen Kokosnussöl aus Trinidad und 1 500 Holzkrücken aus jamaikanischen Wäldern für verwundete Soldaten. Die Menschen aus Barbados und Trinidad
10 haben dem Britischen Roten Kreuz gerade zwei weitere motorisierte Krankenwagen zur Verfügung gestellt.

West Indian Gifts to the Troops, in: Manchester Guardian (21.09.2015), zitiert nach: M'Caw, Stevenson & Orr (Hrsg.), Newspaper Cuttings, Belfast & London 1996, S. 29 (übersetzt, gekürzt und vereinfacht von Anne Gorgels)

YOUNG MEN OF THE BAHAMAS

The British Empire is engaged in a Life and Death Struggle. Never in the History of England, never since the Misty Distant Past of 2,000 years ago, has our beloved Country been engaged in such a conflict as she is engaged in to-day.

To bring to nothing this mighty attack by an unscrupulous and well prepared foe, HIS MOST GRACIOUS MAJESTY KING GEORGE has called on the men of his Empire, MEN OF EVERY CLASS, CREED AND COLOUR, to

COME FORWARD TO FIGHT

that the Empire may be saved and the foe may be well beaten.

This call is to YOU, young man; not your neighbour, not your brother, not your cousin, but just YOU. SEVERAL HUNDREDS OF YOUR MATES HAVE COME UP, HAVE BEEN MEDICALLY EXAMINED AND HAVE BEEN PASSED AS "FIT."

What is the matter with YOU?

Put yourself right with your King; put yourself right with your fellowmen; put yourself right with yourself and your conscience.

ENLIST TO-DAY

Q3 „Kommt und kämpft!"

Rekrutierungsplakat Großbritanniens für die Bahamas, 1915

D1 Gefallene aus den Kolonien

Fotografie des ersten Kriegerdenkmals, London 2017

Die Inschrift lautet: „In Erinnerung an den Dienst aller Männer und Frauen aus Afrika und der Karibik, die an der Seite der Truppen des Britischen Commenwealth und ihrer Alliierten während des Ersten und Zweiten Weltkrieges kämpften. Erinnere an die Vergessenen".

In Memory Of The Service Men And Women From Africa And The Caribbean Who Served Alongside The Forces Of The British Commonwealth And Her Allies During WWI And WWII
REMEMBERING THE FORGOTTEN

Tanzania KAR Battalions 1917 - 1945. Northern Rhodesia Police/Northern Rhodesia Regiment 1914 - 1945. Rhodesia Native Regiment/Rhodesian African Rifles 1914 - 1945. Sudan Defence Force 1939 - 1945. 11th and 12th (African) and 11th (East African) Divisions of the British Army 1941 - 1945. Military Service: East African Campaigns in WWI and WWII Invasion of Madagascar, Western Desert, Italian and Burma Campaigns in WWII
West India Regiment and British West Indies Regiment
Drafted from the Bahamas, Barbados, Belize, British Guiana, British Honduras, Grenada, Jamaica, the Leeward Islands, St Lucia, St Vincent and Trinidad and Tobago. Military Service: Western Front, Cameroon, East African and Palestine Campaigns
Air Crew and Ground Crew
African and Caribbean pilots and ground crew of the Royal Flying Corps and Royal Air Force 1917 - 1945
West Indies Auxiliary Territorial Services
Caribbean women in the women's branch of the British Army 1943 - 1945
Caribbean Regiment
Caribbean branch of the British Army including the Bermuda Militia Artillery and Infantry 1944 - 1945. Military Service: Italian Campaign, Egypt
And to all the Forgotten

1. Formuliere ein Gespräch zwischen zwei britischen Soldaten aus Großbritannien und Trinidad über die Bedeutung der Karibik für den Ersten Weltkrieg, in dem die Beteiligung der Westindischen Inseln deutlich wird. Gehe dabei auch auf die strategische Lage der Karibik ein (VT, Q1-Q3). H

2. Beschreibe die Veränderung der Gesellschaft auf den Westindischen Inseln durch den Eintritt Großbritanniens in den Krieg (VT).

3. Beurteile die Bedeutung des Ersten Weltkrieges in der Karibik, indem du den Dialog aus A1 als Streitgespräch weiterführst, nachdem der Soldat aus Großbritannien behauptet, die Karibik sei für den Ausgang des Krieges unbedeutend.

4. Informiere dich unter anderem im Internet über die Begriffe Eurozentrismus und Eurozentriertheit und entwickle Chancen und Herausforderungen einer globalen Perspektive auf den Ersten Weltkrieg (VT). **MK**

5. Im Jahr 2017 wurde das Kriegerdenkmal in London als erstes Denkmal nur für koloniale Truppen aufgestellt. Nimm Stellung, ob den Westindischen Inseln eine größere Bedeutung in der öffentlichen Erinnerungskultur (Denkmäler, Literatur) zugeschrieben werden sollte (D1).

Die Pariser Friedensverhandlungen

Q1 Neue Grenzen Ungarns nach dem Vertrag von Trianon

Undatierte Karikatur über das ehemalige und neue Territorium

Am 4. Juni 1920 musste Ungarn zwei Drittel des ehemaligen Territoriums an verschiedene Nachbar- und Nachfolgestaaten abgeben – ein nationales Trauma, das bis heute von rechtskonservativen und nationalen Kräften ausgeschlachtet wird. Der Frieden von Trianon war einer der Pariser Vorortverträge, die den Ersten Weltkrieg formal beendeten. Für sie galt als Leitidee das nationale Selbstbestimmungsrecht der Völker.

TRIANON 1920. Június 4.

100 év

63 004 km²
1 084 000 magyar

4 026 km²
64 000 magyar

93 030 km²
7 600 000 magyar

102 181 km²
1 704 000 magyar

63 497 km²
563 000 magyar

Diese Gebietsveränderungen sind doch das Gegenteil von nationaler Selbstbestimmung. Ob das nur in Ungarn so war?

Vielleicht sah man in neuen Grenzen auch eine Chance für den Erhalt des Friedens in Europa?

„Gerade in Osteuropa müssen wir durch die Gründung von Nationalstaaten wie Polen und der Tschechoslowakei einen Puffer zum russischen Reich schaffen! Meine Karte zeigt, wie die Grenz-
30 ziehung dort aussehen könnte."

Kriegsende im Osten

Der Krieg zwischen dem Kaiserreich und Russland endete zunächst mit dem erzwungenen „Frieden von Brest-Litowsk" am 03.03.1918. Die Forderun-
35 gen der Deutschen Heeresleitung wurden mithilfe militärischer Drohungen durchgesetzt.

Die Pariser Friedenkonferenzen

An der Westfront wurden die deutschen Truppen ab August 1918 zurückgedrängt. Am 11.11.1918
40 unterzeichnete Matthias Erzberger als Vertreter des Deutschen Reiches den Waffenstillstand nördlich von Paris. Damit wurde der frühere Diktatfriede mit Russland hinfällig.

In Versailles begannen am 18.01.1919 die **Pariser**
45 **Friedenskonferenzen**. 10 000 Teilnehmer – Staatschefs, Diplomaten, Experten und Journalisten aus aller Welt – reisten an. Zahlreiche Kommissionen kamen in Pariser Vororten zusammen, um ein neues Zeitalter des Friedens anzubahnen,
50 nachdem nicht nur die politischen Ordnungen in Europa, sondern auch auf anderen Kontinenten zerstört waren. Ab März wurden die wichtigsten Entscheidungen innerhalb des **Rates der Vier** getroffen, der aus den Delegationsleitern der Sieger-
55 mächte bestand. Die Ergebnisse der Verhandlungen wurden neben dem Versailler Vertrag, der die Neuordnung des Deutschen Reiches regelte, in Einzelverträgen festgelegt – sie sahen eine gravierende territoriale Neuordnung Europas vor.

Das Essen im Hotel de Crillón ist auch nach den Jahren des Krieges einfach vorzüglich, Emmanuel", sagt Alan Grant Ogilvie zufrieden. Das gemeinsame Dinieren der drei Karto-
5 grafen Isaiah Bowman aus den USA, des Franzosen Emmanuel de Martonne und des Briten Ogilvie hat sich im Verlauf der endlosen Gespräche im Zuge der Pariser Friedensverhandlungen etabliert. Bowman legt seine Serviette beiseite. „Meine Her-
10 ren, vor uns liegt eine Mammutaufgabe! Die ganze Welt blickt auf uns in der Erwartung, dass wir hier in Paris dauerhaften Frieden in Europa schaffen. Endlich ist es möglich, den Völkern in Europa ein nationales Selbstbestimmungsrecht zu geben.
15 Dabei sprechen unsere Karten eine mächtige Sprache!" „Du weißt aber selbst, Isaiah, dass das schwer umsetzbar ist, wenn so viele Menschen unterschiedlicher Herkunft zusammenleben wie in Österreich-Ungarn. Außerdem sollte dies nicht für
20 die Deutschen gelten!", wirft der Franzose ein. „Richtig!", erwidert Ogilvie: „Ein Großdeutsches Reich im zentralen Europa ist zu vermeiden!"
Die Herren setzen ihr Gespräch bei einem Spaziergang fort. Die Straßen sind voller Diplomaten und
25 Journalisten. Bowman pafft Pfeifenwölkchen:

Pariser Friedenskonferenzen
Friedensverhandlungen in Pariser Vororten

Rat der Vier
Wichtigstes Entscheidungsgremium der Pariser Verhandlungen, bestehend aus David Lloyd George (Großbritannien), Vittorio Emanuele Orlando (Italien), Georges Clemenceau (Frankreich) und Woodrow Wilson (USA)

Q2 Eröffnung der Friedenskonferenz H

Rede des französischen Ministerpräsidenten
Raymond Poincaré am 18. Januar 1919:

Die Zeiten, in denen sich die Diplomaten versammeln, um eigenmächtig und in aller Eile die
Karte der Reiche neu zu zeichnen, sind vorbei.
Sollten Sie die Weltkarte überarbeiten wollen,
5 dann tun Sie dies im Namen der Völker, und nur,
sofern sie dabei treu deren Gedanken wiederge-
ben, das Selbstbestimmungsrecht der großen
und kleinen Nationen achten und im Einklang
mit den ebenfalls unantastbaren Rechten der
10 ethnischen und religiösen Minderheiten vorgehen.

*Raymond Poincaré, Eröffnungsrede der Pariser Friedens-
verhandlungen, 18.01.1919, Übersetzung zit. nach Ministère de
L´Europe et des Affaires Étrangères. https://www.diplomatie.
gouv.fr/de/das-ministerium/diplomatische-archive/article/
die-pariser-friedenskonferenz-vor-100-jahren-ein-ruckblick-
anhand-unserer (09.12.2020)*

Q3 Ausschnitt einer ethnografischen Karte Europas H

Die Karte des amerikanischen Kartografen Albert H. Bumstead von 1919
zeigt ethnografische Zugehörigkeiten von Bevölkerungsgruppen unter
anderem in Ungarn, wo er den Volksstamm der Magyaren verortet.

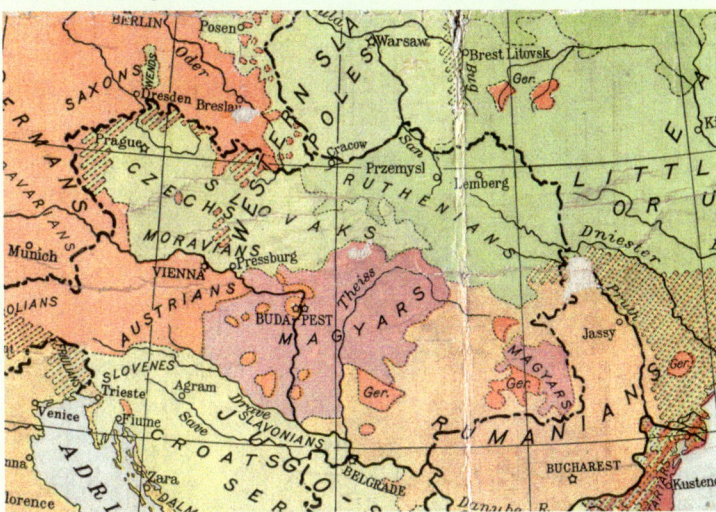

D1 Neue Grenzziehun-
gen

Die Karte zeigt die auf den
Pariser Friedenkonferenzen
festgesetzten Grenzen für
Osteuropa.

Unter dem Mediencode
31033 - 35 erfährst du
mehr über die Bedeu-
tung der Kartografie
während der Pariser
Friedensverhandlungen.

Eine animierte Karte zur
Neuordnung Europas
nach den Pariser Ver-
handlungen findest du
unter dem Mediencode
31033 - 36.

Das ungarische Königreich 1914
Das österreichische Kaiserreich 1914
Bosnien-Herzegowina 1914
Grenzen vor 1914
Österreichisch-ungarische Binnen-
grenzen bis 1918
Grenzen nach dem 1. Weltkrieg/
nach den Beschlüssen der Friedens-
verträge von 1919/20
[   ] Datum der Unabhängigkeit

1. Gib die Leitidee der nationalen Selbstbestimmung, die Poincaré darlegt, wieder (Q2).
2. Arbeite aus der Geschichtserzählung die Interessen der Alliierten heraus und stelle Vermutungen an,
zu welchen Problemen dies bei den Verhandlungen führen konnte (VT, Z. 1-30).
3. Untersuche die Karten. Erläutere, wie die neuen Grenzen in Europa zustande kamen (Q3, D1). H
4. Vergleiche die ethnische Karte der amerikanischen Delegation mit derjenigen der Ungarn, die du
unter dem Mediencode 31033-37 findest. Erörtere die Bedeutung von Karten auf den Pariser Frie-
denverhandlungen und beurteile in diesem Zusammenhang ihre Aussagekraft (Q3, VT). H
5. Beurteile, ob das Recht auf nationale Selbstbestimmung bei der Grenzziehung beachtet wurde. H

Das Epochenjahr 1917

Sachkompetenz

1. Stell dir vor, du bist eine bekannte Historikerin oder ein bekannter Historiker und wirst zu einem Interview in einer Podcastfolge eingeladen. Dort wirst du mit dem Zitat des Historikers Jörn Leonhard über 1917 als „Jahr globaler Übergänge" konfrontiert. Erläutere deinen Zuhörerinnen und Zuhörern, was damit gemeint ist. Erstelle dazu entweder eine Podcastfolge oder schreibe deinen Beitrag im Wortlaut als Skript auf (S. 49, D2). **MK**

Sachkompetenz
Medienkompetenz

2. Erstelle digital ein Kreuzworträtsel über das Epochenjahr 1917 auf der Seite, die du unter dem Mediencode 31033-38 findest. **MK**

Methoden-kompetenz

3. Lenin hielt sich nach mehreren Schlaganfällen ab 1922 meist auf seinem Landsitz in Gorki auf. Dort empfing er wichtige Politiker, unter anderem Josef Stalin. Bei einer dieser Gelegenheiten entstand eine Fotografie, die Stalin in retuschierter Form nach Lenins Tod veröffentlichen ließ. Untersuche die Aufnahme nach der Methode, die du auf S. 64-65 gelernt hast. Nutze auch die Formulierungshilfen im Anhang auf S. 200 f. **H**

Q1 **Lenin empfängt Stalin**
Originalaufnahme aus dem Jahr 1922, aufgenommen von Lenins Schwester

Q2 **Lenin empfängt Stalin**
Retuschiertes Foto, das Stalin nach Lenins Tod veröffentlichen ließ

Urteilskompetenz

4. Jörn Leonhard schreibt, es gebe ein Epochenjahr 1917. Führe Argumente für und gegen die Beurteilung von 1917 als Epochenjahr an und nimm Stellung, ob 1917 tatsächlich als solches charakterisiert werden sollte. Führe entweder deine Podcastfolge aus Aufgabe 1 fort oder schreibe einen Artikel (S. 49, D1). **MK**

5. Stell dir vor, du erhältst dieses Flugblatt. Lies die Argumentation des Flugblattes aufmerksam durch und setze dich kritisch damit auseinander, indem du ein eigenes Flugblatt entwirfst. Dein Thema soll sein: „100 Jahre Oktoberrevolution – ein Grund zum Feiern?"
Entwirf eine kurze schriftliche Darstellung deiner Argumentation. Danach kannst du dein Flugblatt noch grafisch gestalten oder Fotografien hinzufügen.

Handlungskompetenz

D1 100 Jahre Oktoberrevolution

100 Jahre Oktoberrevolution

Ein Grund zum Feiern

Heute feiern wir den 100. Jahrestag der großen sozialistischen Oktoberrevolution. Damals zeigten die Arbeiter und Arbeiterinnen, Bauern und Bäuerinnen und die Soldaten der Welt, wie sie die Macht des Kapitals und der Reichen zerbrachen und der Traum einer sozialistischen Gesellschaft wahr wurde.
Adel und Bürgertum als herrschende Klasse wurden ihrer Macht beraubt, die Superreichen enteignet und niemand wurde weiter ausgebeutet. Eine neue Gesellschaft entstand, in der alle die gleichen Rechte hatten und niemand mehr einer besseren Klasse angehörte.
Deshalb feiern wir dieses historische Vorbild und möchten alle dazu auffordern, etwas daraus zu lernen – wir wollen in der Gegenwart genauso gegen Superreiche und die herrschenden Klassen kämpfen wie die Menschen damals!

Wissen im Überblick: Unter dem Mediencode 31033-39 findest du eine Zusammenfassung des Kapitels in kleinen Kärtchen und einen Selbstdiagnosebogen, an dem du deine Kenntnisse überprüfen kannst.

3 | Die Weimarer Republik

WEIMAR IM WESTEN

D1 **Weimar – „Republik der Gegensätze"**
Plakat der Ausstellung „Weimar im Westen" des LWL-Instituts für westfälische Regionalgeschichte 2019
Die Weimarer Republik steht bis heute für vieles: eine Gesellschaft im Aufbruch mit neuen Rechten und Möglichkeiten für viele gesellschaftliche Gruppen, gleichzeitig eine junge Demokratie mit zerbrechlichen Strukturen.

Die Weimarer Republik ist bekannt als Zeit des kulturellen Aufbruchs in die Moderne. Zur Mode der Zwanzigerjahre kannst du dich unter dem Mediencode 31033-40 informieren.

Q1 „Sonnenfinsternis"
Gemälde von George Grosz,
Öl auf Leinwand, 1926
George Grosz malte in Öl einige Kunstwerke, mit denen er Einfluss auf die Gesellschaft nehmen wollte.

Was ihr schon hier entdecken könnt:

1. Erstellt eine Mindmap zum Begriff „Demokratie". Was fällt euch dazu ein?
2. Diskutiert, welche Assoziationen das Plakat der Ausstellung weckt, und vergleicht mit eurer Mindmap. Welche Überschneidungen stellt ihr fest (D1)?
3. Beschreibe das Bild des zeitgenössischen Malers George Grosz. Stelle Vermutungen darüber an, was die einzelnen Bildelemente für eine Bedeutung in der Weimarer Republik erhalten könnten und wofür sie stehen (Q1).
4. Recherchiere unter dem Mediencode 31033-41 zu mindestens drei der folgenden Themen. Wähle nach deinem Interesse aus: Kunst und Wissenschaft, Rolle der Frauen, Formen der Unterhaltung, soziale Probleme.

Leben in der Weimarer Republik

D1 „Babylon Berlin"
Szene aus der TV-Serie (2017)

Die Serie „Babylon Berlin" fängt den Zeitgeist der Zwanzigerjahre ein. Im Berlin zur Zeit der Weltwirtschaftskrise 1928/29, erstarkten radikale Gruppierungen von links und rechts. Das Scheitern der Weimarer Republik zeichnete sich bereits ab.

Demokratie! Was das ist, weißt du schon. Die erste Demokratie auf deutschem Boden entstand nach dem verlorenen Ersten Weltkrieg, und darum geht es in diesem Kapitel. Für fast alle Bürger:innen war die Staatsform eine neue Erfahrung, die unterschiedlich aufgenommen wurde. Manche Menschen vermissten den Kaiser, andere freuten sich über Mitbestimmungsmöglichkeiten. Manche trauerten über einen verlorenen Krieg, andere wiederum schauten in die Zukunft und überlegten, wie sie diese gestalten wollten. Frauen durften erstmals offiziell mitbestimmen, und Deutschland war kulturell eine der führenden Nationen in der Welt. Gleichzeitig hielt diese Demokratie aber nur ungefähr 15 Jahre lang.

In diesem Kapitel lernst du	
Sach-kompetenz	▸ die Ausgangssituation der Weimarer Republik, ihre Entstehung und Auflösung zu beschreiben
	▸ anhand der Weimarer Reichsverfassung die Kontinuität und den Wandel der politischen Ordnung zu erläutern
	▸ neue Massenmedien und ihre Auswirkungen auf gesellschaftliches und kulturelles Leben besonders in den „goldenen" Zwanzigerjahren zu untersuchen
	▸ Auslöser und Folgen sowie Lösungswege aus der Weltwirtschaftskrise am Beispiel Deutschlands und der USA zu erklären
Methoden-kompetenz	▸ politische Plakate wie Wahlplakate sach- und fachgerecht zu untersuchen
	▸ einen Radiopodcast zu planen und zu produzieren
Urteils-kompetenz	▸ Belastungsfaktoren und stabilisierende Elemente der Republik zu erörtern
	▸ Entwicklungschancen, Erfolge und Misserfolge der ersten deutschen Demokratie sowie ihr Scheitern zu beurteilen
	▸ politische, rechtliche und soziale Fragen nach Gleichberechtigung zu beurteilen
	▸ den Aufstieg der NSDAP/ihre Rolle bei der Aushöhlung der Republik zu beurteilen
Handlungs-kompetenz	▸ heutige Belastungsfaktoren der Demokratie zu erklären und Handlungsoptionen für die heutige Gesellschaft daraus abzuleiten

1915　　　　　　　　　　　　　　　　　　　　　　**1920**

3.3.1918: Friede von Brest-Litowsk •
Kriegsende und Novemberrevolution •
9.11.1918: Ausrufung der Republik
11.11.1918: Waffenstillstand von Compiègne

• 28. Juni 1919: Versailler Vertrag
• 19.1.1919: Wahlen zur Nationalversammlung
Krisenjahr 1923: „Ruhrkampf", Inflation, •
Hitler-Ludendorff-Putsch in München

D2 **Die Weimarer Republik von 1918 bis 1933**

Die Karte zeigt die territorialen Folgen des Versailler Vertrages für die junge Republik.

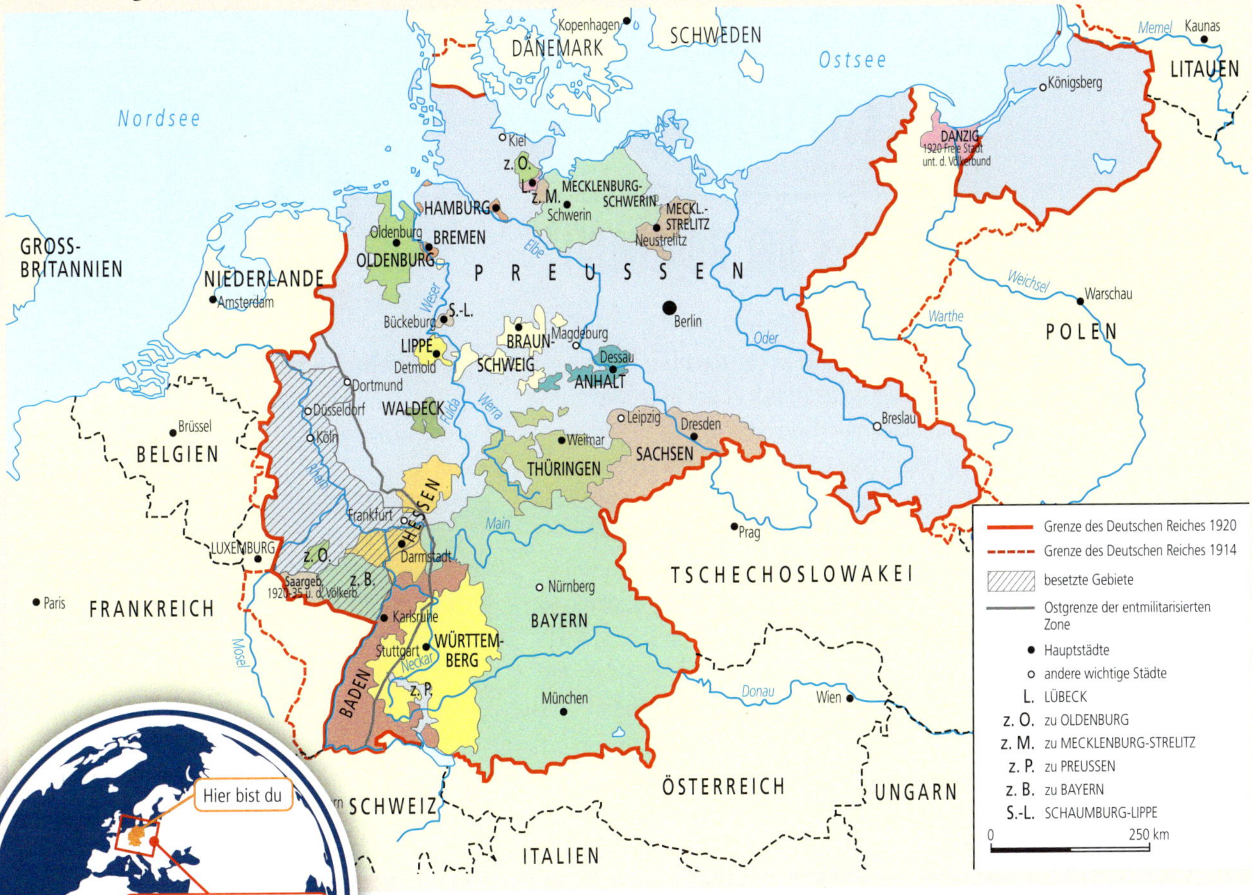

Karte Legende:

— Grenze des Deutschen Reiches 1920
- - - Grenze des Deutschen Reiches 1914
▨ besetzte Gebiete
— Ostgrenze der entmilitarisierten Zone
● Hauptstädte
○ andere wichtige Städte
L. LÜBECK
z. O. zu OLDENBURG
z. M. zu MECKLENBURG-STRELITZ
z. P. zu PREUSSEN
z. B. zu BAYERN
S.-L. SCHAUMBURG-LIPPE
0   250 km

Globus-Beschriftungen:
Hier bist du
Das siehst du auf der Karte

Kartenbeschriftungen (Auswahl):
DÄNEMARK, SCHWEDEN, Memel, Kaunas, LITAUEN, Kopenhagen, Ostsee, Königsberg, DANZIG 1920 Freie Stadt unt. d. Völkerbund, Nordsee, Kiel, z. O., z. M., MECKLENBURG-SCHWERIN, Schwerin, MECKL.-STRELITZ, Neustrelitz, HAMBURG, BREMEN, Oldenburg, OLDENBURG, P R E U S S E N, Warschau, Weichsel, Warthe, POLEN, Berlin, Oder, GROSS-BRITANNIEN, NIEDERLANDE, Amsterdam, S.-L., Bückeburg, LIPPE, Detmold, BRAUN-SCHWEIG, Magdeburg, ANHALT, Dessau, WALDECK, Dortmund, Düsseldorf, Köln, Leipzig, Dresden, Breslau, Brüssel, BELGIEN, Weimar, THÜRINGEN, SACHSEN, LUXEMBURG, Frankfurt, Main, Prag, TSCHECHOSLOWAKEI, Paris, FRANKREICH, z. O., Darmstadt, z. B., Saargeb. 1920 z. d. Völkerb., Karlsruhe, Nürnberg, BAYERN, Stuttgart, Neckar, WÜRTTEM-BERG, BADEN, z. P., München, Donau, Wien, SCHWEIZ, Mosel, ÖSTERREICH, UNGARN, ITALIEN

Was du hier schon erfährst:

1. Informiere dich über die Ereignisse im Zeitstrahl. Erstelle eine Collage, indem du im Internet Bildmaterial zu den einzelnen Ereignissen recherchierst. **MK**

2. Beschreibe deine Eindrücke aus dem Ausschnitt der Serie „Babylon Berlin" und wie die Zeit der Weimarer Republik darauf wirkt (D1).

3. Untersuche die Karte nach der dir bekannten Methode. Stelle davon ausgehend Vermutungen an, welche territorialen Folgen der Versailler Vertrag für Deutschland haben könnte (D2). **H**

4. Recherchiere im Internet Medien der Weimarer Republik, die besonders häufig genutzt wurden. **MK**

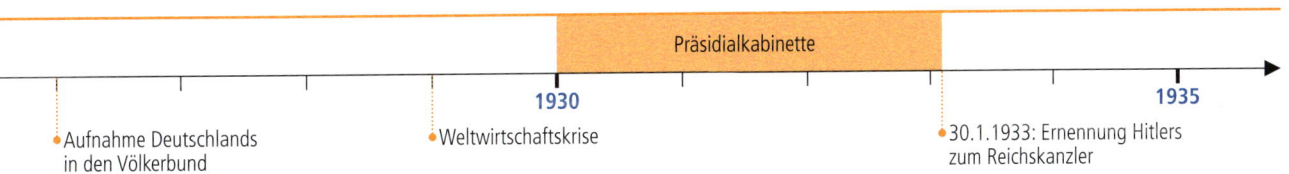

Präsidialkabinette

1930   1935

● Aufnahme Deutschlands in den Völkerbund

● Weltwirtschaftskrise

● 30.1.1933: Ernennung Hitlers zum Reichskanzler

Die Novemberrevolution 1918

Q1 Der Kaiser hat abgedankt
Titelblatt der SPD-Zeitung „Vorwärts", 9.11.1918

Der Kaiser hat wohl eingesehen, dass die Zeit der Monarchie vorbei war.

Die Bevölkerung hätte sonst vielleicht einen Umsturz per Revolution herbeigeführt …

Antikriegsstimmung in Deutschland

1918 deuteten erste Streiks in der Rüstungsindustrie einen Stimmungswandel in Deutschland an, verstärkt durch die Oktoberrevolution in Russland. ₅Immer mehr Menschen demonstrierten gegen die Hungersnot und für Friedensverhandlungen, und immer weniger deutsche Soldaten wollten sinnlosen Befehlen gehorchen. In Berlin und anderen Industriestädten beteiligten sich Ende Januar 1918 ₁₀über eine Million Menschen an Streiks und Protesten. Sie forderten nicht nur Brot und Frieden, sondern auch ein anderes politisches System.

Q2 Revolutionäre Matrosen und Zivilisten
Foto vom 9.11.1918 (Ausschnitt)
Demonstration „Unter den Linden" in Berlin für einen sozialistischen Umsturz.

Niederlage und politische Reformen

Auch nach dem Frieden von Brest-Litowsk verbes-₁₅serte sich die militärische Lage nicht – die Überlegenheit der Alliierten war zu groß. Doch erst im September 1918 gestand die Oberste Heeresleitung ein, dass Deutschland den Krieg verloren hatte, und forderte Waffenstillstandsverhandlun-₂₀gen. Diese sollte die neue Regierung unter Reichskanzler **Max von Baden** leiten, der Vertreter der SPD, des Zentrums und der liberalen Fortschrittspartei angehörten. Ende Oktober wurde auf Druck der Alliierten durch eine Verfassungsreform ₂₅die parlamentarische Monarchie eingeführt: Der Reichskanzler benötigte jetzt das Vertrauen des Reichstages, die Macht des Kaisers wurde eingeschränkt. Wilhelm floh ins Exil in die Niederlande.

Revolution und Ende der Monarchie

₃₀Als Kriegsschiffe trotz der aussichtslosen militärischen Situation erneut auslaufen sollten, meuterten Matrosen Anfang November in Kiel. Nach weiteren Streiks im Reich entstanden nach russischem Vorbild Soldatenräte in Betrieben. In Berlin ₃₅wurde die Forderung nach Abdankung des Kai-

sers lauter. Die Waffenstillstandsbedingungen der Alliierten trafen ein. Am 9. November 1918 verkündete Max von Baden die Abdankung Wilhelms II. und ernannte den SPD-Vorsitzenden **Friedrich** ₄₀**Ebert** zum Reichskanzler. Wenige Stunden später wurde die Republik ausgerufen – gleich zweimal: durch **Philipp Scheidemann** (SPD) und **Karl Liebknecht** vom sozialistischen **Spartakusbund**.

Der „Spartakus-Aufstand"

₄₅Die Arbeiterschaft war gespalten. Die SPD und die sozialistische **USPD** führten die Regierungsgeschäfte. Die **KPD**, die aus dem Spartakusbund hervorgegangen war, wollte eine **Räterepublik**. Um sich gegen eine sozialistische Revolution ab-₅₀zusichern, verbündete sich die Regierung mit der Heeresleitung. Im Januar 1919 führte die KPD Unruhen in Berlin an, um die Wahl zur Nationalversammlung zu verhindern, an deren Ende **eine parlamentarische Demokratie** stehen sollte. Die ₅₅Regierung schlug den Aufstand brutal nieder – mithilfe paramilitärischer **Freikorps**, die am 15. Januar 1919 **Rosa Luxemburg** und Karl Liebknecht ermordeten.

Spartakusbund
1914 gründete sich eine oppositionelle Gruppe (1914) in der SPD auf Initiative Rosa Luxemburgs. In der Novemberrevolution entstand daraus die Organisation „Spartakusbund".

USPD
Unabhängige Sozialdemokratische Partei Deutschlands, Abspaltung der SPD

KPD
Kommunistische Partei Deutschlands, Zusammenschluss des Spartakusbundes mit linksradikalen Gruppen (1918)

Räterepublik
Politisches System ohne Gewaltenteilung: Durch das Volk gewählte Räte sind den Wähler:innen direkt verantwortlich.

Parlamentarische Demokratie
Ein vom Volk gewähltes Parlament entscheidet über die Politik.

Freikorps
Truppenverbände aus ehemaligen Soldaten und Freiwilligen

Q3 Ausrufung der Republik durch Scheidemann vom Balkon des Reichstages

Foto von 1929, nachgestellte Szene

Q5 Ausrufung der Republik durch Liebknecht vor dem Berliner Stadtschloss

Foto von 1919

Q4 Die deutsche Republik

Philipp Scheidemann (SPD) hält am 9. November 1918 um 14 Uhr eine Rede. Der Wortlaut geht auf seine Lebenserinnerungen von 1928 zurück:

Das deutsche Volk hat auf der ganzen Linie gesiegt. Das alte Morsche ist zusammengebrochen; der Militarismus ist erledigt! Die Hohenzollern haben abgedankt! Es lebe die deutsche Republik!
5 Der Abgeordnete Ebert ist zum Reichskanzler ausgerufen worden. Ebert ist beauftragt worden, eine neue Regierung zusammenzustellen. Dieser Regierung werden alle sozialistischen Parteien angehören. Jetzt besteht die Aufgabe darin, die-
10 sen glänzenden Sieg, diesen vollen Sieg des deutschen Volkes nicht beschmutzen zu lassen, und deshalb bitte ich Sie, sorgen Sie dafür, dass keine Störung der Sicherheit eintrete! Wir müssen stolz sein können, in alle Zukunft auf diesen Tag!
15 Nichts darf existieren, was man uns später wird vorwerfen können! Ruhe, Ordnung und Sicherheit, das ist das, was wir jetzt gebrauchen!

Zit. nach: Susanne Miller und Gerhard Ritter (Hrsg.), Die Deutsche Revolution 1918/19. Dokumente, Hamburg ²1975, S. 77 f. (angepasst und gekürzt)

Q6 Die freie sozialistische Republik

Karl Liebknecht, Mitglied des Spartakusbundes, sagt am 9. November 1918 um 16 Uhr:

Der Tag der Revolution ist gekommen. Wir haben den Frieden erzwungen. Das Alte ist nicht mehr. Die Herrschaft der Hohenzollern ist vorüber. In dieser Stunde proklamieren wir die freie
5 sozialistische Republik Deutschland. Wir grüßen unsere russischen Brüder. Durch dieses Tor wird die neue sozialistische Republik der Arbeiter und Soldaten einziehen. Wir wollen an der Stelle, wo die Kaiserstandarte wehte, die rote Fahne der
10 freien Republik hissen! Parteigenossen, ich proklamiere die freie sozialistische Republik Deutschland, die alle Stämme umfassen soll, in der es keine Knechte mehr geben wird, in der jeder ehrliche Arbeiter den ehrlichen Lohn finden
15 wird. Die Herrschaft des Kapitalismus, der Europa in ein Leichenfeld verwandelt hat, ist gebrochen. Wir müssen alle Kräfte anspannen, um die Regierung der Arbeiter und Soldaten aufzubauen und eine neue staatliche Ordnung des Proletari-
20 ats zu schaffen.

Zit. nach: Susanne Miller und Gerhard Ritter (Hrsg.), Die Deutsche Revolution 1918/19. Dokumente, Hamburg ²1975, S. 78 f. (angepasst und gekürzt)

---

1. Charakterisiere die Situation in Deutschland am Ende des Ersten Weltkrieges (VT).
2. Arbeitet in Zweierteams aus den Reden von Scheidemann und Liebknecht die jeweiligen politischen Ziele heraus und stellt die Ergebnisse in einer Tabelle dar (Q3 - Q6).
3. Erläutere Scheidemanns und Liebknechts unterschiedliche Vorstellungen von Demokratie. Erkläre, was eine parlamentarische Demokratie und was eine Räterepublik ausmacht (VT, Q4, Q6).
4. Beurteile, ob es sich bei den politischen Ereignissen um den 9. November 1918 um eine Revolution handelte (VT, Q1- Q6).

Der Versailler Vertrag und seine Folgen

Da haben viele Staaten zusammengearbeitet, um eine dauerhafte Friedensordnung zu erreichen!

Aber ist es denn gelungen, mit dem Versailler Vertrag eine Friedensgrundlage zu schaffen?

Unter dem Mediencode 31033-42 findest du Informationen zu den Personen des Gruppenporträts Q2.

Q1 Friedensverhandlungen

Der britische Premierminister David Lloyd George sagt am 26. März 1919:

Wir müssen uns bemühen, eine Ordnung des Friedens zu entwerfen, als wären wir unparteiische Schiedsrichter, die die Leidenschaften des Krieges vergessen haben.

Zit. nach: Klaus Schwabe (Hrsg.), Quellen zum Friedensschluss von Versailles, Darmstadt 1997, S. 156-160 (gekürzt)

Die Ausgangslage

Der **Versailler Vertrag** war das Ergebnis langer Verhandlungen. Nach dem Ersten Weltkrieg sollte mit allen am Krieg beteiligten Staaten ein Frie-
5 densvertrag geschlossen werden. Im Januar begannen in Paris die Friedensverhandlungen der Siegermächte. Großbritannien, Frankreich und die USA hatten zum Teil ähnliche Vorstellungen über die Friedensregelungen, es gab jedoch auch große
10 Interessensunterschiede. Bereits im Krieg hatte der amerikanische Präsident Wilson ein **14-Punkte-Programm** vorgestellt, in dem er einen gerechten Ausgleich zwischen Siegern und Besiegten, vor allem aber die Errichtung eines Völker-
15 bundes forderte, um zukünftige Kriege zu verhindern. Großbritannien sah die stärkste Garantie für Frieden darin, das Gleichgewicht der Mächte auf dem Kontinent wiederherzustellen. Für Frankreich stand die Sicherheit gegenüber sei-
20 nem Nachbarn im Vordergrund. Eine wirtschaftliche und militärische Schwächung Deutschlands erschien daher wichtig.

Die Bestimmungen des Versailler Vertrages

Deutschland war an den Beratungen in Versailles
25 nicht beteiligt. Am 7. Mai 1919 wurden der deut-

Versailler Vertrag
Der Friedensvertrag mit dem Kriegsverlierer Deutschland vom 28. Juni 1919 trat am 10. Januar 1920 in Kraft.

14-Punkte-Programm
Forderung Präsident Wilsons nach friedenserhaltenden Maßnahmen

Unter dem Mediencode 31033-43 zeigt dir eine animierte Karte, welche territorialen Veränderungen der Versailler Vertrag mit sich brachte.

Q2 Unterzeichnung des Versailler Vertrages am 28. Juni 1919

Gemälde von William Orpen, 1919 (Ausschnitt)
Die Deutschen protestierten gegen die Vertragsbedingungen – wie Philipp Scheidemann, der sagte: „Welche Hand müsste nicht verdorren, die sich und uns in solche Fesseln legt?"

schen Delegation die Friedensbedingungen mitgeteilt. Sie wurden von der deutschen Öffentlichkeit mit großer Empörung aufgenommen. Obwohl die deutsche Regierung gegen den Vertrag protestier-
30 te, stimmte eine Mehrheit in der Nationalversammlung für die Annahme des Vertrages. Andernfalls drohte die Gefahr eines militärischen Eingreifens der Alliierten.

Am 28. Juni 1919 unterzeichneten die Vertreter
35 der deutschen Regierung den Friedensvertrag im Spiegelsaal von Versailles, obwohl er einschneidende Regelungen enthielt:

- Abtretung der deutschen Kolonien an den Völkerbund
40 - Abtretung von ca. 10 Prozent des deutschen Territoriums im Westen, Osten und Norden
- Besetzung des linken Rheinufers für fünf bis zehn Jahre
- Entmilitarisierung des Rheinlandes
45 - Abschaffung der allgemeinen Wehrpflicht, Beschränkung des Heeres auf 100 000 und der Marine auf 15 000 Berufssoldaten
- Auslieferung des gesamten Kriegsmaterials
- Verpflichtung des Deutschen Reiches zur Wie-
50 dergutmachung aller Kriegsschäden sowie Reparationszahlungen (Höhe noch nicht festgelegt)
- Zuschreibung der alleinigen Kriegsschuld an Deutschland und seine Verbündete.

D1 Ungenutzte Chancen

Der deutsche Historiker Lars Lüdicke schreibt 2008 über den Versailler Vertrag:

Die Deutschen vermochten es nicht, den Versailler Vertrag in realistischen Proportionen zu sehen und auch Vorteile und Chancen zu erkennen, die sich boten. Quer durch alle Bevölke-
5 rungsschichten verlief die Ablehnung des unter ultimativen Druck der Alliierten angenommenen Vertrages. Dass der als demütigend empfundene Vertrag revidiert werden musste, war allgemeine parteiübergreifende Überzeugung. Weithin ver-
10 stellte die Empörung einen nüchternen Blick: Dass noch im März 1918 dem russischen Kriegsgegner in Brest-Litowsk ein Frieden diktiert worden war, der gegen eben jene Prinzipien verstoßen hatte, auf die Deutschland sich nun berief,
15 spielte im öffentlichen Bewusstsein keine Rolle. Ebenso wenig wurde gesehen, dass die Friedensbedingungen noch härter hätten ausfallen können: Die Einheit des Reiches war erhalten geblieben; die Reparationspolitik musste in dem Maße
20 nicht von Dauer sein, wie sich die negativen Konsequenzen für die deutsche und die Weltwirtschaft zeigten; und Deutschland hatte gute Aussichten, seine außenpolitische Lage zu verbessern. Dazu gehörte die zunächst noch ver-
25 wehrte Mitgliedschaft im Völkerbund, der am 16. Januar 1920 seine Arbeit aufnahm. Dass Deutschland wie seine Verbündeten auch nicht von Beginn an beteiligt wurde, war ein Geburtsfehler.

Lars Lüdicke: Die neue Staatenwelt nach 1918, in: Aus Politik und Zeitgeschichte 50/51 (2008), S. 25 - 30 (gekürzt)

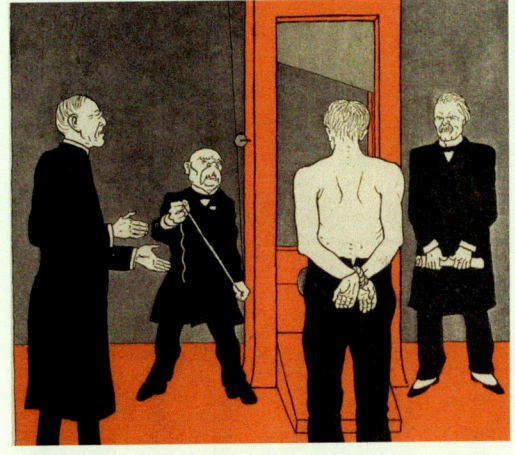

Q4 Eine Chance auf Frieden?

John M. Keynes, ein britischer Ökonom, hat an den Friedensverhandlungen teilgenommen. 1920 sagt er:

Durch krankhafte Täuschung und rücksichtsloses Selbstbewusstsein getrieben, stürzte das deutsche Volk die Fundamente, auf denen wir alle lebten und bauten. Aber die Wortführer des
5 französischen und britischen Volkes haben das Wagnis unternommen, den Umsturz zu vollenden, den Deutschland begann, durch einen Frieden, dessen Verwirklichung das empfindliche, verwickelte, durch den Krieg bereits erschütterte
10 und zerrissene System, auf Grund dessen allein die europäischen Völker arbeiten und leben können, noch weiter zerstören muss, statt es wiederherzustellen.

John M. Keynes, Die wirtschaftlichen Folgen des Friedensvertrages, übers. von Moritz Julius Bonn und Carl Brinkmann, München/Leipzig 1920, S. 1 - 3 (gekürzt).

Q3 „Versailles. Auch Sie haben noch ein Selbstbestimmungsrecht: Wünschen Sie, dass Ihnen die Taschen vor oder nach dem Tod ausgeleert werden?"

Satirezeitschrift „Simplicissimus" vom 3. Juni 1919

Die abgebildeten Personen sind Präsident Wilson (USA), Präsident Clemenceau (Frankreich) und Premierminister Lloyd George (Großbritannien).

---

1. Beschreibe die Verhandlungen über den Versailler Vertrag aus der Perspektive, wie sie der britische Premierminister 1919 dargestellt hat (Q1).
2. Beschreibe mithilfe des Mediencodes 31033-42 die Szene auf dem Gemälde (Q2).
3. Fasst in Zweierteams die wesentlichen Regelungen des Versailler Vertrages unter den Überschriften „wirtschaftliche", „territoriale" und „militärische Bestimmungen" zusammen (VT).
4. Bildet zwei Teams. Gruppe 1 erläutert, worin John M. Keynes die Gefahr sah, die vom Versailler Vertrag ausging. Gruppe 2 erläutert die Aussage des Historikers Lüdicke, dass die Deutschen nicht die „Vorteile und Chancen" des Versailler Vertrages erkannten. Tauscht eure Ergebnisse aus und nehmt Stellung zu der Frage, ob es sich beim Versailler Vertrag eher um ein Instrument der Friedenssicherung oder einen neuen Konfliktherd handelte (Q4). **H**
5. Analysiere die Karikatur und überprüfe ihre Aussageabsicht. Berücksichtige dabei die Aussagen von John M. Keynes und des Historikers Lüdicke (Q3, Q4, D1).

Die Weimarer Verfassung

Q1 „Arbeiter, Bauern, Bürger, Soldaten aller Stämme Deutschlands: Vereinigt euch zur Nationalversammlung!"
Plakat von Caesar Klein für die Wahlen zur Nationalversammlung

Wird jetzt mit den Wahlen zur Nationalversammlung alles anders, wenn alle wählen dürfen?

Aber wen – und welche Ordnung wählten die Menschen denn?

nügte nicht, um alle Sitze zu erlangen (Mehrheitswahlrecht). Auf eine **Sperrklausel** wurde verzichtet: Es gab keine Hürde, wie viele Mindeststimmen
30 erreicht werden mussten, sodass auch kleine Parteien vertreten waren. Zu den Aufgaben des Reichstages gehörte auch die Kontrolle der Reichsregierung. Durch ein einfaches **Misstrauensvotum** konnte er dem **Reichskanzler** als dem Re-
35 gierungschef das Vertrauen entziehen und so seinen Rücktritt veranlassen.

Der **Reichspräsident** wurde von den Wahlberechtigten für sieben Jahre direkt gewählt. Er war mit weitreichenden Rechten ausgestattet und wurde
40 nicht zu Unrecht als „Ersatzkaiser" bezeichnet. Er bildete ein starkes Gegengewicht zum Reichstag, den er auflösen konnte. Als Staatsoberhaupt vertrat er das Reich völkerrechtlich und ernannte Reichsbeamte und Offiziere. Darüber hinaus be-
45 saß er den Oberbefehl über die Reichswehr. Waren die öffentliche Sicherheit und Ordnung gefährdet, hatte er die Möglichkeit, den Staatsnotstand zu verhängen (Art. 48). In diesem Fall waren vorübergehend die Grundrechte außer Kraft ge-
50 setzt. „Notverordnungen", gesetzliche Maßnahmen ohne Mitwirkung des Reichstages, konnten erlassen werden. Reichskanzler oder Minister mussten aber Entscheidungen des Reichspräsidenten gegenzeichnen, um diesen an die politischen
55 Richtlinien der Reichsregierung zu binden.

Die Nationalversammlung

Am 19. Januar 1919 fanden in Deutschland freie Wahlen zur Nationalversammlung statt, zu denen erstmals auch Frauen zugelassen waren – fast eine
5 kleine Revolution: Bislang durften Männer erst ab 25 Jahren wählen, Frauen gar nicht. Nun durften beide Geschlechter ab 20 Jahren ihre Stimme abgeben. SPD, Zentrum und die liberale DDP erreichten zusammen ca. 75 % der Stimmen und bilde-
10 ten eine Koalitionsregierung. Am 6. Februar 1919 trat in Weimar die Nationalversammlung zusammen, um eine Verfassung auszuarbeiten. Unter 423 Abgeordneten waren 37 Frauen. Weimar wurde als Ort ausgewählt, da man möglichen po-
15 litischen Unruhen in der Reichshauptstadt Berlin ausweichen wollte. Ende Juli 1919 wurde die Weimarer Verfassung verabschiedet. Sie machte das Deutsche Reich zur Republik und legte die Grundlagen für die parlamentarische Demokratie fest.

20 Die neue politische Ordnung

Das wichtigste Verfassungsorgan war der Reichstag. Er bildete zusammen mit dem Reichsrat die gesetzgebende Gewalt. Er wurde nach dem **Verhältniswahlrecht** gewählt, die Parteien im
25 Reichstag bildeten also die Wählerstimmen so genau wie möglich ab. Eine einfache Mehrheit ge-

Wahlrecht und Rolle der Parteien

Die fehlende Sperrklausel ermöglichte auch kleinen Splitterparteien den Einzug in den Reichstag und konnte eine Regierungsbildung erschweren.
60 Rechte und Pflichten der Parteien waren in der Verfassung nicht klar festgelegt.

Verhältniswahlrecht
Das Parlament spiegelt möglichst genau die Stimmenanteile der gewählten Parteien wider.

Sperrklausel
Mindestprozentzahl an Wahlstimmen entscheidet über den Einzug ins Parlament.

Misstrauensvotum
Hiermit konnte der Reichstag den Rücktritt des Kanzlers erzwingen.

Reichskanzler
Regierungschef im Deutschen Kaiserreich und der Weimarer Republik; ab 1919 vom **Reichspräsidenten** ernannt

Notverordnungen
Recht des Reichspräsidenten, in Ausnahmesituationen ohne das Parlament Gesetze zu erlassen

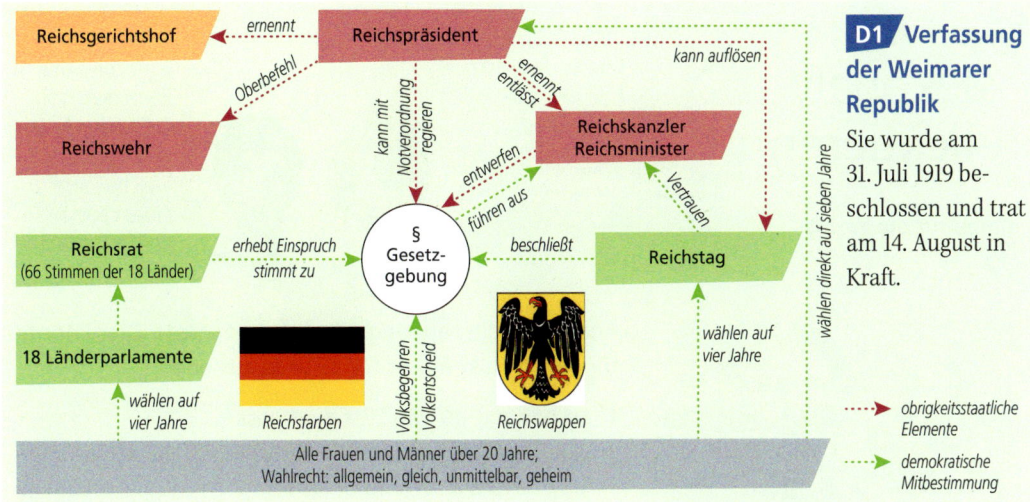

Sie wurde am 31. Juli 1919 beschlossen und trat am 14. August in Kraft.

Diagramm-Beschriftungen:

Reichsgerichtshof — *ernennt* — Reichspräsident — *kann auflösen*

Oberbefehl

ernennt / entlässt

Reichswehr

Reichskanzler Reichsminister

kann mit Notverordnung regieren

entwerfen

Vertrauen

Reichsrat (66 Stimmen der 18 Länder) — *erhebt Einspruch / stimmt zu* — § Gesetzgebung — *beschließt* — Reichstag

führen aus

18 Länderparlamente

wählen auf vier Jahre

Reichsfarben

Volksbegehren / Volksentscheid

Reichswappen

wählen auf vier Jahre

wählen direkt auf sieben Jahre

Alle Frauen und Männer über 20 Jahre; Wahlrecht: allgemein, gleich, unmittelbar, geheim

┄┄> obrigkeitsstaatliche Elemente

┄┄> demokratische Mitbestimmung

Q2 Grundrechte der Weimarer Verfassung

Artikel der Verfassung zu unantastbaren Menschenrechten:

Art. 48: Der Reichspräsident kann, wenn im Deutschen Reich die öffentliche Sicherheit und Ordnung erheblich gestört oder gefährdet wird, die zur Wiederherstellung der öffentlichen Si-
5 cherheit und Ordnung nötigen Maßnahmen treffen, erforderlichenfalls mithilfe der bewaffneten Macht einschreiten. Zu diesem Zwecke darf er vorübergehend die Grundrechte ganz oder zum Teil außer Kraft setzen.
10 Art. 109: Alle Deutschen sind vor dem Gesetz gleich. Männer und Frauen haben grundsätzlich die gleichen Rechte und Pflichten.
Art. 111: Alle Deutschen genießen Freizügigkeit im ganzen Reiche. Jeder hat das Recht, sich an
15 einem beliebigen Orte des Reiches aufzuhalten und niederzulassen.
Art. 114: Die Freiheit der Person ist unverletzlich. Eine Beeinträchtigung oder Entziehung der persönlichen Freiheit durch die öffentliche Gewalt
20 ist nur aufgrund von Gesetzen zulässig.
Art. 118: Jeder Deutsche hat das Recht, innerhalb der Schranken der allgemeinen Gesetze seine Meinung durch Wort, Schrift, Druck, Bild oder in sonstiger Weise frei zu äußern. An diesem Rechte
25 darf ihn kein Arbeits- oder Anstellungsverhältnis hindern, und niemand darf ihn benachteiligen, wenn er von diesem Rechte Gebrauch macht.
Art. 123: Alle Deutschen haben das Recht, sich friedlich und unbewaffnet zu versammeln.
30 Art. 124: Alle Deutschen haben das Recht, Vereine und Gesellschaften zu bilden.
Art. 135: Alle Deutschen genießen volle Glaubens- und Gewissensfreiheit. Die ungestörte Religionsausübung wird gewährleistet und steht
35 unter staatlichem Schutz.
Art. 153: Das Eigentum wird gewährleistet.

Zit. nach: Peter Longerich (Hrsg.), Die Erste Republik. Dokumente zur Geschichte des Weimarer Staates, München 1992, S. 104 ff. (gekürzt)

1. Beschreibe die Bildelemente des Plakates und erläutere dessen Aussageabsicht (Q1). **H**
2. Arbeitet in Teams aus dem Verfassungsschema und dem Plakat heraus, welche Rechte die Bevölkerung und die einzelnen Verfassungsorgane (Reichstag, Reichsregierung und Reichspräsident) hatten. Beurteilt, welche Rolle die jeweiligen Akteure für die Etablierung der neuen Demokratie spielten (VT, D1).
3. Beschreibe die Machtverteilung in der Weimarer Verfassung zwischen Bevölkerung, Reichstag, Reichsregierung und Reichspräsidenten (VT, D1, Q2).
4. Vergleiche die Machtverteilung von 1919 mit der in der Verfassung des Kaiserreiches, die du unter dem Mediencode 31033-44 noch einmal in einem Schaubild findest. Nimm Stellung, ob es sich bei der Weimarer Verfassung um eine fortschrittliche politische Ordnung handelte (VT, Q1 und D1). ⊕
5. Beurteile, welche Teile der Verfassung für die junge Demokratie der Weimarer Republik als Belastungsfaktor und welche stabilisierend wirkten.

Die Nutzung eines Wahlkompasses analysieren und reflektieren

Q1 **Kampf um die Stimmen für die Wahl zur Nationalversammlung**
Foto von 1919

Wenn wir heute wählen, können wir uns im Internet über die verschiedenen Parteien informieren oder einen Wahlkompass benutzen. Dieser hilft uns dabei, unsere Standpunkte mit denen der Parteien zu vergleichen. Als 1919 das allgemeine Wahlrecht eingeführt wurde und die Menschen bei der Wahl zur Nationalversammlung zwischen 19 Parteien wählen durften, gab es solche Hilfsmittel nicht. Zum 100-jährigen Jubiläum der Weimarer Republik hat das Bundesarchiv einen Wahlkompass für die Wahl von 1919 herausgegeben.

Schritt für Schritt:
Mithilfe eines Wahlkompasses die eigene Meinung reflektieren und zur Entscheidung finden

1. **Sich zu den Standpunkten eines Wahlkompasses positionieren**
   a) Rufe einen Wahlkompass auf.
   b) Positioniere dich zu den vorgeschlagenen Standpunkten des Wahlkompasses und informiere dich über unklare Begriffe.

2. **Das Ergebnis des Wahlkompasses analysieren**
   a) Informiere dich über die verschiedenen Parteien und ihre Wahlprogramme und halte fest, welchen Parteien du eher zustimmen würdest.
   b) Analysiere das Ergebnis des Wahlkompasses, indem du es mit deiner eigenen Einschätzung vergleichst.

3. **Die Benutzung eines Wahlkompasses beurteilen**
   Nimm Stellung, inwiefern der Wahlkompass dir bei der Entscheidung für eine Partei geholfen hat.

Wie soll man sich denn da zwischen den Parteien entscheiden?

Heute ist es viel einfacher: Man kann den Wahl-O-Mat benutzen und weiß gleich, welche Partei zu einem passt.

Analysiere die Nutzung eines Wahl-O-Mats. Dies könnte für den Wahlkompass für 1919 so aussehen:

1. **So benutzt du den Wahlkompass**
   Rufe den Wahlkompass für die Wahl zur Nationalversammlung 1919 auf, den du unter dem Mediencode 31033-45 findest ⊕. Klicke auf „Los geht's" und positioniere dich, indem du auf „stimme zu", „neutral" oder „stimme nicht zu" klickst (D1). **Tipp**: Unter dem Bild findest du weitere Informationen, die dir dabei helfen können, dich zu positionieren.

2. **So analysierst du das Ergebnis:**
   Informiere dich über die wichtigsten Parteien, die zur Wahl zur Nationalversammlung angetreten sind. Dabei hilft dir der Mediencode 31033-46 ⊕. Halte schriftlich fest, welchen Parteien du eher zustimmst, welchen du neutral gegenüberstehst und welche Parteien du eher ablehnst und warum.
   Das könnte zum Beispiel so aussehen:

Partei	Position	Argument
DDP	eher Zustimmung	Abschaffung wirtschaftlicher Monopole
SPD	...	...

   Vergleiche das Ergebnis, das du mit dem Wahlkompass erzielt hast, mit deiner eigenen Auflistung. Wie repräsentativ ist es?

3. **So reflektierst du die Nutzung des Wahl-O-Mats:**
   Liste auf und untersuche, welche Vor- und Nachteile der Wahlkompass bietet. Anschließend nimm Stellung dazu, ob du selbst einen Wahlkompass für deine Wahlentscheidung verwenden würdest.

Vorteile	Nachteile
- Wahlkompass hilft schnell, eine Entscheidung zu treffen	- nur wenige der 19 Parteien im Wahlkompass vertreten
...	...

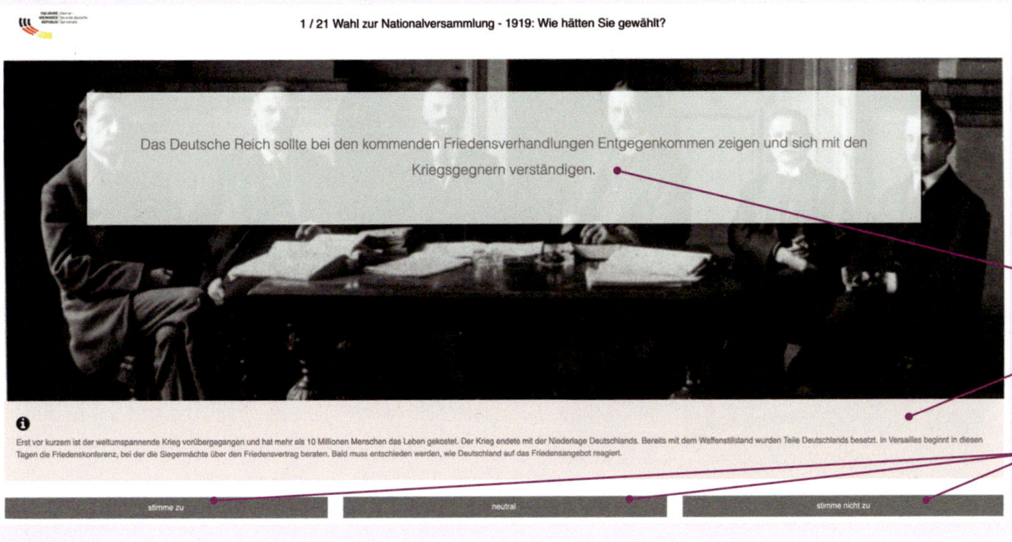

D1 Positionierung zu politischen Fragen
Der Wahlkompass für die Wahl zur Nationalversammlung

1 / 21 Wahl zur Nationalversammlung - 1919: Wie hätten Sie gewählt?

Das Deutsche Reich sollte bei den kommenden Friedensverhandlungen Entgegenkommen zeigen und sich mit den Kriegsgegnern verständigen.

Erst vor kurzem ist der weltumspannende Krieg vorübergegangen und hat mehr als 10 Millionen Menschen das Leben gekostet. Der Krieg endete mit der Niederlage Deutschlands. Bereits mit dem Waffenstillstand wurden Teile Deutschlands besetzt. In Versailles beginnt in diesen Tagen die Friedenskonferenz, bei der die Siegermächte über den Friedensvertrag beraten. Bald muss entschieden werden, wie Deutschland auf das Friedensangebot reagiert.

stimme zu | neutral | stimme nicht zu

Hier werden die Standpunkte angezeigt.

Hier findest du weitere Informationen.

Hier kannst du dich positionieren.

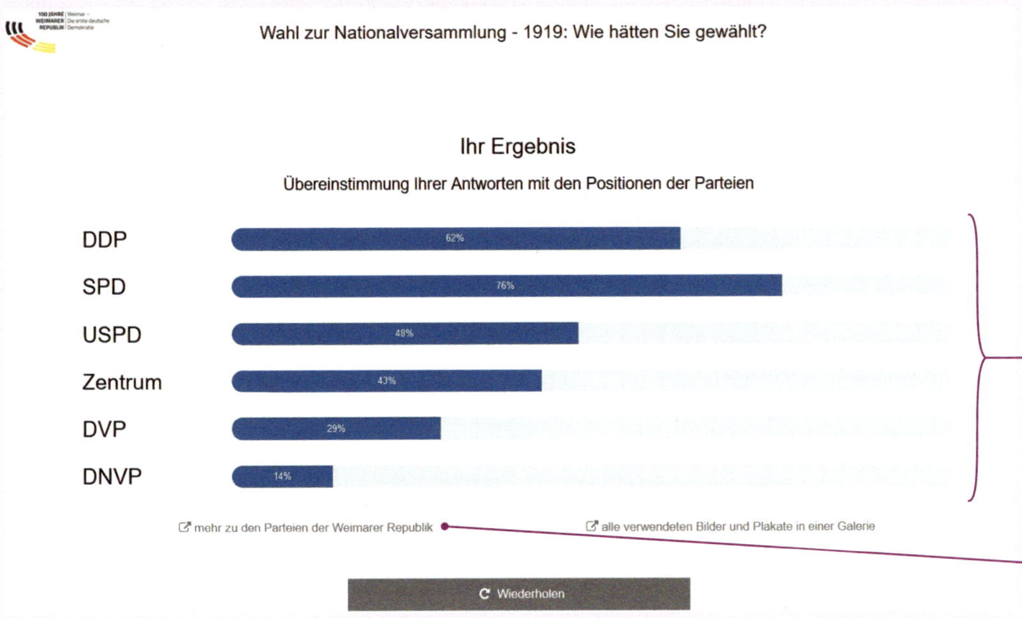

D2 Automatischer Abgleich der politischen Meinung
Ein Beispielergebnis des Wahl-O-Mats

Wahl zur Nationalversammlung - 1919: Wie hätten Sie gewählt?

Ihr Ergebnis
Übereinstimmung Ihrer Antworten mit den Positionen der Parteien

DDP — 62%
SPD — 76%
USPD — 48%
Zentrum — 43%
DVP — 29%
DNVP — 14%

Hier siehst du das Ergebnis. Die Prozentzahlen zeigen an, wie stark du einer Partei zustimmst. Im Beispiel ist die SPD die Partei mit der größten Zustimmung.

mehr zu den Parteien der Weimarer Republik   alle verwendeten Bilder und Plakate in einer Galerie

C Wiederholen

Klicke hier, um mehr über die Parteien zu erfahren.

Jetzt bist du dran: Die Nutzung eines Wahlkompasses analysieren und reflektieren

1. Positioniere dich unter dem Mediencode 31033-45 zu den Standpunkten, die der Wahlkompass zur Nationalversammlung 1919 anbietet.
2. Recherchiere zu den einzelnen Parteien und lege eine Tabelle an, wie es in Schritt 2 auf S. 90 zu sehen ist (D1).
3. Vergleiche das Ergebnis des Wahl-O-Mats mit deiner Tabelle (D2).
4. Nimm Stellung dazu, wie sinnvoll ein Wahlkompass ist und ob dessen Benutzung ausreicht, um eine Wahlentscheidung zu treffen.
5. Vergleiche den Wahlkompass zur Weimarer Republik mit einem Wahl-O-Mat zu einer aktuellen Wahl. **Tipp**: Gib Wahl-O-Mat in eine Suchmaschine ein. MK
6. Stell dir vor, dein Bruder ist gerade 16 Jahre alt geworden und darf an seiner ersten Kommunalwahl teilnehmen. Auf deine Frage, was er wählen wird, antwortet er, dass er einfach einen Wahlkompass benutzen wird, um eine Entscheidung zu treffen. Was würdest du ihm antworten?

Frauen in der Weimarer Republik

Das Wahlrecht für Frauen ist erst hundert Jahre alt? Das muss dann aber ein ganz schöner Fortschritt gewesen sein!

D1 Ein Jubiläum: 1919 wurde das Frauenwahlrecht eingeführt
Briefmarke von 2019

Aber im Alltag hat sich das Leben der Frauen wohl nicht so sehr verändert …

Q1 Neue und alte Rollen
Eine ehemalige Textilarbeiterin schreibt Ende der 1920er-Jahre:

Ich bin 20 Jahre alt und seit Januar 1928 verheiratet. Mit meiner Schulentlassung trat ich in den Produktionsprozess als Fabrikarbeiterin ein und erlernte im 16. Jahr den Stickerinnenberuf, wel-
5 chen ich bis zu meiner Ehe innehielt. Da ich nie im Haushalt tätig war, muss ich jetzt viele häusliche Schwierigkeiten überwinden lernen.

Zit. nach: Martina Kessel (Hrsg.), Zwischen Abwasch und Verlangen, Zeiterfahrungen von Frauen im 19. und 20. Jahrhundert, München 1995, S. 92 f.

Neue Rechte für die Frauen

„Der Wahltag. Der erste Wahlgang der Frauen. Ziel eines Jahrhunderts – Beginn eines Jahrtausends." Auf diese Weise begrüßte die 46-jährige
5 Gertrud Bäumer, seit 1910 Vorsitzende der bürgerlichen Frauenbewegung, den 19. Januar 1919: den Tag, an dem sie zum ersten Mal zur Wahl ging. Für die Einführung des allgemeinen Wahlrechts für Frauen hatten Frauenrechtlerinnen auf
10 nationaler wie internationaler Ebene seit der zweiten Hälfte des 19. Jh. gekämpft. Sie hatten sich in Vereinen, Parteien und Verbänden engagiert. Während des Krieges hatten Frauen in Familie, Geschäft, Fabrik und Behörden die abwesenden
15 Männer ersetzt. Nach dem Krieg waren viele nicht mehr bereit, in ein Leben zurückzukehren, das sie allein auf den Haushalt und die Versorgung der Familie festlegte. Der Wandel der Wirtschaftsstruktur bot Frauen neue Arbeitsplätze, vor allem
20 im Dienstleistungsbereich als Sekretärinnen im Büro oder Verkäuferinnen in großen Warenhäusern. Gegen starke Widerstände wurden Mutterschutz- und andere Arbeitsschutzgesetze durchgesetzt und damit zumindest die Arbeitsbedingungen der
25 verheirateten berufstätigen Frauen verbessert.

Rechtliche Gleichstellung

Die Weimarer Verfassung garantierte die „grundsätzliche **Gleichstellung**" in Staat und Familie. Dies bedeutete allerdings, dass noch keine voll-
30 ständige **Gleichberechtigung** erreicht war: Erst viel später, ab dem Jahr 1977, konnten Frauen zum Beispiel berufstätig sein, ohne die Zustimmung ihres Ehemannes einzuholen. Dennoch ver-

besserte sich allmählich die Ausbildungssituation
35 in der Weimarer Republik. Alle Bildungseinrichtungen standen Mädchen und Frauen nun offen. Ob sie aber eine weiterführende Schule besuchen oder studieren konnten, hing oftmals von den finanziellen Möglichkeiten der Eltern ab.

40 ### Die „Neue Frau"

Neben der formalen staatsbürgerlichen Gleichstellung und dem Frauenwahlrecht veränderte sich auch die öffentliche Wahrnehmung der Rolle der Frau. Das Bild eines neuen Frauentyps wurde
45 durch Werbung, Romane, Filme und Zeitschriften verbreitet. Das Leitbild der „Neuen Frau" hatte eine wichtige Vorbildfunktion: Es war zwar nur einer begrenzten Zahl von Frauen möglich, ein von traditionellen Rollenvorstellungen befreites,
50 selbstbestimmtes Leben zu führen, aber die Suche nach anderen weiblichen Lebensweisen wurde gestärkt. Zeichen für soziale Veränderungen war neben „freizügigerem" Auftreten die Frauenmode der 1920er-Jahre, die nun mehr auf Bewe-
55 gungsfreiheit und Bequemlichkeit gerichtet war. Kniekurze Röcke, Kleider, die nicht mehr die Hüfte und Taille betonten, und moderne Kurzhaarfrisuren („Bubikopf", „Herrenschnitt") bestimmten das Bild. Häufig stieß diese Mode auf Kritik, da sie
60 bisherige Geschlechterrollen infrage stellte.

📖 **Gleichstellung / Gleichberechtigung**
Gleiche Behandlung vor dem Gesetz: Eine Benachteiligung wegen Geschlecht, Stand oder ethnischer Zugehörigkeit darf es nicht geben.

🌐 Weitere Informationen zum Leben der „Neuen Frau" in den Zwanzigern findest du unter dem Mediencode 31033-47.

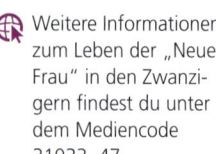

Q2 Mode der „Neuen Frau"
Uhu, 2. Jg., Heft 11, 1925/26, Entwurf unbekannt

Q4 Neue Frauenberufe – „das Fräulein vom Amt"
Fotografie einer Telefonistin in den Zwanzigerjahren

Q3 Gegen die Vermännlichung der Frau
In der „Berliner Illustrierten Zeitung" schreibt 1925 ein männlicher Autor zur aktuellen Mode:

Was zuerst ein launisches Spiel der Frauenmode war, wird allmählich zu einer peinlichen Verirrung. Zuerst wirkte es wie ein anmutiger Scherz: dass zarte, zierliche Frauen sich das Haar abschnitten und mit der Pagenfrisur erschienen; dass sie Kleider anlegten, die den Linienschwung des weiblichen Körpers, die Ausladung der Hüften verleugnend, beinahe glatt herabfielen; dass sie die Röcke kürzten und schlanke Beine bis zur stärksten Rundung der Waden sehen ließen. Die Bewegung ging jedoch noch weiter: Nicht mehr geschlechtslos wie die Engel wollte die Frau aussehen, sondern immer bestimmter legte die Mode es darauf an, das weibliche Äußere zu vermännlichen.

Berliner Illustrirte Zeitung, 34. Jg., Nr. 13, 24.3.1925, S. 389 (gekürzt)

Q5 Es gibt keine Vermännlichung der Frau!
Eine Sportwissenschaftlerin analysiert die Veränderung des Erscheinungsbildes der Frau (1927):

Sport und Wettkampf stürzen Traditionen. Sie schaffen ein kraftvolles, lebensfrohes Frauengeschlecht, das von Abhängigkeit nichts mehr wissen will. Sport schafft einen neuen Begriff von Weiblichkeit. Er schafft den Frauentyp, dem die Arbeit im Haus nicht mehr genügt, der sich frei macht von der Bevormundung durch den Mann. Alle äußeren Umstände deuten darauf hin, dass unsere Zeit im Anfangsstadium der Gleichberechtigung steht, aber noch mit den Folgen der eingeschlechtlichen Vorherrschaft zu kämpfen hat. In dieser männlichen Herrschaftsphase sind künstliche Gegensätze und Merkmale konstruiert, die, da die Vorherrschaft ja sehr lange dauerte, schon als Natur der Frau galten.

Annemarie Kopp, Wettkampf und Weiblichkeit (1927), in: Gertrud Pfister (Hrsg.), Frau und Sport. Frankfurt a.M. 1980, S. 129-133

Unter dem Mediencode 31033-48 kannst du dir einen Audiobeitrag des SWR3 zum Leben der „Neuen Frau" in den Zwanzigern anhören.

1. Fasse die rechtlichen und gesellschaftlichen Veränderungen für Frauen seit 1918 zusammen (VT).
2. Arbeite Merkmale der „Neuen Frau" aus den Bildern heraus (D1, Q2, Q4).
3. Recherchiere im Internet, warum eine Telefonistin „Fräulein vom Amt" genannt wurde, warum dies ein Frauenberuf war, und versuche herauszufinden, was auf der Fotografie noch abgebildet ist (Q4). MK
4. Geht in Zweierteams zusammen und analysiert die beiden Quellentexte. Berücksichtige dabei die Autoren, ihre Adressaten, die Sichtweisen und die Art der Argumentation (Q3, Q5).
5. Beurteile die Stellung der Frauen in der Weimarer Republik. H

Die Suffragetten in Großbritannien und den USA

> Die sind wohl richtig radikal für die Frauenrechte eingetreten.

> Ob sie damit ihre Ziele erreicht haben?

D1 **Kampf um Gleichberechtigung**
Filmszene aus „Sufragette: Taten statt Worte", 2016

Kampf um Frauenrechte

Bereits Mitte des 19. Jh. setzten sich Vereine in Großbritannien für Frauenwahlrecht und Gleichberechtigung ein. Die Bewegung fand Zulauf aus
5 allen Schichten. Arbeiterinnen protestierten gegen die miserablen Arbeitsbedingungen in den Fabriken, adlige und bürgerliche Frauen forderten politische Mitsprache. Sie veröffentlichten Artikel, Flugblätter und reichten Petitionen ein. Die engli-
10 sche Queen Victoria hatte jedoch kein Verständnis dafür und empfahl, die Frauen mit der Peitsche zur Vernunft zu bringen.

Taten statt Worte

1903 schlossen sich britische Frauenrechtlerinnen
15 in Manchester zur Women's Social and Political Union (WSPU) zusammen, um entschlossener vorzugehen: „Deeds not words" („Taten statt Worte") war die neue Parole. Führende Mitglieder waren Frauen aus der Oberschicht, Emmeline Pank-
20 hurst und ihre Töchter. Die WSPU machte mit modernen Propagandamitteln – Plakaten, Postkarten, Fahnen und modischen Accessoires in den Farben Grün, Violett und Weiß, den Erkennungsfarben der **Suffragetten** – auf sich aufmerksam.
25 Die zunächst friedlichen Aktionen und Proteste Tausender führten zu keinem Erfolg, sodass sich die Suffragetten zunehmend radikalisierten. Ab 1911 warfen sie Scheiben ein, zündeten Briefkästen an, verwüsteten Parkanlagen und legten Bom-
30 ben. Die Suffragette Emily Davison lief 1913 bei einer Rennveranstaltung vor ein Pferd Königs

George V. und starb. Ihre Beerdigung wurde von einem spektakulären Trauerzug der Suffragetten begleitet. Von ihren Familien wurden die Frauen
35 häufig verstoßen; die Polizei setzte Gewalt gegen sie ein. Mehrfach wurden sie inhaftiert und traten in den **Hungerstreik**, um weiter auf ihre Ziele aufmerksam zu machen.
Mit Beginn des Ersten Weltkrieges stellten die Suf-
40 fragetten ihren militanten Kampf ein und riefen Frauen zum Einsatz an der „Heimatfront" auf. Erst 1928 erhielten britische Frauen endgültig das gleiche Wahlrecht wie Männer.

Frauenwahlrecht in den USA

45 In den USA wurde die Frauenwahlrechtsbewegung vor allem durch den Einsatz Alice Pauls vorangetrieben. Sie trat während ihres Studiums in England der WSPU bei. Nach ihrer Rückkehr in die USA führte sie mit der American Women Suffrage
50 Association am 3. März 1913 einen Protestzug mit über 8 000 Frauen zum Weißen Haus durch, der von Gegnern des Frauenwahlrechts angegriffen wurde. Nur das Einschreiten der Polizei konnte ein Ausufern der Gewalt verhindern.
55 1916 gründete Alice Paul zusammen mit Lucy Burns die National Women's Party. Aber auch in den USA wurde das nationale Wahlrecht für Frauen erst nach dem Ersten Weltkrieg eingeführt. 1920 stimmte der Kongress dem 19. Zusatzartikel
60 zur amerikanischen Verfassung zu, der Frauen zur Teilnahme an nationalen Wahlen berechtigte.

Suffragetten
„Wahlstimme" (engl. „suffrage"): abwertende Bezeichnung für die Frauenrechtsaktivistinnen vor über 100 Jahren in England

Hungerstreik
Inhaftierte Suffragetten verweigerten das Essen und wurden zwangsernährt. Bis heute treten Gefangene in Hungerstreiks, um Ziele zu erzwingen.

Unter dem Mediencode 31033-49 findest du einen Beitrag der Deutschen Welle zu den Suffragetten.

Q1 Emmeline Pankhurst wird abgeführt

Fotografie, Großbritannien 1914

Q2 Freiheit oder Tod

Emmeline Pankhurst (1858-1928) hält 1913 in Connecticut/USA folgende Rede:

Alle, die nicht an uns Frauen glauben, möchte ich daran erinnern, dass wir die englische Politik derart in die Enge getrieben haben, dass London gar keine andere Wahl bleibt: Entweder man
5 lässt die Frauen sterben, oder man lässt sie wählen. Ihr Amerikaner habt euch eure Freiheit durch eine blutige Revolution erkämpft, die zahllose Opfer gefordert hat. Auch im Bürgerkrieg mussten unzählige Menschen ihr Leben lassen,
10 als es darum ging, die Sklaven zu befreien. Doch den Frauen in eurem Land habt ihr es, so wie die Männer aller zivilisierten Nationen, selbst überlassen, für ihre Befreiung zu sorgen. Uns englischen Frauen geht es leider nicht anders. Das
15 menschliche Leben ist uns zwar heilig, aber wenn es darauf ankommt, werden wir uns opfern, und zwar indem wir den Feind vor die Wahl stellen: Entweder man schenkt uns die Freiheit, oder man schickt uns in den Tod.

Zit. nach: Anna Russell, Wenn nicht ich, wer dann? Große Reden großer Frauen, München 2019, S. 50 (gekürzt)

Q3 Marsch der Frauen nach Washington

Fotografie, USA 1913

Q4 Pflichten erfordern Rechte

Die amerikanische Bürgerrechtlerin Elizabeth Cady Stanton (1815-1902) sagt vor der National American Women Suffrage Association im Jahr 1892:

Wir kommen allein und wie kein anderer vor uns auf die Welt, und jeder von uns verlässt sie allein und unter einmaligen Umständen wieder. Wenn man bedenkt, dass wir Frauen Freud und Leid
5 für immer und ewig mit ihnen teilen, ist es eine Anmaßung sondergleichen, dass Männer uns an der Urne und vor dem Gnadenthron vertreten wollen und deshalb an unserer statt wählen gehen, für uns in der Kirche mitbeten und den Hohepriester
10 am Familienaltar spielen? Um sein Schiff eigenhändig zu steuern, muss man Kapitän, Lotse und Maschinist sein, mit Karte und Kompass am Ruder stehen.

Zit. nach: Anna Russell, Wenn nicht ich, wer dann? Große Reden großer Frauen, München 2019, S. 34 (gekürzt)

---

1. Beschreibe die Szene des Films und die Stimmung, die von der Darstellung ausgeht (D1).
2. Vergleiche die Filmszene mit der Situation auf der Fotografie von Emmeline Pankhurst (D1, Q1).
3. Arbeite Ziele und Mittel der Suffragetten-Bewegung heraus. Liste außerdem die Reaktionen auf, die die Suffragetten erlebten (VT).
4. Analysiere die Aussagen der Frauenrechtlerinnen. Fasse zusammen, wie die beiden Suffragetten Pankhurst und Stanton ihren Kampf für das Frauenwahlrecht begründen (Q2, Q4).
5. Beurteile den Beitrag der Suffragettenbewegung für die Einführung des Frauenwahlrechts in Großbritannien und anderen Ländern (VT, Q3, Q4).
6. Recherchiere im Internet, wann das Frauenwahlrecht in welchen Ländern eingeführt wurde, und erstelle eine zeitlich geordnete Tabelle. Der Mediencode 31033-50 hilft dir dabei. **MK**

7. Bewerte die Vorgehensweise der Suffragetten: Ist Gewalt gegen Sachen bzw. Personen das geeignete Mittel, um Veränderungen im politischen System zu erreichen?

Ein politisches Plakat untersuchen

In der Weimarer Republik erlebte das politische Plakat eine Blütezeit. Plakate wurden zu einem bevorzugten Mittel der politischen Auseinandersetzung. Da es noch keine elektronischen Medien gab, nutzten die zahlreichen Parteien der Weimarer Republik Plakate, um ihre Botschaften einprägsam in der Öffentlichkeit zu verbreiten. An Hauswänden, Laternenmasten oder Litfaßsäulen aufgehängt, fielen sie den Menschen im Alltag auf und dienten so der Massenmobilisierung. In den Zwanzigerjahren widmeten sich bekannte Künstlerinnen und Künstler wie George Grosz und John Heartfield der Gestaltung von Plakaten und führten neue stilistische Elemente ein. Befürworter und Gegner der Weimarer Republik machten vom Medium „Plakat" auf vielfältige Weise Gebrauch.

Schritt für Schritt:

Ein politisches Plakat untersuchen

1. Beschreiben

Beschreibe zunächst das Plakat, wie du es auch bereits aus Bildbeschreibungen kennst. Frage dich:
a) Wer ist Urheber, wer Auftraggeber des Plakates?
b) Welche Personen/Figuren/Gegenstände sind zu erkennen?
c) Wie sind sie dargestellt?
   Welche Handlungen sind erkennbar?
d) In welchem Größenverhältnis stehen die einzelnen Bildteile zueinander?
e) Wie lautet der Text auf dem Plakat?

2. Untersuchen und erklären

Untersuche und erkläre nun den Text. Frage dich:
a) In welcher Beziehung stehen Text- und Bildelemente?
b) Welche Aussagen vermittelt der Text? (Information, Argument, Appell, Parole, Anklage etc.)?
Untersuche und erkläre ebenso das Bild. Frage dich:
a) Wofür stehen die eingesetzten Symbole?
b) Was bedeutet die gewählte Perspektive?
c) Welche Wirkung wird durch die gewählten Farben erzielt?

3. Beurteilen

Beurteile das Plakat abschließend. Folgende Fragen helfen dir:
a) An wen (welche Zielgruppe?) richtet sich das Plakat?
b) Welche Botschaft wird vermittelt?
c) Welche Absicht verfolgt das Plakat?
d) In welchem historischen Zusammenhang steht das Plakat?
e) Welche politischen und gesellschaftlichen Einstellungen lässt das Plakat erkennen?
f) Entspricht die Darstellung den Tatsachen?

So könnte deine Untersuchung aussehen:

1. Beschreiben

Die „Vereinigung zur Bekämpfung des Bolschewismus" richtet sich mit diesem Plakat an die Wählerinnen und Wähler zur Nationalversammlung 1919. Es entstand nach dem Ersten Weltkrieg. Ein dunkel gekleideter bärtiger Mann auf der linken Seite, in den Händen einen Dolch und eine Bombe, steht einer überdimensionalen blonden Frauengestalt mit Flügeln in einem langen orangeroten Kleid gegenüber. Sie trägt einen Palmzweig und eine Schriftrolle mit der Aufschrift „Nationalversammlung". Hinter ihr ist eine Menschenmenge zu sehen. Oben links steht die Parole „Bolschewismus bringt Krieg, Arbeitslosigkeit und Hungersnot". Darunter folgen Angaben zum Auftraggeber.

2. Untersuchen

Der Mann wirkt aggressiv. Kleidung und Haare sind ungepflegt, er macht einen drohenden Schritt nach vorn. Die schwarze Farbe kennzeichnet ihn negativ. Seine Waffen sind Symbole für einen gewaltsamen Umsturz. Landschaft und Himmel auf dieser Bildhälfte sind bedrohlich dunkel. Seine Gegenspielerin, die Deutschland symbolisierende Germania, ist durch die Flügel als Friedensengel ausgewiesen, der Palmzweig kündet von ihrem Sieg. Milde, edle Gesichtszüge und warme Farben heben sie positiv hervor. Sie schützt das deutsche Volk. Hinter dem Engel stehen eine Frau und ein Kriegsinvalide, was die Harmlosigkeit und Schutzbedürftigkeit der Menschenmassen ausdrückt. Die Helligkeit auf der rechten Seite deutet Unschuld und Hoffnung an.

3. Deuten

Das Plakat nimmt am Kampf um die Neuordnung Deutschlands nach Ende des Kaiserreiches teil. Der Attentäter verkörpert ein Mitglied des Spartakusbundes, der für eine Räteherrschaft nach sowjetischem Vorbild („Bolschewismus") eintrat. Der Aufdruck auf der Schriftrolle in der Hand der Germania kennzeichnet das rechtsnationale Spektrum der Nationalversammlung. Das Plakat warnt eindringlich vor der Gefahr des Kommunismus. Als dessen Konsequenz werden Mord und Gewalt behauptet. Die in der Umbruchzeit der Revolution 1918/19 entstandene rechtsgerichtete „Vereinigung zur Bekämpfung des Bolschewismus" versuchte so, Ängste vor einer sozialistischen Revolution zu schüren. Entgegen der Darstellung des Plakates waren es aber die rechtsgerichteten paramilitärischen Kräfte, von denen in erster Linie Gewalt und politische Morde in der Weimarer Republik ausgingen.

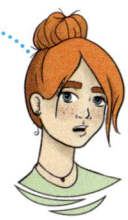

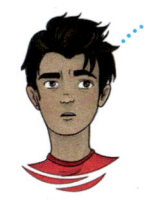

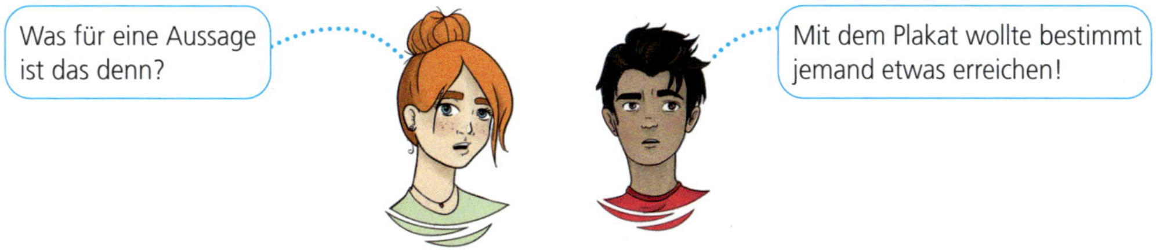
Was für eine Aussage ist das denn?
Mit dem Plakat wollte bestimmt jemand etwas erreichen!

Q1 „Bolschewismus bringt Krieg, Arbeitslosigkeit und Hungersnot“
Plakat von Walter Schnackenberg, 1918

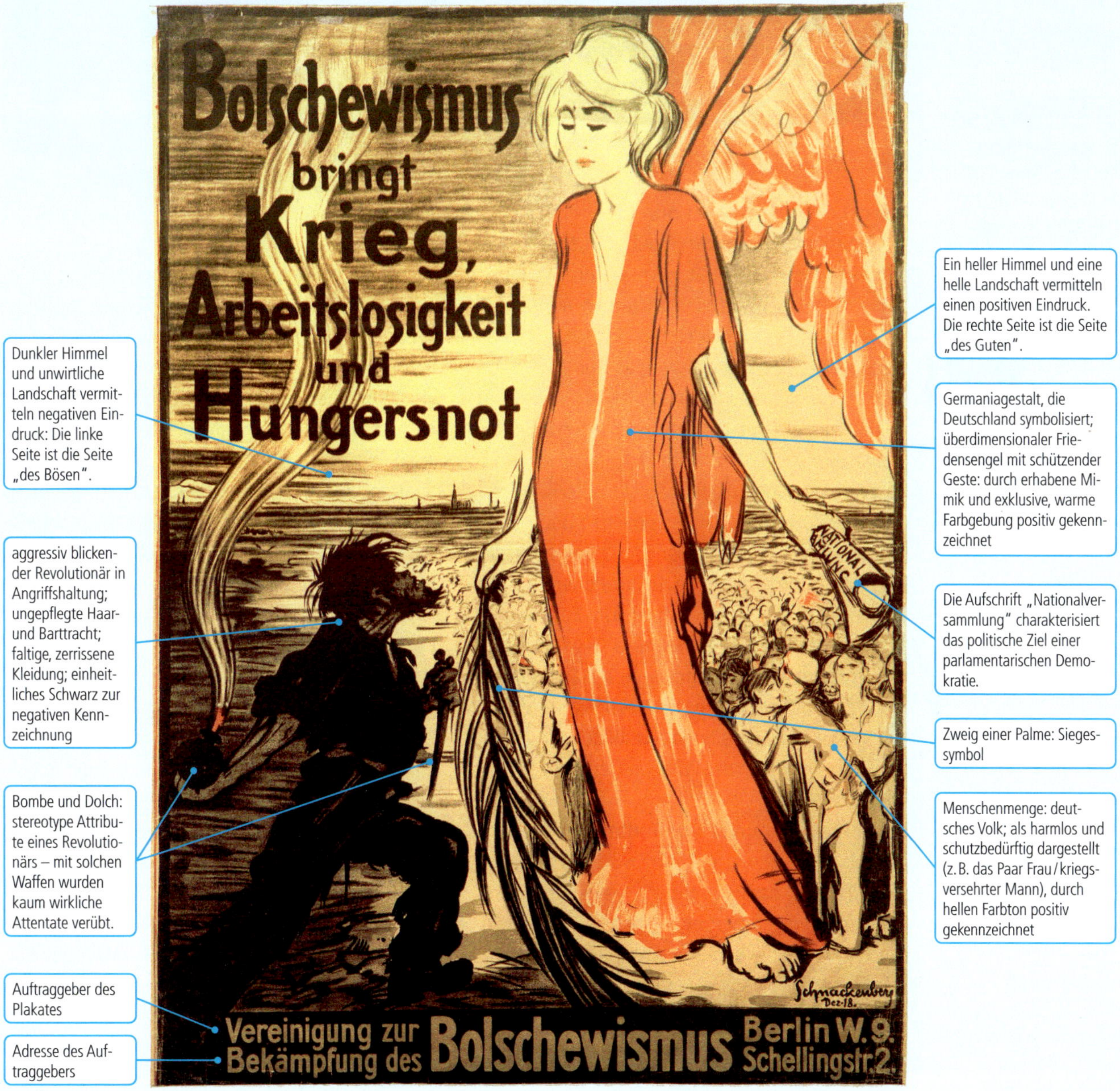
Bolschewismus
bringt
Krieg,
Arbeitslosigkeit
und
Hungersnot
Schnackenberg Dez-18.
Vereinigung zur Bekämpfung des Bolschewismus
Berlin W.9. Schellingstr.2
Dunkler Himmel und unwirtliche Landschaft vermitteln negativen Eindruck: Die linke Seite ist die Seite „des Bösen“.
aggressiv blickender Revolutionär in Angriffshaltung; ungepflegte Haar- und Barttracht; faltige, zerrissene Kleidung; einheitliches Schwarz zur negativen Kennzeichnung
Bombe und Dolch: stereotype Attribute eines Revolutionärs – mit solchen Waffen wurden kaum wirkliche Attentate verübt.
Auftraggeber des Plakates
Adresse des Auftraggebers
Ein heller Himmel und eine helle Landschaft vermitteln einen positiven Eindruck. Die rechte Seite ist die Seite „des Guten“.
Germaniagestalt, die Deutschland symbolisiert; überdimensionaler Friedensengel mit schützender Geste: durch erhabene Mimik und exklusive, warme Farbgebung positiv gekennzeichnet
Die Aufschrift „Nationalversammlung“ charakterisiert das politische Ziel einer parlamentarischen Demokratie.
Zweig einer Palme: Siegessymbol
Menschenmenge: deutsches Volk; als harmlos und schutzbedürftig dargestellt (z. B. das Paar Frau / kriegsversehrter Mann), durch hellen Farbton positiv gekennzeichnet

Jetzt bist du dran: Ein politisches Plakat untersuchen

Analysiere mithilfe des Leitfadens auf der linken Seite das Plakat Q1 auf S. 88 zur Wahl der Nationalversammlung von Caesar Klein. Nutze hierfür die Formulierungshilfen auf S. 202. H

Hyperinflation 1923 – die Republik in der Krise

Geldscheine über 1 Million Mark – waren die so reich?

Viel konnten sie sich davon aber nicht kaufen: Wenn ein Brot 233 Milliarden gekostet hat, war das wohl eher eine große Krise …

Q1 **Notgeld in der Inflation**
Gutschein über 1 Million Mark, August 1923

Q2 **Schlangestehen für Lebensmittel**
Fotografie , Mitte November 1923
Ein Kilo Roggenbrot kostete 233 Milliarden Mark, ein Kilo Rindfleisch 4,8 Billionen.

Kriegskosten und Inflation

1923 geriet die Weimarer Republik in eine schwere Belastungsprobe. Mit dem Ersten Weltkrieg hatte in Deutschland eine **Inflation** eingesetzt,
5 die sich 1918 beschleunigte: Der Krieg wurde weitgehend durch Kriegsanleihen von Unternehmern und Privatleuten finanziert, die der Staat verzinst zurückzahlen musste. Dadurch stiegen die Staatsschulden. Eine strenge Sparpolitik wäre nö-
10 tig gewesen. Doch die Folgekosten des Krieges – die Unterstützung von Kriegsinvaliden und Familien gefallener Soldaten oder Entschädigungszahlungen – erforderten hohe Geldsummen, die die Steuereinnahmen nicht deckten. Um Fehlbeträge
15 auszugleichen, wurde immer mehr Geld gedruckt. Die umlaufende Geldmenge wurde ständig mehr, die Warenmenge jedoch nicht. Sachwerte waren knapp, die Nachfrage hoch. So stiegen die Preise, was zu fortschreitender Inflation führte.

20 ### Ruhrbesetzung und Hyperinflation

Anfang 1923 besetzten französische und belgische Truppen das Ruhrgebiet, weil Deutschland die Reparationsforderungen nicht erfüllt hatte. Die Regierung verkündete den passiven Wider-
25 stand: Die Bevölkerung des Ruhrgebietes begab sich in den „Generalstreik", für ihren Lebensunterhalt kam der Staat auf. Die hohen Ausgaben beschleunigten den Verfall der bereits instabilen Währung. Die Reichsbank druckte Papiergeld mit
30 immer höheren Wertangaben. Das Geld aber verlor immer schneller an Wert. Die Warenpreise stiegen unaufhaltsam an, sodass die Menschen sich für ihre Löhne, Gehälter und Renten, die nun täg-

lich ausgezahlt wurden, am folgenden Tag kaum
35 noch etwas kaufen konnten.

Wer bis 1923 sein Geld nicht in Sachwerte (Grundstücke, Gebäude, Fabriken), Gold oder Devisen (ausländische Zahlungsmittel) investiert, sondern es auf ein Sparkonto gelegt hatte, war be-
40 sonders hart betroffen. Arbeiter, Angestellte und Beamte, die ein festes Gehalt bezogen, gehörten zu den Verlierern der Inflation. Für den Staat hatte die Geldentwertung einen Vorteil: der Wert der Schulden verringerte sich.

45 ### Politische Unruhen

Gegner der Republik versuchten, das wachsende soziale Elend und die Krisenstimmung für ihre Zwecke zu nutzen: Separatisten im Rheinland und der Pfalz versuchten, eine Abtrennung der Regio-
50 nen vom Deutschen Reichsgebiet zu erreichen. Frankreich unterstützte dies, die Bestrebungen stießen jedoch auf Widerstand der Bevölkerung. In Thüringen und Sachsen versuchten Kommunisten eine Revolution nach russischem Vorbild, die
55 Regierung in Berlin setzte Reichswehrtruppen ein. **Adolf Hitler**, der „Führer" der rechtsradikalen **NSDAP**, unternahm mit Anhängern der Partei einen Putsch, der jedoch scheiterte.

Eine Erholung der Wirtschaft gelang zunächst, in-
60 dem die Regierung die Geldmenge am 15. November 1923 auf ein Billionstel verkleinerte: Eine Billion Mark wurde mit einer Rentenmark gleichgesetzt.

Inflation
Geldentwertung

NSDAP
Nationalsozialistische Deutsche Arbeiterpartei

D1 Verlierer und Gewinner

Der Historiker Heinrich August Winkler sagt über die Inflation:

Wer seinen Lebensunterhalt aus Ersparnissen oder der Tilgung und Verzinsung von Wertpapieren zu bestreiten gewohnt war, der stand am
5 Ende der Inflationsperiode buchstäblich vor dem Nichts. Hart betroffen waren auch jene Akademikerfamilien, die das Studium ihrer Kinder traditionell aus Ersparnissen
10 zu finanzieren pflegten. Auf der anderen Seite gab es auch in den Mittelschichten viele, die aus der Geldentwertung Nutzen zogen: Haus- und Grundbesitzer wurden
15 schuldenfrei. Die eigentlichen Inflationsgewinner waren die meist hoch verschuldeten Großgrundbesitzer, die durch die Geldentwertung der Schulden ledig wurden, und die Besitzer großer industrieller
20 Vermögen. Materiell war auch der Staat ein Gewinner der Inflation: Die Rückzahlung von Schulden und die gigantischen Summen der Kriegskredite in wertlosem Papiergeld kam einer Schuldenbefreiung gleich. Die Glaubwürdigkeit
25 des Staates war durch die Inflation fundamental erschüttert worden, und es war die Republik, gegen die sich das Ressentiment[1] der Enttäuschten richtete. Die Monarchie, die die Inflation 1914 ausgelöst hatte, erschien hingegen fünf Jahre
30 nach Kriegsende vielen Deutschen schon wieder in einem verklärten Licht.

Heinrich August Winkler, Der lange Weg nach Westen, Bd. 1, München 2002, S. 448 f. (gekürzt und angepasst)

Q3 Wertloses Papier im Jahr 1923

Die Lehrerin Wilhelmine Siefkes erinnert sich:

Wir erlebten die Inflation, die das Geld in wertloses Papier verwandelte: Hartgeld verschwand, die Scheine wurden an Menge immer mehr und mit Zahlen bedruckt, die in schwindelnde Höhen
5 stiegen. Wir wurden papierne Millionäre und Milliardäre und schließlich gar Besitzer von Billionen, nur dass der Gegenwert sich bald in nichts auflöste. Unser Gehalt bekamen wir in wöchentlichen Raten. Unser ältester Kollege holte die
10 ganze Summe jede Woche vom Rathaus; und seine Aktentasche war so voll, dass sie sich nicht mehr schließen ließ. Wir nannten ihn unseren Finanzminister. Während wir in der Pause im Lehrerzimmer saßen, legte er jedem von uns sei-
15 nen Packen Scheine auf den Platz. Kaum hatten wir sie, so sausten wir damit los, um uns zu kaufen, was wir dafür noch kriegen konnten – schließlich war es kaum noch ein halbes Brot oder eine andere Kleinigkeit. Wir aber waren
20 froh, unser Geld umgesetzt zu haben. Denn jeden Mittag um 1 Uhr war ein neuer Kurs fällig, der sich nach dem Dollar richtete – und dann war unser „Reichtum" null und nichtig!

Wilhelmine Siefkes, Erinnerungen, Leer 1979, S. 80 (geringfügig angepasst)

D2 Der amtliche Dollarkurs

1 Dollar kostete	Mark
Juli 1914	4,2
Januar 1919	8,9
Juli 1919	14,0
Januar 1920	64,8
Juli 1920	39,5
Januar 1921	64,9
Juli 1921	76,7
Januar 1922	191,8
Juli 1922	493,2
Januar 1923	1972,0
Juli 1923	353 412,0
August 1923	4 620 455,0
September 1923	98 860 000,0
Oktober 1923	25 260 208 000,0
15. Nov. 1923	4 200 000 000 000,0 (4,2 Billionen)

Nach: Karlheinz Dederke, Reich und Republik. Deutschland 1917 - 1933, Stuttgart [8]1996, S. 279

D3 Roggenbrotpreise in Kiel

	Preis für 1 kg	Mark
1922	März	7,37
	Juni	8,42
	September	22,-
	Dezember	153,-
1923	Februar	1 121,-
	April	1 000,-
	Juni	2 745,-
	August	161 000,-
	Oktober	1 128 000 000,-
	November	202 000 000 000,-

Nach: Quellen zur Geschichte Schleswig-Holsteins, Teil III: Von 1920 bis zur staatlichen Neuordnung nach dem Zweiten Weltkrieg, Kiel [2]1986, S. 19

[1] die Abneigung

---

1. Definiere in deinen eigenen Worten die Begriffe „Inflation" und „Hyperinflation" (VT).
2. Erläutere die Ursachen und den Verlauf der Inflation (VT, D2, D3).
3. Entwerft in Zweierteams ein Schaubild, das einen Überblick über die Ereignisse und die sozialen und politischen Folgen des Krisenjahres 1923 gibt (VT, Q1, Q2, Q3, D1)
4. Beurteile die Bedeutung des Krisenjahres 1923 für die politische Stabilität der Weimarer Republik.

Die „Goldenen Zwanziger"

Das sieht ja wild aus!

Hatte sich das Leben so geändert?

Q1 „Großstadt"
Gemälde des deutschen Malers Otto Dix von 1927, gestaltet als Triptychon (dreiteiliger Flügelaltar)

Podcast

Erstellt gemeinsam einen Podcast zu den „Goldenen Zwanzigern" in gleich großen Gruppen von maximal vier Personen.

1 Lest euch in die verschiedenen Lebensbedingungen der 1920er-Jahre ein (Q1-Q7, D1-D3, INFO 1-6) und entscheidet, ob ihr einen Gesamtpodcast erstellen wollt oder Themengebiete unter den Gruppen aufteilt. **H**

2 Formuliert in der Klasse ein Thema (inklusive einer Fragestellung) für den Podcast.
Tipp: Dieses kann eine Gesamtfrage und Unterfragen beinhalten.

4 Entwickelt ein Skript durch Auswertung aller Materialien. **H**

3 Klärt nun in den Kleingruppen technische Möglichkeiten und benötigtes Material.

5 Sammelt, recherchiert und erstellt Audiomaterial (Interviews, Erklärungen, passende Musik, Geräusche). **H**

6 Nehmt euren Podcast auf und bearbeitet ihn anschließend mithilfe eines Schnittprogramms und den recherchierten Tonspuren. **H**

7 Präsentiert eure Podcasts in der Klasse und reflektiert anschließend eure Ergebnisse.

INFO 1 Wirtschaft und Wissenschaft

Auf die Rezession 1923 folgte neuer Aufschwung. Strukturen und Beschäftigungsbedingungen änderten sich in Friedenszeiten. Frauen und Mädchen hatten sich eine Teilhabe am Arbeitsmarkt

5 erkämpft und wurden neben den neu entstandenen Frauenberufen in großen Firmen am Fließband beschäftigt. Gesellschaftliche Gleichberechtigung brachte dies aber nicht mit sich. Serienmäßige Fahrzeuge gingen bei Opel und Ford vom

10 Band und wurden von reichen Deutschen gekauft. Hauptursache des wirtschaftlichen Aufschwungs waren allerdings Investitionen aus den USA und massenhafte Börsenspekulationen, die wenige Jahre später in einer neuen Krise in sich

15 zusammenbrechen sollten.

Die Landflucht setzte sich fort: 30 % der Gesamtbevölkerung lebten nun in Städten. Auch drängten geburtenstarke Jahrgänge auf den Arbeitsmarkt – ein Konkurrenzkampf unter den Arbeitnehmern

20 und zunehmende Massenarbeitslosigkeit waren die Folge: Nicht alle konnten an der konsum- und freizeitorientierten Gesellschaft teilhaben.

Entdeckungen und Erfindungen hingegen nahmen zu. 1921 erhielt Albert Einstein mit seinen Er-

25 kenntnissen zur Relativitätstheorie als erster deutscher Wissenschaftler einen Nobelpreis. Zeitgenössische Wissenschaftskollegen wie Max Planck oder Werner Heisenberg feierten ihn als „Genie".

INFO 2 Politik

Die Isolation Deutschlands nach dem Ersten Weltkrieg schien zu schwinden: Der Vertrag von Rapallo mit Russland versprach den Verzicht auf die Zahlung gegenseitiger Kriegsschäden und sah

5 künftige diplomatische und militärische Zusammenarbeit vor. Auch der Dawes-Plan verhalf der Weimarer Republik zu mehr Souveränität: Die Reparationen wurden gesenkt. 1925 konnte die Reichsregierung unter Außenminister Gustav Stre-

10 semann (DVP) mit Frankreich im schweizerischen Locarno einen Vertrag aushandeln, der die festgelegten Grenzen nach dem Ersten Weltkrieg bestätigte. Ein Jahr später wurde Deutschland in den Völkerbund aufgenommen. Innerhalb Deutsch-

15 lands wuchs die Verfassungsloyalität. Stresemann galt als „Vernunftrepublikaner", der die parlamentarische Staatsform repräsentierte.

Q2 Der „Laubfrosch"

Automobil von 1924, Fotografie von 2009

Zwischen 1924 und 1931 war das Opelmodell 4/12 PS der erste in Deutschland serienmäßig hergestellte Wagen aus Rüsselsheim.

D1 Lebenshaltungskosten 1924-1933

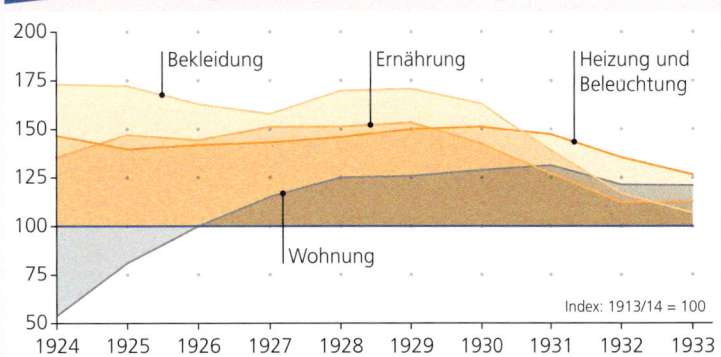

Diagramm nach: Daten des Statistischen Jahrbuchs für das Deutsche Reich, 1933, S. 251 und 1934, S. 255

Q3 Der „Geist von Locarno"

In der Reichstagsdebatte (24.11.1925) über den Locarno-Vertrag sagt Außenminister Stresemann:

[Es] zeigt sich die Bedeutung des Geistes von Locarno vor allem in dem Gedanken der Notwendigkeit eines gemeinschaftlichen Zusammenwirkens, in dem Gedanken, dass ein Zusammen-

5 brechen Deutschlands nicht nur eine deutsche Frage, sondern eine europäische und eine Weltfrage ist. Ich glaube, dieser Geist wird am besten fundiert sein, wenn Idealismus und reale Interessen sich dazu verbinden, den Weg aus dem euro-

10 päischen Zusammenbruch gemeinschaftlich zu suchen. Damit ist eben eine Politik der Diktate und der Unterdrückung Deutschlands nicht vereinbar. Dazu ist notwendig die Grundlage eines dauernden Friedens.

Zit. nach: Deutsche Parlamentsdebatten, hrsg. von Detlef Junker, Bd. 2: 1919-1933, Frankfurt am Main 1971, S. 175 f. (gekürzt)

Q4 Der 8-Stunden-Tag
Plakat, 1925

Die Arbeiterbewegung forderte eine Arbeitszeitbeschränkung auf acht Stunden. Ausnahmeregelungen zur Überschreitung dieser Zeitgrenze sollten eine Produktionssteigerung zur Überwindung der wirtschaftlichen und industriellen Krise herbeiführen. Die Kommunisten wehrten sich jedoch gegen diese Forderungen, denn sie sahen darin nur eine Gewinnmaximierung des Kapitals, während gleichzeitig immer mehr Arbeiter ihre Stellen verloren.

 Hintergrundinformationen zum Plakat „Vermeidet Überstunden" findet ihr unter dem Mediencode 31033-51.

D2 Arbeitslosigkeit in Deutschland 1921-1933
Diagramm; Angaben in Prozent der Erwerbstätigen

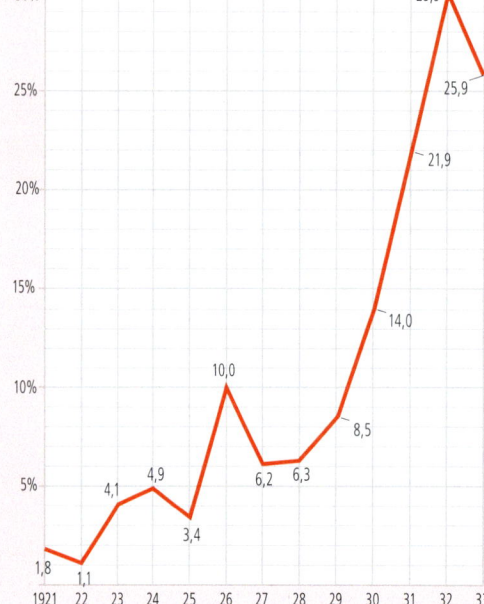

Q5 Jazz im Palais der Friedrichstadt
Plakat von Erich Wohlfahrt, 1921

📗 **Neue Sachlichkeit**
Strömung in Kunst, Wohnkultur und Mode, die eine realistische Wirklichkeit überbetonte

INFO 3   Kultur

Das Wort „Masse" erhält in den 1920er-Jahren eine ambivalente Bedeutung: auf der einen Seite Massenarbeitslosigkeit, auf der anderen Kultur für die Massen. Theater, Kunst und Musik wurden für
5 ein breites Massenpublikum zugänglich und auch massenweise genutzt. Aus der im Kaiserreich noch traditionellen und bürgerlichen Kultur für die Elite wurde eine Populärkultur mit neuen Medien wie Film und Fotografie, die auch ein breites
10 Publikum erreichten. Die Künstler der Zeit nutzten die demokratischen Ströme, um neue Kunst- und Kulturformen und Stilrichtungen zu entwickeln. So gab es gerade in der Literatur der Zwanziger mehrere Strömungen nebeneinander, zum Bei-
15 spiel die **Neue Sachlichkeit** neben dem Dadaismus. Die Neue Sachlichkeit, die eine möglichst realistische Gestaltung der Wirklichkeit versuchte, setzte sich neben der Literatur und Malerei auch in Stadtplanung, Wohnungsbau, Wohnkultur und
20 Mode durch. Viele Künstler setzten sich auch mit den Erlebnissen des Ersten Weltkrieges auseinander.
Die Musik erfuhr eine Blütezeit. Stilrichtungen wie Jazz und Charleston bewegten die Massen. Tanz-
25 lokale prägten das Stadtbild der Metropolen. Aber nicht alle ließen sich vom kulturellen Aufschwung mitreißen: „Kulturbolschewismus" wurden die modernen Formen der Kunst wegen der Tendenzen zur Befassung mit aktuellen Zeitproblemen
30 genannt. Konservative Kulturkritiker versuchten eher, sich eine heile, von Plüschmöbeln geprägte Welt aufzubauen. In diesen Kreisen wurde die Forderung nach einer „volksnahen, deutschen" Kunst laut.

INFO 4   Fußball

Im Kaiserreich war der Fußballsport noch wegen seiner englischen Herkunft verachtet gewesen. Nun wurde er zu einem Sportereignis der Massen: Spielten 1914 nur rund 190 000 Spieler in einem
5 Verein des Deutschen Fußball-Bundes (DFB), wurde der Sport ab 1918 in atemberaubendem Tempo zum Massenevent. 1921 spielten so schon über 750 000 Spieler in der deutschen Fußball-Liga. Auch der heute noch vielgelesene „Kicker",
10 das Fußballfachblatt, das 1920 gegründet wurde, trug zur Etablierung des Fußballs in Deutschland bei.

INFO 5 Massenmedien

Die Zwanziger waren die Zeit des Kinos. Der Stummfilm wurde durch den Tonfilm abgelöst und lockte tausende Zuschauer in die Kinos. Stars wie Marlene Dietrich wurden in Deutschland immer
[5] berühmter. Da es keine Zensur gab, wurden bis 1920 Aufklärungsfilme zu Themen wie Homosexualität oder Prostitution gezeigt. Während es zuvor nur eine privilegierte Hochkultur aus Opern und Theatern gegeben hatte, stand das preiswer-
[10] tere Kino nun einer breiten Masse zur Verfügung. Das zweite Massenmedium, das Radio, ging 1923 auf Sendung. Musik, Sportereignisse und Nachrichten mit dem Weltgeschehen landeten im heimischen Wohnzimmer. Ein Radio besaßen zu Be-
[15] ginn der Zwanziger jedoch noch wenige. Erst nach Festlegung der Rundfunkgebühr auf zwei Reichsmark durch die Währungsreform waren 1925 mehr als eine Million Radios angemeldet. In den Hauptstädten entstand ein vielfältiges Pres-
[20] se- und Verlagswesen – es gab 4000 verschiedene Zeitungen mit über 18 Millionen Exemplaren; manche erschienen bis zu zwölf Mal in der Woche. Korrespondenzbüros in den größeren Städten verteilten Nachrichten an die jeweiligen Verlage.

INFO 6 Metropole Berlin

Berlin verkörperte in den Zwanzigern Moderne, Aufschwung, aber auch Hektik und Schnelllebigkeit. Mit 4,3 Millionen Einwohnern wuchs Berlin stetig und war 1930 nach New York und London
[5] die drittgrößte Metropole der Welt. Berlin wurde zu einer Stadt der Superlative: die größten Filmateliers Europas, die schnellste Stadtbahn der Welt, der 100 Meter hohe und 600 Tonnen schwere Funkturm, massenhaft Zeitungsverlage,
[10] Lokale, Tanzklubs und Kinosäle. 1926 startete von hier aus der Ausbau des deutschen Rundfunknetzes. Das Stadtbild war geprägt von farbigen Werbeplakaten für neue Produkte wie Kühlschränke, Waschmaschinen oder Staubsauger. Von diesen
[15] Neuerungen konnten aber nicht alle profitieren. Ins Kabarett gingen nur manche, nicht jeder Haushalt verfügte über einen Stromanschluss. Neue Haushaltsgeräte konnten sich nur wenige leisten. Der Aufschwung war nicht für alle spürbar.
[20] Berlin war keine Ausnahme. Auch in kleineren deutschen Städten wuchsen Kultur und Architektur stark an.

Q6 „Besuch vom Lande" H

Gedicht von Erich Kästner, 1929 (Auszug):

Sie stehen verstört am Potsdamer Platz.
Und finden Berlin zu laut.
Die Nacht glüht auf in Kilowatts.
Ein Fräulein sagt heiser: „Komm mit, mein Schatz!"
[5] Und zeigt entsetzlich viel Haut.

Es klingt, als ob die Großstadt stöhnt,
weil irgendwer sie schilt.
Die Häuser funkeln. Die U-Bahn dröhnt.
Sie sind alles so gar nicht gewöhnt.
[10] Und finden Berlin zu wild.

https://www.deutschelyrik.de/besuch-vom-lande-1929.html (30.04.2021)

Q7 Werbung für ein Damenparfüm

Plakat der „Vogue", 1926/27

D3 Elektrisierende Zwanziger H

Der Dichter Leonhard Frank schreibt:

Riesige Summen amerikanischen Privatkapitals wurden ins Land gepumpt. Ein neues Deutschland hatte sich herausgeschält. Eine Art Märchen vom Aschenbrödel war für eine ganze Nati-
[5] on Wirklichkeit geworden. Diese Zeit war der Beweis dafür, dass Wirtschaftskraft und -aufstieg auch das geistige und künstlerische Schaffen befruchten. Selbst der junge Maler hungerte nicht mehr, er malte nicht nur, er verkaufte. Die Bü-
[10] cherproduktion war größer denn je. Theater, Oper, Konzertsäle waren überfüllt. Europäische Künstler aus Paris, London, Rom, die nach Berlin kamen, waren begeistert und wollten nicht mehr fort. Die Luft in Berlin war elektrisch.

Leonhard Frank, Links wo das Herz ist, München 1963, S. 113 f. (gekürzt)

Unter dem Mediencode  31033-52 kannst du dir anhören, wie das Leben in den Zwanzigern für die weniger Reichen der Bevölkerung aussah.

Die Weltwirtschaftskrise

Die Sozialdemokraten wollen also, dass der Staat die Verantwortung in der Wirtschaftskrise übernimmt …

Welche Lösungsversuche gab es wohl in Deutschland?

Q1 Lösungsidee für die Bankenkrise 1931

Schlagzeile der sozialdemokratischen Arbeiterzeitung, Wien, 12. Mai 1931

Der Börsencrash von New York, ein Aktieneinbruch 1929, wirkte sich auf Europa und Lateinamerika aus. Amerikaner zogen ihre Kredite ab. Im Mai 1931 brach die „Österreichische Kreditanstalt" zusammen. Sie hatte ausländische Gelder in langfristige Industriebeteiligungen investiert.

Arbeiter-Zeitung

Zentralorgan der Sozialdemokratie Deutschösterreichs

Erscheint täglich um 6 Uhr morgens, Montag um 1 Uhr mittags

Nr. 131. Wien, Dienstag, 12. Mai 1931. 44.

Preis im Einzelverkauf an Wochentagen 18 Groschen an Sonn- u. Feiertagen 24 Groschen

Die Kreditanstalt muß vom Staat gestützt werden

Die Krise höher

Staatsaktion zur Rothschild

Von der Rezession zur großen Depression

Wie der ehemalige Verkäufer Pinneberg aus Hans Falladas Roman „Kleiner Mann – was nun?" waren in den 1930ern viele Menschen arbeitslos. Du
30 weißt bereits von der Hyperinflation 1923, aber auch vom Wirtschaftsaufschwung der Zwanziger. Was war passiert? Ein Überangebot an Waren
35 führte 1928 zu Produktionsdrosselungen. Es folgten Kurzarbeit, Entlassungen und Firmenschließungen.

Der Schwarze Freitag und die Folgen

Weltweit war das Angebot an Waren stärker ge-
40 wachsen als die Nachfrage, gleichzeitig hatten viele Amerikaner in Aktien investiert. Die **Spekulationsblase** führte zum New Yorker **Börsencrash** am 25. Oktober 1929, dem „**Schwarzen Freitag**". Die Aktienkurse fielen ins Bodenlose.
45 Dies hatte Auswirkungen auf ganz Europa, insbesondere auf Deutschland: Die Banken in Übersee kündigten die Kredite, von denen Deutschland abhängig war. Viele Banken und Firmen gingen pleite. So stieg die Arbeitslosigkeit immer weiter
50 an und die Kaufkraft der Deutschen sank. Bis 1932 ging die Industrieproduktion um 40 Prozent zurück. Die Banken wurden zahlungsunfähig, die Arbeitslosigkeit stieg auf über fünf Millionen. Jeder dritte war arbeitslos. Der Staat unterstützte
55 kaum: Es gab zu wenige Rücklagen in der Arbeitslosenversicherung.

Deutschland geriet in den Sog der Weltwirtschaftskrise, ohne über politische und wirtschaftliche Mittel zu verfügen, der vielen Probleme Herr
60 zu werden. Auch durch die rigide Sparpolitik Reichskanzler **Heinrich Brünings** ab 1930 und die Bildung von **Präsidialkabinetten**, die keinen Rückhalt im Parlament hatten, verschlimmerte sich die Instabilität der Weimarer Republik.

Unter dem Mediencode 31033-53 findest du zwei Clips zum US-Börsencrash 1929 und zur Weltwirtschaftskrise im Deutschen Reich.

Spekulationsblase
Durch übermäßigen Einkauf entstehende Blase am Aktienmarkt, in der Waren zu viel höheren Preisen gehandelt werden, als sie wert sind

Börsencrash
Zusammenbruch der Aktienpreise

„Schwarzer Freitag"
Tag des Börsencrashs an der Wall Street

Präsidialkabinette
Von Reichspräsident Hindenburg eingesetzte Regierungen 1930-1932 ohne parlamentarische Mehrheit

D a ist eine große Delikatessenhandlung. Pinneberg drückt seine Nase platt an der Scheibe. „Gehen Sie weiter!" Pinneberg fährt zusammen, er hat richtig einen Schreck be-
5 kommen, er sieht sich um. Ein Schupo[1] steht neben ihm. Hat er ihn gemeint? Es stehen noch mehr Leute am Schaufenster, gut gekleidete Herrschaften, aber denen gilt die Anrede des Polizisten nicht, es ist kein Zweifel, er meint allein von allen
10 Pinneberg. Der ist völlig verwirrt. „Wie? Wie? Aber warum –? Darf ich nicht?" Alle Leute starren auf Pinneberg. „Wird's was?", sagt der Schupo ruhig. Pinneberg sieht die Leute an. Bis an das Schaufenster stehen die Leute, gut gekleidete
15 Leute, ordentliche Leute, verdienende Leute. Aber in der spiegelnden Scheibe des Fensters steht noch einer, ein blasser Schemen, ohne Kragen, mit schäbigem Ulster, mit teerbeschmierter Hose. Und plötzlich begreift Pinneberg alles, angesichts
20 dieses Schupos, dieser ordentlichen Leute, dieser blanken Scheibe begreift er, dass er draußen ist, dass er hier nicht mehr hingehört, dass man ihn zu Recht wegjagt: ausgerutscht, versunken, erledigt. Arbeit und sicheres Brot: es war einmal. Ar-
25 mut ist nicht nur Elend, Armut ist auch strafwürdig, Armut ist Makel, Armut heißt Verdacht.

Hans Fallada, Kleiner Mann – Was nun?, Reinbek 1966 (gekürzt)

[1] Schutzpolizist

Q2 Unruhen durch Armut

Foto, Berlin 1931/32

Die Arbeitslosenhilfe in Deutschland war unzureichend. In der Folge wählten immer mehr Menschen radikale Parteien von links und rechts.

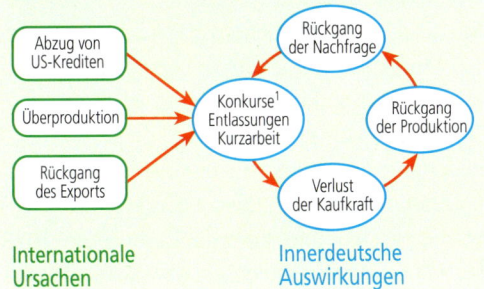

Internationale Ursachen

Innerdeutsche Auswirkungen

D1 Folgen der Krise für Deutschland

Q3 Der „New Deal" H

Der Versuch des Präsidenten Herbert Hoover, der Krise durch Schutzzölle zu begegnen, misslang. Sein Nachfolger Franklin D. Roosevelt legte ein Konzept für mehr soziale Gerechtigkeit vor. Am 4. März 1933 sagt er:

Unsere Aufgabe ist es, den Menschen wieder Arbeit zu verschaffen. Teilweise kann das Problem durch direktes Eingreifen der Regierung gelöst werden, indem wir an unsere Aufgabe so heran-
5 gehen, wie wir im Fall eines Krieges handeln würden. Gefördert kann die Erfüllung dieser Aufgabe werden durch Maßnahmen zur Erhöhung der Preise der ländlichen Produkte und die Steigerung der Kaufkraft der ländlichen Bevölkerung, von der
10 dann wieder die Städte den Nutzen haben. Es muss eine scharfe Beaufsichtigung des ganzen Bankwesens, der Kreditwirtschaft und der Kapitalanlagen eintreten, und es muss der Spekulation mit anderer Leute Geld ein Ende bereitet werden.
15 Und es muss für eine mit der Wirklichkeit in Einklang stehende, aber gesunde Währung gesorgt werden.

Zit. nach: Herbert Schambeck u. a. (Hrsg.), Dokumente zur Geschichte der Vereinigten Staaten von Amerika, Berlin ²2007, S. 452, 454f. und 457 (gekürzt)

Unter dem Mediencode 31033-54 kannst du dir anhören, welche Folgen die Weltwirtschaftskrise auf das Leben der Menschen hatte.

[1] Konkurs: Zahlungsunfähigkeit von Firmen, Firmenzusammenbruch

---

1. Beschreibe die wirtschaftlichen Erfolge und Misserfolge der Weimarer Republik und erkläre ihre Folgen (Q1-Q2, VT, D1).

2. Erkläre, wie eine Spekulationsblase entsteht und welche Konsequenzen sich daraus ergeben. Recherchiere zu ähnlichen Blasen in den letzten Jahrzehnten und benenne typische Merkmale solcher Vorgänge. Entwickle Vorschläge, wie so etwas vermieden werden könnte (Q3, VT). **MK**

3. Entwickle ein Konjunkturbarometer, das die wirtschaftliche Entwicklung in der Weimarer Republik darstellt. Unter dem Mediencode 31033-55 findest du ein Diagramm, das dir dabei hilft. **H**

4. Versetze dich in die Lage Pinnebergs und beurteile aus seiner Sicht Erfolge und Misserfolge und ihre Auswirkungen auf die „kleinen Leute" in der Weimarer Republik. **H**

5. Beurteile am Beispiel Deutschlands die Lösungsansätze für die Weltwirtschaftskrise bis 1932 (Q1, Q2, VT). Zu den Ergebnissen der Sparpolitik und der Arbeit der Präsidialkabinette findest du Zusatzinformationen unter dem Mediencode 31033-56.

6. Recherchiere zu den verschiedenen Lösungsansätzen in den USA und vergleiche diese mit deinen Erkenntnissen zu Deutschland (Q2, Q3). Der Mediencode 31033-57 hilft dir. **MK**

Faschistische Bewegungen in Europa – das Beispiel Italien

Dann war Mussolini so eine Art Vorbild für Hitler?

War das dann der Ursprung des Faschismus in Europa?

Faschisten
Anhänger der Kampf-bünde „fasci di combat-timento", Anhänger eines Führerprinzips

Duce
„Führer" der italieni-schen Faschisten. Der Titel wird synonym für Mussolini verwendet.

Faschismus
Totalitäre, rechtsradikale Bewegung mit der Herr-schaftsform Diktatur. Ziel ist die totale Kont-rolle durch den Staat.

Unter dem Mediencode 31033-58 kannst du ausführlich nachlesen, was Faschismus heißt.

Q1 Der Duce spricht

Fotografie Benito Mussolinis, des „Führers" der italienischen Faschisten, Rom 1938

Eine neue Bewegung entsteht

Auch Italien reagierte auf die Friedensverträge nach dem Ersten Weltkrieg mit Empörung, da es kaum Gebietsforderungen durchsetzen konnte.
5 Eine neue Bewegung nutzte die Wut und nationale Enttäuschung vieler Italiener für ihre Ziele: In Norditalien entstanden die „Bünde des Kampfes" (ital. „Fasci di combattimento"). Zu ihren Anhängern gehörten ehemalige Frontkämpfer. Ihr Zei-
10 chen war das Rutenbündel (lat. fasces), im alten Rom Symbol für die Macht über Leben und Tod. Der Anführer des 1919 in Mailand gegründeten Kampfbundes, **Benito Mussolini**, legte sozialisti-sche und nationalistische Ziele programmatisch
15 fest. Die **Faschisten** versprachen Schutz vor der „roten Revolution" und einen „starken Staat". Die Bewegung wuchs schnell: Ende 1919 waren 870 Personen in 31 Kampfbünden organisiert, zwei Jahre später 250 000 in 834 Organisationen.

20 Mit Gewalt

Italien war seit 1861 eine parlamentarische Mon-archie. 1921 gewannen die Faschisten 35 von 535 Mandaten, Mussolini zog als Fraktionsführer ins Parlament. Die Partei erkannte ihn als „Führer"
25 (ital. **Duce**) an. Am 28. Oktober 1922 versuchte eine faschistische Massenversammlung, von Nea-

---

Q2 Das Vorbild Mussolini

Bereits lange vor dem Aufstieg der Nationalsozia-listen in Deutschland schreibt Adolf Hitler 1927 in seinem Buch „Mein Kampf" über Mussolini, dem er es gleichtun wollte:

In dieser Zeit fasste ich die tiefste Bewunderung für den großen Mann südlich der Alpen. Was Mussolini unter die Großen dieser Erde einrei-hen wird, ist die Entschlossenheit, Italien nicht
5 mit dem Marxismus zu teilen, sondern das Va-terland vor ihm zu retten.

Hitler, Mein Kampf: Eine kritische Edition, hrsg. von Christian Hartmann, München/Berlin ²2016, Bd. 2, S. 1723 (gekürzt)

pel aus durch einen „Marsch auf Rom" die Macht mit Gewalt zu ergreifen. Unter dem Druck 20 000 bewaffneter Faschisten beauftragte der König
30 Mussolini mit der Bildung einer neuen Regierung. Mussolini wurde Ministerpräsident.

Der „Duce" regiert

Mussolinis erster Regierung gehörten Nationalis-ten, Rechtsliberale und Politiker der Volkspartei
35 an. Unter 14 Ministern waren nur vier Faschisten. Trotzdem errichtete der „Duce" eine Diktatur – ohne das Königshaus zu beseitigen: König, Papst und Industrie unterstützten Mussolini aus Furcht vor Sozialisten und Kommunisten. Ende 1923
40 räumte ein neues Wahlgesetz der stärksten Partei zwei Drittel aller Sitze im Parlament ein. Nach 1925 wurden die Pressefreiheit aufgehoben und oppositionelle Organisationen und Gewerkschaf-ten aufgelöst, ihre Führer verfolgt, verhaftet und
45 ermordet. Das Parlament gestattete dem Regie-rungschef, Entscheidungen mit Gesetzeskraft oh-ne und gegen den König zu erlassen. Der Erfolg der Faschisten hing mit dem wirtschaftlichen Auf-stieg zusammen: Mussolini milderte die Auswir-
50 kungen der Weltwirtschaftskrise durch Arbeits-beschaffungsmaßnahmen, Einkommenssenkung und Verstaatlichung von Unternehmen. Er wollte Italien nach Vorbild des antiken römischen Welt-reiches zu einem neuen Imperium machen. Von
55 Italien aus schwappte der **Faschismus** als Welle über Europa.

D1 Der „Marsch auf Rom"

Der Historiker Thomas Schlemmer sagt in einem Hörbeitrag auf Radio Bayern 2:

Mussolini hat in diesen Tagen versucht, ein Bündnis zustande zu bringen, und hat auf der anderen Seite seine Faschisten aufmarschieren lassen und mit dem „Marsch auf Rom" gedroht.
5 Und es sind tatsächlich zahllose Faschisten aus dem ganzen Land zusammengetrommelt worden, im Schwarzhemd, die in der Umgebung von Rom stationiert worden sind.

Benito Mussolini. Der Mann und die Masse, www.br.de/ radio/bayern2/sendungen/radiowissen/benito-mussolini-italien100.html (gekürzt) [29. 03. 2021] c BR/radiowissen/Rainer Volk; in Lizenz der BRmedia Service GmbH

Q3 „Mussolini hat immer Recht"

Der „Duce" erlässt Anfang der 1930er-Jahre die folgenden zehn Gebote:

1. Der Faschist, besonders der Milizsoldat[1], darf nicht an den ewigen Frieden glauben.
2. Strafen sind immer verdient.
3. Auch der Wachtposten vor einem Benzinfass
5 dient dem Vaterland.
4. Der Kamerad ist dein Bruder: 1. weil er mit dir lebt, 2. weil er denkt und fühlt wie du.
5. Gewehr und Patronentasche sollen nicht während der Ruhezeit vernachlässigt, son-
10 dern für den Krieg bereitgehalten werden.
6. Sag niemals: Die Regierung zahlt's; denn du selbst bist es, der zahlt, und die Regierung hast du selbst gewollt und du trägst ihre Uniform.
15 7. Gehorsam ist der Gott der Heere; ohne ihn ist kein Soldat denkbar, wohl aber Unordnung und Niederlagen.

8. Mussolini hat immer Recht!
9. Der Freiwillige hat keine Vorrechte, wenn er
20 nicht gehorcht.
10. Eines muss dir über allem stehen: das Leben des Duce.

Zit. nach: Günter Schönbrunn (Bearb.), Weltkriege und Revolutionen 1914 - 1945, München ³1979, S. 153

D2 Der Ursprung des Faschismus in Italien

Der Historiker Bernd Kleinhans schreibt:

In Wahrheit wurde Mussolini von rechtskonservativen Kräften, denen teils der Mut, teils der Wille zum Widerstand fehlte, an die Macht gebracht. Der italienische Faschismus, der bis zur
5 Ermordung Mussolinis 1945 das Land bestimmen wird, kann jedoch nur allmählich seine Machtbasis ausbauen.

Bernd Kleinhans, Faschismus, in: Zukunft braucht Erinnerung, 2004. www.zukunft-braucht-erinnerung.de/ faschismus/ [29. 03. 3032]

Q4 Der „Duce" kommt

Foto von 1939

Mitglieder der faschistischen Jugendorganisation (Balilla), in die ab 1931 alle Jugendlichen vom sechsten bis zum 20. Lebensjahr eintreten mussten, haben in Verres (Piemont) Aufstellung genommen.

[1] Milizsoldat: hier Mitglied der bewaffneten Kampfbünde der Faschisten

---

1. Definiere den Begriff „Faschismus", indem du die wesentlichen Merkmale der Bewegung zusammenfasst (VT).
2. Skizziere den Ausbau der faschistischen Macht in Italien durch Benito Mussolini (VT, Q3, Q4, D1, D2). **H**
3. Beschreibe die Fotografie von 1939 aus Rom und benenne, was dir an der Szenerie des Bildes bekannt vorkommt (Q1). **H**
4. Erläutere die Wirkung der „Zehn Gebote" Mussolinis (Q3).
5. Beurteile, ob es sich beim „Marsch auf Rom" um eine revolutionäre Machtübernahme der Faschisten in Italien handelte (VT, D1).
6. Nimm Stellung zu der Frage, inwiefern Mussolinis Bewegung als Keimzelle des europäischen Faschismus gesehen werden kann.

Der Aufstieg der NSDAP

Q1 Hitler-Ludendorff-Putsch
Foto nach dem Aufstand am 9.11.1923

 Ein Putsch? Das klingt nach Straßenterror, der die NSDAP an die Macht brachte.

 Aber ein paar Jahre später hat die NSDAP dann Wahlen gewonnen …

Entstehung der NDAP

1919 gründete sich eine radikal-nationalistische Partei, die Deutsche Arbeiterpartei (DAP). In den Gründungsjahren der Weimarer Republik fanden
5 auch völkische und rechtsextreme Strömungen Anhänger. Die Generäle Ludendorff und Hindenburg hatten mit der „Dolchstoßlegende" dazu beigetragen: Sie besagte, das deutsche Heer sei „im Felde unbesiegt geblieben" und durch oppo-
10 sitionelle Zivilisten in der Heimat zu Fall gebracht worden. Die Geschichtslüge bildete einen Nährboden für nationalistische Gruppen. Hitler formulierte für die DAP ein Parteiprogramm und benannte sie 1920 in „Nationalsozialistische Deutsche Ar-
15 beiterpartei" (NSDAP) um. 1921 wurde er Parteivorsitzender und ihr unumschränkter „Führer". Tatsächlich war diese weder sozialistisch noch eine Arbeiterpartei. Durch Krieg und dessen Folgen verarmten Menschen kamen aber einfache Lö-
20 sungsangebote für ihre Probleme entgegen. Hitler versprach eine Verringerung der Arbeitslosigkeit. Seine Propaganda, eine große Armee aufzubauen und „Lebensraum" zu schaffen, fand Anklang. Insbesondere machte er sich lange vorhandene
25 antisemitische Vorurteile zunutze und stilisierte die jüdische Bevölkerung zum „Sündenbock".

Der Hitler-Ludendorff-Putsch

Nach dem Vorbild der italienischen Faschisten („Marsch auf Rom") unternahmen Hitler und Lu-
30 dendorff einen Putschversuch. Er endete nach einer Schießerei und Hitlers Flucht an der Münchner Feldherrnhalle in einem Desaster. Die NSDAP wurde verboten und Hitler zu fünf Jahren Haft verurteilt. Er musste aber nur acht Monate absitzen. Bei

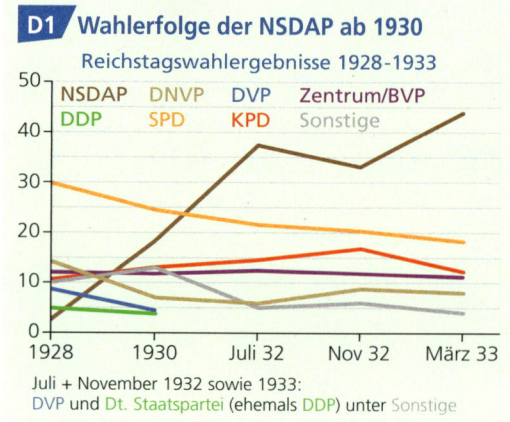

D1 Wahlerfolge der NSDAP ab 1930
Reichstagswahlergebnisse 1928-1933

Juli + November 1932 sowie 1933:
DVP und Dt. Staatspartei (ehemals DDP) unter Sonstige

35 Besuchen seines Stellvertreters Rudolf Hess verfasste er das Buch „Mein Kampf", in dem er seine rassistische, antidemokratische und antisemitische Weltanschauung darlegte.

Auf dem Weg zur Macht

40 Nach seiner Entlassung gründete Hitler 1925 die NSDAP neu und organisierte die Partei straff mit einer **Sturmabteilung (SA)** und der **Schutzstaffel (SS)** für den „Führer", einer gewaltbereiten, antidemokratischen Kampftruppe. 1930 war sie zu
45 einer Partei der Massen geworden und erlangte in den Wahlen die zweitmeisten Stimmen hinter der SPD – als Volkspartei der Unzufriedenen aus allen Schichten mit Hass auf Republik und Demokratie, auf Sozialisten und Juden. Die Hinwendung zu an-
50 tidemokratischen Parteien in der Weltwirtschaftskrise, die erfolglose Sparpolitik (Notverordnungen) und die undurchsichtigen Präsidialkabinette beförderten die Entwicklung. In den Reichstagswahlen 1932 wurde die NSDAP mit 37,4% der Stimmen
55 stärkste Partei. Infolgedessen stimmte Reichspräsident Hindenburg einer Koalitionsregierung der NSDAP mit der nationalkonservativen DNVP zu.

 **Dolchstoßlegende**
Mythos, der Krieg sei durch die Revolution verloren worden

 **Sturmabteilung (SA)**
Aggressive Paramilitärs (ehemalige Freikorps und Angehörige der bayerischen Reichswehr)

 **Schutzstaffel (SS)**
Leibgarde Hitlers

 Unter dem Mediencode 31033-59 kannst du dir einen History-Clip zum Hitler-Putsch ansehen.

Q2 Umsturzversuche aus Bayern

Nach der Beendigung des „Ruhrkampfes" durch Reichskanzler Stresemann versuchte die bayerische Regierung, eine nationale Diktatur zu errichten. Gustav von Kahr wurde zum „diktatorischen Generalstaatskommissar" ernannt. Sein Stellvertreter Hubert Friedrich Karl von und zu Aufseß erklärt am 20. Oktober 1923:

Es heißt für uns nicht: Los von Berlin! Wir sind keine Separatisten. Es heißt für uns: Auf nach Berlin! Wir sind seit zwei Monaten von Berlin in einer unerhörten Weise belogen worden. Das ist
5 auch nicht anders zu erwarten von dieser Judenregierung, an deren Spitze ein Matratzeningenieur[1] steht. Ich habe seinerzeit gesagt: In Berlin ist alles verebert und versaut, und ich halte das auch heute noch aufrecht.

Zit. nach: Ernst Deuerlein, Der Aufstieg der NSDAP in Augenzeugenberichten, München 1980, S. 187

Q3 Werbung für die NSDAP

Die NSDAP betrieb öffentlich Propaganda. Die politische Polizei berichtet über einen Marsch der SA in Offenbach am 26. Januar 1930:

Gegen 13 Uhr marschierten etwa 185 Personen unter Voranschritt des Spielmannszuges und unter Führung des bekannten Friedrich Weitzel. Der bekannte Jugendführer hielt eine äußerst
5 scharfe Ansprache: In Offenbach mache sich der Fluch des verführerischen marxistischen Klassenkampfe von Tag zu Tag deutlicher bemerkbar. Die Schaffenden aller Stände müssten einmal erkennen, dass die jüdisch-marxistische Bonzen-
10 wirtschaft nicht zum Ziele führen könne. Auch der Offenbacher Bürger möge nun endlich aus

seinem Schlaf erwachen. Die Sturmtrupps und die Kolonnen im Braunhemd kämpften gegen Sowjet-Judäa und für die Befreiung des deut-
15 schen Volkes.

Zit. nach: Bernd Klemm (Hrsg.), „... durch polizeiliches Einschreiten wurde dem Unfug ein Ende gemacht." Geheime Berichte der politischen Polizei über Linke und Rechte in Offenbach 1923-1930, Frankfurt 1982, S. 274, 287 f., 315 (gekürzt)

Q4 Der Hitler-Putsch

Flugblatt vom 11. November 1923

Hitler wollte die neue Situation nutzen und die bayerische Regierung zum Sturz der Reichsregierung veranlassen. Am Abend des 8. November 1923 erklärte er im Münchner Bürgerbräukeller während einer politischen Versammlung des nationalistischen Lagers die Revolution.

> **Proklamation an das deutsche Volk!**
> Die Regierung der November-verbrecher in Berlin ist heute für abgesetzt erklärt worden. Eine provisorische deutsche Nationalregierung ist gebildet worden, diese besteht aus
> Gen. Ludendorff
> Ad. Hitler, Gen. v. Lossow
> Obst. v. Seisser

[1] Gemeint ist hiermit Reichspräsident Ebert.

---

1. Erörtere den Verlauf des Hitler-Putsches (VT, Q1, Q2, Q4).
2. Erstelle einen chronologischen Zeitstrahl über den Aufstieg der NSDAP unter Hitler (VT, Q3, Q4, D1).
3. Untersuche den Aufstieg und den Erfolg der NSDAP. Begründe, warum so viele Menschen sich der NSDAP zuwendeten (VT, Q1-Q4, D1). **H**
4. Vergleiche die Reichstagswahlergebnisse von 1928 bis 1932 und recherchiere die Regierungskoalitionen vor Einführung der Präsidialkabinette im Internet. Gehe insbesondere auf starke Veränderungen ein (D1). **MK**
5. Stell dir vor, du wärst Privatdetektiv:in und möchtest dich zum Aufstieg der NSDAP informieren. Werte das Material aus, das du gefunden hast, und erstelle ein Dossier zu den Entwicklungen in der Weimarer Republik (Q1-Q4, D1). **MK** **H**
6. Beurteile, ob der Aufstieg der NSDAP durch Putsch und Straßenterror oder durch legale Wahlen vonstatten ging. Sammle vorab Argumente für beide Seiten in einer Tabelle.

Die Endphase der Weimarer Republik

Mit der Weimarer Republik ist es wohl zu Ende gegangen. Aber wer hat die Republik denn „eingesargt"?

Schau mal auf die Inschrift auf dem Sarg …

Q1 „Der Reichstag wird eingesargt"
Collage John Heartfields vom 30. August 1932
Auf dem Sarg steht „Artikel 48" – ein Verweis auf den Notverordnungsartikel der Verfassung.

Die große Koalition 1928-1930

Die letzte Regierung mit parlamentarischer Mehrheit in der Weimarer Republik trat im März 1930 zurück. Sie hatte seit 1928 aus der SPD, dem Zen-
5 trum und den liberalen Parteien DVP und DDP bestanden. In Folge der Weltwirtschaftskrise aber führte ein Konflikt um den Umgang mit der Arbeitslosenversicherung, die seit 1927 verstaatlicht durch Arbeitnehmer und Unternehmer finanziert
10 wurde, zur Auflösung der Regierung: Die SPD hatte auf einer Erhöhung der Beiträge bestanden, während die Koalitionspartner dies als zu belastend für die Wirtschaft betrachteten.

Regierung der Präsidialkabinette

Unter dem Mediencode 31033-60 kannst du noch einmal nachlesen, was die Präsidialkabinette ausmachte.

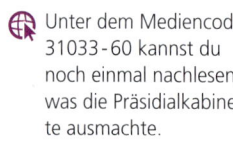

15 Die parlamentarische Macht mit Rückhalt im Reichstag versiegte und verlagerte sich zunehmend auf Reichspräsident Paul von Hindenburg. Es etablierte sich ein „Dauerzustand" der Präsidialkabinette: Der Reichspräsident konnte auf
20 Grundlage des Artikels 25 der Verfassung den Reichstag auflösen lassen und Neuwahlen ansetzen. Auch der Reichskanzler wurde vom Reichspräsidenten ernannt (Artikel 53). Anstelle von Ge-

[1] Illegale Absetzung einer Regierung

setzen des Reichstages regierten Reichspräsident
25 und -kanzler mithilfe von Notverordnungen nach Artikel 48. Die „Präsidialkabinette" waren damit stark vom Reichpräsidenten abhängig. Demokratische Elemente verloren ihre Bedeutung.

Sparpolitik der Regierung Brüning

30 Reichskanzler Heinrich Brüning (Zentrum) versuchte, eine „Deflationspolitik" zur Sanierung der Wirtschaft durchzusetzen. Mit dieser Sparpolitik (Steuererhöhungen, Kürzungen von Sozialleistungen, Senkung von Löhnen und Staatsausgaben)
35 sollte der Staatshaushalt ausgeglichen werden. Dies verhinderte zwar eine weitere Inflation, fachte aber die Weltwirtschaftskrise weiter an. Außenpolitisch sollte der Kurs den Alliierten zeigen, dass weitere Reparationszahlungen unmöglich seien.
40 Als diese Politik keine Mehrheit im Reichstag fand, setzte Hindenburg die Maßnahmen mithilfe von Artikel 48 durch: Der Reichstag wurde aufgelöst und für September 1930 Neuwahlen angesetzt.

Instabilität und Radikalisierung

45 Brüning regierte weiter ohne parlamentarische Mehrheit. Nach Straßenkämpfen und Saalschlachten 1932 ließ er die SA verbieten. Als er Güter in Ostdeutschland für arbeitslose Bauern neu verteilen wollte, schuf er sich zudem Gegner bei den
50 alten Besitzern. Gemeinsam mit Anhängern der SA im Militär erwirkten diese bei Hindenburg am 30. Mai 1932 Brünings Absetzung.
Seine konservativen Nachfolger regierten ebenfalls ohne parlamentarische Basis. Daran änderten
55 auch die Neuwahlen im Juli 1932 nichts, in denen radikale Parteien Zulauf erfuhren. Bei blutigen Auseinandersetzungen zwischen NSDAP und KPD waren zudem über 300 Menschen ums Leben gekommen. Reichskanzler Franz von Papen hob dar-
60 aufhin das SA-Verbot auf und setzte in einem Staatsstreich[1] republikfeindliche Anhänger in den Beamtendienst ein. General Kurt von Schleicher übernahm die Regierungsgeschäfte im November 1932. Seine Strategie, sich mit den Gewerkschaf-
65 ten zu verbünden und die NDSAP zu spalten, scheiterte. Am 30. Januar ernannte Hindenburg auf Betreiben Papens und nationaler antidemokratischer Kräfte hin Hitler zum Reichskanzler.

Q2 Hindenburg als Zauberer

Karikatur vom 12. Februar 1933 im Simplicissimus

Q3 „Eine unabhängige Regierung" H

Führende Industrielle schreiben am 19. November 1932 an Hindenburg:

Mit Eurer Exzellenz bejahen wir die Notwendigkeit einer vom parlamentarischen Parteiwesen unabhängigen Regierung, wie sie in dem Gedanken eines Präsidialkabinetts zum Ausdruck
5 kommt. Wir erkennen in der nationalen Bewegung den Beginn einer Zeit, die durch Überwindung des Klassengegensatzes die unerlässliche Grundlage für einen Wiederaufstieg der deutschen Wirtschaft erst schafft. Wir wissen, dass
10 diese Opfer nur dann willig gebracht werden können, wenn die größte Gruppe dieser nationalen Bewegung führend an der Regierung beteiligt wird. Die Übertragung der [Regierung] an den Führer der größten nationalen Gruppe wird Mil-
15 lionen Menschen mitreißen.

Zit. nach: Peter Longerich (Hrsg.), Die Erste Republik, München 1992, S. 488 f. (gekürzt)

Q4 „Gesunde Entwicklung nach rechts"

Reichspräsident Hindenburg erklärt am 25. Februar 1932 seine politische Einstellung:

Es ist nun tief zu bedauern, dass die Rechte – zerrissen wie sie ist – von einseitig parteiehrgeizigen Führern den Weg der Einflusslosigkeit und Selbstzerstörung geführt wird. Ob und wann die-
5 ser Zustand sich ändert, lässt sich nicht voraussagen. Dennoch werde ich meine Bemühungen um eine gesunde Entwicklung nach rechts nicht einstellen, in der Hoffnung, dass es möglich sein wird, nach den Preußenwahlen neue Verhand-
10 lungen zur Bildung einer Konzentrationsregierung aufzunehmen. Ich weiß, dass ich durch den Erlass zahlreicher Notverordnungen dem deutschen Volk schwere Lasten zugemutet und mich der persönlichen Kritik sehr ausgesetzt habe. Da
15 aber der Reichstag, der eigentliche Gesetzgeber, völlig versagte und selbst unfähig war, Maßnahmen zur Beseitigung unmittelbarer Gefahren zu treffen, musste ich einspringen und die Verantwortung übernehmen. Ich habe hierbei nach
20 dem alten Grundsatz der preußischen Felddienstordnung gehandelt, der besagt, dass ein Fehlgriff in der Wahl der Mittel nicht so schlimm ist, als das Unterlassen jeglichen Handelns.

Politik und Wirtschaft in der Krise 1930-1932. Quellen zur Ära Brüning. Bearb. von Ilse Maurer u. a. Zweiter Teil, Düsseldorf 1980, S. 1307 und 1309 (gekürzt)

D1 Umgestaltung der Verfassungspraxis

Das System der Präsidialkabinette ändert das Kräfteverhältnis von Regierung und Reichstag:

Jahr	Reichstags-sitzungen	Gesetze	Notverord-nungen
1930	94	98	5
1931	41	34	44
1932	13	5	66

Hans-Ulrich Wehler, Deutsche Gesellschaftsgeschichte, Bd. 4: Vom Beginn des Ersten Weltkriegs bis zur Gründung der beiden deutschen Staaten 1914-1949, München 2003, S. 519

---

1. Arbeite die Quellenaussagen aus der Collage und der Karikatur heraus und vergleiche diese (Q1, Q2).
2. Erläutere, mit welchen Schwierigkeiten die Republik in dieser Phase zu kämpfen hatte (VT, Q3, D1).
3. Erläutere die politischen Ziele Hindenburgs 1932 (Q4).
4. Nimm Stellung zu Hindenburgs Rolle als Reichspräsident in der Phase der Präsidialregierungen und beurteile, welche Gruppierungen in der Endphase das Steuer übernahmen (VT, Q1-Q4). H

Die Machtübertragung auf Hitler

Da hat der Reichspräsident doch tatsächlich die Macht an Hitler übertragen.

Q1 Machtübertragung
Foto vom 30. Januar 1933

Reichpräsident Paul von Hindenburg ernennt Adolf Hitler zum Reichskanzler.

Die Nazis stellen das so dar, als hätten sie aktiv die Macht übernommen. Über den richtigen Begriff für diesen Vorgang streiten die Wissenschaftler wohl bis heute.

hoffte zu diesem Zeitpunkt noch, wie viele andere Konservative auch, Hitler kontrollieren und für die
25 eigenen Ziele einsetzen zu können.

Zwischen Machtübergabe und Machtergreifung

Am 30. Januar 1933 wurde Hitler somit durch Reichspräsident Hindenburg zum Reichskanzler
30 ernannt. Durch diese Übertragung des Amtes auf ihn übernahm er legal die Macht im Reich, wie auch die vor ihm eingesetzten Leiter der Präsidialkabinette. So hatte Hitler nun die Chance, die Politik mitzugestalten. Allerdings hatte die NSDAP
35 bei den Wahlen im November 1932 noch nicht die absolute Mehrheit im Reichstag erzielt. Mit 33,1 Prozent fehlten ihr doch einige Wählerstimmen für die Stellung der alleinigen Regierung. Mit dem Amtseid bei seiner Ernennung verpflichtete sich
40 Hitler als neuer Reichskanzler auf die bestehende Verfassung der Weimarer Republik. Doch er hatte nie verheimlicht, dass er die Demokratie von innen aushöhlen wollte.

Nationale Einheit

Reichspräsident Hindenburg wollte auch während der Jahre 1932 und 1933 noch die national gesinnten, größtenteils antidemokratischen Parteien
5 und Kräfte verbünden. Zu den Nationalsozialisten (kurz: Nazis) hatte er ein zwiespältiges Verhältnis. Einerseits war ihm diese junge nationale Bewegung sympathisch, andererseits wollte er sich von Hitler nicht die Führung in Deutschland streitig
10 machen lassen. Bereits im Vorfeld des 30. Januar 1933 waren zweimal Verhandlungen darüber gescheitert, ob Hitler Reichskanzler werden solle.

Papens Einrahmungskonzept

Im Januar 1933 aber hatte Hindenburg schließlich
15 dem Vorschlag Franz von Papens zugestimmt: Hitler sollte Kanzler werden. Im Präsidialkabinett sollten allerdings nur drei Politiker der NSDAP, aber neun einflussreiche konservative Politiker vertreten sein. Den Kritikern seines Plans entgegnete
20 Papen: „Was wollen Sie denn? Ich habe das Vertrauen Hindenburgs. In zwei Monaten haben wir Hitler in die Ecke gedrückt, dass er quietscht!" Er

Erste Schritte des Machtausbaus

45 Die eingesetzten nationalsozialistischen Minister Wilhelm Frick (Innenministerium) und **Hermann Göring** (preußisches Innenministerium) befehligten die Polizei und das größte Land Deutschlands. So nutzten sie die ihnen gegebene Macht mithilfe
50 der dynamischen und gewaltbereiten Massenpartei NSDAP konsequent. Kleinere Proteste der Arbeiterschaft, Bürgerinnen und Bürger waren allerdings zu schwach und uneinig, um sich ihnen zu widersetzen. Auf scheinbar legalem Weg konnte
55 so die Macht ausgebaut werden.

Am 1. Februar 1933 wurde auf Hitlers Verlangen hin der Reichstag erneut aufgelöst und Neuwahlen angesetzt. Den Wahlkampf nutzte die NSDAP mit ihrer starken Propagandamaschinerie als
60 „Feldzug" gegen die anderen Parteien der Weimarer Republik, die wegen einer Notverordnung nur massiv eingeschränkt agieren konnten.

Unter dem Mediencode 31033-61 findest du einen zusammenfassenden History-Clip zum Niedergang der Weimarer Republik.

D1 Ein passender Begriff?

Norbert Frei hinterfragt bereits 1983 die passende Begrifflichkeit für den 30. Januar 1933:

Machtübernahme heißt es da bei Hitler, ganz gewöhnlich und geschäftsmäßig. Handelte es sich denn nicht um einen kämpferischen Akt, einen heroischen Sieg über das verrottete „Weimarer
5 System"?

Norbert Frei, „Machtergreifung". Anmerkungen zu einem historischen Begriff, in: Vierteljahresheft für Geschichte 1983, Heft 1, S. 136-145 (gekürzt)

Q2 Die Rolle Franz von Papens

Kurt Freiherr von Schröder berichtet 1945 über eine Unterredung zwischen Papen und Hitler im Januar 1933. Papen unterzeichnete die Eingabe an Hindenburg vom 19. November 1932, die zu Hitlers Ernennung zum Reichskanzler beitrug.[1]

Dann erzählte von Papen Hitler, dass es ihm als Bestes erschiene, die Konservativen und die Deutschnationalen, die ihn unterstützt hätten, mit den Nationalsozialisten zu vereinigen, um ei-
5 ne Regierung zu bilden. Er schlug vor, diese neue Regierung soll von Hitler und von Papen auf der Grundlage der Gleichberechtigung geleitet werden. Von Papen und Hitler erzielten ein grundsätzliches Übereinkommen, sodass viele Punkte,
10 die sie miteinander in Konflikt gebracht hatten, ausgeschaltet wurden.

Zit. nach: Herbert Michaelis und Ernst Schraeper (Hrsg.): Ursachen und Folgen – Vom deutschen Zusammenbruch 1918 und 1945 bis zu staatlichen Neuordnung Deutschlands in der Gegenwart, Bd. 8, Berlin o. J., S. 42ff. (gekürzt)

Q3 Fackelzug am Brandenburger Tor

Foto vom 30. Januar 1933

Am Abend nach Hitlers Ernennung zum Reichskanzler inszenierten die Nationalsozialisten einen Fackelzug durch Berlin. Passanten stehen dabei und zeigen den Hitler-Gruß.

[1] Blättere noch einmal zurück zu Q3 auf S. 111.

1. Beschreibe die Fotografie Hitlers und Hindenburgs. Erkläre, welchen Eindruck sie vermittelt (Q1).
2. Untersuche, welche Wirkung sich die Nationalsozialisten von der Szenerie des Fackelzuges erhofften (Q3). **H**
3. Vergleiche die Bildaussage der Fotografien und gib ihnen eine passende Überschrift. Gehören sie eher in die Kategorie „Machtergreifung" oder „Machtübertragung" (Q1, Q2, D1)?
4. Erläutere die Ziele und Hoffnungen der politischen Akteure, die zur Ernennung Hitlers zum Reichskanzler führten (Q2; S. 111, Q4; VT).
5. Beurteile aus heutiger Sicht, inwiefern es sich am 30. Januar 1933 um eine Machtübertragung oder eine Machtergreifung handelte.

Das Scheitern der Weimarer Republik

War die Republik zum Scheitern verurteilt?

Q1 Tag von Potsdam
Foto vom 21. März 1933
Hindenburg und Hitler begrüßen sich.

Reichspräsident von Hindenburg und Reichskanzler Adolf Hitler begrüßen sich am 21. 3. 1933 in Potsdam

Und kann man sagen, ab welchem Zeitpunkt es unausweichlich war, dass die Weimarer Republik zugrunde ging?

D1 „Scheitern" der Weimarer Republik?
Der Historiker Jörn Leonhard beurteilt 2018 in einem Interview das Ende der Weimarer Republik.
Die Weimarer Republik war nicht zum Scheitern verurteilt. Jedenfalls nicht von ihrem Anfang her. 1918 bedeutete bei allen Belastungen nicht das vorprogrammierte Ende von 1933.

www.t-online.de/nachrichten/wissen/geschichte/id_8473 6698/historiker-joern-leonhard-weimarer-republik-nicht-zum-scheitern-verurteilt-.htm [05.05.2021]

Entscheidung für Hitler

Reichspräsident Hindenburg hatte sich zunächst gegen Hitler gewehrt und wurde deshalb vor allem von der SPD als Präsident weiter toleriert. Po-
5 litiker und Sprecher aus Wirtschaft und Industrie unterstützten Hitler jedoch schon lange. Er hatte ihnen große wirtschaftliche Entwicklungen unter Führung der NDSAP versprochen. Aus diesem Zweig flossen einige Spenden an die NSDAP. Auch
10 Papen sprach sich mehr und mehr für Hitler als Reichskanzler aus. All diese Einflüsse bewogen den greisen Reichspräsidenten schließlich, Hitler zum Reichskanzler zu ernennen. Kurz danach gewann die NSDAP in den Reichstagswahlen Anfang
15 März 1933 43,9 Prozent aller Stimmen. Doch woran scheiterte die erste Republik tatsächlich?

Ohnmacht der anderen Parteien

Die anderen Parteien der Weimarer Republik und vor allem die Gegner der NSDAP waren besorgt
20 über die politischen Entwicklungen. Aktive Maßnahmen gegen die NSDAP, die den Machtausbau verhindert hätten, leiteten sie jedoch nicht ein. Den linken Parteien drohte eine Spaltung. So waren sie eher mit sich selbst beschäftigt als hand-
25 lungsfähig gegen die NSDAP. Auch wollten sie ihre unterschiedlichen politischen Ziele nicht aufgeben, was einer Zusammenarbeit im Weg stand: Die SPD bemühte sich um Verfassungstreue. Die Zentrumspartei hingegen hatte die NSDAP bereits
30 seit Brünings Regierung mindestens toleriert, so-

dass ein Widerstand gegen ihren Einsatz in der Regierung nicht zu erwarten gewesen war.

Zusammenspiel vieler Faktoren

Die Zeitgenossen setzten sich bereits kurz nach
35 dem Ende der Weimarer Republik mit deren Untergang auseinander. Sie stellten fest, dass der Tag, an dem Hitler zum Reichskanzler ernannt wurde, einen entscheidenden Wendepunkt markierte – die vollständige Beseitigung der Demokratie.
40 Bis heute interessieren sich Historikerinnen und Historiker für die multiplen Faktoren, die zum Scheitern der Weimarer Republik und zum Aufstieg der nationalsozialistischen Diktatur führten. Als Gründe nennen sie politische Faktoren (das
45 Ausmaß des Versailler Vertrags, Verfassungsschwächen wie Artikel 48, die fehlende Kompromissfähigkeit im Reichstag und die zunehmende Stärke der radikalen Parteien), wirtschaftliche Faktoren (Inflation, Weltwirtschaftskrise 1929 und daraus
50 resultierende Massenarbeitslosigkeit) und gesellschaftliche Ursachen (eine fehlende demokratische Einstellung der Menschen, die zunehmende Radikalisierung der Bevölkerung und antidemokratische Tendenzen von Beamtentum und Militär). Ei-
55 nigkeit darüber, welche Ursachen ausschlaggebend waren, herrscht bis heute nicht. Als sicher gilt jedoch: Viele Faktoren spielten zusammen.

D2 Eine „starke" Demokratie?

Der Historiker Tim B. Müller sagt 2016:

Die üblichen Erklärungen verweisen vor allem auf die angebliche Dauerkrise der deutschen Republik, eine fehlerhafte Verfassung, mangelnde demokratische Traditionen, eine Demokratie, die
5 bestenfalls den Schein der Normalität erzeugte und nie stabil war. Die Weimarer Republik war nach damaligen Begriffen eine stabile Demokratie. Sie hatte früher als andere auch die Frauen zu Staatsbürgern gemacht und ihnen das gleiche
10 Wahlrecht eröffnet. Die Republik war wehrhaft und verbot immer wieder demokratiefeindliche Organisationen. Mehr begeisterte Demokraten hätten ihr zweifellos gutgetan, aber deren Zahl war auch in anderen Demokratien jener Zeit
15 noch gering. Nein, die Weimarer Demokratie war nicht schwach. Weder war sie von Anfang an zum Scheitern verurteilt noch 1930 am Ende, als die große Koalition zerbrach und die Präsidialkabinette begannen, noch nicht einmal 1932, als
20 mit Franz von Papen erstmals ein antidemokratischer Politiker an die Macht kam.
Das rechte Bürgertum integrierte sich nur langsam, die extreme Wirtschaftskrise erschütterte die Welt seit 1929 und trieb die Arbeitslosigkeit
25 in extreme Höhen. Hunger und Leid waren real. Aber all diese Belastungen zerstörten weder die Demokratie noch brachten sie Hitler an die Macht.
Woran Weimar gescheitert ist? Die Demokratie
30 lässt sich nicht restlos absichern. Und besonders in der Geschichte der katastrophalen Wirtschaftskrise [ist] immer mit dem Faktor Kontingenz zu rechnen, damit, dass zur falschen Zeit die falschen Männer am falschen Ort sind.

Hatte Weimar eine Chance?, ZEIT Geschichte Nr. 3/2016, 23. August 2016. www.zeit.de/zeit-geschichte/2016/03/ weimarer-republik-demokratie-staerke/komplettansicht (gekürzt) [05.05.2021]

D3 Das Scheitern von Weimar

Der Historiker Hagen Schulze urteilt 1994:

Woran ist also Weimar gescheitert? Die Antwort ist nicht mit letzter wissenschaftlicher Präzision zu geben, aber einiges lässt sich doch ausmachen: die wichtigsten Gründe liegen auf dem
5 Feld der Mentalitäten, der Einstellungen und des Denkens. In der Mitte des Ursachenbündels finden sich eine Bevölkerungsmehrheit, die das politische System von Weimar auf die Dauer nicht zu akzeptieren bereit war, sowie Parteien und
10 Verbände, die sich den Anforderungen des Parlamentarismus nicht gewachsen zeigten. Die Ursachen für diese Defekte dürften überwiegend in langfristigen, aus den besonderen Bedingungen der preußisch-deutschen Geschichte zu erklä-
15 renden Zusammenhängen zu suchen sein, verstärkt durch die Entstehungsbedingungen des Weimarer Staatswesens und seiner außenpolitischen Belastungen. Die Übertragung dieser ungünstigen Gruppenmentalitäten auf das Wei-
20 marer Regierungssystem wurde durch den Wahlrechtsmodus erheblich begünstigt. Die antirepublikanischen Tendenzen in Armee, Bürokratie und Justiz waren grundsätzlich beherrschbar, eine Frage des Machtbewusstseins von Parteien
25 und Regierung. Die gesellschaftlichen und wirtschaftlichen Rahmenbedingungen waren hauptsächlich langfristig wirksam, indem sie auf die Mentalitäten von Bevölkerung und einzelnen Gruppen einwirkten; aktuelle ökonomische Kri-
30 sen verstärkten die destabilisierenden Momente, verursachten sie aber nicht.
Lapidar lässt sich also schließen: Bevölkerung, Gruppen, Parteien und einzelne Verantwortliche haben das Experiment Weimar scheitern lassen,
35 weil sie falsch dachten und deshalb falsch handelten.

Hagen Schulze, Weimar. Deutschland 1917-1933, Berlin 1994, S. 425 f. (gekürzt)

---

1. Analysiere die Historikerurteile und stelle die genannten Argumente in einer Tabelle gegenüber (D2, D3). **H**
2. Erläutere die Argumente anhand deines historischen Kontextwissens (VT, D1-D3).
3. Gewichte die Argumente der Historiker mithilfe der „Beurteilungsleiter", die du unter dem Mediencode 31033-62 findest, und nimm Stellung zu der Frage, ob die Weimarer Republik zum Scheitern verurteilt war.

Die Weimarer Republik

Sachkompetenz

1. Schlüpfe in die Rolle einer Historikerin oder eines Historikers und verfasse mithilfe deines Experten-wissens eine „Kleine Geschichte der Weimarer Republik". Wähle dazu spannende Ereig-nisse und Materialien aus, die du bereits ausgewertet hast. Die Begriffskarten, die du unter dem Mediencode 31033-63 findest, helfen dir dabei. **H** 🌐

Methoden-kompetenz

2. Analysiere das Wahlplakat nach der auf S. 96 vorgestellten Methode. **H**

Q1 „Wir Arbeiter sind erwacht"
Plakat der NSDAP zur Reichstagswahl am 31. Juli 1932

3. Analysiere das Historikerurteil von Karl Dietrich Bracher (D1). Vergleiche seine Position mit den Positionen zum Scheitern der Weimarer Republik auf S. 115 im Buch. Beurteile anschließend, welchen Argumenten du am meisten zustimmen kannst, und begründe deine Position. Beschreibe dann die Fotografie von Walter Ballhause (Q2). Vergleiche den Zustand des Jahres 1932 mit Brachers Position.

Urteilskompetenz

D1 Die Auflösung der Weimarer Republik

Karl Dietrich Bracher zeigt in seinem Werk „Die Auflösung der Weimarer Republik" nicht nur die Schwächen der Republik auf:

Zu einfach wäre gewiss die Auffassung, die Weimarer Republik sei, wenn nicht sogleich, so doch auf lange Sicht zum Scheitern verurteilt gewesen, weil sie schwerwiegende Strukturfehler aufwies, die aus unvollendeten Revolutionen der starken Kontinuität vordemokratischer Elemente in Staat und Gesellschaft stammten.

5 Wider Erwarten wurde sogar das Krisenjahr 1923 mit seinen Katastrophenereignissen überstanden, die auch eine fester verwurzelte Demokratie hätte zu Fall bringen können. Aber das Hauptproblem war und blieb: Die deutsche Demokratie, als Ergebnis einer unerwarteten Niederlage empfunden, war und blieb alles andere als populär. Schon ein Jahr nach der Annahme der Verfassung, bei den ersten Reichstagswahlen von 1920, waren die sie tragenden Parteien in die Minderheit geraten. Es gab eine
10 zunehmende Unterstützung für die extremen Parteien der Linken und der Rechten, die die Republik erbittert bekämpften.

Karl Dietrich Bracher, Die Auflösung der Weimarer Republik, Stuttgart / Düsseldorf 1955

Q2 Arbeitslosenschlange im Hof des Arbeitsamtes Hannover
Fotografie von Walter Ballhause (Ausschnitt)

4. Z. B. in Zeiten wie der Corona-Krise, die politische, ökonomische und soziale Folgen mit sich bringt, wird diskutiert, inwiefern Krisenzeiten zur Schwächung der Demokratie beitragen (D2). Nehmt Stellung dazu.

Handlungskompetenz

D2 „Corona-Krise"

Matthias Quent schätzt in Zeiten der Verbreitung des Corona-Virus am 15. März 2020 extreme Krisenzeiten als „ultimative Niedergangsbeschleuniger" ein:

Corona ist eine Gefahr für die Gesundheit und die Wirtschaft – und auch für die Demokratie. Vor allem, weil nicht wenige Rechtsradikale in unseren Parlamenten auf die Gelegenheit warten, den Liberalismus anzugreifen und die Entsolidarisierung zwischen Menschen voranzutreiben.

Auszug zit. nach: www.zeit.de/politik/deutschland/2020-03/afd-rechtsradikale-coronavirus-verfassungsschutz-gefahr
[05.05.2021]

Wissen im Überblick: Unter dem Mediencode 31033-64 findest du eine Zusammenfassung des Kapitels in kleinen Kärtchen und einen Selbstdiagnosebogen, an dem du deine Kenntnisse überprüfen kannst.

4 | Das nationalsozialistische Herrschaftssystem

D1 Machtübertragung oder Machtergreifung?
Titelblatt der Zeitschrift „Der Spiegel", 2008

Ich vermute, mit „Hitlers Macht-ergreifung" ist auf diesem Cover nicht nur die Ernennung Hitlers zum Reichskanzler gemeint.

Ich frage mich, wie es den Natio-nalsozialisten gelungen ist, die Demokratie so vollständig zu zerstö-ren und eine Diktatur zu errichten.

Q1 Antisemitis-mus als Herr-schaftsprogramm
Foto aus Berlin vom 1. April 1933
Die jüdische Bevöl-kerung war bereits vor 1933 häufig mit antisemitischen Haltungen in der deutschen Gesell-schaft konfrontiert. Diese Tendenzen wurden von nun an durch den NS-Staat systematisch beför-dert.

Was ihr schon hier entdecken könnt:

1. Beschreibt die Collage auf dem Spiegel-Cover und erklärt die Überschrift „Der Anfang vom Unter-gang" (D1).
2. Die zeitgenössische Fotografie zeigt ein Beispiel für den antisemitischen Umgang mit der jüdischen Bevölkerung im „Dritten Reich". Tauscht euch über euer Vorwissen aus und sammelt Fragen, die ihr im Lauf des Kapitels beantworten wollt (Q1).
3. Schaut noch einmal zurück ins Kapitel 3 und erklärt, wie Hitler Reichskanzler wurde. Diskutiert, welcher Begriff angemessener ist: „Machtübertragung" oder „Machtergreifung"?
4. Verschafft euch mithilfe des kurzen Dokumentarfilms „Der Weg in die Diktatur", den ihr unter dem Mediencode 31033-65 findet, einen Überblick über die ersten Schritte der Errichtung der national-sozialistischen Herrschaft und vergleicht diese mit den Ergebnissen aus Aufgabe 3.

Leben im Nationalsozialismus

Am 30. Januar 1933 wurde Hitler zum Reichskanzler ernannt. In den folgenden Jahren errichteten die Nationalsozialisten eine grausame Diktatur, durch die Millionen Menschen ihr Leben verloren und an deren Ende ein noch verheerenderer Weltkrieg stand. Noch heute fragen sich viele Menschen, wie es überhaupt so weit kommen konnte und warum die überwiegende Mehrheit der Deutschen das Regime sogar aktiv unterstützte.

Eine wichtige Rolle dabei spielte das Herrschaftssystem der Nationalsozialisten. Sie errichteten einen sogenannten totalitären Staat. In diesem war das gesamte politische, gesellschaftliche und wirtschaftliche Leben auf die nationalsozialistische Ideologie ausgerichtet. Dabei folgten sie vor allem den Ideen, die Hitler in seinem Buch „Mein Kampf" formuliert hatte. In kurzer Zeit setzte die NSDAP die demokratischen Errungenschaften der Weimarer Republik außer Kraft. Sie schränkte Freiheiten ein und errichtete ein System der Unterdrückung, Überwachung und Beeinflussung. Viele Minderheiten, vor allem Juden, wurden entrechtet, verfolgt und später ermordet. Trotzdem waren weite Teile der Bevölkerung des Reiches von der Ideologie und Politik der Nationalsozialisten begeistert: Sie sprach viele Ängste der Bevölkerung an und schien die Wirtschaftskrise in Deutschland zu überwinden. Zudem hatten die Menschen das Gefühl, eine wichtige Rolle für ihr Volk zu spielen. In Organisationen wie der Hitler-Jugend wurden die Menschen außerdem gezielt auf den Nationalsozialismus eingeschworen.

In diesem Kapitel lernst du	
Sach-kompetenz	▶ wichtige Begriffe wie „Gleichschaltung", „Volksgemeinschaft", „Arisierung" und „Führergedanke" zu erklären
	▶ Merkmale des totalitären Staates und politische Folgen der nationalsozialistischen Ideologie zu erläutern
	▶ den Aufbau des totalitären Staates im Nationalsozialismus zu erläutern
	▶ die Gründe für die Zustimmung zum Nationalsozialismus zu erklären
	▶ die Unterdrückung, Verfolgung und Ausgrenzung bestimmter Bevölkerungsgruppen zu beschreiben
Methoden-kompetenz	▶ Diagramme auszuwerten und zu deuten
Urteils-kompetenz	▶ Stellung zur Verantwortung politischer Akteure für die Zerstörung der Weimarer Demokratie zu nehmen
	▶ die Rolle der Wirtschaftspolitik für Zustimmung oder Ablehnung zum Nationalsozialismus zu beurteilen
	▶ an Beispielen die Handlungsspielräume von Menschen unter den Bedingungen der Diktatur zu erörtern
Handlungs-kompetenz	▶ Bezüge zu „Hate Speech" und „Fake News" heutzutage herzustellen und ihre Gefahren zu beurteilen
	▶ zu weit verbreiteten Vorstellungen von angeblichen Erfolgen des NS-Regimes Stellung zu nehmen

Hitler verfasst in Haft in Landsberg den 1. Band von „Mein Kampf"

Niederschrift des 2. Bandes von „Mein Kampf"

1915   1920   1925

1. Mai 1919: Gründung der NSDAP

9. November 1923: Hitler-Putsch / Verbot der NSDAP

27. Februar 1925: Neugründung der NSDAP

Juli 1925: Veröffentlichung von „Mein Kampf", Band 1

4. Juli 1926: Gründung der Hitler-Jugend

Dezember 1926: Veröffentlichung von „Mein Kampf", Band 2

D1 Das Deutsche Reich 1933-1938

Map content — labels:

Kopenhagen, SCHWEDEN, LITAUEN, DÄNEMARK, Flensburg, Tilsit, Ostsee, Nordsee, Kiel, SCHLESWIG-HOLSTEIN, Stralsund, Kolberg, Gdingen (ab 1.9.1939) Danzig, DANZIG, Königsberg, OSTPREUSSEN, Wolfsschanze, Lübeck, Rostock, Wismar, POMMERN, Marienwerder, Allenstein, Wilhelmshaven, Bremerhaven, Hamburg, Schwerin, MECKLENBURG, Stettin, HAMBURG, Bremen, Strelitz, Bromberg, NIEDERLANDE, Oldenburg, Lüneburg, WESER-EMS, OST-HANNOVER, BERLIN, Berlin, Frankfurt, Posen, Amsterdam, Hannover, MAGDEBURG, Potsdam, Osnabrück, Braunschweig, KURMARK, Münster, Bielefeld, SÜD-HANNOVER, Magdeburg, Cottbus, WESTFALEN-NORD, Göttingen, Dessau, Essen, Bochum, HALLE-MERSEBURG, ESSEN, Halle, Leipzig, Breslau, WESTFALEN-SÜD, Kassel, Dresden, Görlitz, SCHLESIEN, POLEN, Düsseldorf, DÜSSELDORF, KUR-HESSEN, Weimar, Erfurt, Jena, Gera, SACHSEN, Oppeln, Tschenstochau, Aachen, Köln, Marburg, THÜRINGEN, Gleiwitz, KÖLN-AACHEN, Wetzlar, Gießen, Plauen, Kattowitz, Krakau, BELGIEN, Brüssel, HESSEN-NASSAU, Koblenz, Wiesbaden, Prag, KOBLENZ-TRIER, Mainz, Frankfurt, MAIN-FRANKEN, Bamberg, Bayreuth, Pilsen, TSCHECHOSLOWAKEI, Luxemburg, Trier, Darmstadt, Würzburg, FRANKEN, Nürnberg, Brünn, SAARPFALZ, Neustadt, Speyer, Regensburg, BAYERISCHE OSTMARK, Saarbrücken, Karlsruhe, Stuttgart, WÜRTTEMBERG-HOHENZOLLERN, Passau, Linz, Wien, FRANKREICH, Straßburg, Augsburg, SCHWABEN, München, MÜNCHEN-OBERBAYERN, ÖSTERREICH, Colmar, BADEN, Freiburg, Salzburg, Obersalzberg, Mülhausen, Konstanz, Berchtesgaden, SCHWEIZ, Basel, 0 100 km

Legende:
KURMARK Gaue
— Gaugrenzen
• Gauhauptstädte
--- Deutschland und Danzig in den Grenzen vom 31.7.1937
☐ „Führerhauptquartiere"

Globus: Hier bist du / Das siehst du auf der Karte

Was du hier schon erfährst:

1. Fasse in deinen eigenen Worten zentrale Elemente der nationalsozialistischen Herrschaftspraxis zusammen (VT).

2. Beschreibe die Grenzen des Deutschen Reiches von 1933 bis 1938 und seine politische Gliederung. Vergleiche diese anschließend mit der heutigen Bundesrepublik (D1).

3. Beschreibe die zeitgenössische Fotografie und erläutere ihre Wirkung (Q1). **H**

4. In unserem Grundgesetz sind Grundrechte festgeschrieben, die für alle Menschen gelten. Sie dürfen nicht verändert und nur für begrenzte Zeit (Bedrohungen des Staates durch Kriege oder Katastrophen wie zum Beispiel Seuchen) außer Kraft gesetzt werden. Informiere dich mithilfe des Mediencodes 31033-66 über das Grundgesetz und die Grundrechte und recherchiere, welche Maßnahmen dort vorgesehen sind, damit eine Diktatur wie 1933 heute nicht mehr entstehen kann. **MK**

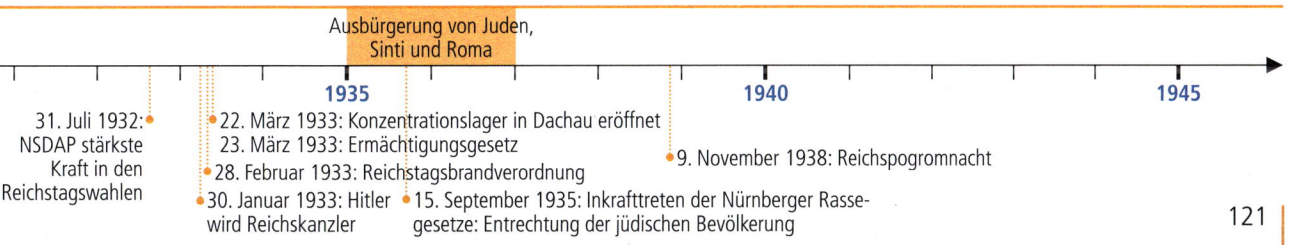

Zeitleiste:

Ausbürgerung von Juden, Sinti und Roma

1935 — 1940 — 1945

31. Juli 1932: NSDAP stärkste Kraft in den Reichstagswahlen

22. März 1933: Konzentrationslager in Dachau eröffnet
23. März 1933: Ermächtigungsgesetz
28. Februar 1933: Reichstagsbrandverordnung
30. Januar 1933: Hitler wird Reichskanzler
15. September 1935: Inkrafttreten der Nürnberger Rassegesetze: Entrechtung der jüdischen Bevölkerung
9. November 1938: Reichspogromnacht

Die nationalsozialistische Herrschaftssicherung

Das ist eine Sitzung im Reichstag? Jetzt ist die Demokratie vollständig zerstört.

Und wer sich nicht anpasst, wird terrorisiert?

Q1 Reichstagssitzung während der NS-Diktatur
Foto von 1935

Q2 Der Umgang mit politischen Gegnern
Foto aus dem KZ Dachau

Oppositionelle (wie Kommunisten) oder in der Ideologie verhasste Gruppen (neben Juden auch Sinti, Roma, Homosexuelle) wurden im Nationalsozialismus willkürlich verhaftet, in Konzentrationslager verschleppt und umgebracht.

Erklärvideo

Gestaltet ein Erklärvideo, in dem ihr erklärt, mit welchen Maßnahmen die Nationalsozialisten ihre Herrschaft sicherten. Beurteilt diese Maßnahmen in einem abschließenden Fazit am Ende eures Videos.

1 Bildet Gruppen mit jeweils 4-5 Personen.

2 Notiert auf der Grundlage von INFO 1-6 und Q1-Q7 sowie D1 und der Geschichtserzählung D2 in Einzelarbeit stichpunktartig, wie die Nationalsozialisten ihre Herrschaft sicherten.

3 Vergleicht eure Ergebnisse miteinander. Ergänzt fehlende Aspekte und klärt offene Fragen.

4 Recherchiert weitere Bilder und Informationen zum Thema. Ihr könnt auch eigene Bilder oder Darstellungen zeichnen.

5 Plant euer Erklärvideo, indem ihr ein Storyboard anlegt und die Vorgaben der Checkliste befolgt, die ihr unter dem Mediencode 31033-67 findet.

6 Filmt euer Erklärvideo mit einer Kamera und bearbeitet das Video. Prüft anschließend noch einmal mithilfe der Checkliste, ob ihr alles beachtet habt.

7 Präsentiert das Erklärvideo im Klassenraum und schaut euch die Videos der anderen Gruppen an. Gebt euch mithilfe des Evaluationsbogens, den ihr unter dem Mediencode 31033-68 findet, gegenseitig Feedback.

INFO 1 — Der Reichstagsbrand

Die Nationalsozialisten wollten die alleinige Macht erlangen. Um die Demokratie erst schrittweise und dann vollständig zu zerstören und einen **totalitären Staat** zu errichten, der alle Menschen in
5 dessen Dienst stellte, waren Änderungen an der Verfassung notwendig, für die eine Zweidrittelmehrheit im Parlament benötigt wurde. Diese sollte durch Neuwahlen am 5. März 1933 erreicht werden. Wenige Tage zuvor, am Abend des 27.
10 Februar, brannte das Reichstagsgebäude in Berlin. Die Polizei verhaftete den holländischen Kommunisten Marinus van der Lubbe. Dieser gestand die Tat. Bis heute wissen Historiker nicht genau, ob Marinus van der Lubbe ein Einzeltäter war, die
15 Nationalsozialisten nutzten aber die Gelegenheit, um gegen ihre Widersacher vorzugehen: Sie behaupteten, es bestünde die Gefahr eines Bürgerkrieges. Schon am nächsten Tag setzten sie die „Notverordnung zum Schutz von Volk und Staat"
20 durch. Offiziell sollte sie der „Abwehr kommunistischer staatsgefährdender Gewaltakte" dienen. Durch diese „Reichstagsbrandverordnung" wurden die wichtigsten Grundrechte der Weimarer Republik außer Kraft gesetzt.

INFO 2 — Das „Ermächtigungsgesetz"

In den Wahlen am 5. März erreichte die NSDAP (43,9 %) gemeinsam mit der rechtsnationalen DNVP (8 %) zwar eine Mehrheit im Parlament, die gewünschte Zweidrittelmehrheit wurde aber
5 deutlich verfehlt. Trotzdem legte die NS-Regierung am 23. März das „Gesetz zur Behebung der Not von Volk und Staat" vor. Dieses „Ermächtigungsgesetz" sah faktisch die Abschaffung der parlamentarischen Demokratie vor. Der NS-Regie-
10 rung sollte es nämlich erlaubt werden, Gesetze ohne Zustimmung des Reichstages zu verabschieden. Um für die Abstimmung nun doch die nötige Zweidrittelmehrheit zu haben, wurden die anderen Parteien im Vorfeld durch falsche Ver-
15 sprechungen und offene Drohungen gefügig gemacht. Die Kommunisten und Teile der SPD wurden komplett von der Abstimmung ausgeschlossen. Viele ihrer Abgeordneten waren zuvor sogar verfolgt und verhaftet worden.

Q5 Reaktion auf den Reichstagsbrand
Zeitschrift der Nationalsozialisten vom 1. März 1933

Q3 „Zum Schutz von Volk und Staat"

Einen Tag nach dem Reichstagsbrand setzen die Nationalsozialisten diese Notverordnung durch:
Die Artikel 114, 115, 117, 118, 123, 124 und 153 der Verfassung des Deutschen Reiches werden außer Kraft gesetzt. Es sind daher Beschränkungen der Freiheit, des Rechts der freien Meinungsäuße-
5 rung, einschließlich der Pressefreiheit, des Vereins- und Versammlungsrechts, Eingriffe in das Brief-, Post- Telegrafen- und Fernsprechgeheimnis, Anordnung von Hausdurchsuchungen und von Beschlagnahme sowie Beschränkungen des
10 Eigentums auch außerhalb der sonst hierfür bestimmten Grenzen zulässig.

Zit. nach: Walther Hofer (Hrsg.), Der Nationalsozialismus. Dokumente 1933-1945, Frankfurt a. M. ⁵⁰2011, S. 55

Q4 „Gesetz zur Behebung der Not von Volk und Reich"

Am 23. März 1933 nimmt der Reichstag mehrheitlich das „Ermächtigungsgesetz" an:
Art. 1: Reichsgesetze können außer in dem in der Reichsverfassung vorgesehenen Verfahren auch durch die Reichsregierung beschlossen werden.
Art. 2: Die von der Reichsregierung beschlosse-
5 nen Reichsgesetze können von der Reichsverfassung abweichen, soweit sie nicht die Einrichtung des Reichstages und des Reichsrates als solche zum Gegenstand haben.
Art. 4: Verträge des Reiches mit fremden Staaten,
10 die sich auf Gegenstände der Reichsgesetzgebung beziehen, bedürfen für die Dauer der Geltung dieser Gesetze nicht der Zustimmung der an der Gesetzgebung beteiligten Körperschaften.

Zit. nach: Walther Hofer (Hrsg.), Der Nationalsozialismus. Dokumente 1933-1945, Frankfurt a. M. ⁵⁰2011, S. 58 (gekürzt)

Totalitärer Staat
Undemokratische, diktatorische Staatsform

Norddeutsche Ausgabe / Ausgabe A · Ausgabe A / Norddeutsche Ausgabe
VÖLKISCHER BEOBACHTER

Das Maß ist voll!
Jetzt wird rücksichtslos durchgegriffen

Q6 Einmarsch von SA-Männern in den Reichstag
Foto vom 23. März 1933

Gleichschaltung
Maßnahmen personeller und ideologischer Durchdringung von Staat, Gesellschaft und Kultur

„arisch"
Begriff der NS-Rasseideologie, der in Abgrenzung zu als „minderwertig" verstandenen Völkern ein „höherwertiges" Volk beschrieb (die „Arier")

„völkisch"
Regimeübliches Vokabular der NS-Zeit, synonym zu „nationalsozialistisch" verwendet

Q7 Wer darf Lehrer werden?
Das badische Kultusministerium verfügt 1934:

1. Als Lehrer der Grund- und Hauptschulen darf nur berufen werden, wer […]die Gewähr dafür bietet, dass er jederzeit rückhaltlos für die deutsche Volksgemeinschaft und den nationalsozia-
5 listischen Staat eintritt.
2. Wer nicht arischer Abstammung oder mit einer Person nicht arischer Abstammung verheiratet ist, darf nicht als Lehrer berufen werden. Lehrer, die mit einer Person nicht arischer Ab-
10 stammung die Ehe eingehen, sind zu entlassen.

Amtsblatt des badischen Ministeriums des Kultus, des Unterrichts und der Justiz, 1934, Nr. 3 (gekürzt)

INFO 3 Der Begriff „Gleichschaltung"
Die Nationalsozialisten wollten das gesamte politische und gesellschaftliche Leben nach ihrem Willen ausrichten und kontrollieren: Alle Lebensbereiche, Menschen und Organisationen wie Parteien,
5 Verbände, Institutionen, Vereine und Medien wurden auf die Ziele des Nationalsozialismus ausgerichtet (**Gleichschaltung**). Meinungsvielfalt oder gar Widerstand sollte es nicht mehr geben.

INFO 4 Gleichschaltungsmaßnahmen
Mit einem Gesetz am 31. März 1933 verloren die Länderparlamente ihre Eigenständigkeit. Sie wurden nach dem Ergebnis der Reichstagswahl vom 5. März umgebildet. Dies machte die NSDAP in al-
5 len Ländern zur stärksten Partei. Ein „Reichsstatthalter" der NSDAP kontrollierte von nun an alle Behörden und Einrichtungen der Länder und Gemeinden. Außerdem wurden alle Hoheitsrechte der Länder auf das Reich übertragen. In Städten
10 und Gemeinden wurden unliebsame Bürgermeister durch Nationalsozialisten ersetzt. Noch im ersten Halbjahr 1933 wurden dann sogar alle anderen Parteien verboten oder zur Auflösung gezwungen. Dadurch wurde die NSDAP im Sommer
15 1933 zur einzig zugelassenen Partei. Auch freie Gewerkschaften und Arbeitgeberverbände wurden zwangsweise aufgelöst.
In der Kultur verfügte das „Schriftleitergesetz" im Oktober 1933, dass Schriftsteller (Redakteure,
20 Journalisten, etc.) dem NS-Staat loyal gegenüberstehen, vor allem aber **„arisch"** sein müssten: Das bedeutete, dass sie der in der NS-Ideologie bevorzugten hellhäutigen „nordischen Rasse" angehö-
25 ren und von „Blutsreinheit" sein mussten. Veröffentlicht werden sollte nur noch, was die Nationalsozialisten absegneten. Kunst durfte fortan nur noch **„völkisch"**, also von einem ras-
30 sistisch-nationalen Grundgedanken, und „deutsch" sein. Alles andere wurde verboten. Alle Deutschen sollten nationalsozialistischen Organisationen beitreten. So sollten sie auf Linie mit
35 der NS-Ideologie gebracht werden.

D1 Gesetze zur „Gleichschaltung"

Datum	Titel des Gesetzes	Bestimmungen
04.02.1933	Verordnung zum Schutz des Volkes	Einschränkung der Presse- und Versammlungsfreiheit
28.02.1933	Verordnung zum Schutz von Volk und Staat	Einschränkung der Grundrechte (persönliche Freiheit, freie Meinungsäußerung, Briefgeheimnis)
31.03.1933	Gesetz zur Gleichschaltung der Länder mit dem Reich	Auflösung der Landtage und kommunalen Selbstverwaltungsorgane
07.04.1933	Gesetz zur Wiederherstellung des Berufsbeamtentums	Entlassung jüdischer und politisch andersdenkender Beamter
14.07.1933	Gesetz gegen die Neubildung von Parteien	Nur die NSDAP ist als politische Partei zugelassen
01.12.1933	Gesetz zur Sicherung der Einheit von Partei und Staat	Die NSDAP wird zur „Trägerin des deutschen Staatsgedankens" erklärt und mit dem Staat verbunden
14.02.1934	Gesetz über die Aufhebung des Reichsrates	Die Vertretung der Länder beim Reich wird aufgelöst
01.08.1934	Gesetz über das Staatsoberhaupt des Deutschen Reiches	Die Ämter des Reichspräsidenten und des Reichskanzlers werden vereinigt

INFO 5 Terror als Mittel der Politik

Für die Nationalsozialisten waren Einschüchterung und Terror ein normales Mittel der Politik. Im ganzen Land schürten sie Angst und Gewalt. Politische Gegner und Andersdenkende wurden rück-
5 sichtslos verfolgt und verhaftet. Viele wurden in den Gefängnissen misshandelt und gefoltert. Unter ihnen befanden sich u.a. Kommunisten, Sozialdemokraten, Gewerkschafter oder Angehörige von Minderheiten. Durchgeführt wurden diese
10 Terrormaßnahmen vor allem von Mitgliedern der SA und SS.

INFO 6 Konzentrationslager und Gestapo

Bald reichten die normalen Gefängnisse nicht mehr aus, um alle Gefangenen unterzubringen. Die Nationalsozialisten errichteten deshalb sogenannte **Konzentrationslager**. Das erste „KZ"
5 wurde 1933 in Dachau bei München errichtet. Es wurde – wie später auch die anderen Lager – zum Symbol für Folter und Mord.
Um politische Gegner noch wirksamer zu bekämpfen, schufen die Nationalsozialisten die **Ge-**
10 **heime Staatspolizei** („Gestapo"). Sie sollte alle Menschen aufspüren und verfolgen, die auch nur im Verdacht standen, „Staatsfeinde" und somit gegen den Nationalsozialismus zu sein. Die Gestapo entwickelte sich somit zu einem der wichtigs-
15 ten Überwachungs-, Unterdrückungs- und Terrorinstrumente des nationalsozialistischen Regimes. Da die Gestapo weitreichende Machtbefugnisse hatte und keinerlei richterliche Nachprüfungen benötigte, konnte sie vollkommen willkürlich han-
20 deln. Gestapo-Beamte durften Aussagen von Häftlingen und Geständnisse auch durch Folter erwirken, Menschen in „Schutzhaft" nehmen und in Konzentrationslager bringen. Der Gestapo gelang keine lückenlose Überwachung. Sie profitier-
25 te aber vom Klima der Einschüchterung und bewirkte Denunziationen (Anschwärzungen oder Verleumdungen) der Bürgerinnen und Bürger durch ihre Mitmenschen. Dies geschah oftmals auf bloßen Verdacht hin.

Q8 Zeitzeugenbericht über den Terror

Die Berlinerin Frau Wilczoch berichtet über die Folter ihres Mannes, Paul Wilczoch im Jahr 1933:
Nach drei Tagen und zwei Nächten kam mein Mann zurück. Als ich ihn sah, fiel ich vor Schreck fast um. Er war entsetzlich zugerichtet. Die Haare waren herausgeschnitten oder gerissen, und er
5 war mit Heftpflaster verklebt. Mit brennenden Fackeln hatte man ihm ins Gesicht geschlagen. Er konnte noch sprechen und erzählte mir, dass man ihm heißen Teer auf die Wunden gegossen hatte. Schon als ich meinen Mann ins Kranken-
10 haus brachte, war mir vom Arzt gesagt worden, dass Lebensgefahr bestand. Mein Mann hatte mich nicht zum Arzt gehen lassen wollen, weil die SA gedroht hatte, dass sie dies verhindern würde. Sogar das Pflegepersonal hat vor Mitleid
15 geweint. Seine inneren Organe waren völlig verletzt. Er ist am 30. Juni 1933 gestorben.

Zit. nach: Gedenkstätte Deutscher Widerstand (Hrsg.), Widerstand in Köpenick und Treptow. Schriftenreihe über den Widerstand in Berlin von 1933 bis 1945, Bd. 9, Berlin 2010, S. 31 (gekürzt)

D2 Von der Gestapo verschleppt

Berlin 1935: Seit Tagen sucht die Trödelhändlerin Agnes ihren Lebensgefährten Bruno. Er zählt mit seinem „Klumpfuß" für die Nationalsozialisten nicht als „richtiger Mensch".
Agnes steht in der Tür, als es schon dämmrig wird. Sie sinkt auf den Küchenstuhl. „Ick bin von Pontius zu Pilatus", sagt sie tonlos. „Erst uff'm Revier. Denn bei de Bereitschaft. Die ha'm mich
5 zur Kripo jeschickt. Kripo! Als wenn Bruno 'n Janove wär. Überall endlos jewartet. Keener hat 'ne Ahnung. Zum Schluss bin ick bei Blockwart Blaschke. Weeßte, was der mir sagt?" Sie senkt die Stimme. „Ick soll's doch mal im Columbia-
10 haus versuchen. Gestapo, verstehste. Morjen jeh ick da hin, da kannste Jift druff nehm. Ick lass Bruno nich im Stich. Machste mir mal 'n Kaffe, Meechen?" Agnes gießt den Kaffee durchs Sieb ein. „Willst du nicht deine Jacke ausziehen,
15 Großmutter?", frage ich. Sie schüttelt den Kopf. „Mir is kalt bis sonst wo", sagt sie. Schließt ihre Hände um die Tasse und sieht vor sich hin. „Gestapo ... Bruno hat keenem wat jetan. Keener Flieje."

Waldtraut Lewin, Ein Haus in Berlin - 1935 - Paulas Katze, Ravensburg 2014, S. 143 - 144 (gekürzt)

Konzentrationslager („KZ")
Massenlager der Nationalsozialisten, zunächst für politische Gegner, später im Sinne der NS-Rassenpolitik zur Ausbeutung und Vernichtung angeblich „minderwertiger" Volksgruppen

Geheime Staatspolizei („Gestapo")
Politische Geheimpolizei in Deutschland 1933 - 1945

Die nationalsozialistische Weltanschauung

Ob man vorhersehen konnte, dass die Nationalsozialisten Massenmorde begehen und den Zweiten Weltkrieg beginnen würden?

Ich glaube, in ihrer Weltanschauung finden sich zumindest viele Hinweise darauf. Schau dir mal das Plakat und Hitlers frühere Schriften an.

Holocaust / Shoah
Völkermord an der jüdischen Bevölkerung Europas

„Volksgemeinschaft"
Propagandabegriff, der eine homogene Gesellschaft beschwor

Führergedanke
Vorstellung, dass nur eine Person, der Führer, das alleinige Sagen im Land und der Gesellschaft haben dürfe

Q1 Antisemitismus in Hitlers Worten
Ausstellungsplakat „Der ewige Jude", 1937/38

Q2 Hitlers Lebensraumideologie
Nur ein genügend großer Raum auf dieser Erde sichert einem Volke die Freiheit des Daseins. Die nationalsozialistische Bewegung muss versuchen, das Missverhältnis zwischen unserer
5 Volkszahl und der Bodenfläche zu beseitigen. Deutschland wird entweder Weltmacht oder gar nichts sein.

Adolf Hitler, Mein Kampf: Eine kritische Edition, hrsg. von Christian Hartmann, München / Berlin ³2016, Bd. 2, S. 1631, 1639 und 1657 (gekürzt)

Die Bedeutung von „Mein Kampf"

In „Mein Kampf" formulierte Hitler wichtige Grundpfeiler der nationalsozialistischen Weltanschauung. Es handelte sich um Vorstellungen und
5 Meinungen, die in der Gesellschaft weit verbreitet waren. Die zentralen Ideen waren Folgende:

Die Rassenlehre

Die Nationalsozialisten behaupteten, es gebe von Natur aus unterschiedlich starke und wertvolle
10 Menschenrassen, unter denen ein „Kampf ums Dasein" herrsche. Sie rechtfertigten die menschenverachtenden Ansichten durch falsche Schlüsse aus Theorien der Biologie. Vor allem Charles Darwins Lehre vom Überlebenskampf der Arten im
15 Tierreich wurde verfälscht auf die menschliche Gesellschaft übertragen. Die Nationalsozialisten sahen an der Spitze der Menschheit eine „Herrenrasse", die „Arier", die in ihrer Ideologie das Recht hätte, schwächere und weniger wertvolle Rassen
20 zu beherrschen und zu vernichten.

Antisemitismus in neuer Form

Als minderwertigste Rasse galten in diesem Weltbild Juden, verbunden mit dem Vorwurf, die Welt-

herrschaft an sich reißen und die „arische Rasse"
25 zerstören zu wollen. „Jüdisch" meinte also nicht die Religion, sondern eine Eigenschaft des „Blutes". Juden wurden für politische, soziale und wirtschaftliche Probleme verantwortlich gemacht. Oft stand dahinter der bloße Neid auf erfolgreiche
30 jüdische Mitbürger:innen. Dieser Antisemitismus war nichts grundlegend Neues: Von früheren Judenverfolgungen und Diskriminierung weißt du bereits. Der Rasse-Gedanke aber gab dem „modernen" Antisemitismus die Form, die zum Geno-
35 zid an den Juden (**Holocaust / Shoah**) führte.

Die „Lebensraum"-Ideologie

Das rassistische Weltbild und der Anspruch, die überlegene Rasse zu sein, mündete in der Vorstellung vom notwendigen Kampf um neuen „Le-
40 bensraum": Die Nationalsozialisten waren der Ansicht, das deutsche Volk besitze zu wenig Raum („Volk ohne Raum"). Daher müssten neue Siedlungsgebiete beschafft werden – auch mit Gewalt.

„Volksgemeinschaft" und Führergedanke

45 „Du bist nichts, dein Volk ist alles": In Reden, Schriften und Handlungen beschworen die Nationalsozialisten die **„Volksgemeinschaft"** ohne Klassen- und Standesunterschiede. Zu ihr gehörten jedoch nur „Arier", da die Nationalsozialisten
50 an ein Volk mit einem homogenen „Rassekern" glaubten. Teil der hierarchischen und antidemokratischen Weltanschauung war auch, dass nur ihre Anhänger zu dieser Gemeinschaft gehören durften. An der Spitze der Gesellschaft stand ein
55 „Führer", der die alleinige Befehlsgewalt haben sollte (**Führergedanke**).

Q3 Hitler zur Rassenlehre

In „Mein Kampf" schreibt Hitler 1923:

[Unsere Weltanschauung] glaubt keineswegs an eine Gleichheit der Rassen, und fühlt sich verpflichtet, den Sieg des Besseren, Stärkeren zu fördern, die Unterordnung des Schlechteren und
5 Schwächeren zu verlangen. Damit entspricht die Weltanschauung dem innersten Wollen der Natur, da sie jenes freie Spiel der Kräfte wiederherstellt, das zu einer dauernden Höherzüchtung führen muss, bis endlich dem besten Menschentum durch den erworbenen Besitz dieser Erde freie Bahn gegeben wird.
10

Adolf Hitler, Mein Kampf: Eine kritische Edition, hrsg. von Christian Hartmann, München / Berlin ³2016, Bd. 2, S. 981 und 983 (gekürzt)

Q4 Hitlers Blick auf Juden H

Über seine Auffassung zu Juden schreibt Hitler:

Damit aber fehlen dem Juden jene Eigenschaften, die schöpferisch und damit kulturell begnadete Rassen auszeichnen. Er ist und bleibt der typische Parasit, ein Schmarotzer[1], der wie ein
5 schädlicher Bazillus sich immer mehr ausbreitet, sowie nur ein günstiger Nährboden dazu einlädt. Wo er auftritt, stirbt das Wirtsvolk nach kürzerer oder längerer Zeit ab. Der Jude war immer ein Volk mit bestimmten rassischen Eigenschaften und niemals Religion.
10

Adolf Hitler, Mein Kampf: Eine kritische Edition, hrsg. von Christian Hartmann, München / Berlin ³2016, Bd. 1, S. 785, 793 und 795 f. (gekürzt)

Q5 Hitler zur „Volksgemeinschaft"

Rede vom 30. Januar 1939 vor dem Reichstag:

Die disziplinierte und zu Gehorsam erzogene Volksgemeinschaft ist in der Lage, Kräfte zu mobilisieren, die einer leichteren Behauptung der Existenz der Völker zugutekommen und die da-
5 mit der erfolgreichen Vertretung der Interessen aller dienen. Eine solche Gemeinschaft ist allerdings primär nicht durch den Zwang einer Gewalt zu schaffen, sondern durch die zwingende Gewalt einer Idee und damit durch die Anstrengungen einer andauernden Erziehung.
10

Zit. nach: http://germanhistorydocs.ghi-dc.org/docpage.cfm? docpage_id=2914&language=german [10.02.2021]

Q6 „Jud Süß"

Propagandaplakat zum Spielfilm von 1940

Der Film wurde vom Reichspropagandaministerium in Auftrag gegeben und verdreht die Geschichte der historischen Figur Joseph Süß Oppenheimer in antisemitischer Weise. Bis 1943 sahen über 20 Millionen Menschen den Film. In Deutschland darf er bis heute nicht öffentlich vorgeführt werden.

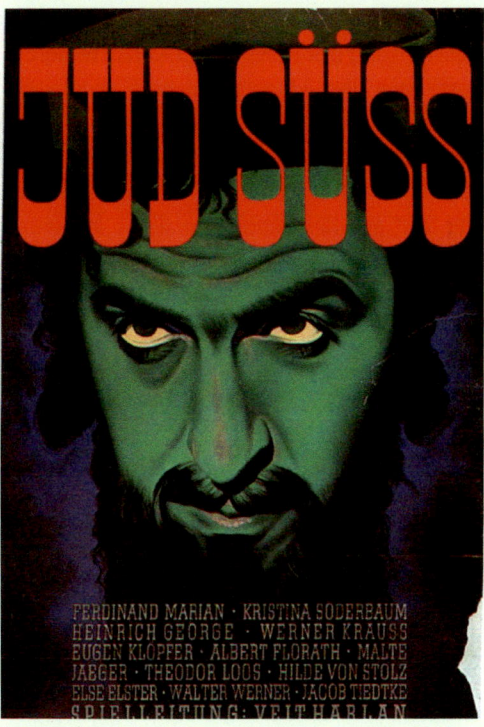

Unter dem Mediencode 31033-69 findest du einen History-Clip zu den NS-Vorstellungen der „Volksgemeinschaft" und dem Führerkult.

Unter dem Mediencode 31033-70 findest du weitere Informationen zur NS-Ideologie mit einem Auszug aus einem Geschichtsbuch von 1941 und weitere, kritisch kommentierte Auszüge aus „Mein Kampf".

[1] Als Parasit und Schmarotzer bezeichnet man kleine Lebewesen, die sich von einem großen Lebewesen (dem „Wirt") ernähren und oft Krankheiten übertragen können, z.B. Zecken, Flöhe, Mücken, etc.

---

1. Erklärt in Partnerarbeit die Begriffe „Rassenlehre", „Antisemitismus", „Lebensraum", „Volksgemeinschaft" und „Führergedanke". Haltet eure Ergebnisse schriftlich in euren Heften fest (VT).
2. Erläutere und belege anhand der Quellen die Kennzeichen der NS-Weltanschauung (VT, Q1-Q6).
3. Widerlege die verschiedenen Aspekte der NS-Weltanschauung (Q3, Q4). H
4. „Faschismus ist keine Meinung, sondern ein Verbrechen". Nimm aus heutiger Perspektive Stellung. H
5. Beurteile, inwieweit sich in der NS-Weltanschauung bereits Hinweise auf die spätere Verfolgung und Vernichtung von Menschen und die Entfesselung eines Krieges finden lassen (VT, Q1-Q6).

Propaganda im Nationalsozialismus

Q1 Das Ziel von Propaganda

Propagandaminister Goebbels sagt am 15.3.1933:

Wir wollen die Menschen so lange bearbeiten, bis sie uns verfallen sind. Denn Propaganda ist nicht Selbstzweck, sondern Mittel zum Zweck.

Joseph Goebbels, Revolution der Deutschen. 14 Jahre Nationalsozialismus, Oldenburg 1933, S. 135 - 50 (gekürzt)

 Klingt nach gezielter Manipulation der Massen …

 Und durch solche Inszenierungen haben sie den Eindruck erweckt, man müsse ihnen zustimmen!

Die Bedeutung von Propaganda

Die Nationalsozialisten verwendeten massenhaft Propaganda: In allen Medien, in inszenierten (Massen-)Veranstaltungen sowie in allen künstleri-
5 schen Bereichen wurden das Weltbild und die Politik des Regimes verherrlicht. Ziel war es, die Menschen im nationalsozialistischen Sinne zu beeinflussen und die Herrschaft weiter zu sichern.

Abschaffung der Presse- und Kunstfreiheit

10 Kurz nach der Machtübernahme wurde das „Reichsministerium für Volksaufklärung und Propaganda" unter **Joseph Goebbels** gegründet: Es sollte Presse, Rundfunk und Kunst überwachen und im Sinne der Nationalsozialisten lenken. Es
15 durften nur noch Zeitungen, Nachrichten, Filme, Musik, Theaterstücke oder andere künstlerische Arbeiten veröffentlicht werden, denen das Ministerium zustimmte – alle anderen wurden verboten. Kunst und Musik, die nicht ins Weltbild der
20 Nationalsozialisten passte, wurde als „unnatürlich" gebrandmarkt (**„entartete Kunst"**). Bücher jüdischer, kommunistischer oder oppositioneller Schriftsteller:innen wurden in groß inszenierten **Bücherverbrennungen** öffentlich vernichtet.

Die Rolle der „neuen Medien"

25 Um die Propaganda noch wirkungsvoller zu verbreiten, nutzte das NS-Regime gezielt zwei Medien, die damals noch neu waren: Radio und Film. Diese waren in der Bevölkerung besonders populär und vermittelten über Ton bzw. Bild Stimmun-
30 gen und Gefühle. Da sich nur wenige Menschen ein Radio leisten konnten, brachten die Nationalsozialisten den besonders günstigen „Volksempfänger" in Umlauf. So konnte eine breite Masse
35 erreicht werden. Zahlreiche propagandistische Unterhaltungsfilme und hetzerische Dokumentationen schienen im Kino pseudo-wissenschaftlich[1]

 Unter dem Mediencode 31033 - 71 siehst du in einem History-Clip, wie die Nationalsozialisten Propaganda betrieben. Dort findest du auch weitere Informationen und Materialien zur NS-Filmindustrie und -Kulturpolitik.

„entartete Kunst"
Abwertender NS-Begriff für die Kunst der Moderne. Als „artgerechte" deutsche Kunst galten u. a. der Realismus und die Darstellung deutscher Heldentaten.

Bücherverbrennungen
Symbolträchtige Vernichtung von Büchern politisch missliebiger sowie jüdischer Autoren

[1] Lehren, die scheinbar wissenschaftlich sind, aber Ansprüche an Wissenschaftlichkeit wie Nachprüfbarkeit nicht erfüllen

Q2 Reichsparteitag in Nürnberg
Foto von 1934

Die Reichsparteitage der NSDAP waren eine Propaganda-Show mit bis zu einer Million Menschen. Aufmärsche, Reden, Licht- und Musikeffekte inszenierten die Macht des Regimes, mit Hitler im Mittelpunkt – hier beim „Hitlergruß".

Fachwissen zu bieten. Vor dem Hauptfilm lief eine „Wochenschau", die mit manipulierten Nachrich-
40 ten die Zuschauer zusätzlich beeinflussen sollte.

Merkmale der NS-Propaganda

Rassentheorie, Hass auf Juden, Volksgemeinschaft, Führerkult, Krieg und Heldentod oder auch deutsche Heimat und Geschichte waren die wichtigs-
45 ten Inhalte der NS-Propaganda. Um die Aussagen einprägsam zu gestalten und auch ungebildete Bevölkerungsschichten anzusprechen, wurden im alltäglichen Gebrauch immer wieder dieselben Symbole, Schlagworte oder einfachen Parolen wieder-
50 holt. Gleichzeitig gab das Propagandaministerium unter Goebbels Spielfilme wie „Jud Süß" in Auftrag, die die Hassbotschaften des Nationalsozialismus transportierten und Millionen Menschen erreichten. Emotionsgeladene und falsche Botschaf-
55 ten schürten Wut, Hass und Empörung.

Q3 „Volksaufklärung" und Propaganda

Auszüge aus Goebbels' Rede vom 15.3.1933:

Wir haben ein Ministerium für Volksaufklärung und Propaganda begründet. Diese beiden Begriffe drücken nicht dasselbe aus. Volksaufklärung ist im Wesen etwas Passives, Propaganda dage-
5 gen etwas Aktives. Wir können uns nicht damit begnügen, dem Volk zu sagen, was wir wollen und Aufklärung darüber geben, wie wir es machen. Wir müssen dieser Aufklärung vielmehr eine Regierungspropaganda zur Seite stellen, eine
10 Propaganda, die darauf abzielt, Menschen zu ge-
winnen. Es genügt nicht, die Menschen mit unserem Regiment mehr oder weniger auszusöhnen, sie zu bewegen uns neutral gegenüberzustehen. Wir wollen die Menschen so lange
15 bearbeiten, bis sie uns verfallen sind, bis sie auch ideenmäßig einsehen, dass das, was sich heute in Deutschland abspielt, nicht nur hingenommen werden muss, sondern auch hingenommen werden kann.

Zit. nach: Wolfgang Michalka, Deutsche Geschichte 1933-1945. Dokumente zur Innen- und Außenpolitik, Frankfurt a. M. ²1996, S. 78-79 (gekürzt)

Unter dem Mediencode 31033-72 kannst du dir Goebbels' Rede anhören.

Q4 Werbung für den „Volksempfänger"

Werbeplakat von 1936

1933 besaßen 25 % aller Haushalte Rundfunkgeräte, 1941 waren es 65 %.

Q5 Kampagne „Entartete Kunst"

Ausstellungsbroschüre von 1939, Cover

Die Ausstellung war Teil einer Verfolgungskampagne gegen jüdische und andere „nicht-arische" Künstler und ihre Musik. Ihre Werke wurden als „entartet" gebrandmarkt. Das Titelblatt spielt auf den Jazz an, der als „Negermusik" verunglimpft wurde. Der Davidstern, das Symbol für das religiöse Judentum, stigmatisiert in doppelter Hinsicht.

---

1. Nenne Ziele und Mittel der nationalsozialistischen Propaganda in eigenen Worten (VT).
2. Nenne die Argumente, die Goebbels für den Einsatz von Propaganda anführt (Q1, Q3).
3. Untersuche ein Propagandamaterial deiner Wahl auf Aussageabsicht und Wirkung (Q4, Q5). **H**
4. Beurteile, wie viel die Propaganda zur Machtsicherung der Nationalsozialisten beitrug (Q1-Q5, VT).
5. Einige Historiker:innen sehen Parallelen zwischen der NS-Propaganda und heutigen „Fake News". Recherchiere mithilfe des Mediencodes 31033-73 im Internet Gemeinsamkeiten und Unterschiede. Diskutiert im Team, welche Gefahr heute von „Fake News" ausgeht. **MK**
6. Verfasse ein Referat zu Gustave Le Bons Bestseller „Psychologie der Massen" von 1895 (siehe Mediencode 31033-74). Stelle Bezüge zum Einsatz der Propaganda durch die Nationalsozialisten her.

Über Hate Speech kommunizieren

Q1 **Antijüdische Propaganda**
Nationalsozialistisches Hetzblatt „Der Stürmer", Nr. 17, April 1935

Haben die aber damals schlecht über andere geredet!

Solche Kommentare sind doch heute auch gang und gäbe – schau mal zum Beispiel auf TikTok, Twitter oder so …

D1 **Hate Speech im Internet heute**
Fiktiver TikTok-Post

 Anonymus ✓ Anonymus · 2009-06-24
Deutsche wehrt euch! Gegen **Islamisierung** und Überfremdung!: Kommt zur Demonstration nach Düsseldorf!

Boykott und Hetze gegen Juden war Teil der NS-Propaganda und Ideologie. Hass gegen Menschen oder Gruppen ist aber auch ein aktuelles Thema. In den sozialen Netzwerken kann jeder seine Meinung veröffentlichen. Das fällt unter die Meinungsfreiheit, die das Grundgesetz garantiert. Oft findet man im Internet aber Kommentare, Posts oder Artikel, die sich gegen bestimmte Gruppen oder auch einzelne Personen richten. Diese sogenannte Hate Speech („Hassrede") ist nicht erlaubt, da sie eine Beleidigung der Betroffenen darstellt, und das Internet ist kein rechtsfreier Raum.

Schritt für Schritt:
In der Gruppe recherchieren und digital austauschen

1. Eine gemeinsame Plattform einrichten
   a) Überlegt euch, welche Plattform ihr für den Austausch und die Diskussion nutzen wollt. **Tipp**: Sie sollte kostenfrei sein und eine parallele Bearbeitung zulassen.
   b) Richtet eure Plattform ein: Überlegt euch eine Überschrift. Zu welchen Themen möchtet ihr recherchieren?

2. Informationen recherchieren und zusammentragen
   a) Einigt euch, wer zu welchem Unterpunkt recherchiert. **Tipp**: Ihr könnt dafür eine Chatfunktion benutzen.
   b) Recherchiert auf seriösen Webseiten zu eurem Thema.
   c) Tragt eure Ergebnisse auf der Plattform zusammen.

3. Die Informationssuche und Kooperation beurteilen
   a) Lest alle Beiträge und prüft offene Fragen.
   b) Beurteilt eure gemeinsame Recherche und die zusammengetragenen Ergebnisse.

So könnte eure Recherche und euer Austausch aussehen:

1. So könnt ihr eure Zusammenarbeit planen:
Richtet z. B. bei ZUMPad unter dem Mediencode 31033-75 🌐 eine Seite für eure Gruppe ein. Legt fest, mit welchen Punkten zu Hate Speech ihr euch auseinandersetzen möchtet. Das könnte so aussehen (D2):

Hate Speech
1. *Definition*
2. *Besonders betroffene Gruppen / Personen*
3. *Beispiele*
4. *Gesetzeslage*

2. So kannst du auf seriösen Internetseiten recherchieren:
Gib Suchbegriffe wie „Hate Speech" und „Definition" in eine Suchmaschine ein. Prüfe die Webseiten, auf denen du recherchierst, auf Seriosität, indem du im Impressum nachliest, wer für die Seite verantwortlich ist. **Tipp**: Das Impressum findest du meistens ganz unten auf der Webseite. **Achtung**: Überprüfe unsichere Informationen mithilfe einer weiteren Recherche (D3).
Trage deine Ergebnisse auf ZUMPad ein. Lies auch die Ergebnisse der anderen Gruppenmitglieder und nutze die Chatfunktion bei Rückfragen oder um Tipps zu geben.

3. So kannst du eure Zusammenarbeit beurteilen:
Überprüfe, ob ihr zu allen Punkten Informationen gefunden habt, und diskutiert Unstimmigkeiten im Gruppenchat. Fasse zusammen, was du gelernt hast. Das kann z. B. so aussehen:
- *Ich habe gelernt, dass Hate Speech bedeutet, dass …*
- *Besonders betroffen von Hate Speech im Netz sind z. B. …*
- *Hate Speech ist nicht erlaubt. Gesetze gegen Beleidigungen und Hetze sind z. B. …*

D2 ZUMPad zur Kooperation und Kommunikation nutzen

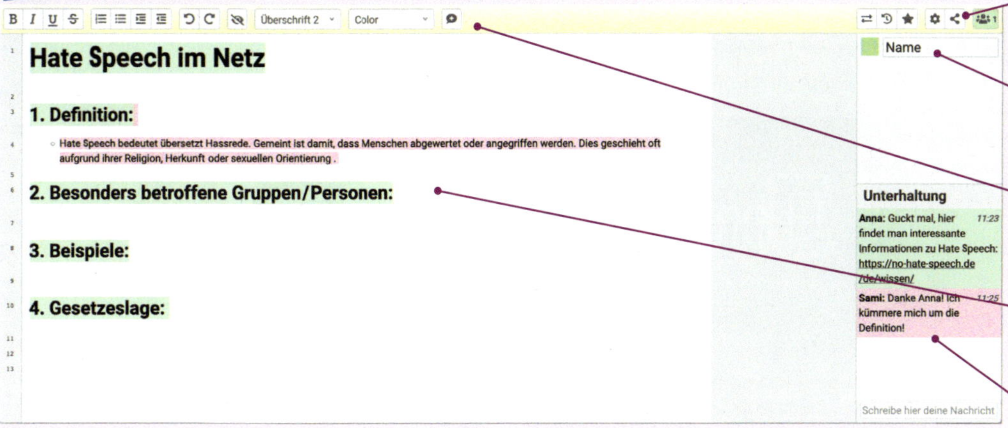

Hate Speech im Netz

1. Definition:

- Hate Speech bedeutet übersetzt Hassrede. Gemeint ist damit, dass Menschen abgewertet oder angegriffen werden. Dies geschieht oft aufgrund ihrer Religion, Herkunft oder sexuellen Orientierung.

2. Besonders betroffene Gruppen/Personen:

3. Beispiele:

4. Gesetzeslage:

Name

Unterhaltung

Anna: Guckt mal, hier findet man interessante Informationen zu Hate Speech: https://no-hate-speech.de/de/wissen/ — 11:23

Sami: Danke Anna! Ich kümmere mich um die Definition! — 11:25

Schreibe hier deine Nachricht

> Klicke auf „Teilen", um den Link zu erfahren, der zu deinem ZUMPad führt.

> Gib deinen Namen ein, damit die Gruppe weiß, wer du bist.

> Hier findest du die Einstellungen für Schrift, Farben und Formatierung.

> Du kannst parallel und in Echtzeit gemeinsam mit deiner Gruppe Ergebnisse zusammentragen.

> Im Chat kannst du dich mit deiner Gruppe austauschen.

D3 Informationen recherchieren und überprüfen

Screenshot der Internetseite „No Hate Speech.de"

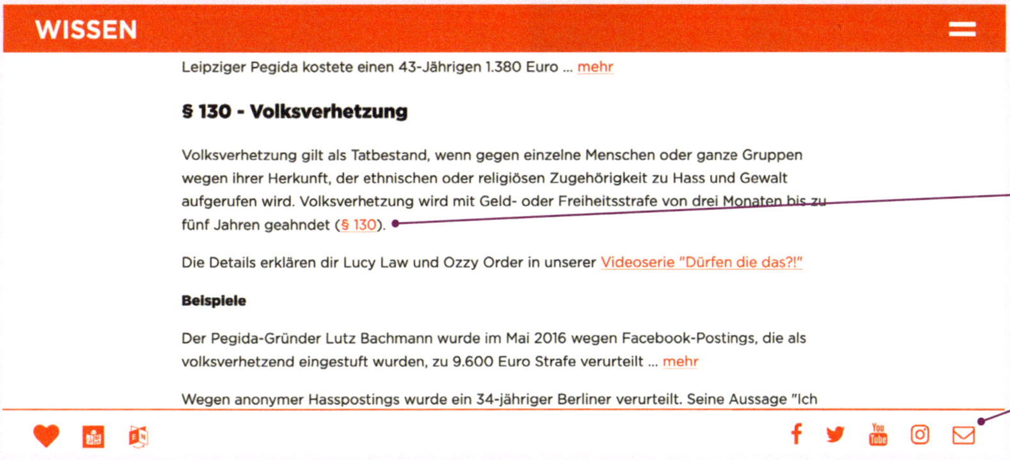

WISSEN

Leipziger Pegida kostete einen 43-Jährigen 1.380 Euro ... mehr

§ 130 - Volksverhetzung

Volksverhetzung gilt als Tatbestand, wenn gegen einzelne Menschen oder ganze Gruppen wegen ihrer Herkunft, der ethnischen oder religiösen Zugehörigkeit zu Hass und Gewalt aufgerufen wird. Volksverhetzung wird mit Geld- oder Freiheitsstrafe von drei Monaten bis zu fünf Jahren geahndet (§ 130).

Die Details erklären dir Lucy Law und Ozzy Order in unserer Videoserie "Dürfen die das?!"

Beispiele

Der Pegida-Gründer Lutz Bachmann wurde im Mai 2016 wegen Facebook-Postings, die als volksverhetzend eingestuft wurden, zu 9.600 Euro Strafe verurteilt ... mehr

Wegen anonymer Hasspostings wurde ein 34-jähriger Berliner verurteilt. Seine Aussage "Ich

> Informationen wie z. B. Gesetzesparagrafen solltest du noch einmal auf ihre Aktualität und Gültigkeit überprüfen. Gib dafür z. B. §130 in einer Suchmaschine deiner Wahl ein.

> Unter „Kontaktdaten" findest du Informationen über die Verantwortlichen der Webseite.

Unter dem Mediencode 31033-76 kannst du die Informationen der Seite „No Hate Speech. de" nachlesen.

Jetzt bist du dran: Über Hate Speech kommunizieren

1. Plant in Partner- oder Gruppenarbeit eure digitale Recherche und Kooperation zum Thema Hate Speech mithilfe einer Plattform eurer Wahl (z. B. ZUMPad).
2. Teilt euch in Gruppen auf. Recherchiert auf seriösen Webseiten in jeder Gruppe eine der folgenden Informationen: Definition, besonders betroffene Gruppen/Personen, Beispiele und die Gesetzeslage. **H**
3. Fasse zusammen, was du über Hate Speech gelernt hast, und nimm Stellung, ob die Gruppenarbeit dabei hilfreich war.
4. Untersuche Hate Speech im Netz heute unter Bezugnahme auf den Sprachgebrauch der NS-Zeit. Erkläre, welche Rolle das Internet bei der Verbreitung von Hate Speech spielt.
5. Formuliert Ideen, was ihr tun könnt, wenn euch im Internet Hate Speech begegnet. Tipp: Recherchiert auch im Internet, welche Möglichkeiten es gibt, dagegen aktiv zu werden.

Jugend im Nationalsozialismus

Q1 Des „Führers" Eigentum
Plakat der Reichsjugendführung von 1940

Das ist ja so, als hätte Hitler das Mädchen zu seinem Eigentum erklärt.

Wollte Hitler die Jugendlichen etwa lebenslang in sein System zwingen?

Q2 Ein Leben für den „Führer"
Hitler über die Jugend:
Und sie werden nicht mehr frei ihr ganzes Leben ...
Rede Adolf Hitlers vom 2. Dezember 1938

teuer-Versprechen und Gemeinschaftsgefühl sie
25 begeisterten.

Andere Jugendverbände wurden bis 1938 nach und nach verboten. Kritische Eltern standen unter einem enormen Druck, ihre Kinder bei den NS-Organisationen anzumelden.

30 HJ und BDM

Jungen sollten ab dem 10. Lebensjahr dem „Deutschen Jungvolk" beitreten. Schon beim Eintritt mussten sie dem „Führer" Liebe und Treue schwören. Mit 14 Jahren wechselten sie dann in die
35 „Hitler-Jugend" (HJ), wo sie nach der Schule und in den Ferien politisch und militärisch ausgebildet wurden. Zeltlager und Fahrten begeisterten den Großteil, doch der Zweck, den diese Ausbildung zu erfüllen hatte, war ein ernster: Die jun-
40 gen Männer sollten zu kampffähigen Soldaten herangezogen und auf den Wehrdienst vorbereitet werden. Deshalb standen Gelände-, Orientierungs- und Gepäckmärsche ebenso auf der Tagesordnung wie brutale Kampfspiele.
45 Mädchen konnten sich als Zehnjährige den „Jungmädeln" anschließen. Im Alter zwischen 14 und 18 Jahren kamen sie dann in den **„Bund Deutscher Mädel" (BDM)**, wo viel Sport getrieben wurde, damit sie später gesunde Kinder auf die
50 Welt bringen würden. Außerdem erlernten sie hauswirtschaftliche Fertigkeiten wie Handarbeit und Säuglingspflege, die sie auf ihre Rolle als Hausfrau und Mutter vorbereiten sollten.

Schule und Erziehung in der NS-Zeit

Der NSDAP war es sehr wichtig, die Heranwachsenden für sich zu gewinnen, denn die jungen Menschen sollten die Zukunft des NS-Staates si-
5 chern und gestalten.

Deshalb stand der Lehrplan unter dem Einfluss der Nationalsozialisten: Die Sportstunden wurden ausgeweitet. Hitler wollte die Jugendlichen durch Erziehung „hart wie Kruppstahl, zäh wie Leder,
10 flink wie Windhunde" machen. In Deutsch und Geschichte wurden militärische Erfolge und heldenhafte Taten thematisiert, die in Mathematik gestellten Textaufgaben schürten den Antisemitismus und im Biologieunterricht wurde zum Beispiel
15 „Rassenkunde" gelehrt.

Die sogenannte **Formationserziehung** fand aber auch außerhalb der Schule statt. Die Idee war, die Kinder und Jugendlichen Elternhaus und kirchlichen Gruppen zu entziehen, um so größeren Ein-
20 fluss auf sie ausüben zu können. Viele schlossen sich den Jugendorganisationen des NS-Regimes freiwillig an, weil gemeinsame Spiele und Sport mit Gleichaltrigen jenseits des Elternhauses, Aben-

„Rassenkunde"
Schulfach der NS-Zeit auf Grundlage der Behauptung vor allem von zwei Rassen: „Arier" und „Juden"

Formationserziehung
Die von staatlichen Vereinen/Organisationen durchgeführte und der NS-Ideologie untergeordnete Erziehung in der NS-Zeit

„Hitler-Jugend" (HJ)
Jugendorganisation für Jungen ab 14 Jahren

„Bund Deutscher Mädel" (BDM)
Jugendorganisation für Mädchen ab 14 Jahren

Q3 „Stark und schön will ich meine Jugend"

Adolf Hitler erläutert seine Vorstellung davon, wie er sich die Jugendlichen vorstellt:

Meine Pädagogik ist hart. Das Schwache muss weggehämmert werden. In meinen Ordensburgen wird eine Jugend heranwachsen, vor der sich die Welt erschrecken wird. Eine gewalttätige,
5 herrische, unerschrockene, grausame Jugend will ich. Jugend muss das alles sein. Schmerzen muss sie ertragen.

Es darf nichts Schwaches und Zärtliches an ihr sein. Das freie, herrliche Raubtier muss erst wie-
10 der aus ihren Augen blitzen. Stark und schön will ich meine Jugend. Ich werde sie in allen Leibesübungen ausbilden lassen. Ich will eine athletische Jugend. Das ist das Erste und Wichtigste. So merze ich die Tausende von Jahren der
15 menschlichen Domestikation aus. So habe ich das reine, edle Material der Natur vor mir. So kann ich das Neue schaffen. Ich will keine intellektuelle Erziehung. Mit Wissen verderbe ich mir die Jugend. Am liebsten ließe ich sie nur das ler-
20 nen, was sie ihrem Spieltriebe folgend sich freiwillig aneignen. Aber Beherrschung müssen sie lernen. Sie sollen mir in den schwierigsten Proben die Todesfurcht besiegen lernen.

Zit. nach: Hermann Rauschning, Gespräche mit Hitler, in: Walther Hofer (Hrsg.), Der Nationalsozialismus. Dokumente 1933 - 1945, Frankfurt a. M. ⁵2011, S. 88 (gekürzt)

Q4 Morgenappell in der Schule
Zeitgenössische Fotografie

Gegrüßt wurde in der Schule mit dem Hitlergruß. Hitlerbilder und Hakenkreuzfahnen „schmückten" die Unterrichtsräume. Die NS-Rituale wie Fahnenappelle sollten die Treue zu Führer und Vaterland verdeutlichen.

Q5 Weg zum ergebenen Volksgenossen

Dieser Eintrag von Hellmut Räuber (*1925) aus Leipzig von März 2011 stammt dem Biografie-Wettbewerb „Was für ein Leben!":

Genauso wie die Nazis das ganze zivile Leben durchsetzt und gleichgeschaltet hatten, unterwarfen sie auch die Jugend ihrem Zwangssystem. Kinderschar – Jungvolk – Hitler-Jugend – Partei-
5 genosse (PG), so sollte die Stufenleiter zum ergebenen Volksgenossen werden. In diese Reihenfolge wurde man im wahrsten Sinne des Wortes gepresst, auch wenn die Organisationen in einigen Fällen andere Namen hatten.

Zit. nach: www.dhm.de/lemo/zeitzeugen/dr-hellmut-raeuber-der-griff-nach-der-jugend-im-dritten-reich.html [30.03.2021]

1. Nenne Gründe dafür, dass viele Jugendliche begeistert an den NS-Jugendorganisationen teilnahmen (VT, Q1, Q4, Q5).
2. Erkläre, was Hitler mit dem Zitat „Und sie werden nicht mehr frei sein ihr ganzes Leben ..." ausdrücken wollte (Q2). Gehe auch darauf ein, aus welchen Gründen die Jugendlichen nicht zum kritischen Denken angeregt werden sollten (VT, Q2, Q3, Q5).
3. Beurteile die „Formationserziehung" des NS-Staates und bewerte dies aus deiner heutigen Perspektive (VT, Q1-Q5). Der Mediencode 31033-77 hilft dir dabei. ⊕
4. Informiere dich im Internet über heutige Organisationen für Jugendliche. Beurteile, inwieweit sie sich von den NS-Organisationen unterscheiden. ⌐MK⌐

Nationalsozialistische Wirtschaftspolitik

D1 **Entwicklung der Arbeitslosigkeit im Deutschen Reich zwischen 1933 und 1939**

Arbeitslose in Prozent der abhängigen Erwerbstätigen

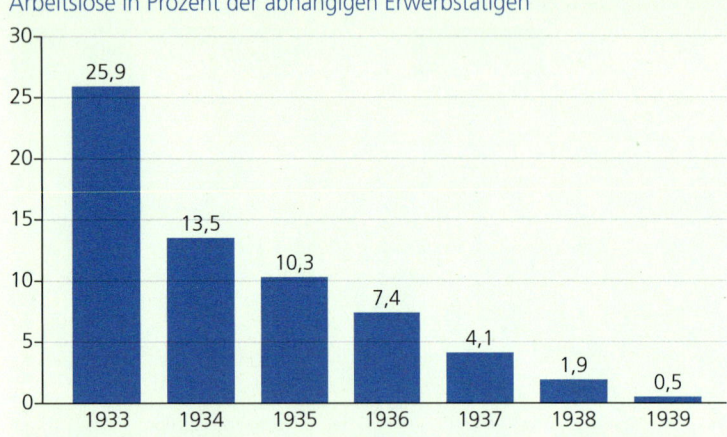

Säulendiagramm nach: Dietmar Petzina, Werner Abelshauser und Anselm Faust, Sozialgeschichtliches Arbeitsbuch, Bd. 3, München 1978, S. 119

Sieht so aus, als wäre die Wirtschaftspolitik der Nationalsozialisten ein Erfolg gewesen. Die Arbeitslosenzahlen gingen zurück.

Ich kann mir nicht vorstellen, dass die irgendwas Positives geschafft haben. Wenn da der Schein mal nicht trügt …

„Es war nicht alles schlecht"?

„Es war nicht alles schlecht unter Hitler." Diese unreflektierte Aussage hört man noch heute von Menschen, die sich nicht ausreichend mit der Ge-
5 schichte beschäftigt haben. Als Beispiel wird die angeblich erfolgreiche Wirtschaftspolitik der Nationalsozialisten genannt. Die deutsche Wirtschaft hätte sich von der Weltwirtschaftskrise erholt, die Menschen wieder Arbeit gefunden. Die Statistik
10 scheint dies zu bestätigen. Wenn wir genauer hinschauen, sehen wir aber, dass etwas ganz Anderes hinter diesen Zahlen steckte.

Die Nationalsozialisten profitieren

Im Laufe der 1930er-Jahre gab es einen weltwei-
15 ten wirtschaftlichen Aufschwung. Die Arbeitslosigkeit sank auch in anderen Industrieländern. In Deutschland deutete sich dies schon 1932 an – vor der Machtübernahme der Nationalsozialisten. Die NS-Regierung profitierte zusätzlich von Maß-
20 nahmen, die schon in der Weimarer Republik eingeleitet worden waren. Diese stabilisierten die Wirtschaft und schufen Arbeitsplätze. Weitere Beschäftigungsprogramme wie der verpflichtende **Reichsarbeitsdienst**, der 1935 eingeführt wurde
25 („Reichsarbeitsdienstgesetz"), setzten den Trend fort und holten Arbeitslose aus der Statistik heraus, bedeuteten aber keine dauerhaft entlohnte Beschäftigung.

Auch die Autobahnen, die in großem Stil gebaut
30 wurden, waren keine neue Erfindung: Die erste ging bereits 1932 in Betrieb. Obwohl ihr Bau nur wenig zur sinkenden Arbeitslosigkeit beitrug, wurde er von der NS-Propaganda als großer Erfolg verkauft. Die Statistik beschönigte die Arbeitslo-
35 senzahlen: Sie zählte Frauen, die sich nur noch um Haushalt und Kinder kümmern sollten, nicht mit, ebenso wenig Arbeiter in den Beschäftigungsprogrammen oder junge Männer, die ihren **Wehrdienst** in der **Wehrmacht** ableisteten.

Schulden für die Aufrüstung

40 Um die Wirtschaft weiter zu stärken, gab das NS-Regime viel mehr Geld aus, als es durch Steuern einnahm – es finanzierte Arbeitsbeschaffungsmaßnahmen, Infrastrukturprojekte und Sozialleis-
45 tungen. Vor allem aber investierte es Unmengen in die massive Aufrüstung des Reiches. In der **Rüstungsindustrie** entstanden die meisten Arbeitsplätze. Schon nach wenigen Jahren hatte die Regierung einen riesigen Schuldenberg angehäuft,
50 und das Reich stand kurz vor dem Staatsbankrott.

Aufrüstung zum Krieg

Alle wirtschaftlichen Maßnahmen dienten nur einem Ziel: der Vorbereitung auf einen Krieg. Die Nationalsozialisten hofften, den Staatsbankrott
55 durch Kriegsbeute und Eroberungen großer Gebiete abzuwenden. Mit dem „Vierjahresplan" erhielt die Rüstungsindustrie 1936 einen weiteren Schub: Binnen vier Jahren sollten Wehrmacht und Wirtschaft kriegsfähig sein. Das Reich sollte mög-
60 lichst bald eine Selbstversorgung bei Rohstoffen und Industriegütern erreichen.

Reichsarbeitsdienst
Pflichtdienst von sechs Monaten für Männer (ab 1935) und Frauen (ab 1939) zwischen 18 und 25 Jahren in Straßenbau, Rüstungsindustrie oder Landwirtschaft

Wehrdienst
Wiedereinführung der Wehrpflicht ab 18 Jahren (1935)

Wehrmacht
Gesamtheit der Streitkräfte im „Dritten Reich"

Rüstungsindustrie
Industriezweig, der Waffen/Munition produziert

Mehr zur NS-Wirtschaftspolitik und zum „Mythos Autobahn" erfährst du unter dem Mediencode 31033-78.

Q1 Hitlers Haltung zu den Staatsfinanzen

Finanzminister Lutz Graf Schwerin von Krosigk berichtet über die Grundhaltung Hitlers bezüglich des Staatsbankrotts:

Bei den Vorträgen, die ich Hitler in Etatangelegenheiten zu halten hatte, stieß ich auf eine merkwürdige Befangenheit. Sie stammte wohl daher, dass er allen finanziellen Fragen eine aus-
5 gesprochene Abneigung gegenüberbrachte. Seine Unsicherheit verbarg er hinter langen Monologen, durch die er den Augenblick, in dem über unangenehme Dinge gesprochen wurde, möglichst weit hinausschob. Anfänglich zeigte er
10 noch ein gewisses Verständnis dafür, dass man mit öffentlichen Geldern sparsam umgehen müsse. Aber er sagte mir auch sehr bald, es sei zwar meine Pflicht, Warnungen zu äußern, doch werde er seine Pläne nie an Mangel an Geld
15 scheitern lassen. Als es ihm später immer unangenehmer wurde, sich von Warnern unbequeme Wahrheiten sagen zu lassen, ließ er sie nicht mehr vor oder ließ sie nicht mehr zu Wort kommen.

Zit. nach: Lutz Graf Schwerin von Krosigk, Staatsbankrott.
Die Geschichte in der Finanzpolitik des Deutschen Reiches
von 1920-1945, Göttingen 1974, S. 189 f. (gekürzt)

D2 Entwicklung der jährlichen Staatsausgaben und Staatsverschuldung

Angaben in Mrd. Reichsmark für die Jahre 1933-1938

Daten nach: Udo Sautter (Hrsg.), Deutsche Geschichte seit 1815:
Daten, Fakten, Dokumente, Bd. 1, Tübingen 2004, S. 157 und 198

Q2 Arbeiter an der Baustelle der Autobahn München-Salzburg

Propagandafoto vom 21. März 1934

Der Bau der Reichsautobahn wurde von den Nationalsozialisten groß in Szene gesetzt. Zu einem Auftritt Hitlers hatte das Regime tausende Arbeiter mit geschulterten Spaten antreten lassen, die dem „Führer" zujubeln sollten. Reporter aus dem ganzen Land berichteten. Das Ereignis wurde propagandistisch als Beginn der „Arbeitsschlacht" gegen die Arbeitslosigkeit dargestellt.

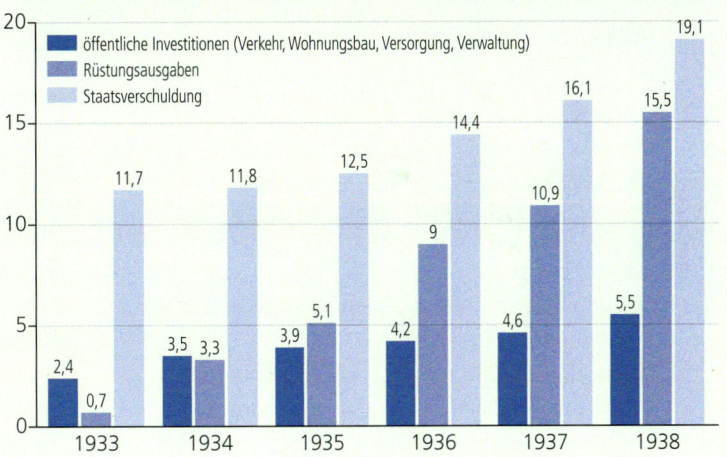

öffentliche Investitionen (Verkehr, Wohnungsbau, Versorgung, Verwaltung)
Rüstungsausgaben
Staatsverschuldung

Jahr	öffentliche Investitionen	Rüstungsausgaben	Staatsverschuldung
1933	2,4	0,7	11,7
1934	3,5	3,3	11,8
1935	3,9	5,1	12,5
1936	4,2	9	14,4
1937	4,6	10,9	16,1
1938	5,5	15,5	19,1

---

1. Fasse zusammen, warum die Arbeitslosigkeit in Deutschland sank und welches Ziel die Nationalsozialisten mit ihrer Wirtschaftspolitik verfolgten (D1, VT).
2. Erkläre, wie die Nationalsozialisten den Autobahnbau für ihre Propaganda nutzten (Q2, VT),
3. Untersuche die Statistik zur Entwicklung der Staatsausgaben und erläutere die finanziellen Folgen der Wirtschaftspolitik der Nationalsozialisten (D2, VT).
4. Charakterisiere Hitlers Haltung zu finanzpolitischen Fragen (Q1).
5. Auch heute noch sind manche Menschen der Ansicht, die Wirtschaftspolitik der Nationalsozialisten sei ein Erfolg gewesen. Nimm begründet Stellung zu dieser Auffassung (VT, D1, D2).
6. Recherchiere, welche im Grundgesetz verankerte Bestimmung aus dem Jahr 2009 unseren Politikern heute verbieten würde, eine ähnlich unheilsame Finanzpolitik wie Hitler zu betreiben. **H**

Diagramme untersuchen

Statistische Daten zur Geschichte werden nicht nur in Tabellenform dargestellt, sondern oft auch in Form von Diagrammen. Diese kennst du auch aus anderen Unterrichtsfächern und den Medien: Kreisdiagramme („Tortendiagramme"), Linien- oder Kurvendiagramme sowie Säulen- und Balkendiagramme. Diagramme vermitteln wichtige und verlässliche Informationen, sind aber keine Quellen, sondern Darstellungen, also Zusammenfassungen und Deutungen von Quellen unterschiedlicher Herkunft. Sie können Veränderungen, Trends und Tendenzen faktengestützt aufzeigen, aber die Wahrnehmung des Betrachters auch bewusst in eine bestimmte Richtung lenken. Deshalb kann es sein, dass sie auch einzelne Punkte ausblenden. Wenn sie aus einer seriösen Quelle wie dem Wissenschaftsbetrieb einer Universität stammen, darfst du ihnen trotzdem trauen – solltest aber möglichst verschiedene Diagramme vergleichen oder dir überlegen, welche Aspekte ein solches Diagramm nicht abbilden kann.

Schritt für Schritt:
Diagramme untersuchen

1. **Beschreiben**
   a) Was ist das Thema des Diagramms/der Diagramme?
   b) Welche Art von Diagramm wird verwendet? Welche anderen Elemente der Darstellung enthält es?
   c) Welche Werte und Zeitabläufe werden dargestellt?
   d) Gibt es Hinweise auf die Quellen der Daten?

2. **Untersuchen**
   a) Welche Werte sind dem Diagramm/den Diagrammen zu entnehmen?
   b) Welche Werte sind am höchsten/am niedrigsten?
   c) Welche regelmäßigen Entwicklungen (Trends und Tendenzen) werden deutlich?
   d) Welche Unterschiede zu einem Zeitpunkt oder welche Veränderungen lassen sich feststellen?

3. **Deuten**
   a) Welche Erkenntnisse über die dargestellten historischen Ereignisse und Entwicklungen lassen sich gewinnen?
   b) Welche Bezüge zwischen diesen Erkenntnissen und dem historischen Kontext lassen sich herstellen?
   c) Welche wichtigen Aspekte des historischen Kontextes blendet die Darstellung aus?
   d) Werden die thematisierten Sachverhalte durch die Auswahl von Daten (und die Auslassung anderer) oder durch die optische Darstellung verkürzt oder verfälscht?

So könnte deine Untersuchung eines Diagramms am Beispiel einer Wahlstatistik aussehen:

1. **Beschreiben**
Die Säulendiagramme stellen die Wahlergebnisse der einzelnen Parteien im März 1933 sowie deren Gewinne und Verluste im Vergleich zu den Wahlen im November 1932 dar. Die Werte sind in Prozentzahlen angegeben. Die Parteien sind durch Abkürzungen und verschiedene Farben der Säulen gekennzeichnet, die Bezeichnung „Sonstige" wird in einer Fußnote aufgeschlüsselt. Quelle der Daten ist das Statistische Jahrbuch des Jahres 1933 (S. 539).

2. **Untersuchen**
Nach dem vorliegenden Diagramm erreichte die NSDAP bei den Reichstagswahlen im März 1933 mit 43,9 % den höchsten prozentualen Stimmenanteil und den höchsten Stimmenzuwachs (10,8 %) im gesamten Parteienspektrum im Vergleich zu den Novemberwahlen 1932. Die SPD erzielte als zweitstärkste Fraktion 18,3 %, Zentrum und Bayerische Volkspartei zusammen 14 %, die KPD 12,3 %, die KSWR (= DNVP) 8,0 %, andere Parteien zusammen 3,5 %. Alle Parteien außer der NSDAP hatten weniger Stimmen als im November 1932. Den höchsten Stimmenverlust erlebte die KPD (−4,6 %), gefolgt von der SPD (−2,1 %), den „Sonstigen" (−1,8 %), Zentrum/BVP (−1 %) und DVP (−0,8 %).

3. **Deuten**
Bei den Wahlen im März 1933 waren noch mehrere Parteien zugelassen, Deutschland war noch keine Diktatur. Das rechte Lager (NSDAP und DNVP) hatte insgesamt einen Stimmenanteil von 51,9 %, damit eine parlamentarische Mehrheit und einen Zuwachs an Macht. Die größeren demokratischen Parteien (SPD, Zentrum/BVP) hatten eher geringe Stimmenverluste, insgesamt zusammen aber deutlich weniger Stimmen als die NSDAP.
Die Diagramme zeigen den Erfolg der NSDAP nach der Ernennung Hitlers zum Reichskanzler am 30. Januar 1933. Die Zahlen zeigen aber auch, dass mehr als die Hälfte der Deutschen diese Partei nicht unterstützte oder ablehnte. Dass KPD- und SPD-Anhänger auf der Grundlage der „Reichstagsbrandverordnung" verfolgt und eingeschüchtert wurden und eigentlich keinen richtigen Wahlkampf betreiben konnten, zeigt das Diagramm nicht. Wir wissen, dass die Nationalsozialisten sich nicht mit diesem Wahlergebnis zufriedengaben. Um dem Reichstag die Macht vollständig zu nehmen, legte ihm die Regierung am 23. März das „Ermächtigungsgesetz" vor, dem er auch zustimmte.

Diese Diagramme sind bestimmt nicht gefaked. Hier kann man sich übersichtlich über die wichtigsten Fakten informieren.

Die Zahlen werden schon stimmen. Aber in der Art der Darstellung steckt immer auch eine Botschaft.

D1 Ergebnisse der Reichstagswahlen im März 1933 im Vergleich zum November 1932

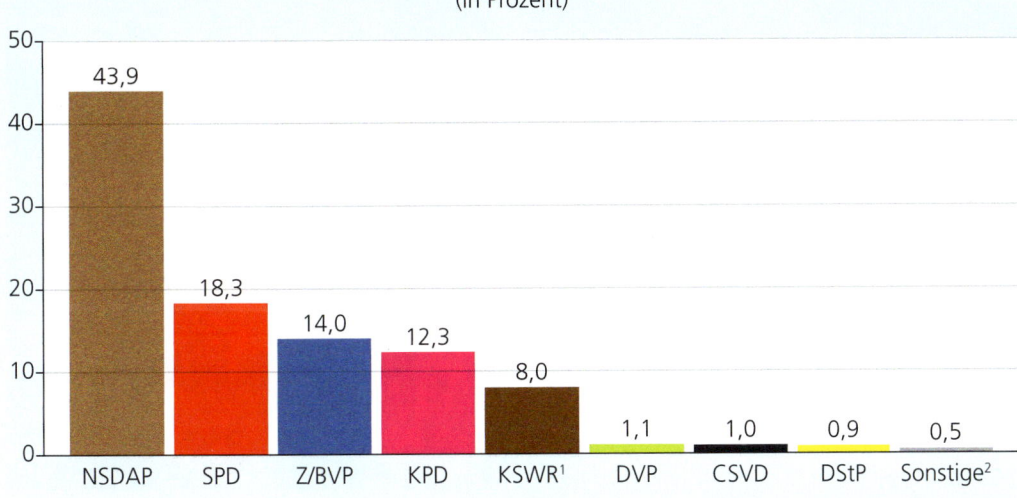

Reichstagswahl März 1933
(in Prozent)

43,9 — NSDAP
18,3 — SPD
14,0 — Z/BVP
12,3 — KPD
8,0 — KSWR[1]
1,1 — DVP
1,0 — CSVD
0,9 — DStP
0,5 — Sonstige[2]

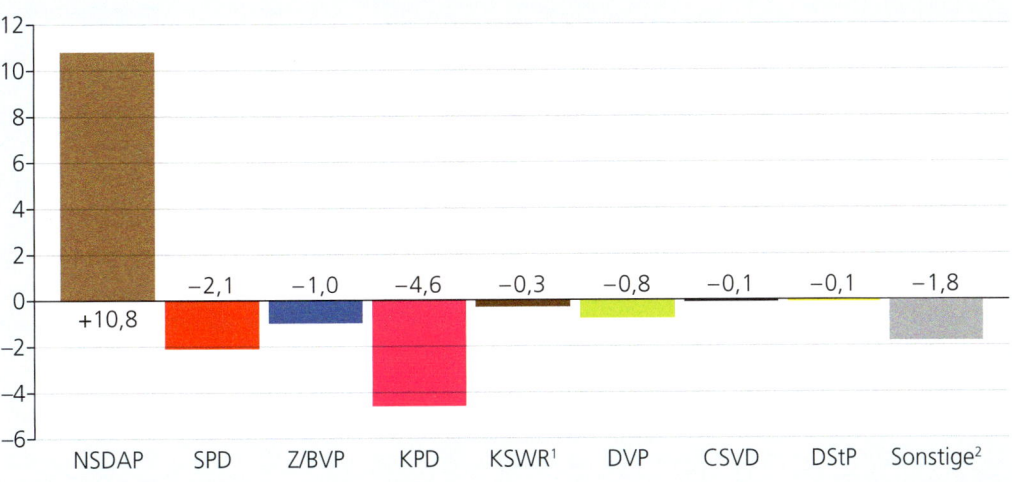

Gewinne und Verluste
im Vergleich zu November 1932

+10,8 — NSDAP
−2,1 — SPD
−1,0 — Z/BVP
−4,6 — KPD
−0,3 — KSWR[1]
−0,8 — DVP
−0,1 — CSVD
−0,1 — DStP
−1,8 — Sonstige[2]

[1] 1932 als DNVP angetreten
[2] Davon DBP 0,3 % (je −0,1 %), Landbund 0,2 % (−0,3 %), alle übrigen Parteien −1,4 %

nach dem Statistischen Jahrbuch 1939, S. 539

Jetzt bist du dran: Diagramme untersuchen

Anhand des Diagramms D2 zur Entwicklung der Staatsausgaben und der Staatsverschuldung unter den Nationalsozialisten auf S. 135 kannst du nun selbst üben, ein Diagramm zur Wirtschaftspolitik der Nationalsozialisten auszuwerten. Wende die Arbeitsschritte in der Reihenfolge an, wie sie auf dieser Seite vorgeführt werden. Die Formulierungshilfen auf S. 207 helfen dir dabei. **H**

Zustimmung und Anpassung

Die Menschen sind ja richtig begeistert zu Hitler gepilgert.

Und wenn einzelne Menschen von den Nazis terrorisiert wurden, haben die anderen zugesehen oder sogar gejubelt.

Q1 Begeisterte Anhänger

Propagandafoto von Heinrich Hoffmann, 1936

Hitlers Hauptquartier am Obersalzberg wurde zu einem Wallfahrtsort.

Q2 „Am Pranger": Zustimmung statt öffentlichem Widerspruch

Foto aus Marburg vom 24. August 1933

Die SA führt einen jüdischen Studenten vor.

„Gefälligkeitsdiktatur" und „sozialer Volksstaat"?

Bis heute stellt sich die Frage, warum so viele Deutsche Hitler folgten. Die Antwort auf diese
5 Frage fällt vielschichtig aus: die vermeintlichen „Erfolge", die „Heimat", die viele der durch Krieg und Krisen entwurzelten Menschen im Nationalsozialismus zu finden glaubten, aber auch die Verheißung von neuer nationaler Größe. Sicherlich ist
10 aber auch der Unterdrückungsapparat des NS-Regimes zu betonen, der, durch Propaganda unterstützt, zumindest die öffentliche Zustimmung erzwungen hat.

Zudem hat die geschichtswissenschaftliche Erfor-
15 schung des Nationalsozialismus gezeigt, wie geschickt vonseiten der NS-Führung daran gearbeitet wurde, sich die Zustimmung der Deutschen zur Diktatur zu „erkaufen" („Gefälligkeitsdiktatur" oder „Zustimmungsdiktatur"): Hitler und sei-
20 ne Gefolgsleute hätten sich die Zustimmung der Bevölkerung durch soziale Wohltaten gesichert und einen „sozialen Volksstaat" begründet. So sorgte beispielsweise die Organisation „Kraft durch Freude" (KdF) für Theatervorstellungen,
25 Konzerte und Urlaubsfahrten zu erschwinglichen Preisen. Während solcher Fahrten fanden politische Schulungen im Sinne des Nationalsozialismus statt.

Zustimmung und Zwang

30 Auf diese Weise wurden einerseits die materiellen und emotionalen Bedürfnisse der Menschen berücksichtigt, andererseits taten Einschüchterung und Terror ihren Dienst. Wirksam wurden Gewaltmaßnahmen vor allem dadurch, dass der selektiv
35 eingesetzte Terror in erster Linie diejenigen Menschen im Staat betraf, denen ein Großteil der Bevölkerung misstrauisch gegenüberstand. Die nationalsozialistische Propaganda traf darüber hinaus aber auch ganz ohne Zwang auf großen Rückhalt:
40 Antisemitismus, Führergedanke und „Volksgemeinschaft" waren ideologische Grundhaltungen, die bei einer Mehrheit der Deutschen fest verwurzelt waren. Die zentrale Ausrichtung auf Hitler als „Führerfigur", den viele Menschen in kindlicher
45 Begeisterung verehrten, tat ihr Übriges.

Totalitarismus

Eine Atmosphäre freier Meinungsbildung und -äußerung, wie wir sie heute kennen, existierte im „Dritten Reich" nicht. Auch deshalb konnte die
50 nationalsozialistische Propaganda so erfolgreich die Massen begeistern. Da die gesamte Gesellschaft totalitär von der Ideologie durchdrungen wurde, identifizierte sich das ganze „deutsche Volk", zu dem die entsprechenden Bevölkerungs-
55 teile stilisiert wurden, mit dem Nationalsozialismus. „Die Verschmelzung war, bis auf Reste, total", schrieb Ralph Giordano rückblickend 1987.

Q3 Aus dem Tagebuch von Lore Walb

Am 26.10.1933 berichtet die damals 14-Jährige:

Acht oder vierzehn Tage später war wieder ein wunderbarer Tag für mich. Ich habe unseren großen Führer gesehen! Zweimal! Auf dem Wege hin zum Niederwalddenkmal und zurück. So ernst,
5 und doch so stark und so groß stand er mit der erhobenen rechten Hand in seinem Auto! Bei diesem Anblick sind mir die Tränen gekommen. Ich weiß nicht, warum, aber ich glaube, ich ahnte doch, welch ein schönes Gefühl es ist, einem
10 Führer unseres Volkes zu vertrauen. Ich glaube fast, das war der schönste, ergreifendste und gewaltigste Augenblick meines vierzehnjährigen Lebens. Es war ein endloses Jubeln und Heil-Rufen der Saarländer zu sehen, zu hören. – Lange
15 noch werde ich an diesen Tag denken.

Lore Walb, Ich, die Alte, ich, die Junge. Konfrontation mit meinen Tagebüchern 1933-1945, Berlin 1998, S. 35 f. (gekürzt)

D1 Rückblick auf die Jugend im Nationalsozialismus

1997 sagt Lore Walb über ihren Tagebucheintrag:

Ein junger Mensch, dessen Vater und Mutter sich im Nationalsozialismus wohlfühlten, keine kritischen Fragen stellten, hatte keine Wahl. Er musste die Ideologie übernehmen und alles gut
5 finden am System. Habe ich damals bei der Kundgebung am Niederwalddenkmal nicht gemeint, zutiefst beglückt empfunden: Er hat mich angeschaut, einen Herzschlag lang? ER – mich! Diese Vorstellung verrät das Bedürfnis des jun-
10 gen, seiner selbst nicht sicheren Mädchens, das ich war, als Person gesehen zu werden, wie vom eigenen Vater. Indem Hitler mich anschaute, bestätigte er mich, meinen Wert. Und dann verdiente er auch meine Liebe, meine Treue, mein
15 Vertrauen. Hitler, die Vaterfigur für alle, der Übervater, dem inbrünstigste Gefühle zufließen – wie dem lieben Gott.

Lore Walb, Ich, die Alte, ich, die Junge. Konfrontation mit meinen Tagebüchern 1933-1945, Berlin 1998, S. 36 (gekürzt)

D2 „Verführung und Gewalt"? H

Hans-Ulrich Thamer, Professor für Geschichte in Münster, beschreibt das NS-Regime so:

Worauf gründete sich diese Macht? Worauf beruhte die Stabilität des nationalsozialistischen Herrschaftssystems?
Sicherlich waren es nicht allein Manipulation
5 und Terror; die verschiedenen Formen von Zustimmung und Hinnahme hatten das während der Machtergreifungsphase gezeigt. Es war vielmehr die verwirrende Verbindung von Zustimmung und Gewalt, sie kennzeichnet die Wir-
10 kungsweise der nationalsozialistischen Herrschaft. Bezugspunkt des Konsenses wie der absoluten Macht war weiterhin der charismatische Führer Hitler, wie bereits in der „Kampfzeit" und in der Machtergreifungsphase.
15 Es war die alte Verbindung von Verführung und Gewalt, die die Stabilität des Regimes bis in die Katastrophe hinein sicherte. Die Rücksichtnahme auf die materiellen und emotionalen Bedürfnisse der Menschen, verbunden mit Einschüch-
20 terung und Terror, die Atomisierung der Gesellschaft und der weitgehende Verzicht auf gesellschaftliche Verantwortung, eine sich verstärkende Realitätsflucht wie das Eingeständnis einer partiellen Komplizenschaft mit dem Re-
25 gime. Es war ein Bündel von Einstellungen, Motiven und Zwängen, die einen offenen Widerstand fast ganz ausschlossen, die auch jede Kraft schwächten, eine andere politische Wirklichkeit zu denken.

Hans-Ulrich Thamer, Verführung und Gewalt. Deutschland 1933-1945, Berlin 1994, S. 338 f., 347 f. und 725 f. (gekürzt)

---

1. Erläutere, welche Aspekte zur Zustimmung der Massen zum NS-Staat beitrugen (VT, D2).
2. Vergleiche den Tagebucheintrag von 1939 mit dem Kommentar Lore Walbs 60 Jahre später und erläutere, wie die Autorin versucht, ihre damalige Einstellung zu erklären (Q3, D1).
3. Erörtert die Handlungsspielräume der Menschen unter den Bedingungen der NS-Diktatur (VT, Q3, D1, D2). H

Ausgrenzung und Entrechtung der jüdischen Bevölkerung bis 1939

Q1 **Ein Ausweis, der Bürgerrechte nimmt**
Jüdischer Pass, ausgestellt am 15. März 1939

Ein „J" für Jüdin / Jude sowie der Zwangsnamenszusatz „Sara" oder „Israel" brandmarkte jüdische Bürger in ihren Ausweisdokumenten.

Antisemitismus gab es ja schon im Kaiserreich und in der Weimarer Republik. Aber unter den Nationalsozialisten wurde die Ausgrenzung und Verfolgung noch unmenschlicher.

Ich glaube, man kann sagen, dass es immer schlimmer wurde.

Der neue Antisemitismus

Die jüdische Bevölkerung wurde gleich nach der „Machtübernahme" zum Objekt gezielter Verfolgungen, Schikanen und diskriminierender Geset-
5 ze. Aggressiver Antisemitismus war ein fester Bestandteil in der wahnhaften Vorstellungswelt Hitlers und Kern nationalsozialistischer Politik.

Ständige Gewaltaktionen

Tätliche Übergriffe standen schon im Februar und
10 März 1933 auf der Tagesordnung: So attackierten SA-Männer Gerichtsverhandlungen, beleidigten jüdische Richter und Anwälte und jagten sie aus den Sitzungssälen. Professoren konnten ihre Vorlesungen nicht mehr abhalten, Passanten wurden
15 auf offener Straße niedergeschlagen. Die erste reichsweite und von der Partei angeordnete Aktion richtete sich am 1. April 1933 als „Boykott" gegen jüdische Geschäfte, Arztpraxen und Kanzleien. SA- und SS-Männer versperrten Zugänge.
20 Schaufenster wurden mit demütigenden Parolen wie „Juden raus!" beschmiert und zerstört.

Staatlich organisierte Verfolgung

Bereits durch das „Gesetz zur Wiederherstellung des Berufsbeamtentums" vom 7. April 1933 ver-
25 loren Juden ihren Arbeitsplatz im öffentlichen

Dienst, u. a. Lehrkräfte und Professoren. Weitere Gesetze zogen Berufsverbote für Schriftsteller, Künstler oder Schauspieler nach sich. Juden wurde der Zutritt zu vielen Dörfern und öffentlichen
30 Schwimmbädern verboten sowie der Zugang zu höheren Schulen und Universitäten begrenzt. Die „Nürnberger Gesetze" stuften im September 1935 Juden zu Bürgern minderen Rechts herab. Darin enthaltene Regelungen zur Eheschließung
35 griffen nun auch massiv in die Privatsphäre ein: So durften „Juden" und „Arier" nicht mehr heiraten. Bürger mit jüdischen Wurzeln wurden in „Volljuden", „Halbjuden" oder „Vierteljuden" eingeteilt und abhängig von dieser „Rangliste" mehr oder
40 weniger drangsaliert.

Staatlich verordnete Gewalt

Unter dem Vorwand einer Vergeltungsaktion gegen die Ermordung eines deutschen Botschafters in Paris durch einen jüdischen Jugendlichen am 7.
45 November 1938 erfolgte ein staatlich organisiertes Pogrom gegen die jüdische Bevölkerung: Flächendeckend wurden Synagogen in Brand gesetzt und zerstört, jüdische Geschäfte und Wohnungen demoliert, viele jüdische Männer verhaftet und in
50 Konzentrationslager verschleppt (**Novemberpogrome**). Versuche, sich oder zumindest die Kinder zu retten, scheiterten oft daran, dass Juden durch Berufsverbote oder Enteignungen die finanziellen Mittel fehlten. Die meisten „Volksdeutschen" dul-
55 deten die antijüdischen Maßnahmen stillschweigend oder unterstützten sie offen.

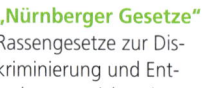 **„Nürnberger Gesetze"**
Rassengesetze zur Diskriminierung und Entrechtung „nicht arischer" Rassen

Novemberpogrome
Vom NS-Staat zentral gesteuerter Ausbruch antisemitischer Gewalttaten am 9. November 1938, im NS-Jargon auch als „Reichskristallnacht" bezeichnet

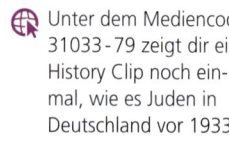 Unter dem Mediencode 31033-79 zeigt dir ein History Clip noch einmal, wie es Juden in Deutschland vor 1933 ergangen war.

Q2 Brennende Synagoge in Bielefeld

Foto von Hans Asemisse vom 10. November 1938

Q3 Die „Nürnberger Gesetze" H

„Gesetz zum Schutz des deutschen Blutes und der deutschen Ehre", 15. September 1935:

Durchdrungen von der Erkenntnis, dass die Reinheit des deutschen Blutes die Voraussetzung für den Fortbestand des Deutschen Volkes ist, und beseelt von dem Willen, die deutsche Nation 5 für alle Zukunft zu sichern, hat der Reichstag einstimmig das folgende Gesetz beschlossen:

§ 1 (1) Eheschließungen zwischen Juden und Staatsangehörigen deutschen oder artverwandten Blutes sind verboten.
10 Trotzdem geschlossene Ehen sind nichtig, auch wenn sie zur Umgehung dieses Gesetzes im Ausland geschlossen sind.

§ 2 Außerehelicher Verkehr zwischen Juden und Staatsangehörigen deutschen oder artverwand-
15 ten Blutes ist verboten.

§ 3 Juden dürfen weibliche Staatsangehörige deutschen oder artverwandten Blutes unter 45 Jahren in ihrem Haushalt nicht beschäftigen.

Zit. nach: Ingo von Münch (Hrsg.), Gesetze des NS-Staates, Dokumente eines Unrechtssystems, Paderborn ³1994, S. 119 f. (gekürzt)

Q4 Novemberpogrome 1938 H

Bericht über das Pogrom im Rheinland vom Dezember 1938:

Am Mittwochabend, den 9. November 1938, drangen um 11 Uhr in das Gemeindehaus ca. 70 SA-Leute ein, schlugen den ca. 70-jährigen Vorsteher A. und verhafteten ihn, vernichteten alles,
5 was in dem Gebäude war, und jagten die über 60-jährige Verwalterin, Frau B., unter Schlägen mit einem Knüppel in den Keller. Um ca. ¼ 2 Uhr nachts erschienen in einem Einfamilienhause ca. 30 Leute in Uniform, teils mit schwarzen Män-
10 teln. Man bemerkte unter ihnen auch einen, der das Abzeichen eines politischen Leiters trug. Die Bewohner erwachten, obwohl sie Schlafpulver genommen hatten, durch das Getöse infolge des Aufsprengens der Haustür aus tiefem Schlaf und
15 sahen im Schlafzimmer sechs bis sieben Leute stehen, die laut brüllten: „Seid ihr Juden?" Als sie dies bejahten, zwangen sie sie mit Knüppeln zum Aufstehen und Anziehen und jagten sie zum Hause heraus. Während der Abwesenheit
20 der Bewohner zertrümmerten sie alles bis auf das Letzte. Zerschnitten Bilder und Matratzen und zerstörten antike Eichenschränke, Stühle, Kronleuchter, überhaupt alles, was in dem ganzen Haus vorhanden war. Es war ein so trostlo-
25 ser Anblick, dass der Zeitungsmann, der am frühen Morgen die Zeitung brachte, fortlief. Ein SA-Mann hat gesagt, der Befehl zu diesem Pogrom sei schon 14 Tage vorher gegeben, an dem fraglichen Mittwoch seien um 7 Uhr Befehle ausgege-
30 ben und die jungen Leute dann zu Alkohol geführt worden. Polizei war während der ganzen Nacht nicht zu sehen.

Zit. nach: Ben Barkow u. a. (Hrsg.), Novemberpogrom 1938. Die Augenzeugenberichte der Wiener Library, London/Frankfurt a. M. 2008, S. 372-374 (gekürzt und angepasst)

1. Recherchiere die Geschichte des Antisemitismus. MK H
2. Nenne die Bestimmungen der „Nürnberger Gesetze" und erläutere a) deren Zielsetzungen und b) deren Auswirkungen auf die jüdische Bevölkerung (VT, Q3).
3. Beschreibe die Ursachen, den Verlauf und die Folgen der Novemberpogrome im Rheinland (Q4).
4. Recherchiert über die Ereignisse des 9. November 1938 an eurem Schul- bzw. Wohnort. Vergleicht eure Ergebnisse mit der Schilderung vom Dezember 1938 (Q4). H
5. Der Historiker Wolfgang Benz bezeichnet das November-Pogrom als „Wendepunkt der Geschichte" und „Rückfall in die Barbarei". Nimm hierzu Stellung und bewerte das Ereignis. H

Unter dem Mediencode 31033-80 findest du die Aussage von Wolfgang Benz in ganzer Länge.

Verfolgte Gruppen im NS-Staat

Q1 NS-Kennzeichen für Häftlinge

Die SS kennzeichnete die Häftlinge nach dem jeweiligen Grund für die Einweisung ins KZ. Das Zeichen musste sichtbar auf der Kleidung getragen werden und bestimmte die eigenen Überlebenschancen.

Die Nationalsozialisten haben offenbar nicht nur Juden und politische Gegner verfolgt, sondern auch viele andere Gruppen unterdrückt …

Eigentlich alle, die nicht in ihr Weltbild passten, oder? Aber die haben sich wohl Unterschiede ausgedacht …

Sinti und Roma

Etwa 30 000 Sinti und Roma lebten im Deutschen Reich. Sie galten wie Juden als „fremdrassig" und wurden systematisch ausgegrenzt und verfolgt.
5 Sie erhielten Berufs- und Schulverbote und mussten sich den Bestimmungen der „Nürnberger Gesetze" von 1935 beugen. Ab 1936 wurden sie verstärkt verhaftet und in „Zigeuner-Gemeinschaftslager" verschleppt. Als „asozial" eingestuf-
10 te Personen kamen zur Zwangsarbeit in Konzentrationslager. Dort wurden zahlreiche von ihnen zwangssterilisiert, damit sie sich nicht mehr fortpflanzen konnten. Ab März 1939 erhielten alle Sinti und Roma mit einem „Z" gekennzeichnete
15 „Rasseausweise", analog zu bereits früher eingeführten „Rasseausweisen" für die jüdische Bevölkerung.[1] Im Zweiten Weltkrieg fielen wohl mehr als 500 000 Sinti und Roma aus ganz Europa dem nationalsozialistischen Völkermord zum Opfer.

20 ## Zeugen Jehovas

Die ca. 25 000 Personen umfassende Glaubensgemeinschaft der „Zeugen Jehovas" (auch „Ernste Bibelforscher") wurde kurz nach der „Machtergreifung" verboten. Ein großer Teil beugte sich

25 dem nicht, lebte den Glauben weiter und verbreitete ihn trotz des hohen Risikos illegal. Gleichzeitig verweigerten sich viele Zeugen Jehovas den Zwängen des NS-Regimes durch die Ablehnung des „Deutschen Grußes", der Mitgliedschaft in
30 staatlichen Organisationen und des Kriegsdienstes. Infolgedessen verurteilten Sondergerichte sie seit Mitte der Dreißigerjahre in großer Zahl zu hohen Haftstrafen und ließen sie in Konzentrationslager bringen. Insgesamt gab es etwa 1200 Todes-
35 opfer unter den Zeugen Jehovas. Ca. 250 davon wurden wegen Kriegsdienstverweigerung hingerichtet.

Homosexuelle

Homosexuelle wurden ab 1934 zur Zielscheibe
40 systematischer staatlicher Verfolgung. Zunächst wurde der Vorwurf der Homosexualität genutzt, um Gegner und Oppositionelle auszuschalten. Die Gesetze wurden im Juni 1935 verschärft: Fortan reichte die Absicht, eine homosexuelle Handlung
45 zu begehen, für eine Verurteilung aus. Statt Geldstrafen verhängten die Gerichte zunehmend Gefängnisstrafen und Einweisungen in Konzentrationslager – überwiegend bei Männern. Homosexuelle Häftlinge verzeichneten mit die höchste
50 Todesrate in den Lagern.

„Euthanasie" im „Dritten Reich"

Die Nationalsozialisten bezeichneten Menschen mit Behinderungen als „lebensunwertes Leben" und „Parasiten am deutschen Volkskörper". Sie
55 ermordeten mehr als 100 000 von ihnen systematisch in „Tötungsanstalten".[2] Die Morde wurden hinter dem Begriff „**Euthanasie**" versteckt.

„Euthanasie"
Begriff, der im „Dritten Reich" die Ermordung behinderter, unheilbar kranker oder altersschwacher Menschen verschleierte

[1] Vgl. S. 140, Q1. Jüdische Rasseausweise gab es ab dem 5. Oktober 1938.
[2] Siehe S. 170-173.

Q2 Verachtung für Sinti und Roma

Bericht der Kölner Zeitung „Westdeutscher Beobachter" vom 30. Oktober 1937 über die Durchsuchung eines „Zigeunercamps":

Die Zigeuner sind eben Menschen mit einer ausgesprochenen Vorliebe für Unordnung und Faulenzerei. Welche Zustände bei den Zigeunern gang und gäbe sind, beweist uns ein „wildes"
5 Ehepaar mit nicht weniger als acht Sprösslingen. Echte Zigeuner stehen vor uns, Menschen, die sich niemals ändern werden. Selbst die paar hübschen Gesichter mit dem rabenschwarzen Haar können nicht darüber hinwegtäuschen,
10 dass diese Nomaden sich niemals in ein geordnetes Staatswesen einfügen lassen. Sie werden immer dieselben bleiben, denen man genau auf die Finger gucken muss, wie die Kölner Kriminalpolizei und der eigens eingesetzte städtische
15 „Lagerkommandant" das tun.

Zit. nach: https://museenkoeln.de/ns-dokumentationszentrum/default.aspx?s=391#!prettyPhoto[45239]/2/ (gekürzt) [15.02.2021]

Q3 „Das sind Staatsfeinde"

Artikel in der SS-Zeitschrift „Das Schwarze Korps" vom 4. März 1937:

Sie [die Homosexuellen] sind Staatsverbrecher, weil sie nicht nur aus „Neigung", sondern ebenso aus Zweckmäßigkeitsgründen immer mit ihresgleichen umgehen, sobald sie irgendwo eine lei-
5 tende Stellung bekleiden und Vorgesetzte abhängiger Untergebener sind. Sie bilden einen Staat im Staate, eine geheime, den Interessen des Volkes zuwiderlaufende, also staatsfeindliche Organisation. Nicht als „arme, kranke Menschen" sind
10 sie zu „behandeln", sondern als Staatsfeinde sind sie auszumerzen.

Zit. nach: http://www.cultpress.de/rosa-winkel/ideologie.htm [15.02.2021]

Q4 Ideologie im Unterricht

Mathematikaufgabe aus einem Schulbuch von 1939

47. Es betrugen (1936) die jährlichen Aufwendungen für
    1) 33 700 Fürsorgezöglinge . . . . 19 881 000 RM
    2) 131 942 Geisteskranke und Geistesschwache . 94 636 000 RM
    3) 238 094 Erbkranke (Taubstumme usw.) . .166 000 000 RM
    a) Berechne die Kosten je Kopf, indem du a) die volle Anzahl berücksichtigst, b) die Anzahl auf 1 000 abrundest.
    b) Wie viele Einfamilienhäuschen zu 5 000 RM ließen sich mit der für die Geisteskranken (Erbkranken) erforderlichen Summe erstellen?
    c) Wie viele Familien könnten aus diesen Summen ihren Lebensunterhalt (1 500 RM je Jahr) bestreiten?

H. Frank (Hrsg.), Mathematik für höhere Schulen: a) Unterstufe. Erste und zweite Klasse der deutschen Oberschulen und Gymnasien; b) Mittelstufe. Dritte bis fünfte Klasse der deutschen Oberschulen und Gymnasien, Münster (Westf.) 1939, S. 38

Q5 Deportation der Sinti und Roma vom Kölner Messegelände aus

Foto vom Mai 1940

---

1. Stelle vergleichend dar, welche Maßnahmen des NS-Staates sich gegen Sinti und Roma, Zeugen Jehovas und Homosexuelle richteten. Erläutere deren Zielsetzungen und Auswirkungen (VT, Q1-Q5).
2. Arbeite aus den Quellen heraus, welche Sichtweisen auf die jeweiligen Opfergruppen deutlich werden, und stelle Bezüge zur Ideologie und Herrschaftspraxis der Nationalsozialisten her (Q2-Q5).
3. Erläutere das Menschenbild der Nationalsozialisten, das sich aus der Mathematikaufgabe von 1939 erschließen lässt (Q4).
4. Beurteile das Vorgehen der Nationalsozialisten gegen die in diesem Kapitel thematisierten gesellschaftlichen Gruppen und formuliere ein Werturteil aus deiner heutigen Perspektive (VT, Q1).

Der brasilianische Integralismus

Q1 **Versammlung der brasilianischen Integralisten**
Foto aus den 1930er-Jahren

Anscheinend gab es auch außerhalb Europas in dieser Zeit rechtsextreme Parteien.

Ich frage mich, ob ihr Einfluss auch so groß war und welche Unterschiede es zu den Faschisten und Nationalsozialisten in Italien und Deutschland gab.

Die Integralisten in Brasilien

Die Partei Ação Integralista Brasileira (AIB) wurde im Oktober 1932 unter Führung des Schriftstellers Plinio Salgado gegründet. Er war nach einer Euro-
5 pareise fasziniert vom italienischen Faschismus und plante, ein ähnliches Regime in Brasilien aufzubauen. Seine Partei vertrat dementsprechend eine antikommunistische und nationalistische Ideologie – den brasilianischen Integralismus.
10 Auch wenn offen antisemitisches und rassistisches Gedankengut in der Parteipropaganda keine Rolle spielte, sprach sich Salgado gegen eine „Überfremdung" der Nation und für die „Brasilianität" aus, die Vereinheitlichung der Gesellschaft in ei-
15 nem autoritären Staat. Gleichzeitig lehnte die AIB das System der repräsentativen Demokratie ab. Dabei berief sie sich auch auf den christlichen Glauben und versprach wirtschaftliche und soziale Verbesserungen durch die Verstaatlichung der
20 Schlüsselindustrien, eine strikte Einwanderungsregelung und die staatliche Kontrolle der Banken. Mit ihrem Programm erhielt die Partei den Rückhalt der katholischen Kirche und eines breiten Teils der Intellektuellen.

25 Organisation und Entwicklung der Partei

Während der erste Marsch der Partei in São Paulo im April 1933 noch mit 40 Personen durchgeführt wurde, steigerte sich die Beliebtheit der Partei unter ca. 40 Millionen Einwohnern auf eine halbe
30 Million Menschen. 1937 soll die AIB angeblich sogar zwei Millionen Anhänger gehabt haben. Die Mitglieder der Partei, vor allem Angehörige der Mittelschicht, waren in einem landesweiten Netzwerk von „Zellen" organisiert, an deren Spitze
35 Salgado als unantastbarer und nicht abwählbarer „Nationalchef" stand. In der Öffentlichkeit traten die Parteianhänger als „Grünhemden" auf, grüßten sich mit ausgestrecktem Arm und dem Ausruf „Anauê" („Du bist mein Bruder!") und schwenk-
40 ten Fahnen mit dem griechischen Buchstaben Sigma (Σ), der den Führerkult um Salgado zum Ausdruck brachte.
Die breite Anhängerschaft der Partei machte sich anfangs auch der brasilianische Präsident Getúlio
45 Vargas zunutze. Um seine eigene Machtbasis zu erweitern, schloss er sich zunächst mit der AIB zusammen und ließ sich von der Partei in seinem Kampf gegen die kommunistische Bewegung unterstützen.

50 Das Ende des Integralismus

1937 schließlich entbrannte ein Streit zwischen Vargas und der AIB im Kampf um die Macht. Dieser gipfelte in einem Putschversuch im Mai 1938, bei dem die Integralisten sogar den Präsidenten-
55 palast angriffen. Vargas ließ den Aufstand niederschlagen, Salgado musste ins Exil gehen. Vargas errichtete nun eine konservativ ausgerichtete Diktatur, den Estado Novo („Neuen Staat"), und ließ die Integralisten verbieten.

Q2 Gemeinschafts- und Führerkult
Titelblatt der der integralistischen Zeitschrift „Anauê", Mai 1935

Q4 Demonstration von Anhängern der AIB
Foto aus São Paulo, 2019

Q5 Die integralistische Bewegung in Brasilien
Der Politiker und Botschafter Oswaldo Aranha schreibt 1935 in einem Brief an einen politischen Freund:

Wir müssen eine Rasse gestalten, ein immenses Land bevölkern und eine neue Zivilisation erschaffen, die bezüglich der Landes, der Familie und der Religion unseren Gegebenheiten ent-
5 spricht. Angesichts des gegenwärtigen Zustands unseres Landes glaube ich, dass Brasilien andere Lösungen akzeptieren muss, selbst autoritäre. Ich denke, dass Brasilien die integralistische Bewegung wünscht und sich ernsthaft in sie einzu-
10 gliedern beginnt, da die übrigen gescheitert sind. Es ist die Sache ihrer Chefs, und insbesondere Plinios, aus ihr eine Bewegung in Übereinstimmung mit unseren Bedürfnissen zu machen.

Zit. nach: Jens R. Hentschke, Estado Novo. Genesis und Konsolidierung der brasilianischen Diktatur von 1937, Saarbrücken 1996, S. 704 f.

Q3 Aus dem „ABC des Integralismus"
In einer ideologischen Schrift von 1935 heißt es:
Wenn ein Integralist nachdrücklich sagt, dass es notwendig sei, den Parteien ein Ende zu setzen, um das brasilianische Leben zu verbessern, treibt dies einen kalten Schauer durch die Glie-
5 der derjenigen, die immer noch an das Geschwätz der Liberalen glauben. Jedoch genügen ein nur sehr flüchtiger Blick auf die nationale Politik und die Überprüfung allgemein bekannter und anerkannter Tatsachen, um Männern guten
10 Glaubens zu beweisen, dass der Integralismus keine Parteien will. Denn die Parteien verfolgen nur den Zweck, die freien Bekundungen des Volkswillens zu verhindern oder zu verfälschen.

Miguel Reale, ABC do Integralismo, Rio de Janeiro 1935, zit. nach: https://enem.estuda.com/questoes/?id=283202 (gekürzt und übersetzt von Marius Heße)

1. Stelle die Entwicklung der Partei Ação Integralista Brasileira in den 1930er-Jahren in eigenen Worten dar (VT).
2. Erkläre, welche Ziele die Partei verfolgte, und erläutere ihre Methoden zur Erreichung dieser Ziele (Q2, Q3, Q5, VT).
3. Vergleiche die Ziele und Methoden der AIB mit der faschistischen Bewegung in Italien und dem Aufstieg der Nationalsozialisten in Deutschland (S. 106 ff.).
4. Beurteile, inwieweit die AIB als „faschistische Bewegung" bezeichnet werden kann. **H**
5. 2019 demonstrierten Anhänger der AIB in São Paulo. Auch in vielen europäischen Ländern haben in den letzten Jahren „Rechtsruckbewegungen" stattgefunden. Erstelle eine Liste nationalistisch-antidemokratisch ausgerichteter Parteien und ihrer wachsenden Anhängerschaft im 21. Jh. und stelle Vermutungen an, woher diese Entwicklung kommen könnte (Q4).

Das nationalsozialistische Herrschaftssystem

Sachkompetenz

1. Beschreibe die Vorstellung der Nationalsozialisten von der Formationserziehung der Jugendlichen im NS-Staat und ordne diesen Umgang mit der Jugend in das Weltbild Hitlers und der NSDAP ein (Q1).

Q1 Der geplante Lebensweg Heranwachsender im NS-Staat
Schaubild

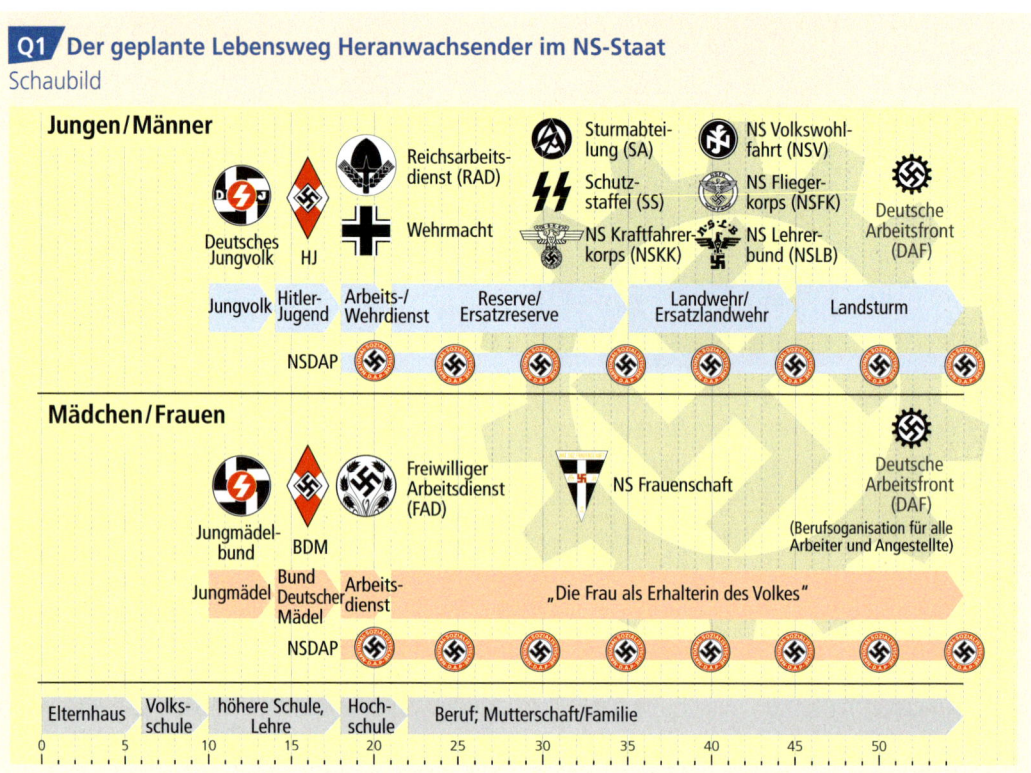

Methoden-kompetenz

2. Beschreibe, untersuche und deute das Diagramm. Nimm bei der Deutung auch Bezug auf die Folgen der Weltwirtschaftskrise und die vermeintlichen Erfolge der nationalsozialistischen Arbeitsmarktpolitik. Nutze auch die Formulierungshilfen auf S. 207. **H**

D1 Die Arbeitslosenquote in Deutschland im internationalen Vergleich 1924-1938

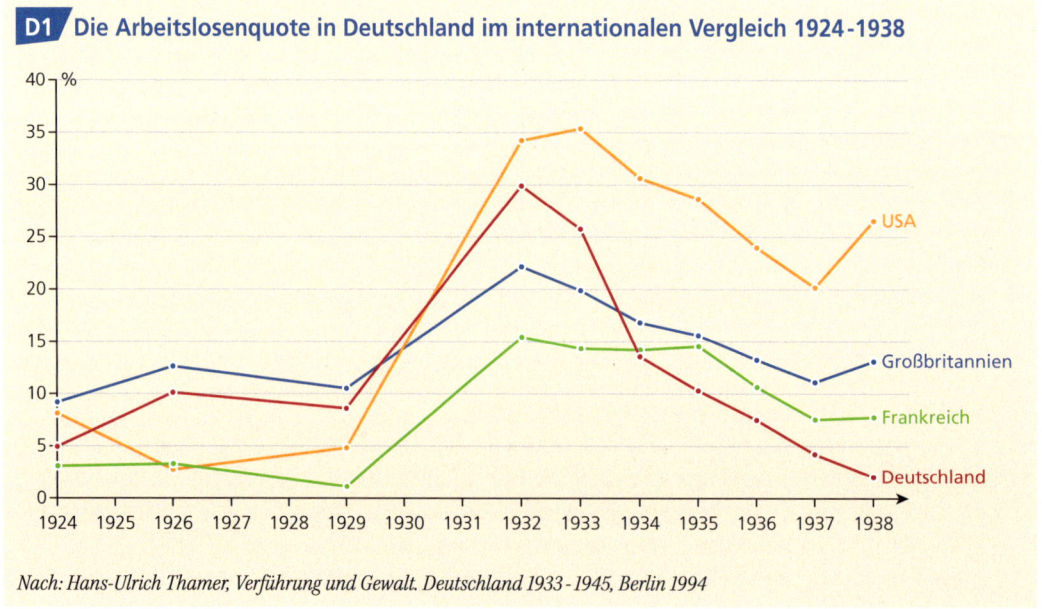

Nach: Hans-Ulrich Thamer, Verführung und Gewalt. Deutschland 1933 - 1945, Berlin 1994

3. Bis Ende 2015 war der Neudruck von „Mein Kampf" verboten: Das bestimmte das Land Bayern, das die Urheberrechte besaß. 2016 erloschen die Urheberrechte. Das „Institut für Zeitgeschichte" brachte eine wissenschaftlich kommentierte Ausgabe von „Mein Kampf" heraus. Darin ordnen die Historiker die Aussagen Hitlers kritisch ein und widerlegen sie. Dennoch gibt es Kritik an dieser Ausgabe.

Informiere dich zuerst, warum der Neudruck von „Mein Kampf" so lange verboten war. Recherchiere anschließend über die wissenschaftlich kommentierte Ausgabe und die Kritik an ihr. Der Mediencode 31033-81 hilft dir dabei. Nimm anschließend Stellung zu der Frage, ob die Ausgabe weiter veröffentlicht werden sollte. ⌐MK¬

Urteilskompetenz

 **Q2** „Mein Kampf"
Originalausgabe von 1926

D2 „Mein Kampf"
Kommentierte Ausgabe von 2016

4. Im weiteren Sinne faschistische oder extrem nationalistische Bewegungen gab es nicht nur in Brasilien, sondern außerhalb Europas z. B. auch in Japan (Tōhōkai) und im Irak (unter Raschid Ali al-Gailani), in Europa in Kroatien (Ustaša), Rumänien (Eiserne Garde) und der Ukraine (OUN). Recherchiere im Internet zu einer dieser Bewegungen, z. B. in Hinblick auf ihre Entstehungsbedingungen, ihre Aktivitäten und ihre Entwicklung (auch in der Zeit nach dem Zweiten Weltkrieg). Ziehe einen Vergleich zu den brasilianischen Integralisten oder den italienischen Faschisten und bewerte die Bewegung auf der Grundlage heutiger Vorstellungen von Demokratie.

**Handlungs-
kompetenz**

Q3 „Die eiserne
Garde" in Rumänien
Manifestation in
Bukarest, Foto von
1940

Wissen im Überblick:
Unter dem Mediencode
31033-82 findest du eine Zusammenfassung
des Kapitels in kleinen
Kärtchen und einen
Selbstdiagnosebogen,
an dem du deine Kenntnisse überprüfen
kannst.

5 Der Zweite Weltkrieg und die Shoah

D1 Die „Halle der Namen"
Foto von 2019

Für Millionen Opfer des Holocaust gibt es keine Gräber und keine Friedhöfe. In Yad Vashem, der zentralen Gedenkstätte in Jerusalem, wird an sie erinnert. Mittlerweile sind 4,5 Millionen Namen Ermordeter dort dokumentiert.

Q1 Frauen und Kinder auf dem Ankunftsbahnsteig im Konzentrationslager Auschwitz-Birkenau
Foto vom Sommer 1944

Im Sommer 1944 erreichte die Vernichtung der ungarischen Juden ihren Höhepunkt. Die Ankömmlinge wurden aus den Deportationszügen auf die „Rampe" geholt, wie der Bahnsteig genannt wurde, wo sie einem Selektionsprozess unterzogen wurden. Die meisten wurden sofort in den Tod geschickt, andere zur Zwangsarbeit eingesetzt.

Es sind so viele Menschen ermordet worden! Wie kann man all diesen Opfern gedenken?

Und warum ist diese Erinnerung heute noch so wichtig?

D2 Gedenkstätte an den Holocaust

Schülerin beim Besuch des Konzentrationslagers Majdanek in Polen, Foto von 2020

Die Tafel informiert die Besucher über den Aufbau der Gaskammern. In Majdanek wurden bei der „Aktion Erntefest" am 3. November 1943 an nur einem Tag allein 18 000 Juden ermordet.

Was ihr schon hier entdecken könnt:

1. Sammelt in der Klasse, was ihr bereits über den Zweiten Weltkrieg und die Begriffe Holocaust / Shoah wisst, und erklärt, woher ihr euer Wissen habt. Recherchiert zur Verwendung der beiden Begriffe im Internet. (D1, D2, Q1). **MK**
2. Diskutiert, ob und wie man eurer Meinung nach an die Verbrechen dieser Zeit erinnern sollte (D1, D2).
3. Nennt Orte und Plätze in eurer Stadt, die an die Geschehnisse dieser Zeit erinnern, und beschreibt, was dort zu sehen ist.
4. Sucht im Internet oder in alten Fotoalben nach Fotos eurer Stadt aus der Zeit vor dem Krieg und vergleicht die Aufnahmen mit dem heutigen Aussehen eurer Stadt.

Zweiter Weltkrieg und Holocaust

Q1 **Apokalypse**
Foto der russischen Stadt Murmansk von Jewgenij Chaldej, 1942
Am 22. Juni 1942 gab Hitler den Befehl, Murmansk niederzubrennen. Die Stadt bestand vor allem aus Holzhäusern. An einem Tag fielen 350 000 Brandbomben.

Am 1. September 1939 begann der Zweite Weltkrieg mit dem deutschen Überfall auf Polen. Er wurde vor allem im Osten von Anfang an als rassistischer Vernichtungskrieg auch gegen die Zivilbevölkerung geführt: In Polen und den Ländern der damaligen Sowjetunion fielen Millionen dem Vernichtungswillen der Nazis zum Opfer. Bis heute ist diese Zeit fest im historischen Bewusstsein der Menschen verankert. Die Verfolgung all derer, die nicht in das Weltbild des Nationalsozialismus passten – Sinti und Roma, Homosexuelle, psychisch kranke Menschen, die als „Asoziale" bezeichnet wurden, vor allem aber die jüdische Bevölkerung Europas – erfuhr durch den Krieg ein neues Ausmaß. Anstelle der Verfolgung trat nun der Wille zur Vernichtung und Ermordung eines ganzen Volkes. Der Holocaust / die Shoah – die systematische Vernichtung der europäischen Jüdinnen und Juden in den Todesfabriken wie Auschwitz oder Treblinka – wurde von Historikerinnen und Historikern später als „Zivilisationsbruch" bezeichnet und gilt in dieser Form als bislang einmalig in der Geschichte. Nach dem Zweiten Weltkrieg wurden in ganz Europa die Grenzen neu gezogen, Millionen Menschen waren tot, auf der Flucht und hatten ihre Heimat verloren. Bis heute beschäftigen die Menschen die Fragen: Wie konnte es zum Holocaust kommen? Und: Welche Verantwortung haben wir heute, an die Opfer zu erinnern und dafür zu sorgen, dass sich solche Taten nicht wiederholen können?

In diesem Kapitel lernst du	
Sach-kompetenz	▸ Maßnahmen und Zielsetzungen des NS-Rassenwahns auf unterschiedliche Opfergruppen wie Andersdenkende, „Euthanasie"-Opfer sowie Zwangsarbeiterinnen und -arbeiter zu erläutern
	▸ die historischen Bedingungen, Ausprägungen und Auswirkungen des Zweiten Weltkrieges zu erläutern
	▸ die Verbrechen darzustellen, die u. a. auch von der Wehrmacht an der Zivilbevölkerung der besetzten Gebiete begangen wurden
	▸ Anlass und Folgen des Kriegseintritts der USA im Pazifikraum zu erläutern
Methoden-kompetenz	▸ eine politische Rede zu untersuchen
	▸ den Besuch einer Gedenkstätte zu planen und den Aufbau einer Gedenkstätte zu reflektieren
	▸ mithilfe von Apps die Folgen der Erlebnisse von Kriegskindern und von Flucht und Vertreibung zu untersuchen
Urteils-kompetenz	▸ an verschiedenen Beispielen des Widerstands die Handlungsspielräume von Menschen unter den Bedingungen der NS-Diktatur zu erläutern
	▸ die sich aus der nationalsozialistischen Vergangenheit ergebende Verantwortung im Umgang mit der eigenen Geschichte zu erörtern
	▸ die Folgen von Flucht und Vertreibung als Ergebnis des Zweiten Weltkrieges für die Betroffenen und die Nachkriegsgesellschaft zu beurteilen
Handlungs-kompetenz	▸ das eigene Verständnis von Humanität und Demokratie zu reflektieren und bewusst heutige Formen von Erinnerungskultur mitzugestalten

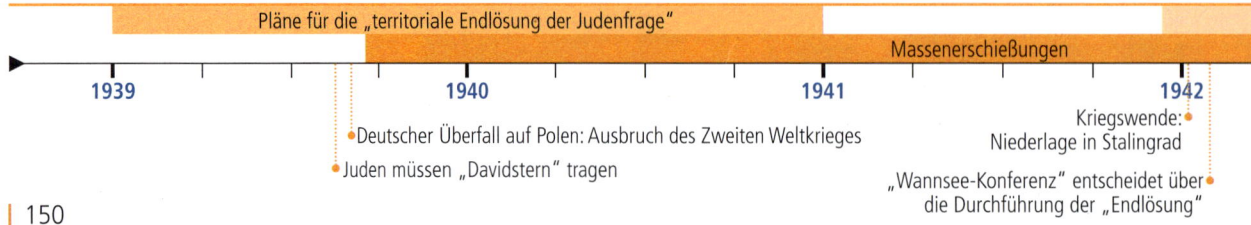

Pläne für die „territoriale Endlösung der Judenfrage"

Massenerschießungen

1939   1940   1941   1942

• Deutscher Überfall auf Polen: Ausbruch des Zweiten Weltkrieges

• Juden müssen „Davidstern" tragen

Kriegswende: • Niederlage in Stalingrad

„Wannsee-Konferenz" entscheidet über • die Durchführung der „Endlösung"

D1 Orte des Terrors und der Vernichtung 1941 bis 1945

(Karte Mitteleuropas mit eingezeichneten Lagern und Orten)

Legende:

- ◆ Konzentrationslager (nur Hauptlager)
- ◆ Vernichtungslager
- ◆ Konzentrations- und Vernichtungslager
- ◇ Vernichtungsstätten
- ◆ Große Ghettos für Juden (mehr als 30.000 Insassen)
- ◆ Große Zwangsarbeitslager für Juden
- ◇ Große Lager für sowjetische Kriegsgefangene
- **Buchenwald** Stadt- und/oder Lagername
- ▬ Grenzen von 1937
- Okkupiertes Gebiet Ende 1941
- Sowjetisches Gebiet unter Militärverwaltung
- Staats- und Territorialgrenzen im Krieg
- ---- Gebiets- oder Besatzungsgrenzen

■ Institut für Zeitgeschichte München-Berlin ©2007

0 100 200 300 km

Hier bist du
Das siehst du auf der Karte

Was du hier schon erfährst:

1. Fasse mit eigenen Worten zusammen, welche Besonderheiten des Zweiten Weltkrieges du im Vergleich zu vorangegangenen Kriegen bereits zu Beginn der Unterrichtsreihe ausmachen kannst. **H**
2. Untersuche die Karte und erläutere diese mit Hilfe der Legende. Erkläre die Unterschiede der verschiedenen Lagertypen und stelle Hypothesen über die Verteilung der Lager auf (D1).
3. Erläutere den Begriff „Zivilisationsbruch" (VT).
4. Diskutiert in Gruppen, welche Verantwortung für heutige Generationen aus den vielen Verbrechen der Nazizeit gegenüber den verschiedenen Opfergruppen entsteht. Sprecht in diesem Zusammenhang auch über den Unterschied von „historischer Schuld" und „historischer Verantwortung" (Q1, VT).

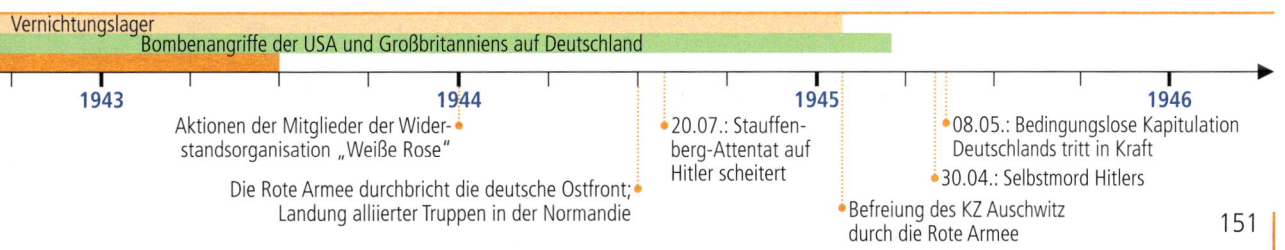

Vernichtungslager

Bombenangriffe der USA und Großbritanniens auf Deutschland

| 1943 | 1944 | 1945 | 1946 |

Aktionen der Mitglieder der Widerstandsorganisation „Weiße Rose"

20.07.: Stauffenberg-Attentat auf Hitler scheitert

08.05.: Bedingungslose Kapitulation Deutschlands tritt in Kraft

Die Rote Armee durchbricht die deutsche Ostfront; Landung alliierter Truppen in der Normandie

30.04.: Selbstmord Hitlers

Befreiung des KZ Auschwitz durch die Rote Armee

151

Nationalsozialistische Außenpolitik bis 1938 – Friedenspropaganda

The Nation, New-York.

Eine Friedenstaube aus dem Mund? Soll das heißen, Hitler spricht von Frieden?

Das Heer darunter und das Kanonenrohr sehen aber eigentlich eher nach Kriegsvorbereitung aus!

Scheinbare Friedenspolitik

Nachdem Hitler zum Reichskanzler ernannt worden war, verkündete er nach innen und außen seinen Friedenswillen. Der Grund für die bewusste
5 Friedenspropaganda der Nationalsozialisten: Die deutsche Bevölkerung wollte keinen neuen Krieg – und die Westmächte beobachteten das Deutsche Reich genau.
Deshalb präsentierte sich Hitler durch einige Ver-
10 tragsabschlüsse als friedfertig und kooperativ. Mit dem **Konkordat** vom Juli 1933 gestattete er dem Vatikan, viele Angelegenheiten im Deutschen Reich selbstständig zu organisieren, wenn die Kirche sich nicht in die Politik einmischte. Im Januar
15 1934 schloss er einen Nichtangriffspakt mit Polen und inszenierte die Olympischen Sommerspiele 1936 als „Fest der Völker". Damit gab er einen Willen zur Völkerverständigung vor, obwohl die Spiele eigentlich vor allem eine Selbstdarstellung
20 Deutschlands waren. Nach außen hin aber schien das Deutsche Reich nicht mehr als ein gleichberechtigter Staat in Europa sein zu wollen.

Kriegsvorbereitung

Gleichzeitig führte die NS-Regierung parallel jedoch andere Maßnahmen durch: Deutschland trat
25 im Oktober 1933 aus dem Völkerbund und der Abrüstungskonferenz aus. So konnten alle internationalen Rüstungskontrollen umgangen werden. Im Sommer 1935 stimmten über neunzig
30 Prozent der Saarländer für die Zugehörigkeit zum Deutschen Reich. Dies war zwar im Rahmen des Versailler Vertrages vorgesehen, wurde aber von der NS-Propaganda als Sieg über den „Diktatfrieden" ausgeschlachtet.
35 Im März 1935 dann verkündete Hitler die vertragswidrige Wiedereinführung der allgemeinen Wehrpflicht und baute eine schlagkräftige Luftwaffe auf. Die Rüstungsausgaben des Deutschen Reiches wuchsen beständig: 1933 betrugen sie
40 720 Millionen, 1938 17,2 Milliarden Reichsmark. Auch besetzte die Wehrmacht im März 1936 das entmilitarisierte Rheinland. Dies stieß zwar auf Kritik seitens der Westmächte, diese konnten sich aber auf kein einheitliches Vorgehen verständi-
45 gen. So unterwanderte Hitler stetig die Bestimmungen des Versailler Vertrages.
Darüber hinaus schloss das Deutsche Reich 1936 mit Japan den **Anti-Komintern-Pakt** ab mit dem Ziel, die Kommunistische Internationale (Komin-
50 tern) zu bekämpfen. Weitere Staaten traten dem Pakt später bei – unter anderem das faschistische Italien 1937 und Spanien 1939.

Hitlers Kriegsziele

Hitlers außenpolitische Ziele – die Revision des
55 Versailler Vertrages, der Zusammenschluss der deutschen Bevölkerung zu einem „Großdeutschland" und die kriegerische Eroberung von neuem „Lebensraum" – bauten auf die Aufrüstung des Militärs sowie die Umerziehung der Bevölkerung.
60 Anschein und Wirklichkeit prägten für Hitlers Strategie den Begriff „Friedenspropaganda".

Konkordat
Abkommen zwischen Staat und Kirche über gegenseitige Rechte und Pflichten

Anti-Komintern-Pakt
Der Vertrag von 1937 sicherte Neutralität zu für den Fall eines Angriffs oder einer Angriffsdrohung der Sowjetunion.

Q2 Hitlers Kriegspläne

Am 3. Februar 1933, vier Tage nach seiner Ernennung zum Reichskanzler, hält Hitler vor den höchsten Vertretern der Reichswehr eine Rede. Generalleutnant Curt Liebmann notiert:

Nach außen. Kampf gegen Versailles. Gleichberechtigung in Genf[1]; aber zwecklos, wenn Volk nicht auf Wehrwillen eingestellt. Aufbau der Wehrmacht wichtigste Voraussetzung für Errei-
5 chung des Ziels: Wiedererringung der pol[itischen] Macht. All[gemeine] Wehrpflicht muss wieder kommen. Wie soll pol[itische] Macht, wenn sie gewonnen ist, gebraucht werden? Jetzt noch nicht zu sagen. Vielleicht Er-
10 kämpfung neuer Export-Mögl[ichkeiten], vielleicht – und wohl besser – Eroberung neuen Lebensraums im Osten u. dessen rücksichtslose Germanisierung.

Zit. nach: Wolfgang Michalka, Deutsche Geschichte 1933-1945. Dokumente zur Innen- und Außenpolitik, Frankfurt a. M. ²1996, S. 17 f. (gekürzt)

Q3 Friedensrhetorik

Reichstagsrede Hitlers vom 17. Mai 1933:

Unser Nationalismus ist ein Prinzip, das uns als Weltanschauung grundsätzlich allgemein verpflichtet. Indem wir in grenzenloser Liebe und Treue an unserem eigenen Volkstum hängen, re-
5 spektieren wir die nationalen Rechte auch der anderen Völker aus dieser selben Gesinnung heraus und möchten aus tief innerstem Herzen mit ihnen in Frieden und Freundschaft leben. Wir kennen daher auch nicht den Begriff des Germa-
10 nisierens. Die geistige Mentalität des vergangenen Jahrhunderts, aus der heraus man glaubte, vielleicht aus Polen oder Franzosen Deutsche machen zu können, ist uns genauso fremd, wie wir uns leidenschaftlich gegen jeden umgekehr-
15 ten Versuch wenden. Wir sehen die europäischen Nationen um uns als gegebene Tatsachen. Deutschland ist nun jederzeit bereit, auf Angriffswaffen zu verzichten, wenn auch die übrige Welt ihrer entsagt. Deutschland ist bereit, jedem feierlichen Nichtangriffspakt beizutreten; denn
20 Deutschland denkt nicht an einen Angriff, sondern an seine Sicherheit! Die deutsche Regierung wünscht sich über alle schwierigen Fragen politischer und wirtschaftlicher Natur mit den anderen Nationen friedlich und vertraglich auseinan-
25 derzusetzen.

Zit. nach: Wolfgang Michalka (Hrsg): Deutsche Geschichte 1933-1945. Dokumente zur Innen- und Außenpolitik. Frankfurt a. M. 1999, S. 17 (gekürzt)

Q4 Einmarsch der Wehrmacht in das entmilitarisierte Rheinland
Foto vom 7. März 1936
Truppen überqueren die Rheinbrücke in Mainz.

[1] Genf war Sitz des Völkerbundes und Tagungsort der Abrüstungskonferenzen.

---

1. Nenne die Verträge und Maßnahmen der NS-Außenpolitik der Jahre 1933 bis 1938.
2. Analysiere die Reden Hitlers vergleichend und stelle die Aussagen gegenüber (Q2, Q3). **H**
3. Untersuche die Rede zu Hitlers Kriegsplänen. Bei welchen Aspekten handelt es sich um eine Revision des Versailler Vertrages und welche Punkte gehen darüber hinaus oder waren eigentlich im Friedensvertrag untersagt (Q2, VT)? **H**
4. Erläutere, weshalb die NS-Außenpolitik bei der deutschen Bevölkerung auf Zustimmung stieß (VT, Q3, Q4).
5. Interpretiere die Karikatur. Gehe insbesondere auf den Begriff „Friedenspropaganda" ein und formuliere eine abschließende Beurteilung (Q1, VT).

Nationalsozialistische Außenpolitik – aggressive Expansion ab 1938/39

Karikatur von David Low vom Juli 1936, Evening Standard (London)

boss of the universe: Herr des Universums

Danzig

Rhineland fortification: Rheinland-Befestigung

rearmament: Aufrüstung

Spineless leaders of democracy: demokratische Anführer ohne Rückgrat

Hitler erreicht seine Ziele wohl ohne Mühe …

Oder der Karikaturist will sagen, dass die anderen Länder Hitler einfach machen lassen?

„Sudetenkrise" und Münchener Abkommen

Hitlers nächstes Ziel war die 1918 gegründete
30 Tschechoslowakei. Hier lebten ca. 3 Millionen Sudetendeutsche, die mehr Eigenständigkeit von der Regierung in Prag forderten. Hitler nutzte die Krise und drohte mit einem militärischen Eingriff. Der britische Premierminister **Arthur Neville Cham-**
35 **berlain** versuchte, den Konflikt diplomatisch zu lösen: Er wollte die Fehler von 1914 und einen erneuten großen Krieg in Europa verhindern. Auch war die britische Bevölkerung kriegsmüde und das Militär noch nicht wieder voll einsatzfähig. Cham-
40 berlains **Appeasement-Politik** („Beschwichtigung") hatte zum Ziel, einen Krieg zu verhindern. Ohne Vertreter der Tschechoslowakei einigten sich England, Frankreich, Italien und Deutschland auf der Münchener Konferenz am 29. September
45 1938 darauf, die sudetendeutschen Gebiete an das Deutsche Reich abzutreten (Münchener Abkommen). Dafür vereinbarten England und Frankreich, den Fortbestand des tschechoslowakischen Staates sicherzustellen.
50

„Zerschlagung der Rest-Tschechei"

Hitler hatte versichert, dies seien seine letzten territorialen Forderungen. Doch kurz nach der **Annexion** des Sudetenlandes – im März 1939 – marschierte die Wehrmacht in die Gebiete Böh-
55 men und Mähren der restlichen Tschechoslowakei ein. Das „Protektorat Böhmen und Mähren" wurde ebenso wie das Memelgebiet von Litauen in das „Großdeutsche Reich" eingegliedert. Hitlers aggressive Expansionspolitik zeigte die Unwirk-
60 samkeit der Appeasement-Politik. Deshalb garantierte Großbritannien die Sicherheit und Unabhängigkeit Polens im Falle eines deutschen Angriffs.

Von der Revisions- zur Expansionspolitik

Hitlers Außenpolitik folgte bis 1938 scheinbar der Revision des Versailler Vertrages, um das Deutsche Reich wieder als gleichberechtigtes Land auf der
5 Weltbühne zu etablieren. Deshalb unterstützte ein Großteil der deutschen Bevölkerung diese Politik. Doch Hitler wollte darüber hinaus seine **Expansionspolitik** umsetzen.

Der „Anschluss" Österreichs

10 Im März 1938 besetzte die deutsche Wehrmacht Österreich. Ein großer Teil der österreichischen Bevölkerung begrüßte den „Anschluss", wie die gewaltsame Zusammenführung Deutschlands und Österreichs in der nationalsozialistischen Propa-
15 ganda genannt wurde, und bestätigte ihn in einer keinesfalls freien Volksabstimmung am 10. April 1938. Seitdem sprach die NS-Propaganda von einem „Großdeutschen Reich". Obwohl dieses Vorgehen gegen die Regelungen des Versailler
20 Vertrages verstieß, ließen die Westmächte Hitler gewähren. Als Begründung diente das Selbstbestimmungsrecht der Völker, obwohl der österreichische Bundeskanzler Kurt von Schuschnigg einen verzweifelten Hilfeappell an die europäischen
25 Mächte versandt hatte. Die begeisterte Zustimmung von Teilen der österreichischen Bevölkerung ebnete Hitler zusätzlich den Weg.

Unter dem Mediencode 31033-83 kannst du mehr über den „Anschluss" Österreichs und die Besetzung des Sudetengebietes nachlesen.

Expansionspolitik
Bestreben, das eigene Gebiet (mithilfe des Militärs) auszudehnen

Appeasement-Politik
Politik des Entgegenkommens und der Beschwichtigung zur Friedenswahrung

Annexion
Gewaltsame militärische Einnahme eines Landes

Q2 Das Hoßbach-Protokoll

Niederschrift Oberst Friedrich Hoß-
bachs über eine Besprechung am
5. November 1937 in Berlin, auf der
Hitler Wehrmachtsvertretern und
dem Außenminister Freiherr von
Neurath seine außenpolitischen
Grundzüge darlegt:

An sich glaube der Führer, dass mit
hoher Wahrscheinlichkeit England,
voraussichtlich aber auch Frankreich die Tschechei bereits im Stillen
5 abgeschrieben und sich damit abge-
funden hätten, dass diese Frage eines Tages durch Deutschland berei-
nigt würde. Die Schwierigkeiten des
Empire und die Aussicht, in einen
10 lang währenden europäischen Krieg
erneut verwickelt zu werden, seien
bestimmend für eine Nichtbeteili-
gung Englands in einem Kriege gegen Deutschland. Die englische Haltung werde gewiss nicht
15 ohne Einfluss auf die Frankreichs sein. Ein Vorgehen Frankreichs ohne die englische Unterstützung sei wenig wahrscheinlich.

Zit. nach: Friedrich Kiessling, Quellen zur deutschen Außen-
politik 1933 - 1939, Darmstadt 2000, S. 168 f. (gekürzt)

Q3 „Absolut unmoralisch"

Der britische Botschafter Henderson schreibt am
16. März 1939 an seinen Außenminister:

Ein Kommentar gegen das Vorgehen Deutschlands in der Tschechoslowakei erscheint überflüssig. Der äußerste Zynismus und die Immora-
lität des ganzen Vorgehens spottet jeglicher Be-
5 schreibung. Wenn auch verwerflich in der Form
und unwillkommen als Tatsache, so war die Ein-

D1 Die Expansion des deutschen Machtbereichs bis März 1939

gliederung Österreichs und der Sudetendeutschen in das Reich im Prinzip keine unnatürliche
Entwicklung, kein unedles Streben für die Deut-
10 schen und nicht einmal in einem ethischen Sinne unmoralisch. Beide, die Ostmark und das
Sudetengebiet, sind von einer Bevölkerung be-
wohnt, die völlig deutsch ist und die an die
Grenzen Deutschlands anstößt. Ihre Eingliede-
15 rung in das Reich geschah daher in Übereinstimmung mit dem Recht der Selbstbestimmung. Die
Annexion von Böhmen und Mähren liegt auf einer ganz anderen Ebene und kann nicht durch
irgendeinen der Gründe gerechtfertigt werden.
20 Sie widerspricht völlig dem Recht der Selbstbestimmung und ist absolut unmoralisch.

Zit. nach: Kurt Zentner, Illustrierte Geschichte des Dritten
Reiches, München 1965, S. 441 f. (gekürzt)

---

1. Der Karikaturist konnte 1936 nicht die Ereignisse von 1938 bis 1939 vorhersehen: Arbeite die
   expansiven Eroberungen Hitlers heraus und erstelle einen Zeitstrahl (Q1, VT, D1). Unter dem
   Mediencode 31033 - 84 geht das auch digital. **MK**
2. Erläutere das Hoßbach-Protokoll. Berücksichtige dabei die Einschätzung Hitlers, dass ein Eingreifen
   der Westmächte ausbleiben werde (Q2).
3. Diskutiere, worin der britische Botschafter qualitative Unterschiede zwischen den Eroberungen
   Hitlers ausmacht (Q3, VT). **H**
4. „Demokratische Anführer ohne Rückgrat": Beurteile diese Aussage der Karikatur im Hinblick auf
   ihre Überzeugungskraft (VT, Q1-Q3). **H**
5. Erstelle einen inneren Monolog aus Sicht Chamberlains (VT, Q1-Q3). **H**

Der Weg in den Zweiten Weltkrieg

Q1 „Rendezvous" – der deutsch-sowjetische Nichtangriffspakt

Karikatur von David Low zur Allianz der Diktatoren, dem „Hitler-Stalin-Pakt", im „Evening Standard", 20. September 1939

Hitler: „Der Abschaum der Menschheit, glaube ich". Stalin: „Der blutige Mörder der Arbeiterklasse, wie ich annehme".

 Hitler und Stalin begrüßen sich ja sehr freundlich bei ihrem Rendezvous …

 Aber die Sowjetunion müsste doch als kommunistischer Staat Hitlers Hauptgegner gewesen sein!

Hitler-Stalin-Pakt

Am 23. August 1939 schloss Reichsaußenminister Joachim von Ribbentrop mit seinem russischen Amtskollegen den deutsch-sowjetischen Nichtan-
5 griffspakt. Dieser sogenannte Hitler-Stalin-Pakt sorgte international für Erstaunen, da die kommunistische Sowjetunion eigentlich der ideologische Hauptfeind Nazideutschlands war. Der „Pakt mit dem Teufel", wie Hitler ihn nannte, beinhaltete
10 die gegenseitige Neutralität im Falle eines Angriffs und sollte einen Zweifrontenkrieg verhindern. Ein geheimes Zusatzprotokoll legte Vereinbarungen der beiden Länder über die Aufteilung Polens sowie die Umgestaltung von Ost- und Südeuropa
15 nach ihren Vorstellungen fest.

Überfall auf Polen

Am 31. August 1939 griffen als Polen verkleidete SS-Soldaten den Rundfunksender Gleiwitz an. Durch dieses Täuschungsmanöver wollte Hitler die
20 Eroberung Polens als Verteidigungskrieg rechtfertigen. Am 1. September 1939 marschierte die Wehrmacht in Polen ein. Daraufhin erklärten Frankreich und England dem Deutschen Reich den Krieg.
Das Deutsche Reich war militärisch überlegen, Po-
25 len hatte dem Angriff nichts entgegenzusetzen. Der Hitler-Stalin-Pakt schützte Deutschland vor ei-

nem Eingreifen Stalins – bereits am 17. September 1939 eroberte die Sowjetunion Ostpolen gemäß dem geheimen Zusatzprotokoll. Polen kapitulierte
30 nach einem Monat. Die NS-Propaganda sprach von einem „Blitzkrieg". Der polnische Staat wurde aufgelöst, seine Gebiete um Danzig ins Deutsche Reich integriert und Westpolen, Zentralpolen und das westliche Südpolen als deutsches Gene-
35 ralgouvernement wie eine Kolonie ausgebeutet. Gleichzeitig startete eine gewaltige Umsiedlungskampagne. Deutsche wurden in den eingegliederten Gebieten angesiedelt. SS-Einsatztruppen ermordeten die polnische Oberschicht. Die polni-
40 schen Juden trieben sie in Ghettos zusammen oder erschossen sie.

„Blitzkrieg" im Westen

Im Frühjahr 1940 eroberte die Wehrmacht auch Dänemark und Norwegen. Im Mai 1940 attackier-
45 te Hitler den Westen: Über die neutralen Benelux-Staaten marschierte die deutsche Armee in Frankreich ein. Nach der Einnahme von Paris wurde am 22. Juni 1940 das Waffenstillstandsabkommen von Compiègne im historischen Eisenbahnwag-
50 gon unterzeichnet. Die Erfolge im sogenannten „Blitzkrieg" erhöhten das Ansehen Hitlers – die NS-Propaganda erklärte ihn zum „Größten Feldherrn aller Zeiten".
Nachdem Hitler lange Zeit erfolglos versucht hat-
55 te, Großbritannien als Bündnispartner zu gewinnen, wollte er Großbritannien in einer Invasion besiegen, die allerdings scheiterte. Trotz massiver Luftangriffe auf britische Städte wie Coventry war der konservative Premierminister Winston Chur-
60 chill jetzt klar zum Widerstand gegen das Deutsche Reich eingestellt.

📖 **„Blitzkrieg"**
Propagandabegriff der Nationalsozialisten für schnelle Kriegsführung

📖 **Generalgouvernement**
Besetztes Gebiet, in dem Ausbeutungs- und Vernichtungspolitik betrieben wurde

🌐 Unter dem Mediencode 31033-85 zeigt ein zusammenfassender History-Clip noch einmal den Weg in den Zweiten Weltkrieg.

Q2 **Geheimes Zusatzprotokoll zum Hitler-Stalin-Pakt**

Der Vertrag vom 23. August 1939 enthält folgende Ergänzung:

1. Für den Fall einer territorial-politischen Umgestaltung in den zu den baltischen Staaten (Finnland, Estland, Lettland, Litauen) gehörenden Gebieten bildet die nördliche Grenze Litau-
5 ens zugleich die Grenze der Interessensphäre Deutschlands und der UdSSR.

2. Für den Fall einer territorial-politischen Umgestaltung der zum polnischen Staate gehörenden Gebiete werden die Interessensphären
10 Deutschlands und der UdSSR ungefähr durch die Linie der Flüsse Narew, Weichsel und San abgegrenzt.

3. Hinsichtlich des Südostens Europas wird von sowjetischer Seite das Interesse an Bessarabien[1]
15 betont.

Zit. nach: Walther Hofer (Hrsg.), Der Nationalsozialismus. Dokumente 1933 - 1945, Frankfurt a. M. 50 2011, S. 230f. (gekürzt)

Q3 **Hitlers Kriegsziele in Polen**

Auszug aus einer Rede Hitlers vor Wehrmachtsbefehlshabern vom 22. August 1939:

Vernichtung Polens im Vordergrund. Ziel ist die Beseitigung aller lebendigen Kräfte, nicht die Erreichung einer bestimmten Linie. Auch wenn im Westen Krieg ausbricht, bleibt Vernichtung Po-
5 lens im Vordergrund. [...] Ich werde propagandistischen Anlass zur Auslösung des Krieges geben, gleichgültig, ob glaubhaft. Der Sieger wird später nicht danach gefragt, ob er die Wahrheit gesagt hat oder nicht. Bei Beginn und Führung
10 des Krieges kommt es nicht auf das Recht an, sondern auf den Sieg. Herz verschließen gegen Mitleid. Brutales Vorgehen. 80 Millionen Men-

Q5 **Hitler vor dem Eiffelturm**

Foto vom 23. Juni 1940

Auf einer Frontfahrt posierte Hitler vor dem Wahrzeichen der französischen Hauptstadt.

schen müssen ihr Recht bekommen. Ihre Existenz muss gesichert werden. Der Stärkere hat
15 das Recht.

Zit. nach: Der Prozess gegen die Hauptkriegsverbrecher vor dem Internationalen Militärgerichtshof Nürnberg, Bd. XXVI, Nürnberg 1948, S. 523

Q4 **„Gegen Russland"**

Hitler erläutert seine Ziele am 11. August 1939 Carl Jakob Burckhardt, dem Schweizer Volksbundkommissar für Danzig:

Alles, was ich unternehme, ist gegen Russland gerichtet; wenn der Westen zu dumm und zu blind ist, um dies zu begreifen, werde ich gezwungen sein, mich mit den Russen zu verstän-
5 digen, den Westen zu schlagen, und dann nach seiner Niederlage mich mit meinen versammelten Kräften gegen die Sowjetunion zu wenden. Ich brauche die Ukraine, damit man uns nicht wieder wie im letzten Krieg aushungern kann.

Zit. nach: Wolfgang Michalka (Hrsg.), Deutsche Geschichte 1933 - 1945. Dokumente zur Innen- und Außenpolitik, Frankfurt a. M. 1993, S. 166

[1] Bessarabien: Gebiet, das zur damaligen Zeit zu Rumänien gehörte

---

1. Nenne die Länder, gegen die Hitler bis 1940 Kriege führte (VT).
2. Erläutere, weshalb der Nichtangriffsvertrag zwischen Nazideutschland und der Sowjetunion von Historiker:innen auch als „Angriffspakt" bezeichnet wird (VT, Q2).
3. Erkläre die Wirkung des Fotos von Hitler vor dem Eiffelturm. Wieso sind solche Bilder für die nationalsozialistische Propaganda von Bedeutung (VT, Q5)?
4. Arbeite Hitlers Kriegsziele in Polen sowie deren Umsetzung heraus (Q3, VT).
5. Interpretiere die Karikatur (Q1, Q4, VT). **H**
6. Beurteile, welche langfristigen Ziele Hitler mit dem deutsch-sowjetischen Nichtangriffspakt verfolgte.
7. Recherchiere im Internet, weshalb der Waffenstillstand von Compiègne in einem Eisenbahnwaggon unterzeichnet wurde. Welche Symbolik steht dahinter? **MK**

Eine politische Rede untersuchen

Eine Rede ist ein wichtiges Instrument der politischen Kommunikation. Sie soll über die Pläne der Rednerin oder des Redners informieren und das Publikum überzeugen. Ziel ist, bei diesen eine Veränderung der Einstellung zu bewirken. Neben dem vor Ort anwesenden Publikum als direktem Adressaten gibt es über Rundfunk und Zeitungen auch indirekte Adressaten. Eine Propagandarede nutzt kaum Argumente und Informationen, sondern beeinflusst auf emotionale Weise. Durch sprachliche Mittel, bestimmte Wortfelder und Körpersprache findet eine Manipulation statt, um die Zuhörerschaft für eine Ideologie zu gewinnen.

Schritt für Schritt:
Eine politische Rede untersuchen

1. **Beschreiben**

   Nenne zunächst die formalen Merkmale der Rede:
   a) Wer hat die Rede gehalten (Rednerin / Redner)?
   b) Wo und wann wurde die Rede gehalten (Ort und Datum)?
   c) Welche Art von Rede liegt vor (Redetyp: Wahlkampf-, Gedenk-, Parteitagsrede usw.)?
   d) An wen ist die Rede gerichtet (direkte / indirekte Adressaten)?
   e) Was ist der Grund der Rede (Anlass)?

2. **Untersuchen**

   Untersuche die inhaltlichen und formalen Merkmale der Rede:
   a) Thema der Rede (Thesen und Aussagen)
   b) sprachliche Mittel (z. B. Metaphern, rhetorische Fragen, Personifikationen, Wiederholungen, Anaphern[1] usw.)
   c) Wortfelder (z. B. Religion, Krieg, Liebe usw.)
   d) Wortarten (z. B. Substantive, Adjektive, Pronomina usw.)
   e) Satzbau (z. B. Ausrufe, nur Hauptsätze (Parataxen), Haupt- und Nebensätze (Hypotaxen) usw.)
   f) Video: Körpersprache (Gestik, Mimik), Redeweise (Lautstärke, Tempo, Pausen)

3. **Deuten**

   Nimm abschließend eine Beurteilung der Rede vor:
   a) Ordne die Rede in den Kontext ein (Einstellung und Ideologie).
   b) Beurteile die sachliche Qualität der Rede (Täuschungen, Lügen).
   c) Beurteile die Funktion der Rede (Ziel / angestrebte Wirkung).

Tipps:
- Belege deine Ausführungen mit Zitaten oder Umschreibungen.
- Zähle die Stilmittel nicht nur auf. Erkläre auch Funktion und Wirkung.
- Nutze den Konjunktiv, um deutlich zu machen, dass du die Aussagen der Rede wiedergibst, nicht deine eigene Auffassung.

---

[1] Wiederholung eines Wortes oder mehrerer Wörter zu Beginn aufeinanderfolgender Sätze oder Satzteile

So könnte deine Untersuchung einer politischen Rede aussehen:

1. **Beschreiben**

   Propagandaminister Joseph Goebbels hielt die Rede am 20. April 1935 zum Anlass von Hitlers 46. Geburtstag. Die Geburtstagsrede wurde über den Rundfunk ausgestrahlt und war an die deutsche Bevölkerung gerichtet. Aber auch die Weltöffentlichkeit konnte zuhören.

2. **Untersuchen**

   Die Rede geht inhaltlich auf die scheinbar besonderen Fähigkeiten Hitlers, aber auch auf seine angebliche Bescheidenheit und Nähe zur Bevölkerung ein, die ihn laut Aussage des Redners liebe und vertraue (vgl. Z. 11 und 22). Mit dem Wortfeld der Zauberei (Zauber, Magie, Kraft vgl. Z. 4 f.) spricht Goebbels Hitler fast übernatürliche Eigenschaften zu. Die Hyperbel[2] „auf dem weiten Erdball" (Z. 7) soll Hitlers staatsmännische Fähigkeiten unterstreichen. Die Einheit aus „Volk" und „Führer" wird dadurch verstärkt, dass das Substantiv „Volk" neunmal in diesem Redeausschnitt erscheint. Gleichzeitig wird Hitler als hervorragender Staatsmann in Szene gesetzt, der es sprachlich und argumentativ mit England aufnehmen könne (vgl. Z. 15 ff.). Hitlers angebliche Fürsorglichkeit betont Goebbels durch das Wortfeld Familie (Kleinsten, freundliche Zutraulichkeit, Beschützer, Kind im Arm der Mutter, vgl. Z. 21 ff.). Der Vergleich mit Mutter und Kind sticht besonders hervor.

3. **Deuten**

   Der Propagandaminister baut eine enge emotionale Verbindung zum Publikum auf. Hitler sei trotz seiner außergewöhnlichen Qualitäten eine bescheidene Person geblieben. Auch die rassenideologischen Vorstellungen von Goebbels sind erkennbar: „Fleisch aus seinem Fleische und Geist aus seinem Geiste ist." (Z. 12 f.). Da Hitler erst vor zwei Jahren zum Reichskanzler ernannt wurde, ist es Goebbels' Absicht, Hitler als unumstrittenen „Führer" des Deutschen Reiches in der Bevölkerung zu etablieren.

---

[2] rhetorisches Stilmittel der Übertreibung

Ach, Goebbels will Hitler zum Geburtstag gratulieren!

Mit so vielen sprachlichen Mitteln wird wohl noch mehr mitgeteilt als nur Glückwünsche.

Q1 „Unser Hitler"

Am 20. April 1935, dem 46. Geburtstag Adolf Hitlers, hält Joseph Goebbels diese Ansprache im deutschen Rundfunk:

Meine Volksgenossen und Volksgenossinnen! Heute, zum Geburtstag des Führers, ist es, glaube ich, an der Zeit, den Menschen Hitler mit dem ganzen Zauber seiner Persönlichkeit, mit der geheim-
5 nisvollen Magie und der eindringlichen Kraft seines individuellen Wirkens dem ganzen Volke vor Augen zu stellen. Es gibt wohl auf dem weiten Erdball niemanden mehr, der ihn nicht als Staatsmann und überlegenen Volksführer kennt.
10 [Das] ganze Volk hängt ihm nicht nur mit Verehrung, sondern mit tiefer, herzlicher Liebe an, weil es das Gefühl hat, dass er zu ihm gehört. Fleisch aus seinem Fleische und Geist aus seinem Geiste ist. Aus dem Volke ist er gekommen, und im Volke ist er
15 geblieben. Er, der zwei Tage lang in fünfzehnstündiger Konferenz mit den Staatsmännern des weltbeherrschenden England in geschliffenem Dialog und mit meisterhafter Beherrschung der Argumente und Zahlen über die Schicksalsfrage Europas ver-
20 handelt, spricht mit derselben selbstverständlichen Natürlichkeit zu Leuten aus dem Volke. Die Kleinsten nahen ihm mit freundlicher Zutraulichkeit, weil sie empfinden, dass er ihr Freund und Beschützer ist. Das ganze Volk aber liebt ihn, weil es sich in sei-
25 ner Hand geborgen fühlt wie ein Kind im Arm der Mutter.
Und so sagt es zu dieser Stunde der letzte Mann im fernsten Dorf: Was er war, das ist er, und was er ist, das soll er bleiben: unser Hitler.

Zit. nach: Informationen zur politischen Bildung, 266, 2000, S. 7

Formale Merkmale der Rede

Verstärkung der Einheit zwischen Volk und Führer durch mehrfache Nennung des Begriffes „Volk", das in untrennbarer Einheit mit dem „Führer" erscheint.

Wortfeld der Zauberei

Hyperbel (Übertreibung)

Bilder der Verbundenheit und Liebe

Bild von Mutter und Kind

Hyperbeln (Übertreibungen)

Jetzt bist du dran: Eine politische Rede untersuchen

1. Untersuche die „Sportpalastrede" von Joseph Goebbels (Q5 auf S. 183) mithilfe der methodischen Schritte. Die Formulierungshilfen auf S. 208 unterstützen dich dabei. Unter dem Mediencode 31033-86 kannst du dir die Rede auch im Original anhören. H 🌐

2. Charakterisiere die politische Haltung des Redners, die in der Rede zum Ausdruck kommt.

Die Kriegsführung in Ost und West

Die Nationalsozialisten begingen massenhaft grausamste Kriegsverbrechen – vor allem in den östlichen Kriegsgebieten?

Eher überall, aber im Westen sollten die Besatzer anders vorgehen, glaube ich!

Q1 Massenerschießung in der Ukraine
Massengrab nahe Winniza, Foto von 1941
Die jüdische Bevölkerung wird ermordet.

Wie läuft die Besatzung im Westen ab?
Der riskante Feldzug gegen den westlichen Gegner war Hitler durch schnelle Panzervorstöße gelungen. Nach der Besetzung der Niederlande, Lu-
5 xemburgs und Frankreichs standen diese unter NS-Vorherrschaft. Die Staaten wurden nicht offiziell dem Deutschen Reich eingegliedert, waren aber natürlich alles andere als unabhängig: Sie mussten dem deutschen Militär und der Industrie
10 zuarbeiten, die NS-Gesetze galten für die dortige Bevölkerung. Auch im Westen fanden Kriegsverbrechen statt. Da jedoch die Nationalsozialisten die Bevölkerung der westlichen Staaten ebenfalls als „nordische Rasse" und nicht als „minderwer-
15 tig" ansah, sollte sie von den Morden an jüdischen Mitmenschen und anderen Bevölkerungsgruppen möglichst wenig mitbekommen.

Überfall auf die Sowjetunion
Die Bevölkerung im Osten galt den Nationalsozia-
20 listen als „minderwertige Untermenschen". Nach der Eroberung Polens griff Hitler die Sowjetunion an, um sein zentrales außenpolitisches Ziel „Lebensraum im Osten" zu verwirklichen. Für das

Q2 Besetzung Norwegens und Dänemarks
Weisung Hitlers, 1. März 1940 (Auszug):
Grundsätzlich ist anzustreben, der Unternehmung den Charakter einer friedlichen Besetzung zu geben, die den bewaffneten Schutz der Neutralität der nordischen Staaten zum Ziel hat.

Zit. nach: Walter Hofer, Der Nationalsozialismus. Dokumente 1933-45, Frankfurt a. M. 1957, S. 232 f.

Unternehmen Barbarossa gegen den ideologi-
25 schen Hauptfeind mobilisierte die Wehrmacht Millionen von Soldaten sowie tausende Panzer und Flugzeuge. Am 22. Juni 1941 überfiel das Deutsche Reich die Sowjetunion ohne Kriegserklärung. Nach anfänglich rasanten Gebietseroberungen
30 geriet der Einmarsch vor Moskau ins Stocken. Dies lag an der schlechten Versorgungslage, den extremen klimatischen Bedingungen – und dem Widerstand der Roten Armee: Nachdem der Überraschungseffekt des deutschen Überfalls verpufft
35 war, setzte sich die Sowjetunion zur Wehr.

„Generalplan Ost"
In den östlichen Gebieten ging es den Nationalsozialisten nicht nur um eine Besatzung, hier plante das Regime eine rassische „Neuordnung": Polen
40 und die westliche Sowjetunion sollten „germanisiert" werden – durch die Ansiedlung von Deutschen. Bodenschätze und Ressourcen galt es auszubeuten. Dieser „Generalplan Ost" war die praktische Umsetzung der Lebensraumideologie. Die
45 einheimische Bevölkerung sollte versklavt, umgesiedelt und getötet werden.

Rassen- und Vernichtungskrieg
SS-Soldaten und Wehrmacht ermordeten gesellschaftliche Eliten, Intellektuelle und politische
50 Kommissare[1], um Widerstand zu unterbinden. Die jüdische und slawische Bevölkerung fiel den SS-Einheiten zum Opfer: Mordkommandos erschossen Juden, Kommunisten, Sinti und Roma. Wer als „rassisch minderwertig" galt, wurde verschleppt
55 und ermordet. Der Rassen- und Vernichtungskrieg löschte das Leben von ca. 20 Millionen Menschen aus. Nur einem kleinen Teil der Bevölkerung gestattete das NS-Regime ein Lebensrecht auf niedrigem Niveau – durch Zwangsarbeit.

 **Unternehmen Barbarossa**
Deckname für den Überfall der Wehrmacht auf die Sowjetunion

Vernichtungskrieg
Kriegsführung mit der Zielsetzung, neben einem militärischen Sieg Bevölkerungsgruppen auszulöschen

[1] Offiziere in der Roten Armee, die die ideologische Kontrolle der Soldaten im Sinne des Marxismus-Leninismus sicherten

Q3 Der „Kommissarbefehl" (6. Juni 1941)

Der Chef des Oberkommandos der Wehrmacht unterzeichnet folgende Weisung:

Im Kampf gegen den Bolschewismus ist mit einem Verhalten des Feindes nach den Grundsätzen der Menschlichkeit oder des Völkerrechts nicht zu rechnen. Insbesondere ist von den poli-
5 tischen Kommissaren aller Art als den eigentlichen Trägern des Widerstandes eine hasserfüllte, grausame und unmenschliche Behandlung unserer Gefangenen zu erwarten. Die Truppe hat sich bewusst zu sein:
10 1. In diesem Kampf ist Schonung und völkerrechtliche Rücksichtnahme diesen Elementen gegenüber falsch.
2. Die Urheber barbarisch-asiatischer Kampfmethoden sind die politischen Kommissare. Gegen
15 diese muss daher sofort und ohne Weiteres mit aller Schärfe vorgegangen werden. Diese Kommissare werden nicht als Soldaten anerkannt; der für Kriegsgefangene völkerrechtlich geltende Schutz findet auf sie keine Anwendung. Sie sind
20 nach durchgeführter Absonderung zu erledigen.

Zit. nach: Wolfgang Michalka (Hrsg.), Deutsche Geschichte 1933-45, Frankfurt a. M. 1933, S. 204

Q4 Aus dem „Jäger-Bericht" **H**

Der Kommandeur des Einsatzkommandos (EK) 3 und SS-Offizier Karl Jäger hat 137 346 Männer, Frauen und Kinder in Massenerschießungen in Litauen töten lassen. Zu einer Auflistung an das Reichssicherheitshauptamt in Berlin am 1. Dezember 1941 schreibt er:

Ich kann heute feststellen, dass das Ziel, das Judenproblem für Litauen zu lösen, vom EK 3 erreicht worden ist. In Litauen gibt es keine Juden mehr, außer den Arbeitsjuden incl. ihrer Famili-
5 en. Diese [etwa 34 500] Arbeitsjuden incl. ihrer

D1 Europa im Herbst 1942

Familien wollte ich ebenfalls umlegen, was mir jedoch scharfe Kampfansage der Zivilverwaltung (dem Reichskommissar) und der Wehrmacht eintrug und das Verbot auslöste: Diese Juden
10 und ihre Familien dürfen nicht erschossen werden! Die Durchführung solcher Aktionen ist in erster Linie eine Organisationsfrage. Die Juden mussten an einen Ort oder an mehreren Orten gesammelt werden. Anhand der Anzahl musste
15 der Platz für die erforderlichen Gruben ausgesucht und ausgehoben werden. Ich bin der Ansicht, dass sofort mit der Sterilisation der männlichen Arbeitsjuden begonnen wird, um eine Fortpflanzung zu verhindern. Wird trotzdem ei-
20 ne Jüdin schwanger, so ist sie zu liquidieren[1].

Zit. nach: www.holocaust-history.org/works/jaegerreport/ htm/img009.htm (12. August 2013, gekürzt)

Unter dem Mediencode 31033-87 kannst du die nationalsozialistische Außenpolitik und den Weg in den Zweiten Weltkrieg noch einmal auf einer animierten Karte nachvollziehen.

[1] liquidieren: jemanden auftragsgemäß töten

---

1. Arbeite die Verbrechen der Nationalsozialisten in den östlichen Kriegsgebieten heraus. Erläutere die Gründe für die brutale Kriegsführung mithilfe deiner Kenntnisse zur NS-Ideologie (VT, Q3). **H**

2. Analysiere die Europakarte im Herbst 1942. Gegen wen und mit wem führte das NS-Regime seine Angriffskriege (D1)?

3. Untersuche den „Kommissarbefehl". Wie rechtfertigt der Chef des Oberkommandos das brutale Vorgehen (Q3)?

4. Recherchiere den Begriff „Kriegsverbrechen". Erläutere dann, inwiefern es sich beim „Jäger-Bericht" um Kriegsverbrechen handelt (Q4, VT). **MK** **H**

5. Vergleiche die Kriegsführung im Osten mit der im Norden und Westen (VT, Q1-Q4).

Die deutsche Wehrmacht im Zweiten Weltkrieg

Auch im Krieg gibt es also Regeln, an die sich die Soldaten halten müssen!

Aber die deutschen Wehrmachtssoldaten haben sogar unschuldige Zivilisten ermordet.

Q1 Im Krieg nicht erlaubt

Auszug aus der Haager Landkriegsordnung von 1907:

Artikel 23: „[Es] ist namentlich untersagt: die Tötung oder Verwundung eines die Waffen streckenden oder wehrlosen Feindes, der sich ergeben hat."

Zit. nach: Hamburger Institut für Sozialforschung (Hrsg.), Verbrechen der Wehrmacht. Dimensionen des Vernichtungskrieges 1941-1944, Hamburg 2002, S. 4-6

Eine „saubere" Wehrmacht?

Die aus der Nachkriegszeit stammende Legende einer „anständigen" und „sau-
beren" Wehrmacht, die heldenhaft für
5 das Vaterland gekämpft habe und nicht an den Menschheitsverbrechen des NS-Regimes beteiligt gewesen sei, wurde im Jahr 1995 mit der „Wehrmachtsausstellung"[1] grundsätzlich infrage gestellt.
10 Die Wanderausstellung „Vernichtungskrieg. Verbrechen der Wehrmacht 1941 bis 1944" hob die aktive und systematische Beteiligung der Wehrmacht an zahlreichen Kriegsverbrechen im Zweiten Weltkrieg hervor. Obwohl diese Kernthe-
15 se unter Historiker:innen seit den 1960er-Jahren nicht mehr umstritten war, entbrannte in der Öffentlichkeit eine leidenschaftlich geführte Kontroverse. Die einen warfen der Ausstellung vor, die deutschen Soldaten zu diffamieren, die anderen
20 begrüßten die längst fällige Aufarbeitung der von der Wehrmacht begangenen Verbrechen. Doch welche Maßstäbe müssen angelegt werden, will man die Rolle der Wehrmacht im Kontext der NS-Verbrechen beurteilen?

25 Der Zweite Weltkrieg – ein rechtsfreier Raum?

Auch im Krieg sind nicht alle Mittel erlaubt: Zu Beginn des 20. Jh. unterzeichneten mehrere Staaten, darunter auch das Deutsche Reich, das Haager
30 Abkommen (Haager Landkriegsordnung von 1907) sowie die Genfer Konvention (1929), die im Kriegsfall eine deutliche Grenze zwischen Recht und Unrecht zogen. Als damals geltendes Kriegs- und Völkerrecht sollten die Abkommen dem

Q2 Massaker an Zivilisten

Foto vom 22. April 1942

Wehrmachtssoldaten erschießen in Pancevo (Serbien) willkürlich 14 Serben als Rache für die Tötung eines SS-Soldaten sowie neun Deutscher. Auf dem öffentlichen Friedhof wurden 18 Menschen gehängt. Bereits tags zuvor waren vier Zivilisten erschossen worden.

35 Schutz der Zivilbevölkerung sowie der Kriegsgefangenen dienen.

Missachtung des geltenden Kriegsrechts

Nicht nur im Osten führte die Wehrmacht einen völkerrechtswidrigen Vernichtungskrieg. Die nati-
40 onalsozialistische Ideologie bezeichnete die slawischen Volksgruppen als „rassisch minderwertig". Dass die deutsche Besatzung die einheimische Bevölkerung rigoros dezimierte und ihre Gebiete im Rahmen des „Generalplans Ost" wirtschaftlich
45 ausbeutete, hast du bereits gehört. Neben Sowjetrussland, wo Städte wie Leningrad ausgehungert wurden, kam es auch in Serbien im Zuge der Partisanenbekämpfung zu grausamen Strafaktionen gegen die Zivilbevölkerung und kollektiven
50 Gewaltmaßnahmen wie der Vernichtung ganzer Ortschaften. In der Wehrmachtsführung wie auch in einfachen Truppen waren Antisemitismus und Rassismus weit verbreitet.

Kann die teils aktive Beteiligung der Wehrmacht
55 an den NS-Verbrechen und deren passiven Duldung demnach als gesichert gelten, so bleibt die Frage nach dem quantitativen Ausmaß sowie den Handlungsspielräumen einzelner Soldaten offen.

[1] von 1995 bis 1999 und 2001 bis 2004 durch das Hamburger Institut für Sozialforschung organisierte Wanderausstellung über die Verbrechen der Wehrmacht

Q3 Kriegsgefangene der Deutschen

Foto von 1945

Noch vier Wochen nach der Befreiung musste der Junge in der Mitte zur Fotoaufnahme getragen werden, da er so entkräftet war.

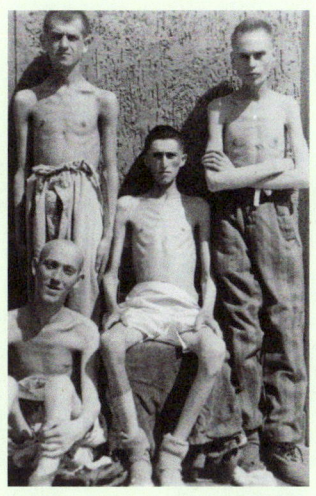

Q4 Kriegsverbrechen

Haager Landkriegsordnung von 1907 (Auszug):

Art. 4 und 7: Kriegsgefangene sollen mit Menschlichkeit behandelt werden. Sie sind in Beziehung auf Nahrung, Unterkunft und Kleidung auf demselben Fuße zu behandeln wie die Truppen der
5 Regierung, die sie gefangen genommen hat.

Art. 25 und 28: Es ist untersagt, unverteidigte Städte, Dörfer, Wohnstätten oder Gebäude, mit welchen Mitteln es auch sei, anzugreifen oder zu beschießen und der Plünderung preiszugeben.
10 Art. 46: Die Ehre und die Rechte der Familie, das Leben der Bürger und das Privateigentum sowie die religiösen Überzeugungen sollen geachtet werden.

Art. 50: Keine Strafe in Geld oder anderer Art
15 darf über eine ganze Bevölkerung wegen der Handlungen Einzelner verhängt werden.

Zit. nach: Hamburger Institut für Sozialforschung (Hrsg.), Verbrechen der Wehrmacht. Dimensionen des Vernichtungskrieges 1941-1944, Hamburg 2002, S. 4-6 (gekürzt)

Q6 „Bis zur Vernichtung"

Die Bevölkerung eines besetzten Landes untersteht der Kriegsgerichtsbarkeit. Für das Gebiet „Barbarossa" gilt:

[Alle] Angriffe feindlicher Zivilpersonen gegen die Wehrmacht, ihre Angehörigen und das Gefolge sind von der Truppe auf der Stelle mit den äußersten Mitteln bis zur Vernichtung des Angrei-
5 fers niederzukämpfen. Gegen Ortschaften, aus denen die Wehrmacht hinterhältig oder heimtückisch angegriffen wurde, werden unverzüglich auf Anordnung eines Offiziers kollektive Gewaltmaßnahmen durchgeführt, wenn die Umstände
10 eine rasche Feststellung einzelner Täter nicht gestatten. Für Handlungen, die Angehörige der Wehrmacht und des Gefolges gegen feindliche Zivilbevölkerung begehen, besteht kein Verfolgungszwang, auch dann nicht, wenn die Tat zu-
15 gleich ein militärisches Verbrechen oder Vergehen ist.

Kriegsgerichtsbarkeitserlass vom 13. Mai 1941 (gekürzt)

Q5 Demo 1997

Spiegel-TV-Beitrag (Screenshot)

In etlichen Städten demonstrieren Rechtsradikale gegen die Wehrmachtsausstellung.

---

1. Fasse die Bestimmungen der Haager Landkriegsordnung zusammen. Erläutere ihre Ziele (Q1, Q4).
2. Untersuche, welche Verbrechen im Sinne des Kriegsvölkerrechts begangen wurden. Stelle diese in einer Tabelle den Artikeln der Haager Landkriegsordnung gegenüber (VT, Q1-Q4, Q6).
3. Recherchiere im Internet zur Wehrmachtsaustellung und der um sie entbrannten Kontroverse. Entwirf einen fiktiven Ausstellungsflyer, welcher der Rolle der Wehrmacht gerecht wird.
4. Beurteile, inwiefern es sich bei dem Vorgehen der deutschen Wehrmacht um Kriegsverbrechen handelte (Q5).
5. Recherchiere mithilfe des Mediencodes 31033-88, wie der Wehrmachtsoffizier Wilm Hosenfeld im Zweiten Weltkrieg agierte. Nimm Stellung zu den Handlungsspielräumen deutscher Wehrmachtssoldaten. ⌐MK⌐ 🌐

Widerstand im „Dritten Reich" – zwischen privaten Witzen und Attentaten

Hitler wird da als Nazischwein bezeichnet. Ist das schon Widerstand?

Ich glaube, es gab auch Attentate auf Hitler. Das ist doch anders zu bewerten, oder?

Q1 „Wo ist das 5. Schwein?"

Faltblatt einer Widerstandsbewegung gegen den Nationalsozialismus

Die Antwort auf die Frage in der Mitte erhält man durch das Zusammenfalten des Flugblattes. Es ist ein Beispiel für Witze und Schmähungen, die im privaten Umfeld über Hitler und das NS-Regime kursierten.

Gruppenpuzzle

Führt ein Gruppenpuzzle zu den Handlungsspielräumen der Menschen in der NS-Diktatur durch, die das Regime kritisierten oder ablehnten.

1 Bildet Stammgruppen zu je 5 Personen und teilt die folgenden Themen untereinander auf, für die jeweils ein Gruppenmitglied Experte wird:
   a) Jugendwiderstand: Info 1 - 3, Q1 - Q4, D3
   b) Militärischer Widerstand: Info 1, Info 4 - 5, Q1, Q2, Q5, D2
   c) Rettungswiderstand: Info 1 sowie 6 - 7, Q1, Q2, Q6, D1, D2
   d) Arbeiterwiderstand: Info 1 und 8, Q1, Q2, Q7, Q8, D2
   e) Christlicher Widerstand: Info 1 und 9, Q1, D2. Nutze auch den Mediencode 31033 - 89 🌐.
   Für jedes Thema übernimmt ein Gruppenmitglied die Expertenrolle.

2 Einzelarbeit: Untersuche die dir zugeteilten Materialien hinsichtlich der beteiligten Akteur:innen, ihrer Motivation und Zielsetzung, den Aktivitäten sowie Folgen ihres Handelns. Halte deine Ergebnisse in der Auswertungstabelle fest.

3 Geht nun in Expertengruppen zusammen (a-e) und tauscht euch aus: Vergleicht euer Arbeitsergebnis und klärt offene Fragen. Diskutiert, auf welcher Stufe des Peukert-Modells (D2) ihr „eure Gruppe" einordnet würdet. Begründet eure Entscheidung.

4 Kehrt wieder in eure Stammgruppen zurück, tauscht euch aus und präsentiert euch gegenseitig die Arbeitsergebnisse. Diskutiert die Problematik schematischer Zuordnungen wie dem Peukert-Modell.

INFO 1   Widerstand: eine differenzierte Begriffsdefinition

Was als Widerstand bezeichnet werden kann, ist unter Historikerinnen und Historikern umstritten: Verlangt dies aktives Handeln mit dem Ziel, die NS-Diktatur zu beseitigen, oder reicht bereits eine
5 ablehnende Haltung gegenüber der NS-Ideologie? Detlev Peukert versuchte Ende der 1980er in einem Modell, den unterschiedlichen Formen unangepassten Verhaltens gerecht zu werden. Motive, soziale Herkunft und weltanschauliche Prägung
10 der Menschen im Widerstand waren vielfältig. Allen Aktivitäten war die große Gefahr gemeinsam, denunziert und von der Gestapo erwischt zu werden. Das hohe Risiko für das eigene Leben, aber auch das der Angehörigen verlangte enorme Zivil-
15 courage, sodass nur eine Minderheit Widerstand leistete. Sie befand sich im Zwiespalt zwischen dem Kampf gegen einen Unrechtsstaat und der Loyalität gegenüber den eigenen Soldaten.

INFO 2   Die „Weiße Rose"

Unter dem Decknamen „Weiße Rose" formierte sich zunächst in München eine Studentengruppe um die Geschwister Scholl, die unter dem Eindruck der Kriegsverbrechen ab 1942 aus morali-
5 schen Gründen versuchte, durch die Verteilung von Flugblättern die Bevölkerung aufzurütteln und zum Kampf für ein Leben in Recht und Freiheit aufzurufen. Bei der Verbreitung des 6. Flugblattes am 18. Februar 1943 in der Münchener
10 Universität wurden die Geschwister Scholl gefasst und vier Tage später gemeinsam mit ihrem Freund Christoph Probst zum Tode verurteilt.

INFO 3   Jugendbewegungen

Trotz der frühen Indoktrination gab es unter Jugendlichen vielfältige Formen des Protestes gegen das NS-Regime und die HJ. Es bildeten sich Cliquen beiderlei Geschlechts, deren Gemeinsamkeit
5 in der Ablehnung der völligen Vereinnahmung durch das NS-Regime bestand. Ihre Abneigung fand Ausdruck in einem unangepassten Lebensstil, der sich in der Musikrichtung, dem Kleidungsstil oder bei der Freizeitgestaltung zeigte (Swing-
10 Jugend, Edelweißpiraten). Nicht selten wurde ihr Verhalten von „oben" politisiert, sodass viele Jugendliche für ihre selbstbestimmte Lebensgestaltung verfolgt und hart bestraft wurden.

Q2   Flüsterwitz: „Bombenschäden"
Politische Witze wurden schwer bestraft.

Ein Essener und ein Berliner unterhalten sich über das Ausmaß der Bombenschäden. Der Berliner sagt, das letzte Bombardement der Reichshauptstadt sei so schlimm gewesen, dass noch
5 fünf Stunden nach dem Angriff die Fensterscheiben aus den Häusern gefallen seien. Der Essener antwortet daraufhin, das bedeute noch gar nichts, denn in seiner Stadt seien noch 14 Tage nach dem letzten Angriff die Bilder des Führers
10 aus dem Fenster geflogen.

Zit. nach: Rudolph Herzog, Heil Hitler, das Schwein ist tot, Frankfurt a. M. 2006

Q3   „Aufruf an alle Deutschen"
Flugblatt der Weißen Rose, Januar 1943

Der Krieg geht seinem sicheren Ende entgegen. Hitler kann den Krieg nicht gewinnen, nur noch verlängern! Deutsche! Wollt ihr mit dem gleichen Maße gemessen werden wie Eure Verfüh-
5 rer? Sollen wir auf ewig das von aller Welt gehasste und ausgestoßene Volk sein? Nein! Darum trennt Euch von dem nationalsozialistischen Untermenschentum! Beweist durch die Tat, dass ihr anders denkt! Ein neuer Befreiungskrieg
10 bricht an. Zerreißt den Mantel der Gleichgültigkeit, den ihr um Euer Herz gelegt! Entscheidet euch, eh's zu spät ist! Freiheit der Rede, Freiheit des Bekenntnisses, Schutz des einzelnen Bürgers vor der Willkür verbrecherischer Gewalttaten,
15 das sind die Grundlagen des neuen Europa. Unterstützt die Widerstandsbewegung, verbreitet die Flugblätter!

Zit. nach: Inge Scholl, Die Weiße Rose, Frankfurt a. M.1993, S. 96 ff. (gekürzt)

Q4   Swing-Jugendliche beim Tanz „Big Apple"
Foto von 1938

Q5 Das Stauffenberg-Attentat

Aufruf vom 20. Juli 1944:

Unser Ziel ist die wahre, auf Achtung und Hilfsbereitschaft und soziale Gerechtigkeit gegründete Gemeinschaft des Volkes. Wir wollen Gottesfurcht anstelle von Selbstvergottung. Recht und
5 Freiheit anstelle von Gewalt und Terror. Wir wollen unsere Ehre und damit unser Ansehen in der Gemeinschaft der Völker wiederherstellen. Wir wollen mit besten Kräften dazu beitragen, die Wunden zu heilen, die dieser Krieg allen Völkern
10 geschlagen hat, und das Vertrauen zwischen ihnen wieder neu beleben. Wir wollen der Hoffnungslosigkeit, dass dieser Krieg noch unendlich weitergehen müsse, ein Ende machen. Wir erstreben einen gerechten Frieden, der an die Stel-
15 le der Selbstzerfleischung und Vernichtung der Völker friedliche Zusammenarbeit setzt. Ein solcher Friede kann sich nur auf Achtung vor der Freiheit und der Gleichberechtigung aller Völker gründen.

Zit. nach: Gerd Ueberschär (Hrsg.), Für ein anderes Deutschland, Frankfurt a. M. 2006, S. 391 f. (gekürzt)

D2 Kontroverse über die „Rosenstraße"

a) Der Historiker Wolf Gruner sagt 2008:

[Es] ist kein Deportationsplan wegen der Proteste in der Rosenstraße aufgegeben worden. In der Rosenstraße zeigten Menschen in der allerletzten Phase der Massendeportationen Zivilcoura-
5 ge. Sie protestierten allerdings nicht gegen die Transporte generell, sondern wollten ihre jüdischen Angehörigen retten. Eine Opposition gegen die antijüdischen Maßnahmen – mit Aussicht auf Erfolg – hätte sich jedoch viel früher
10 und breiter formieren müssen: 1933.

Interview im Kulturmagazin Aspekte des ZDF vom 12. Mai 2008 (stark gestrafft und gekürzt)

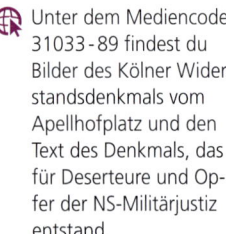

Fahnenflucht (Desertion)
Unerlaubtes Verlassen des Heeres

Unter dem Mediencode 31033 - 89 findest du Bilder des Kölner Widerstandsdenkmals vom Apellhofplatz und den Text des Denkmals, das für Deserteure und Opfer der NS-Militärjustiz entstand.

b) Aus dem Bericht einer Historikertagung 2004:

Nathan Stoltzfus sieht den Kontext der Ereignisse vom März 1943 in dem Konflikt zwischen dem nationalsozialistischen Regime und den sogenannten Mischehepaaren. Die Frauen ließen sich
15 trotz massiver Repressalien nicht scheiden, standen zu ihren Männern, sahen im März 1943 nicht weg, sondern riskierten stattdessen ihr eigenes Leben für die Erhaltung ihrer Familien.

Jana Leichsenring, nach: www.hsozkult.de/conferencereport/ id/tagungsberichte-501 (18.03.2021)

INFO 4 Attentate auf Hitler

Seit 1938 gab es rund vierzig Attentate auf Hitler, die allesamt erfolglos blieben. Hierbei gilt es zu unterschieden zwischen Einzeltätern wie Georg Elser, der 1938 aus ethischen Gründen handelte,
5 und dem Widerstand aus Kreisen der Wehrmacht. Das bekannteste unter ihnen ist das Attentat vom 20. Juli 1944, das durch Offiziere der Wehrmacht um Claus Schenk Graf von Stauffenberg geplant und verübt wurde. Die Durchführung misslang, da
10 Hitler nur leicht verletzt wurde und der mit dem Bombenattentat eingeleitete Staatsstreich scheiterte. Stauffenberg sowie drei weitere Offiziere wurden noch am selben Abend erschossen.

INFO 5 Kriegsdienstverweigerung und „Fahnenflucht" (Desertion)

Auch einfache Soldaten entzogen sich aus unterschiedlichen Motiven dem NS-Regime. Die Formen waren vielfältig und reichten von der Verweigerung des Kriegsdienstes über die Simulation
5 von Krankheiten und Selbstverstümmelung bis hin zur **Fahnenflucht (Desertion)**. Ihr oppositionelles Verhalten hatte weitreichende Konsequenzen. Neben der Verunglimpfung als Feiglinge, Drückeberger und Vaterlandsverräter landeten sie in
10 Strafgefangeneneinheiten und KZs. 20 000 Soldaten wurden bis 1945 wegen „Wehrkraftzersetzung" von Feldkriegsgerichten zum Tode verurteilt. Erst 2002 erklärte der Bundestag die Urteile für nichtig und erkannte die Desertion als eine
15 Form widerständigen Verhaltens an, wobei ihnen gesetzte Denkmale heute noch umstritten sind.

INFO 6 Protest in der Rosenstraße

Im Zuge der „Fabrik-Aktion" im Februar 1943, bei der alle noch im Reich lebenden Juden aufgegriffen wurden, kam es zu einem spontanen offenen Protest der Familienangehörigen der in „Misch-
5 ehe" lebenden Juden. Knapp eine Woche lang demonstrierten mehrere hundert Ehefrauen öffentlich für die Freilassung ihrer jüdischen Männer aus dem Gefängnis in der Rosenstraße und ließen sich durch keinerlei Maßnahmen der Polizei und
10 SS einschüchtern. Ca. 2 000 jüdische Männer waren in der Rosenstraße inhaftiert worden, wahrscheinlich kamen so gut wie alle wieder frei.

INFO 7 Stille Helden

Lange Zeit unbeachtet blieben diejenigen, die sich dem NS-Regime durch ihr solidarisches Handeln widersetzten, indem sie jüdische Mitmenschen versteckten und somit dem Zugriff des NS-Staates 5 entzogen. Mit dieser Hilfsbereitschaft war ein hohes persönliches Risiko verbunden. Viele bezahlten ihr Engagement mit dem Leben. Sie fürchteten, denunziert zu werden, und mussten die ohnehin begrenzten Lebensmittel mit den Versteckten 10 teilen. Für diese zahlenmäßig kleine Gruppe, die einige tausend jüdische Mitmenschen rettete, wurde der Begriff „Stille Helden" geprägt. Israel zeichnet sie mit dem Ehrentitel „Gerechte unter den Völkern" aus.

INFO 8 Arbeiterbewegung

Der zeitlich früheste sowie zahlenmäßig stärkste Widerstand ist im linken Spektrum zu verorten: Kommunisten, Sozialdemokraten und Gewerkschaften hatten bereits vor 1933 gegen den Nati-5 onalsozialismus gekämpft, wenn auch jeder für sich und wenig erfolgreich. Machtübernahme und Ausschaltung der politischen Gegner ließen den zunächst breiten Widerstand aus der Arbeiterbewegung versiegen. Nur die KPD setze ihren Kampf 10 aus dem Untergrund beziehungsweise Exil fort. Infolge des Angriffs auf die Sowjetunion intensivierte sich der Arbeiterwiderstand ab 1941 wieder und nahm vielfältige Formen an. Als eine der größten Widerstandsgruppen gilt mit knapp 500 15 Mitgliedern die kommunistisch gesinnte Saefkow-Jacob-Bästlein-Gruppe, die durch Sabotageaktionen versuchte, den Krieg sowie die Diktatur zu beenden, um einer neuen kommunistischen Gesellschaftsordnung den Weg zu bahnen.

INFO 9 Christlicher Widerstand

Die christlichen Kirchen als Institution verfolgten das Ziel, ihre Eigenständigkeit und Glaubensfreiheit zu bewahren. Widerstand wurde jedoch von Einzelpersonen beider Konfessionen geleistet, in-5 dem Priester und Bischöfe etwa gegen das „Dritte Reich" und die Krankenmorde predigten. Nicht selten wurden sie als NS-Gegner hierfür deportiert und hingerichtet. Innerhalb der evangelischen Kirche formierte sich in Form der Bekennenden Kir-10 che eine Gegnerschaft zur NS-Glaubensbewegung der Deutschen Christen.

Q6 Rettungswiderstand – ein Urteil

Weil sie unter anderem ihren Neffen versteckt, wird Emmy Zehden 1944 zum Tode verurteilt:

Die Angeklagte Zehden hat es in den Jahren 1940 bis 1942 in Berlin als Anhängerin der Vereinigung internationaler Bibelforscher unternommen, drei Wehrpflichtige durch Gewährung von Un-5 terschlupf und Verpflegung der Erfüllung der Wehrpflicht zu entziehen. Sie wird deshalb wegen Wehrkraftzersetzung in Verbindung mit landesverräterischer Begünstigung des Feindes zum *Tode* und zu lebenslangem Ehrverlust verurteilt. 10 Die Angeklagte trägt die Kosten des Verfahrens.

Zit. nach: www.was-konnten-sie-tun.de/uploads/tx_iobio/ e_zehden_todesurteil_12368_13_02.pdf (gekürzt)

Q7 Versammlung von Arbeitern einer Werft

Foto von 1936

Unangepasstes Verhalten konnte auch bedeuten, sich dem Hitlergruß zu verweigern.

Q8 Aufforderung zum Widerstand

Aufruf an die Arbeiter:

Alles, was dem Krieg schadet, dient dem Frieden. Wenn Ihr Waffen und Munitionslager vernichtet, helft Ihr nicht dem Feind, sondern Euch selbst und dem deutschen Volk, weil Ihr damit das En-5 de des Krieges beschleunigt.

Zit. nach: Ursel Hochmuth, Illegale KPD und Bewegung „Freies Deutschland" in Berlin und Brandenburg 1942-1945: Biographien und Zeugnisse aus der Widerstandsorganisation von Saefkow, Jacob und Bästlein, Berlin 1998, S. 446 f. (gekürzt)

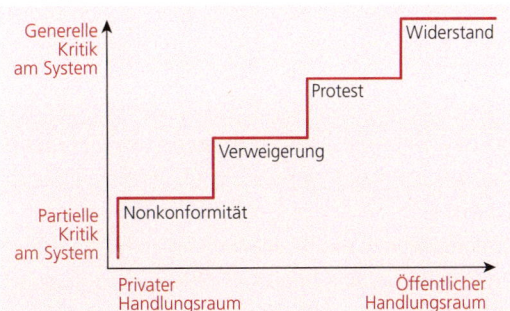

D2 Stufen abweichenden Verhaltens 1933 - 1945

Modell des Historikers Detlev Peukert

Die Shoah – die Vernichtung der jüdischen Bevölkerung in Europa

Q1 Massenmord im KZ Auschwitz
Foto von 1944

Das Bild wurde von Mitgliedern des Sonderkommandos mit einer eingeschleusten Kamera gemacht, um die Morde zu dokumentieren. Es zeigt die Verbrennung der Leichen unter freiem Himmel in Auschwitz, weil die Krematorien überlastet waren.

 Die verbrennen die Leichen der Ermordeten sogar im Freien!

 Nicht mal ihre industriellen Vernichtungsanlagen haben für die Masse der Opfer gereicht!

nannte **„Endlösung"** nicht beschlossen, sondern die Teilnehmer planten und koordinierten in einer nüchternen menschenverachtenden Sprache die
30 systematische Ermordung von elf Millionen Juden. Über sechs Millionen fielen dem NS-Terror zum Opfer.

Der Weg in den Holocaust

Mit dem Überfall auf Polen und dem Beginn des Zweiten Weltkrieges wurden die Verfolgung und spätere Vernichtung der europäischen Juden radi-
5 kalisiert. Zu Beginn der NS-Herrschaft stand der Plan für den Völkermord noch nicht fest. Zunächst überlegten die Nazis, die jüdische Bevölkerung an entlegene Orte wie Madagaskar oder in den Osten Russlands zu bringen, wo sie an Seuchen und
10 Hunger sterben sollten. Nachdem aber durch den Kriegsverlauf diese Möglichkeiten nicht mehr gegeben war, fiel wohl Ende 1941 die Entscheidung, sämtliche Juden Europas ermorden zu lassen.

Die Wannsee-Konferenz

15 Im Dezember 1941 waren bereits Hunderttausende von Juden von **„Einsatzgruppen"** der SS, die der Wehrmacht an der Front nachfolgten und auch von dieser unterstützt wurden, ermordet worden – so etwa in Babyn Jar in der Ukraine. In-
20 nerhalb von nur zwei Tagen wurden 33 000 Menschen am Rand einer Schlucht erschossen und verscharrt. Im Januar 1942 trafen sich dann führende Beamte und SS-Männer, um die Ermordung der Juden in den besetzten Gebieten zu planen.
25 Auf dieser **Wannsee-Konferenz** wurde die soge-

Die Shoah

Dem „Generalplan Ost" folgend wurden zunächst
35 alle Juden, die noch nicht den Mordaktionen der Einsatzgruppen zum Opfer gefallen waren, in abgegrenzte Wohnbezirke – „Ghettos" – gesperrt, wo sie unter schlimmen Bedingungen leben mussten. Auch die Juden aus dem Deutschen Reich
40 wurden nun nach Osten deportiert. Ein Teil wurde in Riga ermordet, viele andere kamen in das Ghetto Theresienstadt bei Prag, von wo aus sie in Vernichtungslager wie Belzec oder Auschwitz-Birkenau deportiert wurden, wo sie vergast werden
45 sollten. SS-Ärzte führten dort an der sogenannten „Rampe" Selektionen durch. Menschen, die als arbeitsfähig ausgesucht wurden, wurden registriert, bekamen eine Nummer eintätowiert, die Haare geschoren und mussten für die SS arbeiten.
50 Ältere Menschen, Kranke und Kinder wurden als arbeitsunfähig selektiert und ohne Registrierung direkt in die Gaskammer geschickt. In der Gaskammer wurde das Giftgas Zyklon B durch eine Öffnung in der Decke eingelassen. Die Menschen
55 erstickten qualvoll. Die Leichen wurden von „Sonderkommandos" in den Öfen der Krematorien verbrannt. Historiker:innen und Politiker:innen benennen den industriell organisierten Massenmord der Shoah als Zivilisationsbruch.

 **Einsatzgruppen**
Sondereinheiten der SS, die Massenmorde in den besetzten Gebieten durchführten

 **Wannsee-Konferenz**
Zusammenkunft von SS und Beamten, auf der die Ermordung aller europäischen Juden geplant wurde

„Endlösung"
Nationalsozialistischer Begriff für den industriellen Genozid an der jüdischen Bevölkerung Europas

Unter dem Mediencode 31033-90 zeigt dir eine animierte Karte, wie die Nationalsozialisten unter dem Titel „Endlösung" den Völkermord an der jüdischen Bevölkerung Europas planten und über sechs Millionen Menschen systematisch ermordeten.

Q2 Die Wannsee-Konferenz H

Das Protokoll benennt den geplanten Massenmord, der sich hinter dem Decknamen „Endlösung der Judenfrage" verbirgt:

Anstelle der Auswanderung ist nunmehr als weitere Lösungsmöglichkeit nach entsprechender vorheriger Genehmigung durch den Führer die Evakuierung der Juden nach dem Osten getreten.
5 Diese Aktionen sind jedoch lediglich als Ausweichmöglichkeiten anzusprechen, doch werden hier bereits jene praktischen Erfahrungen gesammelt, die im Hinblick auf die kommende Endlösung der Judenfrage von wichtiger Bedeu-
10 tung sind. Unter entsprechender Leitung sollen die Juden im Osten zum Arbeitseinsatz kommen. In großen Arbeitskolonnen, unter Trennung der Geschlechter, werden die arbeitsfähigen Juden straßenbauend in diese Gebiete geführt, wobei
15 zweifellos ein Großteil durch natürliche Verminderung ausfallen wird. Der allfällig endlich verbleibende Restbestand wird, da es sich bei diesem zweifellos um den widerstandsfähigsten Teil handelt, entsprechend behandelt werden müs-
20 sen, da dieser, eine natürliche Auslese darstellend, bei Freilassung als Keimzelle eines neuen jüdischen Aufbaus anzusprechen ist.

Zit. nach: Gedenk- und Bildungsstätte
– Haus der Wannsee-Konferenz.
www.ghwk.de/de/konferenz
(gekürzt)

Q3 Tod in der Gaskammer

Shaul Chasan, ein Überlebender des Sonderkommandos, berichtet:

Im Krematorium II hatte jeder einzelne seine bestimmte Aufgabe. Man arbeitete in zwei Schichten – Nachtschicht und Tagschicht. Jede Schicht arbeitete 12 Stunden. Ich arbeitete auch im Ent-
5 kleidungsraum und holte Leichen aus der Gaskammer. Die Deutschen trieben die Opfer, die sich weigerten, mit Schlägen eiligst in den Entkleidungsraum, sie ließen keine Zeit zum Nachdenken. „Los, los, los …", nur das hörte man. Sie
10 gaben niemandem die Gelegenheit nachzudenken, wo er nun sei. Wer dort ankam, konnte an nichts mehr denken. Der Entkleidungsraum war unterirdisch, es gab Bänke und Kleiderhaken, und jedem der Ankommenden wurde gesagt, er
15 solle seine Kleider aufhängen und sich merken, wo er sie aufgehängt hatte. Man sagte das, damit niemand daran dachte, was ihm geschehen konnte. Die Menschen zogen sich aus, und von der anderen Seite des Raumes gingen sie nach-
20 einander in die Gaskammer.
Drinnen waren auch Deutsche. Die standen dort mit Stöcken und trieben die Leute zur Eile an. Die Deutschen erlaubten uns nicht, mit den Menschen zu sprechen, damit wir nichts verra-
25 ten konnten. Nachdem alle im Gas erstickt waren, konnten wir mit der Arbeit anfangen.

Gideon Greif, Wir weinten tränenlos. Augenzeugenberichte
des jüdischen Sonderkommandos in Auschwitz. Übersetzt von
Matthias Schmidt, Frankfurt a. M. 1999, S. 3024 (gekürzt)

Q4 Der Judenstern

Ab 1941 mussten alle Menschen, die nach den „Nürnberger Gesetzen" rechtlich als jüdisch galten, den gelben Stern auf ihre Kleidung nähen.

---

1. Ordne die Situation auf der Fotografie in den historischen Kontext des NS-Völkermordes ein (Q1, VT).
2. Untersuche die Sprache im Protokoll der Wannsee-Konferenz auf die Verschleierung von Fakten hin. Beschreibe mit eigenen Worten, was mit den Menschen tatsächlich geschehen sollte (Q2, VT). H
3. Diskutiert in der Klasse das folgende Zitat des Schriftstellers und Auschwitz-Überlebenden Primo Levi: „Es ist geschehen, und folglich kann es wieder geschehen: Darin liegt der Kern dessen, was wir zu sagen haben." Nehmt den Begriff „Zivilisationsbruch" zu Hilfe (VT, Z. 59).
4. Der Massenmord in den Vernichtungslagern wird von Historikerinnen und Historikern häufig auch als „industrieller Massenmord" bezeichnet. Nimm unter Berücksichtigung des Mediencodes 31033-91 Stellung zu der Frage, ob die Bezeichnung für die Shoah passend gewählt ist (VT, Q2, Q3).

Eine Lesung aus Primo Levis Buch „Ist das ein Mensch" findest du unter dem Mediencode 31033-91.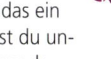

Ein digitales Museum besuchen

Fast jeder kennt die Geschichte von Anne Frank, dem 13-jährigen jüdischen Mädchen, das sich mit seiner Familie in einem Amsterdamer Hinterhaus vor den Nazis versteckte (Q1). Anne lebte mit ihrer Familie und weiteren Personen auf engstem Raum, immer in der Angst, entdeckt zu werden. Kurz vor dem Kriegsende wurden sie verraten und von den Nazis in Konzentrationslager deportiert. Nur Annes Vater überlebte den Holocaust.

Q1 **Anne Frank**
Foto von 1941

Eine der Helferinnen versteckte jedoch das Tagebuch, das Anne während der Zeit im Versteck geschrieben hatte. Nach dem Krieg erschien ihre Geschichte zunächst als Theaterstück in New York. Später wurde Annes Tagebuch in viele Sprachen übersetzt und wird bis heute weltweit von vielen Menschen gelesen. Vielleicht kennst du es bereits. Als virtuellen Rundgang kannst du mithilfe des Internets auch das Hinterhaus besuchen.

Schritt für Schritt:
Ein digitales Museum besuchen

1. Vorbereiten
Informiere dich im Internet über das Museum, das du besuchen möchtest. Wenn es sich um eine NS-Gedenkstätte handelt, kläre, woher die Menschen kamen, die dorthin verschleppt wurden. Was ist heute noch erhalten, was wurde rekonstruiert? Jetzt könnt ihr euch gemeinsam Fragen überlegen, die ihr während eures digitalen Rundgangs klären wollt.

2. Den virtuellen Rundgang durchführen
Unternimm einen digitalen Rundgang. Häufig gibt es ein Navigationssystem, mit dem du dich durch die virtuellen Räume bewegen kannst. Achte auf Symbole, die man anklicken kann und weitere Tools. Notiere alle wichtigen Informationen.

3. Auswerten
Tauscht euch zunächst darüber aus, welche Erfahrungen und Eindrücke ihr durch den virtuellen Rundgang gewonnen habt. Tragt eure Beobachtungen zusammen und dokumentiert eure Ergebnisse. Schreibt auf, welche Einsichten ihr aus dem Museumsbesuch mitnehmt und welche Fragen offengeblieben sind.

D1 **Besucherschlange vor dem Anne-Frank-Haus**
Foto, Amsterdam 2019

1,3 Millionen Besucher haben 2019 die Gedenkstätte im Hinterhaus besucht, in dem das jüdische Mädchen Anne Frank von Juni 1942 bis zum August 1944 versteckt lebte.

So könnte dein digitaler Besuch des Anne-Frank-Hauses aussehen:

1. Vorbereiten
Besuche die Webseite des Anne-Frank-Hauses, die du unter dem Mediencode 31033-92 abrufen kannst. Dort findest du wichtige Informationen zur Geschichte Anne Franks, ihrer Familie, zur Geschichte des Hauses und weiteren Bewohnern.
Wenn du das Tagebuch von Anne Frank schon gelesen hast, kannst du deiner Lerngruppe davon berichten. Tauscht euch in der Klasse aus, wie ihr euch das Versteck im Hinterhaus vorstellt, und sammelt Fragen für die Erkundung.

2. Den virtuellen Rundgang durchführen
Jetzt kannst du die einzelnen Räume des Verstecks besuchen und dich genau umsehen. An manchen Stellen geben dir Symbole Informationen zu Hintergründen der Geschichte. Notiere deine Ergebnisse. Mithilfe des Tagebuchs von Anne (Q2) kannst du auch einzelne Orte den Szenen aus dem Buch zuordnen (D2).

3. Auswerten
Tauscht euch aus: Was hat euch an den Zimmern, der Einrichtung und der Ausstattung überrascht? Insgesamt acht Personen lebten über zwei Jahre heimlich versteckt in dem Hinterhaus – immer in der Angst vor Entdeckung. Nur wenige Helferinnen und Helfer waren eingeweiht. Die Menschen, die jeden Tag im Erdgeschoss arbeiteten, duften nichts mitbekommen. Diskutiert in der Gruppe, ob durch den virtuellen Rundgang die Lebenssituation der Untergetauchten erfahrbar wird.

Die Menschen wollen alle ins Anne-Frank-Haus in Amsterdam.

Ich glaube, wir können ein solches Museum auch digital besuchen.

Über den Mediencode 31033-93 gelangst du in Annes Zimmer im Hinterhaus.

Q2 Auszug aus Annes Tagebuch

Bis heute zählt das Tagebuch von Anne Frank zu den wohl meistgelesenen Büchern über die Zeit der NS-Diktatur.

Rechts von der Diele liegt das Hinterhaus. Kein Mensch würde vermuten, dass hinter der einfachen grau gestrichenen Tür so viele Zimmer versteckt sind. Vor der Tür ist ei-
5 ne Schwelle und dann ist man drinnen. Direkt gegenüber der Eingangstür ist eine steile Treppe, links ein kleiner Flur und ein Raum, der Wohn- und Schlafzimmer der Familie Frank werden soll. Daneben ist
10 noch ein kleineres Zimmer, das Schlaf- und Arbeitszimmer der beiden jungen Damen Frank. Rechts von der Treppe ist eine Kammer ohne Fenster mit einem Waschbecken und einem abgeschlossenen Klo und einer
15 Tür in Margots und mein Zimmer. Wenn man die Treppe hinaufgeht und oben die Tür öffnet, ist man erstaunt, dass es in einem alten Grachtenhaus so einen hohen hellen und geräumigen Raum gibt. In die-
20 sem Raum stehen ein Herd und ein Spülstein. Das ist also die Küche und gleichzeitig auch das Schlafzimmer des Ehepaares van Daan, allgemeines Wohnzimmer, Esszimmer und Arbeitszimmer. Ein kleines
25 Durchgangszimmerchen wird Peters Apartment werden. Dann, genau wie vorn, ein Dachboden und ein Oberboden.

Anne Frank, Tagebuch, Frankfurt a. M. 2004, S. 36 f.
(gekürzt)

D2 Das Hinterhaus digital
Screenshot des Rundgangs

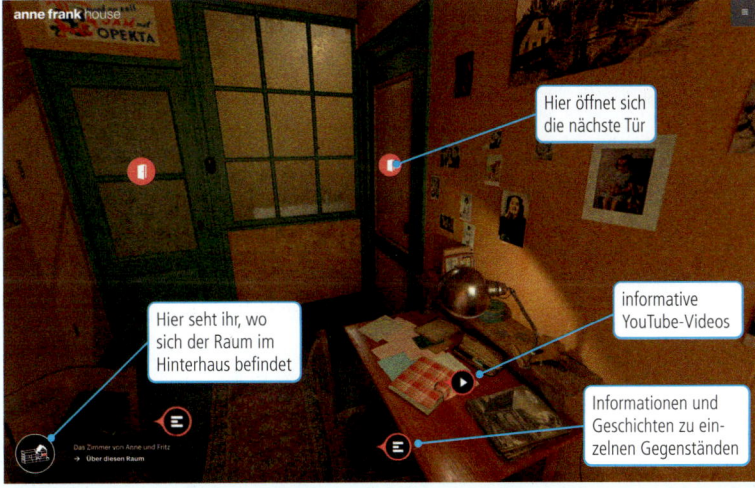

Hier öffnet sich die nächste Tür

informative YouTube-Videos

Hier seht ihr, wo sich der Raum im Hinterhaus befindet

Informationen und Geschichten zu einzelnen Gegenständen

D3 Das Tor zum KZ Auschwitz
Screenshot der digitalen Gedenkstätte

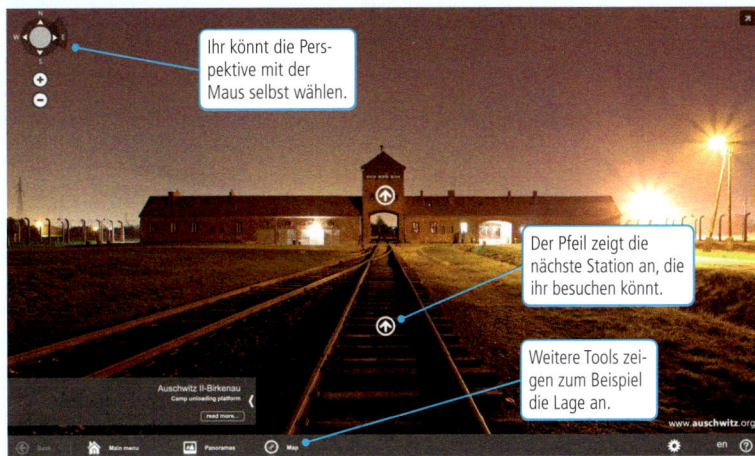

Ihr könnt die Perspektive mit der Maus selbst wählen.

Der Pfeil zeigt die nächste Station an, die ihr besuchen könnt.

Weitere Tools zeigen zum Beispiel die Lage an.

Jetzt bist du dran: Ein digitales Museum besuchen

1. Plant in Partner- oder Gruppenarbeit eure digitale Erkundung der Gedenkstätte Auschwitz. Schaut euch dazu zunächst das Video „Inside Auschwitz" an, das ihr unter dem Mediencode 31033-94 findet. Dabei könnt ihr über das Navigationssymbol die Perspektive selbst wählen. MK

2. Recherchiert zur Lage, Größe und Bestimmung der Lager Auschwitz I und Auschwitz Birkenau. H
3. Unternehmt einen virtuellen Rundgang durch das Lager. Sammelt hierzu Fragen (D3).
4. Tragt eure Erkenntnisse zusammen. Sammelt weitere Aspekte, an denen ihr forschen wollt.

Unter dem Mediencode 31033-95 kannst du die digitale Gedenkstätte Auschwitz besuchen.

Opfer des NS-Vernichtungswillens

> Der Vernichtungswille des NS-Regimes kannte wohl keine Grenzen …

> Wie viele Bevölkerungsgruppen wurden wohl Opfer dieses Wahns und was ist ihnen widerfahren?

Q1 **Hinrichtung von elf polnischen und sowjetischen Zwangsarbeitern durch die Kölner Gestapo**
Foto vom 25. Oktober 1944
Ausländische Zwangsarbeiter, denen sexuelle Beziehungen zu „arischen" Frauen und Mädchen vorgeworfen wurden, fielen dem NS-Vernichtungswillen zum Opfer.

Gallery Walk

Untersucht verschiedene Opfergruppen, indem ihr einen Gallery Walk vorbereitet und durchführt.

1 Lest zunächst in Einzelarbeit die Texte INFO 1-6.

2 Teilt die Klasse in vier Gruppen auf (Gruppe A, B, C und D). Gruppe A erarbeitet INFO 1-3 sowie die Materialien Q1-Q3 (Zwangsarbeiter:innen), Gruppe B INFO 1, 2, 4 und 5 sowie Q4 (Oppositionelle, „Asoziale" und „Berufsverbrecher"), Gruppe C INFO 1-2 und Q5 und Q6 (jüdische Bevölkerung Europas) und Gruppe D INFO 1-2 und 6 sowie Q7, Q8 und D1 (Opfer der „Euthanasie"-Tötungsprogramme). **H**

3 A-D Bereitet in euren jeweiligen Gruppen eine Präsentation im Klassenraum vor. Auf folgende Fragen solltet ihr dabei eingehen:
- Warum wurden die Betroffenen zu Opfern? Zu welcher Opfergruppe gehören sie?
- Was haben sie erlebt, woran haben sie sich erinnert?
- Was ist an ihrer Geschichte besonders erwähnenswert?

4 A-D Recherchiert weitergehende Informationen zu den Opfergruppen und den angegebenen Orten oder Personen. **MK**

5 A-D Gestaltet nun in jeder Gruppe ein Plakat, das die anderen über das Schicksal der entsprechenden Opfergruppe informiert. Fasst daraufhin alle eure Ergebnisse zusammen.

6 Führt einen „Gallery Walk" durch: Lasst euch die Ergebnisse eurer Mitschülerinnen und Mitschüler vorstellen. Jeweils ein Mitglied aus jeder Gruppe bleibt beim Plakat und steht den „Galeriebesucher:innen" für Fragen zur Verfügung, während alle anderen im Uhrzeigersinn im 5-Minuten-Rhythmus von Station zu Station gehen. Erklärt den anderen, wie ihr die Fragen aus A3 beantwortet habt.

7 Die „Galeriebesucher:innen" schreiben ihre Fragen und Kommentare zu den Ergebnissen der anderen Gruppen auf deren Plakat.

INFO 1   Verschiedene Opfergruppen

Die meisten Menschen verbinden mit dem Wort Konzentrationslager die Ermordung der europäischen Juden in den Gaskammern der Todesfabriken wie Auschwitz. Fast alle haben schon außerhalb des Geschichtsunterrichts von den Morden in den KZs gehört. Neben der Ermordung der Juden gab es auch andere Menschen, die den Mordtaten des Nationalsozialismus zum Opfer fielen. Menschen, die nicht der rassistischen Idee einer vermeintlichen „arischen Herrenrasse" entsprachen, wurden als „lebensunwert" verfolgt oder sogar vernichtet. Zu ihnen gehören Sinti und Roma, sowjetische Kriegsgefangene, Zwangsarbeiter:innen aus den besetzten Gebieten, aber auch geistig und körperlich Behinderte, Homosexuelle und sogenannte „Asoziale".

INFO 2   Das KZ-System

Das Lagersystem der nationalsozialistischen Gewaltherrschaft umfasste während der Zeit zwischen 1933 und 1945 insgesamt 27 Hauptlager und über 1000 angeschlossene Außenlager. Anfangs waren die Konzentrationslager noch nicht gleichbedeutend mit den Vernichtungslagern, sondern vor allem Arbeitslager. Eine erste Welle der Verfolgung traf politische Gegner und Andersdenkende wie Kommunisten und Sozialdemokraten, die in den neu gegründeten Lagern in Dachau, Sachsenhausen oder Esterwegen inhaftiert und umerzogen werden sollten. Bis zum Kriegsende wurden über 2,3 Millionen Männer, Frauen und Kinder in die Konzentrationslager der Nazis verschleppt und ermordet.

INFO 3   Zwangsarbeit

Da es während des Krieges im Deutschen Reich an Arbeitskräften fehlte, ließen die deutschen Besatzer Frauen und Männer aus den besetzten Gebieten zur Fremdarbeit anwerben oder zur Zwangsarbeit direkt nach Deutschland deportieren. Bei Verstößen gegen die Arbeitsdisziplin oder engen Kontakten, gar Liebesbeziehungen mit Deutschen wurden sie streng bestraft oder getötet. Gegen Kriegsende hielten sich über fünf Millionen Menschen aus verschiedenen Ländern in Deutschland auf, die als Zwangsarbeiterinnen und Zwangsarbeiter oder Kriegsgefangene verschleppt worden waren.

Q2 Interview mit einem Zwangsarbeiter aus Polen

Herr S. wurde 1924 in Polen geboren. Ende der 1920er-Jahre zog er mit seinen Eltern in die damals noch polnische Ukraine.

Wie sind Sie denn dann nach Deutschland gekommen?

Wir mussten uns dann so im Herbst 1941 zur Arbeit melden. Entweder mussten wir Männer im Wald oder im Straßenbau arbeiten. Das hieß, die dicken Blöcke Steine klein zu schlagen zu Schotter, um die Straßen anzulegen. Oder es gab auch die Möglichkeit, sich nach Deutschland zur Arbeit zu melden. Wir hatten eigentlich nur die Wahl zu Hause oder in Deutschland zwangsverpflichtet zu arbeiten. Wir hatten ja nichts zu essen in unserem Dorf. Da habe ich gedacht, dass es vielleicht noch das Beste wäre, wenn ich nach Deutschland käme.

Sie waren also von Ende '41 bis Frühjahr '42 in Bocholt im Lager?

Ja, da waren ja überall Stacheldrahtzäune und Posten mit Gewehren. Zu essen gab es morgens ein Stück Brot und so ein kleines Eckchen Blutwurst. Dann gab es eine kleine Schüssel voll Tee. Der war so ein bisschen mit Zucker – oder war es Süßstoff versehen. Das war das Frühstück. Und mittags gab es nur Kohlrabi. Aber die gab es meistens draußen so im Winter angefroren. Das war dann so ein Matsch. Den konnten viele nicht einmal essen.

Thomas R. Kraus und Paul Thomes (Hrsg.) Zwangsarbeit in der Stadt Aachen, Aachen 2002. S. 189

Q3 Zwangsarbeiterin aus Osteuropa
Foto von 1941/1945

Q4 Verhaftung der Edelweißpiraten

Fritz Theilen wuchs in Köln auf und trat mit zehn Jahren 1937 in das NS-Jungvolk ein. Er lehnte sich gegen den Drill in der HJ auf und wurde 1940 wegen Befehlsverweigerung gegen den Jugendgruppenführer ausgeschlossen. Er suchte Kontakt zu anderen nicht angepassten Jugendlichen. Wegen gemeinsamer illegaler Aktionen verhörte ihn die GESTAPO.

Wir wurden in den Keller runtergebracht, da haben wir noch gelacht. Wir hatten noch keine Ahnung, was uns dort unten erwartet. Dass da ein Gefängnis war, wussten wir nicht. Als wir runter-
5 kommen, brüllt schon einer: „Alles aufstellen, der Größe nach." Das kannten wir ja noch von der Schule her. Und dann kam Hoegen. Den Mann vergesse ich nie. Er stand mit den Händen auf dem Rücken und einer Hundepeitsche in der
10 Hand vor uns. Er guckte den Ersten an und fragte, warum er hier sei. Der antwortete, dass er das nicht wüsste. Darauf bekam er einen Schlag mit der Peitsche. Ob jetzt einer sagte, er wisse, warum er hier sei, oder nicht, jeder von uns bekam
15 Prügel. Nachdem die Prozedur vorbei war, wurden wir in eine Zelle geschlossen. Da hängst Du dann mit so sechzehn bis achtzehn Mann drin. Es ist so eng, dass Du Dich nicht legen und setzen kannst. Wir dachten, dass die uns nur ein-
20 schüchtern wollten. Dass es noch schlimmer kommen sollte, haben wir uns nicht vorstellen können.

Zit. nach: Köln im Nationalsozialismus. Ein Kurzführer durch das EL-DE Haus, Köln 2001, S. 48

Q5 Halina Birenbaum (geb. 1929)

Foto der Schriftstellerin, Gymnasium Warstein, Nordrhein-Westfalen, 2009

INFO 4 Am Rande der Gesellschaft

Ziel der NS-Gewaltpolitik war, den deutschen „Volkskörper" von allen „Entarteten" und „Verwahrlosten" zu säubern. Hierzu gehörten nach der rassistischen Ideologie des Nationalsozialismus
5 auch Menschen, die am Rande der Gesellschaft standen. Sie wurden gnadenlos verfolgt: Bettlerinnen und Bettler, Obdachlose oder sogenannte „sittenlose Individuen", das heißt Prostituierte. Manchmal wurden auch Menschen, die durch un-
10 angepasstes Verhalten unangenehm aufgefallen waren, Opfer des NS-Gewaltregimes. Sie wurden als sogenannte „Asoziale" aus der „Volksgemeinschaft" ausgeschlossen, verfolgt und eingesperrt.

INFO 5 Grüne Winkel

Ein Teil der Inhaftierten, sogenannte „Berufsverbrecher", wurden im Lager mit grünen Winkeln gekennzeichnet. Lange wurde diese Gruppe wenig beachtet, da Kriminelle ja tatsächlich etwas verbro-
5 chen hatten. Oft waren es jedoch Menschen, die nur einfache Diebstähle begangen hatten.

Q6 Autobiografische Erinnerungen

Die Warschauer Jüdin Halina Birenbaum verbrachte die Besatzungszeit im Warschauer Ghetto und den KZs Majdanek und Auschwitz.

Zum ersten Mal sah ich Frauen in Uniformen, die genau wie die SS-Männer mit Pistolen und Peitschen bewaffnet waren. Ich hatte bis jetzt gemeint, dass nur Männer in der SS waren, weil
5 man sich kaum vorstellen konnte, dass Frauen imstande waren, zu prügeln, zu foltern und zu töten. Alle lagen auf dem Boden. Nachts, wenn man zur Latrine ging oder sich Wasser holen wollte, trat man aufeinander. Die Lagersuppe und das
10 verunreinigte Trinkwasser verursachten bei den meisten Frauen Durchfall, und diese nächtlichen Gänge ließen dann keinen schlafen. Oft schafften es die Kranken nicht mehr rechtzeitig. Die Latrinen befanden sich in Majdanek unter freiem
15 Himmel, gleich neben dem Stacheldraht, der Frauen- und Männerlager trennte. Wir mussten da mit nacktem Unterleib stehen, obwohl doch ganz in der Nähe Männer vorbeigingen, die Posten auf den Wachtürmen schossen öfter aus Spaß
20 oder Langeweile auf solche „Ziele".

Halina Birenbaum, Die Hoffnung stirbt zuletzt. Übersetzt von Esther Kinsky, Oswiecim 2009, S. 113 ff. (gekürzt)

INFO 6   Krankenmorde: „Aktion T4"

Schon vor dem Krieg führte das NS-Gewaltregime eine große und gezielte Mordaktion durch. Sie richtete sich gegen Menschen, die aufgrund einer geistigen Behinderung aus der „Volksgemein-
5 schaft" ausgeschlossen worden waren und in „Heilanstalten" wie Hadamar oder Grafeneck systematisch ermordet wurden. Die Nazis schufen eine eigene bürokratische Behörde in der Tiergartenstraße 4 in Berlin (daher der Name „Aktion
10 T4"), wo die Mordaktionen geplant und koordiniert wurden. Schon 1933 hatten die Nazis mit dem „Gesetz zur Verhütung erbkranken Nachwuchses" die Zwangssterilisation der Insassen von Heilanstalten angeordnet. Ab 1939 wurden Men-
15 schen mit geistiger Behinderung gezielt in Tötungsanstalten verbracht. Dort wurden sie in als Duschräume getarnten Gaskammern unter der Aufsicht von Ärzten, Pflegern und Krankenschwestern durch Gasflaschen mit Kohlenmono-
20 xid ermordet. Die Leichen wurden in eigenen Krematorien verbrannt. Den Angehörigen wurde berichtet, die Patientinnen und Patienten seien an einer Krankheit verstorben. Nach Protesten aus der Bevölkerung und der Kirche wurden die Akti-
25 onen für eine kurze Zeit eingestellt, später aber wieder aufgenommen. Insgesamt wurden so bis Kriegsende 300 000 Menschen mit Behinderung systematisch umgebracht. Die T4-„Spezialisten" wurden später bei der Ermordung der europäi-
30 schen Juden in den Gaskammern von Auschwitz Birkenau, Belzec und Treblinka eingesetzt.

Q7   Ein „Euthanasie"-Opfer

Der Stolperstein erinnert an Elly Ortmanns, die 1944 in der NS-„Heilerziehungsanstalt" Kalmenhof ermordet wurde. Sie wurde nur fünf Jahre alt.

Q8   Patientin der „Heilanstalt" Zwiefalten

Eine der wenigen Überlebenden berichtet 1947 von ihren Erlebnissen. Die Frau war wegen abfälliger Äußerungen über das „Dritte Reich" von ihrem Ehemann angezeigt worden, zunächst ins Gefängnis und dann wegen „seelischer Depression" in mehrere Anstalten gekommen.

Ich wusste zwar nicht, dass ich nach Grafeneck käme, habe aber als ziemlich sicher angenommen, dass ich in einem Totentransport mich befinde. Dies haben auch andere damals verlegte
5 Patientinnen angenommen. Mit mir verlegt wurde damals ein Fräulein Emilie H. aus Karlsruhe und die Jüdin Selma H. aus Mannheim. Beide wurden später dann auch in Grafeneck getötet. Von Zwiefalten wurden wir in grau gestrichenen
10 Omnibussen nach Grafeneck gebracht; obwohl ich ahnte, was mir bevorstand, bin ich freiwillig eingestiegen. Es waren nämlich zahlreiche Wärter zugegen und ich sah keine Möglichkeit zur Gegenwehr. Dagegen war ich bestrebt zu entflie-
15 hen, konnte aber keine passende Gelegenheit mehr finden. Sowohl Frl. H. wie auch Frau H. waren noch geordnet, und ich konnte mich mit beiden unterhalten. In Grafeneck mussten wir die Omnibusse verlassen und wurden sofort in eine
20 lange Baracke gebracht. In dem Raum war es sehr eng, und einige Patientinnen wurden unruhig. Die anwesenden Wärter gaben solchen unruhigen Patienten sofort Spritzen. In diesem Raum mussten wir wohl zwei bis drei Stunden
25 warten.

Zit. nach: Ernst Klee, „Euthanasie" im NS-Staat, Frankfurt a. M. 2004, S. 145

D1   Vorbereitung der „Aktion T4"

Vor dem Beginn der „Euthanasie"-Aktion T4 wurde die deutsche Bevölkerung durch Gesetze auf die Unterscheidung „höherwertiger" und „minderwertiger" Menschen vorbereitet:

14.7.1933	Gesetz zur Verhütung erbkranken Nachwuchses	Zwangssterilisation von Menschen mit „Erbkrankheiten"
26.6.1935	Änderung des Gesetzes zur Verhütung erbkranken Nachwuchses	Legalisierung von Abtreibungen bei „Erbkrankheit"
18.10.1935	Gesetz zum Schutze der Erbgesundheit des deutschen Volkes	Verbot der Ehe zwischen gesunden Deutschen und Menschen mit „Erbkrankheit"

Der Umgang der Deutschen mit der Shoah

D1 Wissen um den Holocaust

In den 1970er-Jahren stellt der Schriftsteller Walter Kempowski vielen Hunderten von Deutschen die immer gleiche Frage zur Shoah: „Haben Sie davon gewusst?"

> „Nein. Selbst durch Mundpropaganda nicht, ehrlich nicht. Da war ja jeder vorsichtig. Wenn's wirklich jemand erfahren hätte, der hätte sich gehütet, das weiterzuerzählen."
>
> *Eine 1896 geborene Hausfrau*

> „Zwei Parzellen hinter uns hatten Juden ihr Haus. Die spielten da Tennis. Und eines Tages waren die weg. – Weiter nichts."
>
> *Ein 1927 geborener Professor*

Da wird tatsächlich behauptet, sie hätten nichts gewusst …

Obwohl die Fakten so offensichtlich waren?

Hinter verschlossenen Türen oder vor aller Augen?

Aus deinem Rundgang durch die digitale Gedenkstätte kennst du bereits das Foto des Tores in
5 Auschwitz-Birkenau, dessen Schienen seit 1944 bis zu den Gaskammern hineinführen.[1] Dieses Bild ist für die meisten Menschen ein Symbol für den geplanten Völkermord an den europäischen Juden. Es vermittelt den Eindruck, der Holocaust sei versteckt
10 hinter den Toren des Vernichtungslagers durchgeführt worden. Tatsächlich wurde ein großer Teil der sechs Millionen Juden für viele sichtbar bei Massakern und Mordaktionen getötet. Das gleiche gilt für die vielen ermordeten polnischen, sowjetischen
15 und anderen Opfer der deutschen Besatzung. Auch wenn die Täter versuchten, ihre Mordtaten zu vertuschen, und lange nicht offen darüber gesprochen werden durfte, war für viele Menschen der Holocaust ein mehr oder weniger offenes Geheimnis.
20 Die meisten Menschen konnten sich das ganze Ausmaß der Morde sicher nicht vorstellen, aber viele wussten doch, dass es da etwas gab, das sie vielleicht auch nicht wissen wollten. Um die sogenannte „Endlösung" der Judenfrage überhaupt durch-
25 führen zu können, benötigten die Nazis die Mitwirkung und Unterstützung etlicher Behörden, Unternehmen und Menschen, die so zu Tätern, Mitwissern oder Zuschauern wurden.

Für jeden sichtbar?

30 Auch die Morde der Einsatzgruppen und Einheiten der Ordnungspolizei sowie die Verbrechen an der Front, die von Teilen der Wehrmacht begangen wurden, ließen sich kaum vertuschen. Teilweise gab es sogar einen regelrechten „Hinrichtungstou-
35 rismus": etwa bei der sogenannten „Aktion Erntefest" am 3. November 1943, als innerhalb von neun Stunden 18 000 jüdische Gefangene des Konzentrationslagers Majdanek in dafür ausgehobenen Massengräbern erschossen wurden. Laut-
40 sprecher, die Schlagermusik spielten, sollten das Morden übertönen. Dennoch kamen neugierige Soldaten aus dem benachbarten Lublin, um sich das Geschehen aus der Nähe anzusehen.

Auch in Deutschland wurden viele Menschen Zeu-
45 gen der Verbrechen gegenüber der jüdischen Bevölkerung, zum Beispiel als in der „Reichspogromnacht" am 9. November 1938 überall in Deutschland die Synagogen brannten und jüdische Geschäfte geplündert wurden. Manche bereicher-
50 ten sich direkt, wenn nach der Deportation in vielen Städten das Mobiliar aus den Wohnungen der Juden auf öffentlichen Auktionen versteigert wurde.

Verdrängen und Verschweigen

55 Die Leichenberge, die sich 1945 viele Deutsche auf Befehl der alliierten Sieger in den KZs wie Buchenwald oder in öffentlichen Kinovorführungen ansehen mussten, waren für die Menschen ein Schock. Die meisten behaupteten, davon hätten sie nichts
60 gewusst. Nach dem Krieg war die Bereitschaft gering, sich mit den Verbrechen auseinanderzusetzen.

So dauerte es fast zwanzig Jahre, bis im Frankfurter Auschwitz-Prozess 1961 der Holocaust wieder in
65 das kollektive Bewusstsein kam. Die juristische und gesellschaftliche Aufarbeitung dauert bis heute an. Noch 2015 wurde Oskar Gröning, der als SS-Mann in Auschwitz Dienst tat, mit 93 Jahren wegen Beihilfe zum Mord in 300 000 Fällen verurteilt.

Unter dem Mediencode 31033-96 findest du einen späteren Zeitungsbericht darüber, was die alliierten Soldaten bei der Befreiung der KZs vorfanden, sowie eine zeitgenössische Videoaufnahme der Amerikaner, wie die deutsche Bevölkerung 1945 mit dem Völkermord konfrontiert wurde.

[1] Blättere noch einmal zurück auf S. 171.

D2 „Zahlreiche Mithelfer und Mitwisser" H

Der Historiker Hans Mommsen sagt 2014:

Die engere Gruppe der Vollstrecker konnte sich auf zahlreiche Mithelfer und ungezählte Mitwisser stützen. Die Erfahrung, bei den Vernichtungsaktionen nirgends auf ernsthaften Wider-
5 stand zu stoßen, und die grenzenlose Handlungsfreiheit, die sich daraus ergab, mussten in jeder Hinsicht radikalisierend wirken. Ein Bündel vorgeschobener Motive, nicht zuletzt die Ernährungsfrage, verknüpfte sich mit dem tief sitzen-
10 den antisemitischen Konsens, dass die Existenz der Juden „dem Bolschewismus seinen fruchtbarsten Nährboden" verschaffe und dass sie als Arbeitskräfte fraglos weniger Nutzen brächten, als sie als „Bakterienträger des Bolschewismus
15 Schaden anrichteten". Die von Goebbels propagierte Vorstellung, dass es der restlosen rassischen Homogenität bedürfe, um den Endsieg zu erringen, hatte sich in den Köpfen festgesetzt und schloss jede menschliche Gefühlsregung
20 gegenüber den Opfern aus. Dabei war nicht zu übersehen, dass sich dies nicht nur im Osten mit einer unvorstellbar skrupellosen Korruption und persönlichen Bereicherung verknüpfte.

Hans Mommsen, Das NS-Regime und die Auslöschung des Judentums in Europa, Bonn 2014, S. 208 (gekürzt)

D3 Ganz normale Männer

Ein Historiker beschreibt den Beginn des Massakers an polnischen Juden im Jahr 1941:

Der Auftrag lautete, die männlichen Juden im arbeitsfähigen Alter in eines der Lager in Lublin zu schaffen und die Frauen, Kinder und alten Leute einfach an Ort und Stelle zu erschießen. Dann
5 machte er (Kommandant Trapp) sein außergewöhnliches Angebot: Wer von den Älteren sich dieser Aufgabe nicht gewachsen fühle, möge vortreten. Eine Weile war es still, dann meldete sich

Q1 Jüdische Frauen bei ihrer Deportation

Foto aus dem südbadischen Lörrach vom 20. Oktober 1940

Der Abtransport der jüdischen Bevölkerung fand vor aller Augen statt. Im Hintergrund der Szene sind Schaulustige zu sehen.

ein Angehöriger der 3. Kompanie, Otto-Julius
10 Schimke. Hauptmann Hoffmann, der mit dem 3. Zug der 3. Kompanie direkt aus Zakrzow nach Józefow gekommen war und am Vortag nicht an der Offiziersbesprechung in Bilgoraj teilgenommen hatte, war wütend darüber, dass ausgerech-
15 net einer seiner Männer sich als Erster meldete. Er machte Schimke Vorwürfe, wurde aber von Trapp unterbrochen. Und nachdem der Major den Untergebenen in Schutz genommen hatte, traten noch zehn oder zwölf andere Männer vor.
20 Sie gaben ihre Gewehre ab und wurden aufgefordert, sich für weitere Befehle von Trapp zur Verfügung zu halten. Sie erhielten den ausdrücklichen Befehl, jeden zu erschießen, der einen Fluchtversuch wagen sollte. Die übrigen Männer
25 sollten die Juden zusammentreiben und zum Marktplatz bringen. Alle, die zu krank oder schwach seien, alle, die Widerstand leisteten oder versuchten, sich zu verstecken, sowie alle Kinder müssten auf der Stelle erschossen werden.

Christopher R. Browning, Ganz normale Männer. Das Reserve-Polizeibataillon 101 und die „Endlösung" in Polen. Übersetzt von Jürgen Peter Krause, Hamburg 1996, S. 86 f. (gekürzt und angepasst)

---

1. Arbeite die im Historikertext genannten Aspekte für die Mittäterschaft der Deutschen am Genozid an der jüdischen Bevölkerung heraus und nenne noch weitere Motive (D2).
2. Recherchiert zur Person und zu dem Prozess Oskar Grönings 2015 und diskutiert im Team, ob man heute noch Täter:innen des Holocaust vor Gericht stellen sollte (VT, Q1, D2).
3. Beschreibe in eigenen Worten, wie sich die Männer in Polen nach dem Befehl zum Massenmord verhalten haben, und nenne mögliche Gründe hierfür (D3).
4. Recherchiere die Motive der Täter. Nutze die Tonbandmitschnitte des Mediencode 31033-97. MK
5. Nehmt in der Klasse Stellung zum Verhalten vieler Deutscher in der Nachkriegszeit (D1).

Eine NS-Gedenkstätte untersuchen

Gedenkstätten als Orte der Auseinandersetzung mit der Geschichte hast du bereits am Beispiel von Verdun kennengelernt. Erinnerungsorte an die NS-Zeit sind jedoch besondere Gedenkstätten: Für die Angehörigen der Menschen, die dort eingesperrt, misshandelt, ausgebeutet und umgebracht wurden, sind sie ein Ort der Trauer. Darum braucht man nicht nur Kenntnisse über den Nationalsozialismus, um zu verstehen, was dort passiert ist, sondern muss auch darüber nachdenken, wie man den Opfern Respekt erweist.

Schritt für Schritt:
Eine NS-Gedenkstätte untersuchen

1. Informieren

So könnt ihr den Gedenkstättenbesuch planen:
a) Recherchiert Informationen zur Gedenkstätte.
b) Informiert euch über die Angebote für Schulklassen.
c) Findet heraus, wie man dorthin kommt und wie hoch die Kosten sind.

2. Den Gedenkstättenbesuch vorbereiten

a) Stellt die Ergebnisse eurer Recherchen vor.
b) Formuliert in einer anonymen Befragung Erwartungen/Befürchtungen vor dem Gedenkstättenbesuch.
c) Schreibt Fragen auf, auf die ihr nach dem Gedenkstättenbesuch Antworten haben möchtet.
d) Klärt, ob ihr über genügend Vorwissen verfügt.
e) Entscheidet, wie ihr euren Besuch dokumentieren wollt (Fotoprotokoll, Plakate …).
f) Plant den Ablauf des Besuches im Detail.
g) Überlegt, ob und wie ihr der Opfer, an die in der Gedenkstätte erinnert wird, gedenken möchtet.

3. Den Besuch der Gedenkstätte durchführen und auswerten

a) Führt euer geplantes Programm durch, klärt eure Fragen und macht euch Notizen.
b) Sprecht nach dem Besuch über eure Eindrücke und Gefühle. Geht auch auf eure Umfrage ein.
c) Klärt offene oder neue Fragen.
d) Sichtet eure Aufzeichnungen und präsentiert sie, zum Beispiel in einem Gallery Walk.
e) Benennt, welche Schlussfolgerungen ihr aus dem Besuch für euch persönlich zieht.
f) Möchtet ihr eure Ergebnisse einem größeren Publikum präsentieren (Schulhomepage, Ausstellung …)?

So könnte euer Besuch der Wewelsburg aussehen:

1. Informieren

a) Nutzt für eure Recherchen den Mediencode 31033-98 : In der Wewelsburg bei Paderborn entstand in der NS-Zeit eine Versammlungs- und Schulungszentrale für SS-Offiziere. Den Umbau mussten Häftlinge ausführen, für die in der Nähe das Konzentrationslager Niederhagen errichtet wurde. Dort waren ca. 4 000 Menschen inhaftiert, von denen über 1 200 starben. An sie und alle Opfer der SS-Gewalt wird hier erinnert.
Im ehemaligen SS-Wachgebäude stellt eine Ausstellung die Geschichte des Lagers und die Rolle der SS im NS-Herrschaftssystem dar. Die Gedenkstätte befindet sich an einem Täterort. Vom KZ sind nur noch Lagerküche und Torhaus erhalten. Auf dem früheren Appellplatz erinnert ein Mahnmal an die Häftlinge des Lagers.
b) Die Mitarbeiter:innen der Gedenkstätte bieten neben dem Gedenkstättenbesuch Studientage und Projekte an.
c) Man erreicht die Gedenkstätte mit dem Reisebus oder von Paderborn mit dem Linienbus. Der Eintritt und Führungen für Schulklassen sind kostenlos.

2. Den Gedenkstättenbesuch vorbereiten

Berichtet in der Klasse, was ihr über die Gedenkstätte herausgefunden habt. Für euren Besuch benötigt ihr Kenntnisse über die NS-Ideologie und die Entrechtung und Verfolgung verschiedener Bevölkerungsgruppen. Zu folgenden Themen könnt ihr Fragen formulieren:
- Aufbau und Organisation des Lagers
- Herkunft, Arbeits- und Lebensbedingungen der Häftlinge
- Taten der Wachmannschaften
- Verhalten der Bevölkerung
- Geschichte des Lagers nach 1945

Euer Besuch kann so ablaufen:
- Führung durch die Ausstellung
- Gruppenarbeit zu euren Fragen
- Besuch des KZ-Geländes
- Abschluss vor dem Mahnmal. Hier könnt ihr eine Gedenkminute abhalten oder Blumen niederlegen.

3. Den Gedenkstättenbesuch durchführen und auswerten

Nachdem ihr über eure Gefühle und Eindrücke gesprochen und die Fahrt inhaltlich ausgewertet habt, solltet ihr noch über ihre weitere Bedeutung diskutieren, zum Beispiel:
- Findet ihr diese Form der Erinnerung gelungen?
- Zieht ihr aus dem Besuch Konsequenzen für euer Handeln?

Wie man eine Exkursion durchführt, wissen wir doch schon!

Aber der Besuch einer Gedenkstätte
ist doch kein „normaler" Ausflug!

Q1 **Häftlinge bei der Arbeit im Steinbruch unterhalb der Wewelsburg**
Foto von 1940/41

Q2 **Gedenkstätte Wewelsburg**
Foto von 2015

Im ehemaligen SS-Wachgebäude, das zwischen 1933 und 1937 errichtet wurde, befindet sich heute die Dauerausstellung „Ideologie und Terror der SS".

Q3 **Mahnmal**
Foto von 2003

Jetzt bist du dran: Eine NS-Gedenkstätte untersuchen

1. Recherchiert arbeitsteilig mithilfe der Suchfunktion auf der Internetseite, die ihr unter dem Medien-code 31033-99 findet, arbeitsteilig, welche NS-Gedenkstätten es in eurer Nähe gibt. Wählt eine dieser Gedenkstätten aus und plant einen Besuch, wie ihr es gelernt habt. **MK** ⊕

2. „Ein Gedenkstättenbesuch ist (k)eine Exkursion wie jede andere." Nehmt Stellung.
3. Diskutiert, ob es angemessen ist, eine Gedenkstätte an einem „Täterort" einzurichten.
4. Recherchiert, wie auf der Wewelsburg versucht wird, einem Kult von Anhänger:innen der NS-Ideologie entgegenzuwirken, und bewertet, ob dies gelungen ist. **MK**

Pearl Harbor

Ob Japan mit dieser Reaktion gerechnet hat?

Der Krieg bekommt hiermit jedenfalls eine ganz neue Dimension …

Q1 Infamy Speech

Rede des US-Präsidenten Roosevelt, 8. 12. 1941:
Gestern – an einem Tag voller Schande – wurden die Vereinigten Staaten unangekündigt und vorsätzlich attackiert von See- und Luftstreitkräften des Japanischen Kaiserreiches. Ich bitte
5 den Kongress, nach dieser grundlosen und heimtückischen Attacke einen Kriegszustand zwischen den Vereinigten Staaten und dem Japanischen Kaiserreich zu erklären.

Zit. nach: Ralf Geißler, Amerikanische Wende, in: Deutschlandfunk Kultur, 8.12.2006. www.deutschlandfunk.de/ amerikanische-wende.871.de.html?dram:article_id=125717 [14.04.2021]

Q2 „Rächt Pearl Harbor"
Amerikanisches Propagandaplakat von 1942

Japanische Expansionspolitik

Als einzige industrielle Großmacht in Asien versuchte Japan seit Beginn des 20. Jh. unter dem Schlagwort „Asien den Asiaten", die Vorherr-
5 schaft der „weißen Kolonialmächte" im asiatischen Raum zu beenden. Mit dem Angriff auf China am 7. Juli 1937 begann ein verheerender Krieg (Pazifikkrieg 1937-1945). Er sollte die führende Rolle Japans in Ostasien und im pazifischen
10 Raum sichern und wird mit massiven Kriegsverbrechen an der chinesischen Zivilbevölkerung in Verbindung gebracht. Als Folge dieser aggressiven Außenpolitik verschlechterten sich die amerikanisch-japanischen Beziehungen kontinuierlich und
15 gipfelten in einem **Wirtschaftsembargo**, das Japan von der Zufuhr kriegswichtiger Stoffe abschnitt.

Der Angriff auf Pearl Harbor

Pearl Harbor war der bedeutendste Flottenstütz-
20 punkt der Amerikaner im Pazifik. Mit dem Ziel, die amerikanische Flotte nachhaltig zu schwächen, bombardierten japanische Kampfflugzeuge am 7. Dezember 1941 in einem Überraschungsangriff den Militärstützpunkt. Sie vernichteten Kriegs-
25 schiffe und Kampfflugzeuge. 2 400 US-Soldaten kamen bei dem bis dato ersten Angriff auf amerikanischem Hoheitsgebiet ums Leben, was die bislang pazifistische Haltung der US-Bevölkerung grundlegend änderte.
30 Verschwörungstheoretiker behaupten, dass die US-Regierung bereits im Vorfeld Kenntnis von

dem Überfall hatte, aber die eigene Flotte zur „Stimmungsmache" in der Bevölkerung opferte. Sicherlich musste Präsident **Franklin Roosevelt**
35 aufgrund seines harten wirtschaftlichen Vorgehens mit einem japanischen Angriff rechnen. Ungeklärt bleibt jedoch, warum Hinweise auf einen bevorstehenden Angriff ignoriert wurden. Dieser hatte weitreichende Konsequenzen: Er löste den
40 Kriegseintritt der USA aus, die Japan am Folgetag den Krieg erklärten. Am 11. Dezember folgte die Kriegserklärung der Achsenmächte an die USA – der Krieg wurde zum Weltkrieg. Gleichzeitig läutete die aktive Teilnahme der USA mit ihrer unge-
45 heuren Wirtschaftskraft auf lange Sicht die entscheidende Wende im Kriegsgeschehen ein. Bis Mitte 1942 konnte Japan den Eroberungsfeldzug im Pazifik fortsetzen, was aber Offensiven der Alliierten änderten. 1944 war die Lage für Japan
50 dann aussichtslos. Letztlich beendete aber erst der bereits damals umstrittene Atomwaffeneinsatz der USA über Hiroshima und Nagasaki den Krieg.

Wirtschaftsembargo
Politisches Druckmittel, das der Bestrafung (Sanktionierung) eines Landes durch ein anderes dient: Indem keine Waren mehr an ein Land geliefert werden, gerät dieses in wirtschaftliche Not.

Q3 Eine ausweglose Lage?

Am 1. Dezember 1941 erläutert der Ministerpräsident Tojo Hideki die Lage Japans:

Die Vereinigten Staaten haben jetzt auch begonnen, von uns einseitige Zugeständnisse zu verlangen, indem sie neue Forderungen wie die bedingungslose militärische Gesamträumung Chinas und die Aufhebung des japanisch-deutsch-
5 italienischen Dreimächtepaktes aufstellten. Auf der anderen Seite haben die Vereinigten Staaten, Großbritannien, die Niederlande und China kürzlich ihren wirtschaftlichen und militäri-
10 schen Druck auf uns verstärkt. Nachdem die Dinge diesen Punkt erreicht haben, bleibt uns kein anderer Ausweg, als zum Krieg gegen die Vereinigten Staaten, Großbritannien und die Niederlande zu schreiten, um die gegenwärtige
15 Krise zu überwinden und unsere Existenz zu wahren.

Zit. nach: Wolfgang Lautemann und Manfred Schlenke (Hrsg.), Geschichte in Quellen, Bd. V: Weltkriege und Revolutionen 1914-1945, München 1961, S. 494 (gekürzt)

Q4 Nichtsonderfriedensvertrag

Aus einem Abkommen zwischen Deutschland, Italien und Japan vom 11. Dezember 1941:

In dem unerschütterlichen Entschluss, die Waffen nicht niederzulegen, bis der gemeinsame Krieg gegen die Vereinigten Staaten von Amerika und England zum erfolgreichen Ende geführt worden
5 ist, haben sich die Deutsche Regierung, die Italienische Regierung und die Japanische Regierung über folgende Bestimmungen verständigt:
Artikel 1: Deutschland, Italien und Japan werden den ihnen von den Vereinigten Staaten aufge-
10 zwungenen Krieg mit allen ihnen zu Gebote stehenden Machtmitteln bis zum siegreichen Ende führen.

Zit. nach: Jäckel Eberhard, Die deutsche Kriegserklärung an die Vereinigten Staaten vom Dezember 1941, in: Ders. (Hrsg.), Umgang mit Vergangenheit. Beiträge zur Geschichte, Stuttgart 1989, S. 190 f. (gekürzt)

D1 Japanische Eroberungen 1941/42

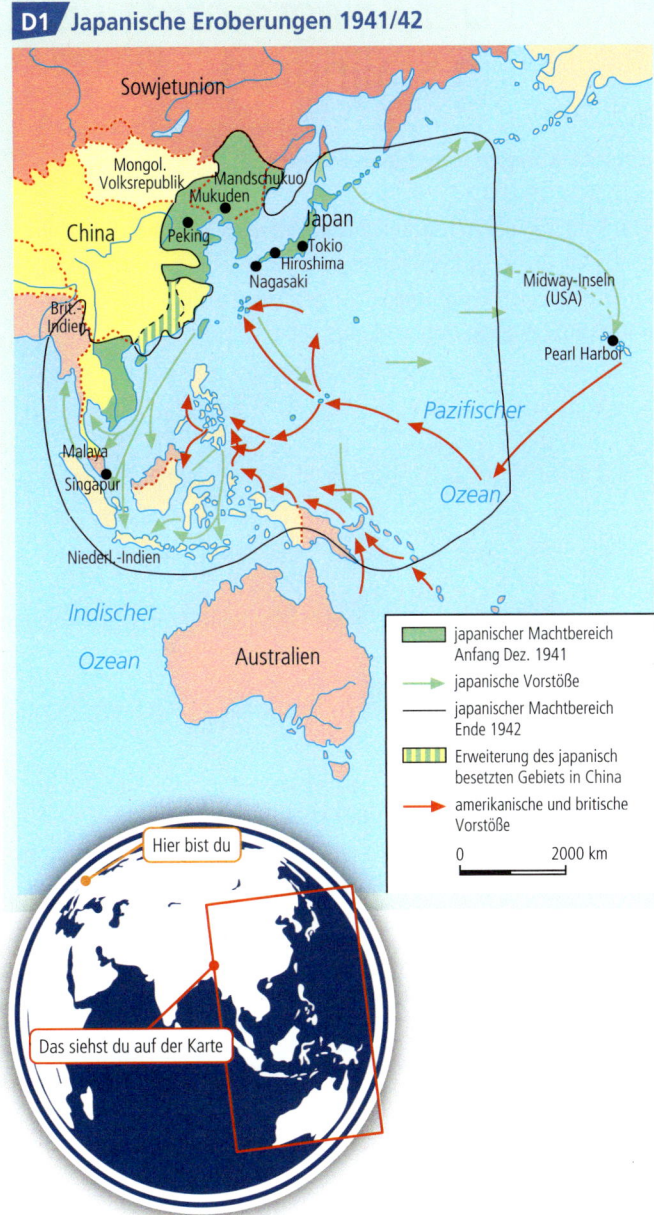

1. Arbeite aus den Erläuterungen des japanischen Ministerpräsidenten die Gründe für den japanischen Angriff auf Pearl Harbor heraus. Handelte es sich um einen „grundlosen" Angriff (Q1, Q3)?
2. Zeige die Bedeutung des Angriffs auf Pearl Harbor für den weiteren Kriegsverlauf auf (VT, D1, Q4).
3. Beurteile, ob Pearl Harbor als ein „Phyrrussieg" (nutzloser, zu teuer erkaufter Sieg) anzusehen ist.
4. Diskutiert im Team, ob und inwiefern der Beginn des Zweiten Weltkrieges mit Pearl Harbor oder dem japanischen Angriff auf China im Juli 1937 angesetzt werden müsste.

Der Kriegseintritt der USA und die Niederlage in Stalingrad

Ca. 300 000 Soldaten der Achsenmächte wurden im November 1942 von der Roten Armee im „Kessel von Stalingrad" eingeschlossen. 90 000 Soldaten wurden gefangen genommen. Nur geschätzt 6 000 Männer kehrten nach 1945 zurück nach Deutschland.

Nach dem Kriegseintritt der USA haben die Deutschen jetzt vor Stalingrad offensichtlich eine deutliche Niederlage erlitten.

Ob sich der Kriegsverlauf durch diese Ereignisse ändert?

Das Zögern der USA

Lange hatte sich US-Präsident Roosevelt nicht in „irgendeinen fremden Krieg" hineinziehen lassen wollen. Allerdings erkannte er, welche Bedrohung
5 die NS-Vorherrschaft in Europa darstellte. Die Prinzipien von Selbstbestimmung, Freiheit und offenen Märkten waren mit dem NS-Staat unvereinbar. Deshalb forderte Roosevelt zunächst im Kongress die weltweite Umsetzung der „Vier
10 Freiheiten" und unterstützte Großbritannien mit Kriegsmaterial.

Die Anti-Hitler-Koalition

Die ideologischen Unterschiede zwischen den Westmächten und der Sowjetunion waren gewal-
15 tig. Doch nach Hitlers Angriffskrieg gegen die UdSSR im Juni 1941 schlossen Großbritannien und die Sowjetunion ein Abkommen zur gegenseitigen Unterstützung. Außerdem trafen sich Churchill und Roosevelt auf dem Schlachtschiff
20 „Prince of Wales", um in der Atlantik-Charta vom 14. August 1941 einen Gegenentwurf zur „Nazi-Tyrannei" zu beschließen. 22 weitere Staaten wie die Sowjetunion und China schlossen sich der Erklärung an. So entstand die Grundlage der **Anti-**
25 **Hitler-Koalition**, die in weiteren Konferenzen

vertieft wurde. Sie legte den gemeinsamen Kampf gegen die „Achsenmächte" Deutschland, Italien und Japan fest. Die „Germany first"-Strategie besagte, dass zuerst das Deutsche Reich besiegt
30 werden musste.
Auf den japanischen Angriff auf Pearl Harbor folgte die Kriegserklärung der USA und Großbritanniens. Am 11. Dezember erklärte umgekehrt auch Hitler den USA den Krieg. Aus dem europäischen
35 war ein globaler Krieg geworden.

Die Schlacht von Stalingrad

Nachdem es der Wehrmacht nicht gelungen war, Moskau im Winter 1941/42 einzunehmen, versuchte die 6. Armee, in einem Großangriff im
40 Sommer 1942 die wichtige Industriestadt Stalingrad (Wolgograd) zu erobern. Trotz anfänglich großer Erfolge erlitt die deutsche Armee in Häuser- und Straßenschlachten schwere Verluste und konnte die Stadt nicht einnehmen. Der Roten Ar-
45 mee gelang es – auch mithilfe westlicher Hilfslieferungen –, die deutschen Soldaten im November 1942 einzukesseln. Obwohl die Lage aufgrund der schlechten Versorgung und extremen Kälte wegen aussichtslos war, ordnete Hitler an, die
50 Stellung zu halten. Die 6. Armee musste sich schließlich im Februar 1943 ergeben. 146 000 Soldaten starben, 90 000 erschöpfte und kranke Männer kamen in sowjetische Kriegsgefangenschaft. Drei Wochen nach der schweren Niederla-
55 ge von Stalingrad hielt Propagandaminister Joseph Goebbels im Sportpalast in Berlin seine „Rede vom totalen Krieg", die vor allem nach außen hin deutlich machen sollte, dass das Deutsche Reich auf keinen Fall aufgeben würde.

Anti-Hitler-Koalition
Bündnis von 24 Staaten unter Führung der USA, Großbritanniens und der Sowjetunion zum Kampf gegen Nazi-Deutschland.

Unter dem Mediencode 31033-100 kannst du die Kriegswende auf einer animierten Karte nachverfolgen.

Q2 Vier Freiheiten

Am 6. Januar 1941 verkündet der amerikanische Präsident Roosevelt in einer Rede das Programm, für das die USA bereit sind, in den Krieg zu gehen.

In der Zukunft, die wir jetzt zu sichern versuchen, hoffen wir eine Welt schaffen zu können, die sich auf vier wesentliche menschliche Freiheiten gründet.

5 Erstens – Redefreiheit, und zwar in der ganzen Welt.

Zweitens – Freiheit für jeden Einzelnen, Gott auf seine Weise zu verehren, und zwar überall in der Welt.

10 Drittens – Freiheit von aller Not – das bedeutet, international gesehen, wirtschaftliche Abkommen, die in jedem Lande den Einwohnern gesunde Friedensverhältnisse sichern –, und zwar überall auf der Welt.

15 Viertens – Freiheit von aller Angst – das bedeutet, international gesehen, eine weltumfassende Abrüstung, so gründlich und bis zu einem solchen Grade, dass kein Land mehr in der Lage ist, irgendeines seiner Nachbarländer gewaltsam an-

20 zugreifen –, und zwar überall auf der Welt.

Das ist eine bestimmte Grundlage für eine Welt, wie wir sie in unserer Zeit und in unserer Generation schaffen können. Eine solche Welt ist der genaue Gegensatz zu der sogenannten Neuord-

25 nung der Tyrannei, die die Diktatoren mit dem Getöse ihrer Bomben zu schaffen versuchen. Dieser Neuordnung stellen wir einen größeren Gedanken entgegen, die moralische Ordnung. Eine wohlgeordnete Gesellschaft wird ohne Furcht

30 allen Weltherrschaftsplänen und fremden Revolutionen begegnen können.

Zit. nach: Herbert Schambeck u. a. (Hrsg.), Dokumente zur Geschichte der Vereinigten Staaten von Amerika, Berlin ²2007, S. 476 (übers. von Marcus Bergmann und Helmut Widder, gekürzt)

Q3 „Wollt ihr den totalen Krieg?"

Am 18. Februar 1943 hält Propagandaminister Goebbels vor 14 000 sorgfältig ausgewählten Zuhörern im Berliner Sportpalast eine Rede. Sie wird auch im Radio übertragen:

Ihr, meine Zuhörer, repräsentiert in diesem Augenblick die Nation. Und an euch möchte ich zehn Fragen richten, die ihr mir mit dem deutschen Volk

5 vor der ganzen Welt, insbesondere vor unseren Feinden beantworten sollt: 1.: Die Engländer behaupten, das deutsche Volk habe den Glauben an den Sieg verloren. Ich frage euch: Glaubt

10 ihr mit dem Führer und mit uns an den endgültigen totalen Sieg des deutschen Volkes? Ich frage euch: Seid ihr entschlossen, dem Führer in der Erkämpfung des Sieges durch dick und dünn unter Aufnahme auch der

15 schwersten persönlichen Belastung zu folgen? 4.: Die Engländer behaupten, das deutsche Volk wehrt sich gegen die totalen Kriegsmaßnahmen der Regierung. Es will nicht den totalen Krieg, sondern die Kapitulation. (*Zuruf: Niemals! Nie-*

20 *mals!*) Ich frage euch: Wollt ihr den totalen Krieg? Wollt ihr ihn, wenn nötig, totaler und radikaler, als wir ihn uns heute überhaupt noch vorstellen können? (*Die Zuhörer schreien begeistert: „Ja".*)

25 5.: Die Engländer behaupten, das deutsche Volk hat sein Vertrauen zum Führer verloren. Ich frage euch: Ist euer Vertrauen zum Führer heute größer, gläubiger und unerschütterlicher denn je? (*Kommentator: Die Menge erhebt sich. Vieltau-*

30 *sendstimmige Sprachchöre: „Führer, befiehl, wir folgen!" Nicht abebbende Woge von Heilsrufen auf den „Führer" braust auf.*)

Auszug aus der Rundfunkübertragung, DRA-Nr. 2600052, hier von 1000dokumente.de (stark gekürzt)

Q4 Goebbels im Sportpalast
Foto von 1943

Unter dem Mediencode 31033-86 kannst du dir Goebbels' Rede im Original anhören.

---

1. Arbeite die Gründe für den Kriegseintritt der USA heraus (Q2, VT).
2. Erläutere die Annäherung zwischen den Westmächten und der Sowjetunion (VT).
3. Untersuche Goebbels' Rede auf propagandistische Mittel und die Wirkung auf das Publikum. Beziehe auch das Foto des Ministers in deine Analyse ein (Q3, Q4). H
4. Vergleiche Roosevelts Rede mit Goebbels' Aufruf (Q2, Q3).
5. Erkläre, warum Stalingrad als Kriegswende bezeichnet wird (Q1, VT).
6. „Der Feind meines Feindes ist mein Freund." Beurteile den Ausspruch in Hinblick auf die Entstehung der Anti-Hitler-Koalition und ihrer Bedeutung für den Kriegsverlauf (VT).

Zeitzeugen digital – AR-Apps beurteilen

> Erzählt der alte Mann da direkt im Klassenzimmer?

> Schau dir mal den Boden um ihn herum genau an. Das sieht aus wie ein virtuelles Angebot.

D1 Zeitzeuge im Klassenzimmer
Screenshot des Augmented Reality-Angebotes der WDR-„History App". Hier erzählt Willi Plaetz aus dem Kapitel „Mit 18 an die Front".

Der Zweite Weltkrieg ist bald achtzig Jahre Vergangenheit. Nicht mehr viele Menschen, die ihn persönlich erlebt haben, können davon erzählen. Dank Briefen, Tagebucheinträgen etc. können wir zwar heute noch einiges über das Leben damals erfahren, aber die Lebendigkeit, mit der die Kriegsgeneration über ihre Erfahrungen berichtet, geht dabei verloren. Um die Erinnerungen von Zeitzeugen erlebbar zu machen, hat der WDR eine App entwickelt, die Erzählungen von Zeitzeugen zu Augmented Reality (AR)-Angeboten verarbeitet.

Schritt für Schritt:
Die AR-Angebote des WDR beurteilen

1. Die App „WDR AR 1933-1945" kennenlernen
a) Lade die kostenfreie App „WDR AR 1933-1945" im Google Play Store oder App Store auf dein Smartphone/Tablet herunter, die du unter dem Mediencode 31033-101 findest.
b) Wähle ein Kapitel und eine Erzählung aus.

2. Mithilfe der Hologramme Geschichte erleben
a) Ziele mit der Kamera deines Smartphones/Tablets auf den Boden vor dir, bis ein Kreis entsteht. Tippe auf den Kreis, sobald er komplett weiß ist und platziere das Hologramm auf dem Boden.
b) Entdecke den Raum im Video, indem du das Smartphone/Tablet im 180°-Winkel bewegst.

3. Das Augmented Reality-Angebot beurteilen
a) Notiere, was du gelernt hast.
b) Nimm Stellung dazu, indem du Vor- und Nachteile aufzeigst.

So kannst du die History-App des WDR beurteilen:
1. Eine Lebensgeschichte des AR-Angebotes „Kriegskinder" kennenlernen
Lade die WDR-AR-App herunter und starte sie. Wähle das Kapitel „Kriegskinder" aus, indem du „zu den Videos" gehst. Starte dann die Erzählung „Vera in London" (D2).

2. Veras Geschichte mit der App erleben
a) Projiziere das Hologramm auf den Boden und platziere Vera.
b) Höre ihrer Erzählung zu. Bewege dich mit deinem Smartphone/Tablet im Raum und schwenke es, um deine und Veras Umgebung zu erkunden. Halte fest, was Vera erlebt und wie sie sich dabei gefühlt hat. Notiere auch, durch welche audiovisuellen Elemente die Erzählung unterstützt wird.

Veras Erzählung:	Audiovisuelle Elemente:
• Vera konnte als Kind anhand der Geräusche die Fliegermodelle erkennen	• Flugzeuggeräusche • Flugzeuge im Bild, die am User vorbeifliegen
• berichtet von Angst und den Bombengeräuschen	• Qualm und Rauch • brennende Gebäude • Geräusch von Flammen

3. Das AR-Angebot „Vera in London" beurteilen
a) Mache dir Notizen, wie du das Hologramm empfunden hast. Welche audiovisuellen Elemente (Sounds, Videoelemente) fandest du unterstützend, welche störend? Das könnte z. B. so aussehen:
b) Nimm Stellung, inwiefern das Augmented-Reality-Angebot über Veras Geschichte eine sinnvolle Ergänzung für den Ge-

Unterstützend	Nachteile
• Visuelle Elemente (z. B. Flugzeuge vermitteln den Eindruck, selbst dort zu sein	• Audiovisuelle Elemente lenken von der Erzählung ab
• …	• …

schichtsunterricht bei der Nutzung der neuen Medien bietet:
Das AR-Angebot des WDR über Veras Geschichte ist sinnvoll/nicht sinnvoll für den Geschichtsunterricht, weil …

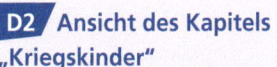

D2 Ansicht des Kapitels „Kriegskinder"
Smartphone-Screenshot der WDR-App

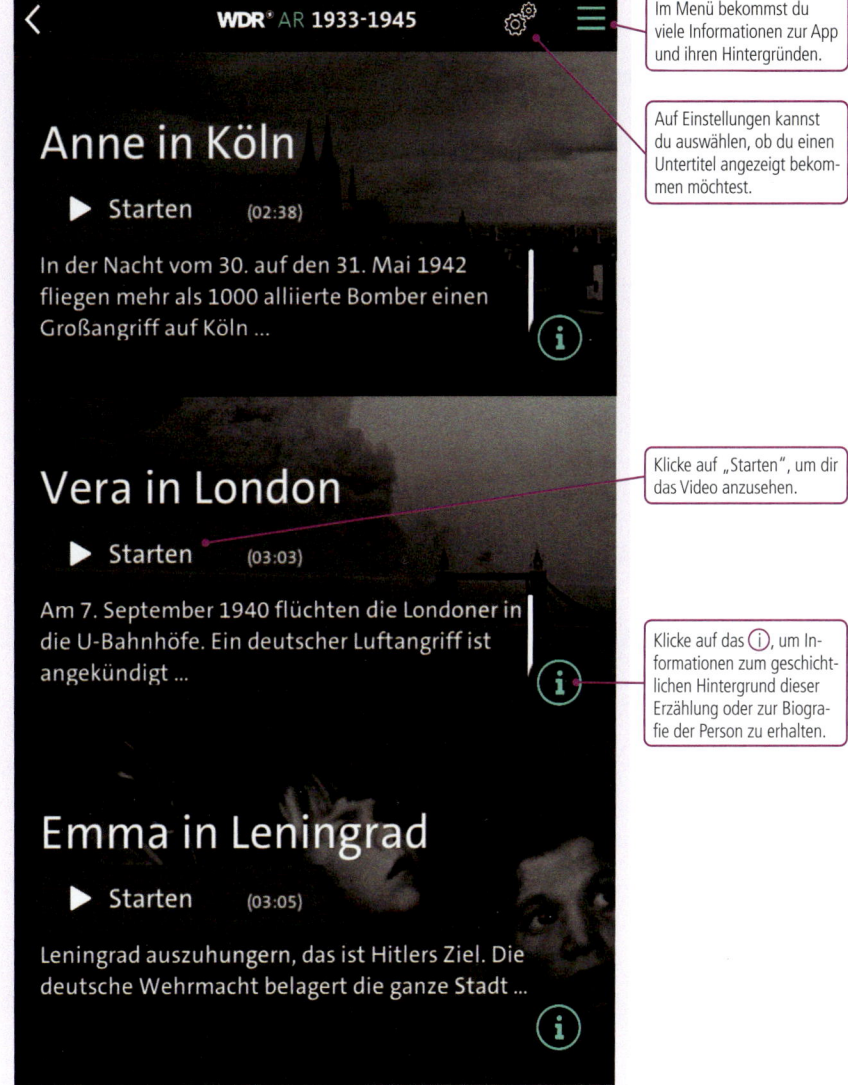

Im Menü bekommst du viele Informationen zur App und ihren Hintergründen.

Auf Einstellungen kannst du auswählen, ob du einen Untertitel angezeigt bekommen möchtest.

Klicke auf „Starten", um dir das Video anzusehen.

Klicke auf das (i), um Informationen zum geschichtlichen Hintergrund dieser Erzählung oder zur Biografie der Person zu erhalten.

D3 Tipps zur Nutzung der App „WDR AR 1933-1945"

- Lade die Videos einmal im WLAN herunter, um sie offline nutzen zu können.
- Benutze Kopfhörer, wenn ihr euch zu mehreren in einem Klassenraum befindet.
- Ideal für die Projektion ist ein Abstand von 2 m und ein Fußboden mit Musterung.
- Projiziere das Hologramm nur auf den Fußboden.
- Du kannst die Erzählung zwischendurch anhalten oder dir mehrfach ansehen, damit du nichts verpasst.

Jetzt bist du dran: Zeitzeugen digital – AR-Apps beurteilen

1. Untersuche das Augmented Reality-Angebot der „Kriegskinder" zu Anne in Köln, indem du dir das Hologramm ansiehst und dir Notizen machst, was Anne erlebt hat.
2. Analysiere die App, indem du überlegst, ob die audiovisuellen Elemente Annes Erzählung unterstützen.
3. Nimm Stellung zu der Frage, welche Chancen und Herausforderungen die App bei der Beschäftigung mit dem Zweiten Weltkrieg bietet und ob AR-Angebote Zeitzeugen ersetzen können.
4. Ein Schulbuchverlag möchte durch eine Umfrage in Erfahrung bringen, ob Jugendliche zukünftig häufiger mit Augmented-Reality-Angeboten arbeiten möchten. Verfasse eine Stellungnahme.
5. Lade dir die App „Fliehen vor dem Holocaust. Meine Begegnungen mit Geflüchteten" herunter, die du unter dem Mediencode 31033-102 findest, und triff virtuell eine Zeitzeugin oder einen Zeitzeugen. Erstelle in der App ein Album über deine Begegnung und formuliere darin deine Schlussfolgerungen, welche Folgen die Flucht vor dem Holocaust für die Betroffenen und ihr Leben hatte.

Das Kriegsende

Q1 **Kölner Innenstadt kurz vor Kriegsende**
Foto vom März 1945

Endlich ist der Krieg vorbei, ein Tag zum Feiern!

Schau dir mal die Kölner Innenstadt an! Ich glaube nicht, dass allen Deutschen zum Feiern zumute war …

im Osten überquert. Aus Angst vor der Roten Armee flohen Millionen Deutsche Richtung Westen. Völlig unerfah-
30 rene Jugendliche und ältere Männer versuchten, im sogenannten „Volkssturm" den Vormarsch aufzuhalten.

Kapitulation

Am 30. April 1945, als die Rote Armee
35 bereits Berlin erreicht hatte, beging Hitler Selbstmord. Angesichts der völlig aussichtslosen militärischen Situation kapitulierte das Deutsche Reich am 8. Mai 1945 bedingungslos. Der Zweite Weltkrieg in Europa war formal beendet. Im Pazifik
40 dauerte der Krieg noch bis zum Abwurf zweier Atombomben durch die US-Luftwaffe über den japanischen Städten Hiroshima und Nagasaki am 6. und 9. August 1945 fort. Der Einsatz dieser neuen Waffe war ein Kriegsverbrechen und for-
45 derte Hunderttausende Opfer. Die Spätfolgen sind bis heute sichtbar. Für viele Deutsche hingegen war das Kriegsende bereits vorher mit der Besetzung ihres Heimatortes eingetreten und wurde individuell ganz unterschiedlich wahrgenommen –
50 von bitterer Enttäuschung und Resignation bis hin zu überschwänglicher Hoffnung und Zuversicht auf eine bessere Zukunft.

Bombenkrieg – „Moral bombing"

Seit März 1942 wurden auch deutsche Städte durch alliierte Luftangriffe zum Kriegsschauplatz. Neben der Zielsetzung, das Deutsche Reich durch
5 die Zerstörung kriegswichtiger Anlagen zu schwächen, setzten die Alliierten vermehrt auf Bombenangriffe gegen die Zivilbevölkerung (**Moral bombing**). Deutsche Großstädte wie Berlin, Köln oder Hamburg wurden fast vollständig zerstört und
10 mehr als eine halbe Million Zivilisten fanden den Tod. Wer jedoch den „Endsieg" öffentlich infrage stellte oder sich den sinnlosen Befehlen der Nazis widersetzte, wurde von Standgerichten der SS hingerichtet.

15 Vormarsch in Ost und West

Am 6. Juni 1944 (D-Day) landeten die Westalliierte in der Normandie, um die Rote Armee durch die Eröffnung einer zweiten Front zu entlasten. In den folgenden Monaten rückten sie trotz heftigen
20 Widerstands der Deutschen immer weiter Richtung Rhein vor, den sie im März 1945 überquerten. Mit der Befreiung der Konzentrationslager erfuhr die Welt von den unvorstellbaren Menschheitsverbrechen, die in deutschem Namen
25 begangen worden waren. Bereits im Juni 1944 hatten sowjetische Truppen die deutsche Grenze

Bilanz des Krieges

Als die Waffen endlich schwiegen, hatte die Welt
55 ca. 60 Millionen Todesopfer zu beklagen, allein 20 Millionen in der Sowjetunion. Die Hälfte der Opfer waren Zivilisten. Weltweit blickten Millionen Menschen in eine ungewisse Zukunft: Kriegsgefangene, Ausgebombte, verwaiste Kinder, Vertriebene
60 und Flüchtlinge.

„Moral bombing"
Taktik der Flächenbombadierung von Städten mit dem Ziel, die Bevölkerung zu zermürben und ein rascheres Kriegsende, etwa durch einen politischen Umsturz, herbeizuführen

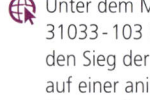
Unter dem Mediencode 31033-103 kannst du den Sieg der Alliierten auf einer animierten Karte nachvollziehen.

Q2 **Häftlinge des KZ Dachau begrüßen ihre Befreier**
Foto vom April 1945

D1 **Freiwild im Osten**

Zu dem trostlosen Sinnbild, dass Männer in diesen Jahren hinterlassen haben, tragen die Sieger bei, die Hitlers Truppen nach sechs mörderischen Jahren endlich in die Knie gezwungen haben. Im Osten folgt auf die Kampfhandlungen eine Vergewaltigungswelle. Dabei spielte Vergeltung eine wichtige Rolle.

Die Soldaten der sowjetischen Armee hatten Furchtbares erlebt; viele waren schon seit vier Jahren ohne einen Tag Urlaub im Kampfeinsatz, waren vorbeigezogen an verbrannter Erde, den

5 verwüsteten Dörfern ihrer Heimat, Leichenfeldern. Verblüfft waren sie ins eroberte Deutschland gezogen, in ein Land, das offensichtlich viel reicher und höher entwickelt war als ihres. Was hatte die Deutschen bewogen sie zu überfallen

10 und vernichten zu wollen? „Ich habe Rache genommen und werde weiterhin Rache nehmen", sagte ein Rotarmist namens Gofman, dessen Frau und Kinder bei einem Massaker nahe Kras-

nopolje ermordet worden waren.

15 „Ich habe Felder gesehen, die von Toten Deutschen übersät waren, aber das genügt nicht. Viele von ihnen sollen für jedes ermordete Kind sterben."

20 Etlichen Deutschen dämmerte es, dass in der Rachsucht der russischen Soldaten die Gewalt zurückkehrte, die Wehrmacht, SS und Polizeibataillone über Russland gebracht hat-

25 te. Eine schwer misshandelte Frau hatte später die Größe einzugestehen: „Ich habe sehr gelitten. Aber wenn ich das mit Verstand betrachte, sage ich mir, wahrscheinlich war alles nur ein furchtbares

30 Heimzahlen von dem, was unsere Männer in Russland angerichtet hatten."

Harald Jähner, Wolfszeit. Deutschland und die Deutschen 1945-1955, Berlin 2019, S. 184 ff. (gekürzt)

Q4 **Zum 40. Jahrestag**

Auszug aus der Rede Richard von Weizsäckers:
Der 8. Mai ist für uns Deutsche kein Tag zum Feiern. Die Menschen, die ihn bewusst erlebt haben, denken an ganz persönliche und damit ganz unterschiedliche Erfahrungen zurück. Der eine

5 kehrte heim, der andere wurde heimatlos. Dieser wurde befreit, für jenen begann die Gefangenschaft. Viele waren einfach nur dafür dankbar, dass Bombennächte und Angst vorüber und sie mit dem Leben davongekommen waren. Andere

10 empfanden Schmerz über die vollständige Niederlage des eigenen Vaterlandes.

Zit. nach: www.bundespraesident.de/SharedDocs/Reden/ DE/Richard-von-Weizsaecker/Reden/1985/05/19850508_ Rede.html [30.04.2021]

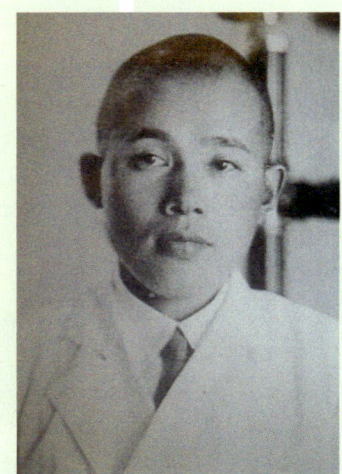

Q3 **Strahlenopfer aus Hiroshima**
Foto von 1949
Der Arzt Takashi Nagai wurde durch die Atombombe radioaktiv verstrahlt und starb wenige Jahre später an den Folgen.

Unter dem Mediencode 31033-104 kannst du nachlesen, wie das jüdische Mädchen Berta Frank die Befreiung erlebte. Sie hatte sich mit ihrem Vater seit Herbst 1944 in der Nähe von Schleiden versteckt gehalten.

---

1. Beschreibe die Stimmung auf den Fotos (Q1-Q3).
2. Im Gegensatz zu den Russen wurden Briten und Amerikaner von der deutschen Zivilbevölkerung trotz Skepsis und Unsicherheit überwiegend freundlich empfangen. Erkläre das Verhalten der deutschen Zivilbevölkerung sowie der sowjetischen Armee (D1, VT). **H**
3. Fasse zusammen, welche Bedeutung Richard von Weizsäcker dem 8. Mai zuspricht (Q4).
4. Nimm begründet Stellung, ob der 8. Mai 1945 als Tag der Niederlage oder als Tag der Befreiung anzusehen ist (Q1-Q4, D1, VT). **H**
5. Recherchiere zu den letzten Kriegstagen und dem Kriegsende in deinem Wohnort. **MK**
6. Recherchiere die Diskussion um den Einsatz von Atombomben und nimm aus deiner heutigen Perspektive bewertend Stellung. **MK** **H**

Die Einrichtung der Besatzungszonen

Q1 Verhandlungen über die Friedensbedingungen

Die Vertreter von Großbritannien, Winston Churchill, den USA, Harry Truman (nach dem Tod von Franklin D. Roosevelt) und der Sowjetunion, Josef Stalin, auf der Potsdamer Konferenz.

Hier sind sich die Sieger wohl noch einig, wie es mit Deutschland weitergeht.

Die waren politisch doch komplett unterschiedlich drauf – da waren Auswirkungen auf Europa ja vorprogrammiert.

Was soll aus Deutschland werden?

Nach der Kapitulation wurde am 5. Juni 1945 ganz Deutschland in vier Besatzungszonen aufgeteilt: So hatten es die Staatsführer der Anti-Hitler-
5 Koalition – der amerikanische Präsident Roosevelt, der britische Premierminister Churchill und der sowjetische Machthaber Stalin – schon im Februar 1945 auf der Konferenz in Jalta beschlossen. Anders als nach dem Ersten Weltkrieg, als Deutsch-
10 land als eigenständiger Staat mit eigener Regierung fortbestehen konnte, gab es nach dem Zweiten Weltkrieg keine deutsche Staatsgewalt mehr und die Souveränität ging vollständig auf die vier Besatzungsmächte über. Aber wie sollte es nun
15 mit dem besetzten Deutschland weitergehen?

Die Konferenz von Potsdam

Vom 17. Juli bis zum 2. August 1945 trafen die sogenannten „Großen Drei" Churchill, **Harry Truman** und Stalin in Potsdam zusammen, um über
20 die Bedingungen eines Friedensabkommens zu verhandeln (Potsdamer Konferenz). Es brachen jedoch sehr schnell die politischen und weltanschaulichen Differenzen zwischen den früheren Verbündeten auf. Stalin machte deutlich, dass er
25 nicht bereit war, seinen im Krieg gewonnenen

Einfluss auf die Länder in Osteuropa aufzugeben. Dies galt besonders für Polen und die Tschechoslowakei, die als Sicherheitspuffer gegen Deutschland dienen sollten. Ebenfalls uneinig waren sich
30 die Staatsführer über die Frage der zu leistenden Reparationen, die in Form der Demontage von Industrieanlagen erbracht werden sollten. Zwar hatten sich die Siegermächte darauf verständigt, Deutschland als wirtschaftliche Einheit zu behan-
35 deln, dennoch wurde diese Frage in jeder Besatzungszone anders geregelt. Einig war man sich hingegen im gemeinsamen Ziel, „den deutschen Militarismus und das deutsche Nazitum auszurotten". Zu diesem Zweck verständigte man sich auf
40 die vier De's: Denazifizierung, Demilitarisierung, Demokratisierung und Dezentralisierung.

Die Neuordnung Europas

Ebenfalls schwierig blieb die Frage nach den Grenzen. Die Sowjetunion hatte an der polnischen
45 Westgrenze inzwischen vollendete Tatsachen geschaffen und die Gebiete östlich der Flüsse Oder und Görlitzer Neiße (**Oder-Neiße-Linie**) Polen übertragen. Auf der Konferenz kam es zu einem Kompromiss: Die Oder-Neiße-Linie sollte „bis zur
50 endgültigen Festlegung" durch einen zukünftigen Friedensvertrag mit Deutschland als polnische Westgrenze anerkannt werden. Gleichzeitig billigten die Siegermächte damit die bereits begonnene „wilde" Ausweisung der deutschen Bevölke-
55 rung aus den inzwischen russischen und polnischen Gebieten sowie aus Ungarn und der Tschechoslowakei. Die Oder-Neiße-Grenze kennzeichnete die politische Trennlinie, die ab jetzt durch Europa verlief.

Oder-Neiße-Linie
Grenzziehung zunächst zwischen Deutschland und Polen, die die spätere politische Trennlinie zwischen West- und Ostblock markierte.

Die Karte zeigt schon die Grenzen der bis Januar 1957 gebildeten deutschen Länder.

Q2 Mitteilung über die Berliner Konferenz der Drei Mächte, Oktober 1945

Die Ziele der Besetzung Deutschlands, durch die der Kontrollrat sich leiten lassen soll, sind:

1. Völlige Abrüstung und Demilitarisierung Deutschlands und die Liquidierung der gesamten deutschen Industrie, welche für eine Kriegsproduktion genutzt werden kann.

5 2. Das deutsche Volk ist zu überzeugen, dass es eine militärische Niederlage erlitten hat und dass es sich nicht der Verantwortung entziehen kann für das, was es auf sich geladen hat, indem seine eigene militärische Kriegsführung und der 10 fanatische Widerstand der Nazis das deutsche Wirtschaftsleben zerstört und Chaos und Elend unvermeidlich gemacht haben.

3. Die nationalsozialistische Partei mit ihren angeschlossenen Gliederungen und Unterorganisa-15 tionen ist zu vernichten, alle nationalsozialistischen Ämter sind aufzulösen, es sind Sicherheiten dafür zu schaffen, dass sie in keiner Form wieder auferstehen kann, jeder nazistischen und militaristischen Propaganda ist vorzubeugen.

20 4. Die endgültige Umgestaltung des deutschen Lebens auf demokratischer Grundlage und eine eventuell friedliche Mitarbeit Deutschlands am internationalen Leben ist vorzubereiten.

Aus einem Plakat, zit. nach: www.hdg.de/lemo/bestand/objekt/plakat-ziele-kontrollrat.html [30.04.2021]

---

1. Analysiere die Karte und beschreibe, welche territorialen Änderungen nach 1945 erfolgten (D1).
2. Beurteile die unterschiedlichen Absichten der „Großen Drei" und vergleiche das Foto mit dem Verlauf der Potsdamer Konferenz (VT, Q1). **H**
3. Beurteile, inwiefern sich die auf der Potsdamer Konferenz zutage getretenen Konflikte auf die Neuordnung Europas nach dem Zweiten Weltkrieg auswirkten (VT, D1).
4. Diskutiert im Team, welche konkreten Schwierigkeiten bei der Umsetzung der „vier De's" auftreten konnten (Q2, VT).
5. Nimm aus heutiger Sicht Stellung dazu, inwiefern sich die Ziele vom Oktober 1945 erfüllt haben (Q2).

Flucht und Vertreibung

D1 Flucht und Vertreibung

Die Potsdamer Konferenz untersagte die Vertreibung der Deutschen aus den ehemaligen deutschen Ostgebieten (Tschechoslowakei, Sudetenland und Ungarn). Die UdSSR verschob jedoch das polnische Staatsgebiet nach Westen, die angestammte Bevölkerung wurde vertrieben. Auch in Jugoslawien, Bulgarien und der Türkei kam es zur Vertreibung von Minderheiten: Insgesamt dreißig Millionen Europäer verloren ihre bisherige Heimat.

Flucht und Vertreibung

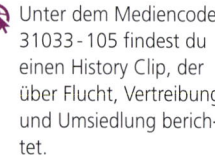

Vertreibung und Umsiedlung von:
- Deutschen
- Polen
- baltischen Völkern
- Tschechen und Slowaken
- Völkern der Sowjetunion

Angaben in Tausend

> Trotz Kriegsende sind überall in Europa Menschen auf der Flucht oder wurden vertrieben.

> Sieh dir mal die Zahlen an: Dabei haben sich wohl ganze Bevölkerungsmassen verschoben!

Persons" (DPs) – Menschen, die fern ihrer Heimat waren, beispielsweise aus ihren Ländern nach Deutschland deportiert und nun aus den Konzentrations-
30 und Arbeitslagern befreit worden waren. Im Chaos der letzten Kriegstage konnten viele Menschen, die von den Nazis verschleppt worden waren, fliehen. Nun irrten sie auf der Suche nach Nahrung und Schutz
35 umher, manchmal auch mit dem Wunsch nach Rache.

Viele sind unterwegs

Im Sommer 1945 waren die Menschen zunächst einmal froh, den Krieg überlebt zu haben. Doch über die Hälfte der 75 Millionen Menschen, die in-
5 nerhalb der vier Besatzungszonen lebten, waren an Orten, wo sie eigentlich nicht hingehörten oder wo sie nicht sein wollten: Sie wurden festgehalten, irrten umher, waren vertrieben oder auf der Flucht. Hinzu kam, dass vor allem in den Städ-
10 ten der Großteil der Häuser und Wohnungen zerstört war. Die Verantwortung für all diese Menschen hatten nun die Alliierten übernommen: Zehn Millionen deutsche Soldaten waren in Kriegsgefangenschaft geraten. Weil ihre Zahl so
15 groß war, wurden zeitweise eine Million Kriegsgefangene auf den sogenannten Rheinwiesenlagern unter freiem Himmel eingezäunt. Viele Menschen waren zum Schutz vor Luftangriffen aus den Städten evakuiert worden oder ausgebombt aufs Land
20 geflohen. All diese Menschen begaben sich nun auf den Weg zurück zu ihren Wohnungen oder suchten Unterschlupf bei Verwandten.

Auf der Flucht: „Displaced Persons"

Neben den Deutschen gab es überall in Europa
25 die große Gruppe der sogenannten „Displaced

Geflohene und Vertriebene

Die größte Gruppe bestand aus den Menschen, die aus den deutschen Ostgebieten geflohen oder
40 vertrieben worden waren. Schon im Winter 1944/45 machte sich ein riesiger Elendszug von zwölf Millionen Menschen aus Ostpreußen, Schlesien, Pommern und Posen auf den Weg nach Westen. Diese Gebiete östlich der Oder-Neiße-
45 Linie gehörten ab 1945 zu Polen, das selbst wiederum seine Ostgebiete an die Sowjetunion hatte abgeben müssen. Die Vertriebenen hatten dabei großes Leid erfahren. Sie flohen vor den Gewalttaten der Roten Armee – wie Massenvergewalti-
50 gungen – oder wurden aus ihrer angestammten Heimat vertrieben. Auf den Flüchtlingstrecks konnten sie oft nur das Nötigste mitnehmen. Im Westen angekommen, machten sie häufig die bittere Erfahrung, dass sie auch dort nicht willkommen waren. Viele Menschen verhielten sich lange
55 ablehnend gegenüber den Geflüchteten, die 1955 zehn Prozent der westdeutschen Gesamtbevölkerung ausmachten.

„Displaced Persons" (DPs)
Ausländische Zivilpersonen, die sich am Kriegsende außerhalb ihrer Heimat aufhielten

Unter dem Mediencode 31033-105 findest du einen History Clip, der über Flucht, Vertreibung und Umsiedlung berichtet.

D2 „Vaterland, wo bist Du?"

Der Romanauszug berichtet aus der Erzählperspektive des Jungen Günther nach einer wahren Geschichte:

Im Bruchteil einer Sekunde umrundeten uns drei Männer. Sie waren in den Dreißigern, mit dunklen Bärten und kurz geschorenen Haaren. Jemand ergriff meine Handgelenke. Ein anderer
5 stieß den Lauf einer Pistole in Vaters Wange. Die Augen des Mannes, zu wütenden Schlitzen verzogen, waren dunkel wie Gewitterwolken über einer breiten, krummen Nase und wulstigen Lippen. „Was hast du?", fragte er. Sein Akzent klang
10 russisch oder polnisch. Er riss den Stoffsack von meiner Schulter und schwang ihn durch die Luft. Anstatt den Beutel aufzuknoten, schmetterte er ihn auf den Boden und bohrte brutal sein Messer hinein. Als unser Proviant in den Dreck fiel, sag-
15 te Vater: „Es ist Essen." Seine Stimme war komischerweise gelassen. „Wir versuchen, unsere Familie zu ernähren." „Was da drin?" Der dritte Mann zeigte auf den Koffer, der neben Vater stand. Er sah einigermaßen intelligent aus, seine
20 Kleidung war weniger zerschunden und sauberer. Ich starrte weiter auf den Pistolenlauf auf Vaters Nacken. Die Spitze bohrte sich in seine Haut. Hände rissen an meinen Hosentaschen, drückten mich fast nieder. Aus den Augenwin-
25 keln sah ich mein Taschenmesser in den dreckigen Händen des Diebes verschwinden. Als der Mann grinste, klaffte ein schwarzes Loch, wo eigentlich Vorderzähne gewesen wären.
„Darf ich?" Vater zeigte zunächst seine offenen
30 Handflächen und öffnete dann langsam den Koffer. Alte Lederriemen und -reste quollen heraus. Vater hatte sie irgendwo unterwegs aufgelesen. „Du Schumacher?", fragte der Mann mit der Pistole. „Ja", antwortete Vater rasch.

Q1 „Displaced Persons" warten auf die Umsiedlung in ein anderes Flüchtlingscamp

35 Falls sie unsere Wertsachen fanden, bedeutete das unser Ende. Wir hatten gelogen, was hieß, dass wir entweder erschossen werden oder mit leeren Händen nach Hause kommen würden. Ich hatte von wandernden Banden gehört. Die meis-
40 ten waren ehemalige Zwangsarbeiter, die Hitler in die Sklaverei gezwungen hatte, um die schwindenden deutschen Arbeiter zu ersetzen. Obdachlos und ohne Familien, hegten sie Deutschland gegenüber Verbitterung und Hass. In mancherlei
45 Hinsicht konnte ich ihnen keinen Vorwurf machen, wenn sie das, was zum Überleben notwendig war, selbst in die Hand nahmen.

Annette Oppenlander, Vaterland, wo bist Du?, Solingen 2019, S. 214 ff. (gekürzt)

---

1. Erläutere den Unterschied zwischen Flucht und Vertreibung und ordne beiden Begriffen betroffene Personenkreise zu (VT).
2. Ordne den Auszug aus Oppenlanders Erzählung in den Kontext der Zeit ein (D2, VT). **H**
3. Beurteilt das Verhalten der drei Männer in „Vaterland, wo bist du" und diskutiert dazu folgende Frage: Warum zeigt Günther Verständnis dafür, dass er und sein Vater überfallen wurden (D2)?
4. Informiert euch auf der Homepage unter dem Mediencode 31033-106, über die Themen und Angebote des neuen Dokumentationszentrums „Flucht und Vertreibung" in Berlin. **MK**
5. Beurteile die Bevölkerungsverschiebungen nach dem Zweiten Weltkrieg. Berücksichtige dabei sowohl die Gruppe der Geflüchteten als auch die der Vertriebenen (D1, Q1, VT).

Nationalsozialismus in der Erinnerungskultur

Solche kleinen In-schriften habe ich schon öfters auf Gehwegen gesehen.

Die heißen „Stolper-steine". Damit soll an Opfer des Natio-nalsozialismus erin-nert werden.

Q1 **Lina und Eduard Levano 1912 und ihr Sohn Günter 1934**

Privatfotos der Familie Levano

Die Bilder zeigen die Familie bei der Hochzeit der Eltern und der Einschulung des Sohnes.

D1 **Stolpersteine für Lina und Günter Levano**

Was hat der Nationalsozialismus heute noch mit uns zu tun?

Der Zweite Weltkrieg und die Schrecken des Holo-caust sind Geschichte? Die meisten Täter leben
5 nicht mehr. Nur noch wenige Zeitzeugen sind noch am Leben und können berichten, was da-mals geschah. Doch auch wenn die heutigen Ge-nerationen keine Schuld an den damaligen Ver-brechen tragen, so fühlen viele Menschen doch
10 eine besondere Verantwortung, an die Gräuel und die Morde der NS-Diktatur zu erinnern und sich aktiv mit der Zeit des Nationalsozialismus ausein-anderzusetzen, um zu verhindern, dass sich For-men von Faschismus, Rassismus und Antisemitis-
15 mus heute wieder ausbreiten. Außerdem ist es wichtig, den vielen Opfern des Nazi-Terrors ihre Gesichter wiederzugeben und ihre Geschichten zu erzählen. Diesen Umgang mit der eigenen Ge-schichte nennt man **Erinnerungskultur**.
20 Es gibt unterschiedliche Formen und Wege, die Erinnerungskultur zu gestalten: Zum Beispiel das „Denkmal für die ermordeten Juden Europas" in Berlin. In der Nähe des Brandenburger Tores wur-den auf einer 19 000 Quadratmeter großen Fläche
25 2 711 unterschiedlich große Betonstelen aufge-

stellt. Das unterirdische Museum erzählt von den menschlichen Schicksalen und enthält eine Liste mit den Namen aller bekannten Holocaust-Opfer. Auch in vielen anderen Städten gibt es Mahnma-
30 le, Gedenkstätten und Gedenktafeln. Aber auch Festakte oder Gedenkveranstaltungen anlässlich des „Tages des Gedenkens an die Opfer des Nati-onalsozialismus", der in Erinnerung an die Befrei-ung von Auschwitz am 27. Januar offiziell began-
35 gen wird, erinnern noch heute an die Verbrechen von damals.

Stolpersteine

Eine besondere Form der Erinnerungskultur, die ihr vielleicht auch in eurer näheren Umgebung fin-
40 den könnt, ist die Aktion Stolpersteine des Kölner Künstlers Gunter Demnig. Mittlerweile wurden in ganz Europa über 75 000 solcher Steine verlegt. In vielen Städten werden vor dem letzten frei ge-wählten Wohnsitz von NS-Opfern quadratische
45 Betonsteine mit einer Kantenlänge von 10cm ver-legt. Auf der Oberseite befindet sich eine glänzen-de Messingplatte, auf der der Name des Betroffe-nen, sein Geburtsjahr, das Deportationsjahr und die Todesart festgehalten sind.

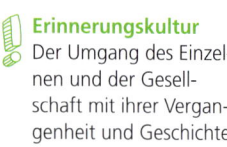

Erinnerungskultur
Der Umgang des Einzel-nen und der Gesell-schaft mit ihrer Vergan-genheit und Geschichte

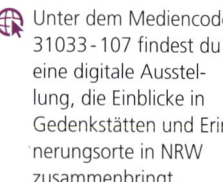

Unter dem Mediencode 31033-107 findest du eine digitale Ausstel-lung, die Einblicke in Gedenkstätten und Erin-nerungsorte in NRW zusammenbringt.

D2 Wer war Lina Levano?

Linas Töchter Miriam Doron und Lotte Meyer berichten über ihre Mutter:

Lina war das zehnte von zwölf Kindern der Familie Bauer. Zwei Brüder fielen im Ersten Weltkrieg. Der Vater war Viehhändler. Sie führten einen koscheren Haushalt. Lina besuchte die
5 Grundschule in Weilburg. Soviel uns bekannt ist, machte sie eine kaufmännische Lehre in Hannover, in einem Schuhgeschäft bei Verwandten. Später kam sie nach Aachen zu Tietz als Verkäuferin. Dort lernte sie Eduard Levano kennen, der
10 auch bei Tietz angestellt war. Sie pflegten mittags zusammen in dem einzigen koscheren Restaurant Aachens „Mimetz" zu essen. Im Juni 1912 heirateten sie in Aachen. Sie kauften dann ein bestehendes Schuhgeschäft, welches sie zusam-
15 men mit ihrer Schwester bis ungefähr 1928 führten. Eduard hatte sich (wahrscheinlich im Ersten Weltkrieg) Tuberkulose zugezogen. Er starb im Oktober 1933. 1939 zieht sie mit ihrem Sohn Günter nach Hamburg, von dort aus versucht sie
20 mit allen Mitteln auszuwandern, was aber nicht mehr gelang. Die ältesten Töchter, Rena und Lotte, befanden sich mittlerweile in Palästina; der älteste Sohn Werner in Dänemark; die jüngste Tochter Marion (Miriam) in Belgien.

Nach: Gedenkbuch für die Opfer der Shoah aus Aachen, Aachen 2019, S. 187–190 (zusammengefasst durch Thomas Schulte)

D3 Wer war Günter Levano?

Über den Bruder erzählen seine Schwestern Miriam Doron und Lotte Meyer:

Günter Levano wurde als fünftes Kind von Eduard und Lina Levano am 2. Mai 1927 in Aachen geboren. Er interessierte sich viel für Sport,
5 spielte sehr gerne Klavier und half im Geschäft seiner Eltern. Ebenfalls plante er seine Zukunft in Palästina. Ende des Jahres 1939 zogen er und seine Mutter nach Hamburg,
10 wo er der jüdischen weiterführenden Schule „Talmud Torah" beitrat. Am 6. Dezember 1941 wurden er und seine Mutter in das Konzentrationslager Jungfernhof in der Nähe von Riga de-
15 portiert. Wir wissen von Personen, die überlebten, dass Männer, die arbeiten konnten, in die Wälder geschickt wurden, wo sie unter miserablen Bedingungen Laboreinrichtungen bauen mussten. Die wenigen, die überlebten, wurden in
20 das Ghetto in Riga oder in das KZ Kaiserwald geschickt. Soweit uns bekannt ist, wurden die „Arbeitsunfähigen" im März 1942 in einem Wald bei Riga durch „Einsatzgruppen" erschossen. Am 19. November 1944 wurde Günter laut einer Liste
25 des KZs Buchenwald dort aufgenommen. Zwei Wochen später wurde er nach Magdeburg geschickt und er musste dort Zwangsarbeit in einem Kraftstoff- oder Munitionswerk verrichten. Wir haben keinerlei Informationen über das
30 Datum und die Umstände seines Todes.

Nach: Gedenkbuch für die Opfer der Shoah aus Aachen, Aachen 2019, S. 187–190 (zusammengefasst durch Thomas Schulte)

Q2 Erinnern an die ermordete Familie

Foto von Miriam Doron, 2012

Das Foto zeigt Lina Levanos Tochter – Günter Levanos Schwester – bei einer Veranstaltung zur Verlegung der Stolpersteine. Miriam überlebte den Holocaust, weil sie zu Verwandten nach Brüssel geschickt wurde. Sie lebt heute in Jerusalem.

Unter dem Mediencode 31033-108 findest du weitere Informationen zur Familie Levano.

1. Stellt Nachforschungen an, ob auch in eurer Umgebung Stolpersteine verlegt wurden, und recherchiert, was ihr über die Menschen, für die diese gesetzt wurden, herausfinden könnt. **⌐MK⌐**

2. Beurteilt den Beitrag der Stolpersteine, den ihr am Beispiel der Familie Levano kennengelernt habt, für eine angemessene Erinnerungskultur. Berücksichtigt dabei auch die Kritik an dieser Aktionsform, die ihr unter dem Mediencode 31033-109 findet (Q1, Q2, D1-D3).

3. Diskutiert, an welchen Formen der Erinnerungskultur ihr euch gerne beteiligen würdet. Ein Beispiel findet ihr unter dem Mediencode 31033-110.

4. Kennt ihr Orte oder Veranstaltungen in eurer Nähe, an denen Formen von Erinnerungskultur stattfinden? Ihr könnt einen Unterrichtsgang dorthin planen und euch vielleicht sogar mit einem eigenen Beitrag beteiligen.

Der Zweite Weltkrieg und die Shoah

Sachkompetenz

1. Recherchiert im Internet die Biografie von Ruth Klüger und ordnet die im Text genannten Orte auf einer Zeitleiste ein. **MK**

D1   **Weiter leben**

Autobiografische Erzählung von Ruth Klüger

Das jüdische Mädchen Ruth ist im Alter von elf Jahren gemeinsam mit der Mutter zunächst nach Theresienstadt deportiert worden. In ihrem 1992 erschienenen autobiografischen Buch beschreibt Ruth Klüger den Transport in das Konzentrationslager Auschwitz / Birkenau in Viehwaggons:

Die Türen waren hermetisch geschlossen, Luft kam durch ein kleines Viereck von einem Fenster. Es kann sein, dass es am anderen Ende des Waggons ein zweites solches Fenster gab, aber dort war Gepäck angehäuft. In Filmen oder Büchern über solche Transporte, die ja seither relativ häufig fiktionalisiert worden sind, steht der Held nachdenklich am Fenster oder vielmehr an der Luke oder hebt ein
5 Kind zur Luke, oder einer, der draußen ist, sieht einen Häftling an der Luke stehen. Aber in Wirklichkeit konnte nur einer da stehen, und der hat seinen Platz nicht so leicht aufgegeben und war von vornherein einer mit Ellbogen. Der Waggon war einfach zu voll. Die Leute hatten ja alles mitgenommen, was sie besaßen. Man hatte ihnen ja nahegelegt, alles mitzunehmen. Mit dem Zynismus der Gier ließen sich die Nazis noch das letzte, was die Juden besaßen, von ihnen selbst an die Rampe in Ausch-
10 witz liefern, unter den Qualen, die eine solche Raumverengung mit sich bringen musste. Man besaß zwar nicht viel, wenn man von Theresienstadt kam, aber immer noch zu viel für einen Güterwaggon voller Menschen, waren wir 60 oder 80? Bald stank der Wagen nach Urin und Kot, man musste dafür Gefäße vom Mitgebrachten finden, und es gab nur die eine Luke, um diese zu leeren. Ich weiß nicht, wie lange die Reise gedauert hat. Wenn ich auf die Landkarte schaue, ist es gar nicht so weit von The-
15 resienstadt nach Auschwitz. Aber diese Fahrt war die längste je. Vielleicht hat der Zug auch mehrmals gehalten und ist herumgestanden. Bestimmt nach der Ankunft in Auschwitz, doch wohl schon vorher standen die Waggons und die Temperatur drinnen stieg. Panik. Ausdünstung der Körper, die jetzt nicht mehr aushielten in der Hitze und in einer Luft, die mit jeder Minute zum Atmen ungeeigneter wurde. Von daher glaube ich eine Ahnung zu haben, wie es in den Gaskammern gewesen sein muss.
20 Das Gefühl verlassen zu sein und damit meine ich nicht, vergessen zu sein; vergessen waren wir nicht, denn der Wagen stand ja auf Schienen, hatte eine Richtung, würde ankommen; aber verworfen, abgetrennt, in eine Kiste gepfercht, wie unnützer Hausrat.

Nach Auschwitz bin ich nicht zurückgegangen und hab auch nicht die Absicht, es in diesem Leben noch zu tun. Mir ist Auschwitz kein Wallfahrtsort, keine Pilgerstätte. Ich könnte mir was einbilden
25 darauf, dort überlebt zu haben, das heißt, dass es eben nicht meine Ortschaft geworden ist, dass ich durchgegangen bin und es mich nicht hat halten können. Aber es ist ein gefährlicher Unsinn, zu denken, man hätte viel zur eigenen Rettung beigetragen. An den Ort, den ich gesehen, gerochen und gefürchtet habe und den es jetzt nur noch als Museum gibt, gehör ich nicht hin, hab dort niemals hingehört. Ein Ort für Geländebewahrer. Und doch wird dieser Ort jedem, der ihn überlebt hat, als eine Art
30 Ursprungsort angerechnet. Das Wort Auschwitz hat heute eine Ausstrahlung, wenn auch eine negative, sodass es das Denken über eine Person weitgehend bestimmt, wenn man weiß, dass die dort gewesen ist. Auch von mir melden die Leute, die etwas Wichtiges über mich aussagen wollen, ich sei in Auschwitz gewesen. Aber so einfach ist das nicht, denn was immer ihr denken mögt, ich komm nicht von Auschwitz her, ich stamm aus Wien. Wien lässt sich nicht abstreifen, man hört es an der Sprache,
35 doch Auschwitz war mir so wesensfremd wie der Mond. Wien ist ein Teil meiner Hirnstruktur und spricht aus mir, während Auschwitz der abwegigste Ort war, den ich je betrat, und die Erinnerung daran bleibt ein Fremdkörper in der Seele, etwa wie eine nicht operierbare Bleikugel im Leib. Auschwitz war nur ein grässlicher Zufall.

Ruth Klüger, Weiter leben. Eine Jugend, Göttingen 1992, S. 109 f., 139 f. (gekürzt)

2. Erläutere mithilfe der Karte auf der Orientierungsseite die Unterschiede zwischen den Lagern Theresienstadt und Auschwitz/Birkenau und ihre Funktion im Kontext der Vernichtung der europäischen Juden (S. 151, D1).

Methoden-kompetenz

3. Erkläre mit eigenen Worten, welche Einstellung Ruth Klüger 1992 gegenüber dem Ort Auschwitz hat. Diskutiert gemeinsam, welche Gründe für einen Besuch einer KZ-Gedenkstätte wie Auschwitz sprechen würden (D1).

Urteilskompetenz
Handlungs-kompetenz

4. Zu Beginn des Kapitels habt ihr Orte und Plätze eurer Stadt benannt, die an die Geschehen des Zweiten Weltkrieges und des Holocaust erinnern. Entwickelt einen eigenen Vorschlag, in welcher Weise an diesen Orten der Verbrechen des Nationalsozialismus gedacht werden könnte (S. 149, A3).

Methoden-kompetenz

5. Sieh dir auf Instagram oder Snapchat den Kanal eva.stories, die du unter dem Mediencode 31033-111 findest, sowie auch die Story „June" an, den der israelische Regisseur Mati Kochavi in Anlehnung an das Tagebuch der Jüdin Éva Heyman erstellt hat. Nimm Stellung, ob der Kanal sinnvoll für historisches Lernen ist, indem du die Chancen und Herausforderungen herausarbeitest. **MK**

Urteilskompetenz
Handlungs-kompetenz
Medienkompetenz

Q1 **Éva Heyman**
Foto von 1944
Das Bild entstand wenige Monate, bevor das jüdische Mädchen im KZ Auschwitz-Birkenau ermordet wurde. Mati Kochavi will mit den eva.stories Soziale Medien für eine neue Form des Gedenkens einsetzen.

Wissen im Überblick: Unter dem Mediencode 31033-112 findest du eine Zusammenfassung des Kapitels in kleinen Kärtchen und einen Selbstdiagnosebogen, an dem du deine Kenntnisse überprüfen kannst.

Imperialismus und Erster Weltkrieg

S. 11, A1 Du kannst noch einmal auf deine Arbeitsergebnisse aus Band 2 (S. 74-75) zurückgreifen. Denke dabei insbesondere an die Stichworte: Verhältnis zur Bevölkerung in den Kolonien, Sklaven, Dreieckshandel, Handelsrouten.

S. 15, A5 Als Beispiele bieten sich Kenia (ehemalige britische Kolonie), Angola (ehemalige portugiesische Kolonie), Tansania (ehemalige britische Kolonie), die Elfenbeinküste (ehemalige französische Kolonie) oder Namibia (ehemalige deutsche Kolonie) an.
Folgende Tabellenvorlage kann euch dabei helfen:

	Folgen des Imperialismus	Heutige Probleme des Landes
Kurzfristige Folgen:	Spannungen zwischen den europäischen Staaten	Abhängigkeit von einzelnen europäischen Staaten
…		
Langfristige Folgen:	Verlust traditioneller Lebensformen	Entwurzelung gesellschaftlicher Gruppen
…		

S. 17, A 1. Beschreiben
Auf der Karte ist ▱ abgebildet. Die Karte trägt den Titel ▱. Das Thema der Karte ist ▱. Im Norden erkenne ich ▱. Im Süden erkenne ich ▱. Laut Legende werden ▱ dargestellt. Die Karte zeigt ▱ um das Jahr ▱.
2. Untersuchen
Bei der schraffierten Fläche handelt es sich um ▱. Die Linien stehen für ▱. Der Maßstab der Karte ist ▱. Somit ist zu den Größenverhältnissen zu sagen, dass ▱. Es handelt sich um eine statische/dynamische Karte, da ▱. Es handelt sich um eine historische Karte/Geschichtskarte, da ▱. Dadurch, dass die Schraffuren so dargestellt sind, wird deutlich, dass ▱.
3. Deuten
Die Karte macht deutlich, dass ▱. Anhand der Karte kann ich ▱ erkennen. Die Karte macht keine Aussagen über ▱. Die Karte beeinflusst den Leser/die Leserin insofern, als dass ▱. Die Entwicklung der Karte lässt sich mit ▱ vergleichen.

S. 19, A3 Unter dem Mediencode 31033-113 findest du nochmals die Schritt-für-Schritt-Anleitung zur Untersuchung von Karikaturen.

S. 21, A6 Nimm deine Arbeitsergebnisse aus A4 zu Hilfe.

S. 21, A7 Ordne zunächst ein, wie die Bundesregierung das Vorgehen gegen die afrikanischen Völker früher bezeichnete und warum dies wohl so geschehen ist. Beurteile anschließend den Umgang der Bundesrepublik mit dem Völkermord in den letzten Jahren und vergleiche mit den Jahren zuvor: Was hat sich geändert? Bewerte abschließend unter Einbeziehung deiner eigenen Wertmaßstäbe, ob der aktuelle Umgang mit der deutschen Vergangenheit angemessen ist oder nicht.

S. 25, A1

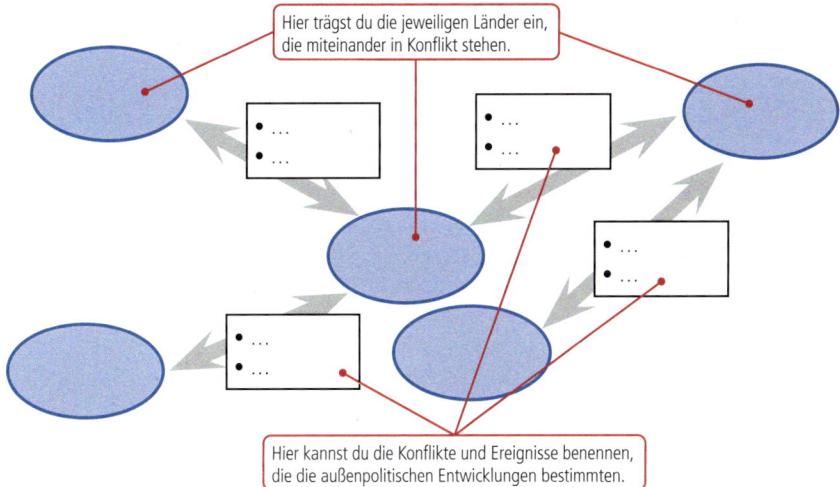

Hier trägst du die jeweiligen Länder ein, die miteinander in Konflikt stehen.

Hier kannst du die Konflikte und Ereignisse benennen, die die außenpolitischen Entwicklungen bestimmten.

S. 29, A3 Erstelle zunächst eine Tabelle, in der du die Textstellen mit Zeilenangaben auflistest.

S. 29, A4 Geht zur Lösung der Aufgabe in Kleingruppen zusammen. Sammelt zunächst Argumente, die ihr später im Brief verwenden möchtet, in einer Tabelle.

S. 31, A2 Denke hier insbesondere daran, wie sich die Textsorten unterscheiden, z.B. in Hinblick auf
- Intention des Verfassers
- Zielgruppe
- Erscheinungsort/Art der Veröffentlichung
- …

S. 31, A4 Die entsprechende Stelle im VT findest du in Z. 44-47. Lies dir außerdem das Historikerinterview durch, dass du unter dem Mediencode 31033-30 in der Randspalte findest.

S. 33, D5 Unter dem Mediencode 31033-114 findest du ein Arbeitsblatt, das den Text aus D5 in unterschiedlichen Schwierigkeitsstufen anbietet.

S. 33, D6 Unter dem Mediencode 31033-115 findest du ein Arbeitsblatt, das den Text aus D6 in unterschiedlichen Schwierigkeitsstufen anbietet.

S. 34, D10 Unter dem Mediencode 31033-116 findest du ein Arbeitsblatt, das den Text aus D10 in unterschiedlichen Schwierigkeitsstufen anbietet.

S. 35, D12 Unter dem Mediencode 31033-117 findest du ein Arbeitsblatt, das den Text aus D12 in unterschiedlichen Schwierigkeitsstufen anbietet.

S. 37, A2 1. Beschreiben
Der Brief wurde ▱ geschrieben. Der Verfasser befand sich ▱ (Ortsangaben, Feldlager, Lazarett …). Der Verfasser schrieb den Brief an ▱. Aus dem Brief/Aus anderen Informationen ist über ihn noch bekannt, dass er ▱ (z.B. Herkunft, besondere Aufgaben, weiteres Schicksal). Im Feldpostbrief wird vor allem ▱ behandelt.

2. Untersuchen
Der Brief wurde verfasst, als ▱. Besonders auffällig ist, dass ▱. Zur Situation ist weiter bekannt, dass ▱. Der Brief wurde wahrscheinlich geschrieben, weil ▱. Der Tonfall des Briefes ist eher neutral/eher emotional gefärbt. Der Verfasser betont besonders folgende Tatsachen: ▱. Er möchte insbesondere seine Meinung zu/seine Kritik an ▱ deutlich zum Ausdruck bringen.

Die Position des Verfassers zum Krieg und seinen Geschehnissen wird besonders deutlich, als er ▢ / an folgenden Formulierungen deutlich: ▢.

3. Deuten

Die Stimmung in der Einheit des Verfassers scheint ▢ (angespannt, gelöst, bedrohlich …) zu sein. Der Verfasser scheint einige Dinge nicht deutlich zu schildern, z. B. ▢. Das könnte er tun, weil ▢. Der Empfänger/die Empfängerin des Briefes soll wahrscheinlich folgende Dinge besonders in Erinnerung behalten: ▢. Die Position des Verfassers zum Krieg scheint sich über mehrere Briefe hinweg zu ändern/gleich zu bleiben. Folgende Änderungen sind besonders auffällig: ▢. Dies könnte darin begründet liegen, dass ▢ .

S. 39, A4 Berücksichtige in deinem Tagebucheintrag die Folgen, die sich im Ersten Weltkrieg auf das Leben der Familienmitglieder (z. B. Vater, Mutter, Großeltern, jüngere/ältere Geschwister) auswirken konnten. Greife hierfür auf die Mindmap zurück, die du in A1 erstellt hast.

S. 39, A5 Du könntest hier beispielsweise folgende Aspekte vertieft behandeln/recherchieren:
- Umgang mit Frauen
- Umgang mit Kindern
- gezielte Handlungen gegen die Zivilbevölkerung vs. „Kollateralschäden"
- Umgang mit Flüchtenden
- Umgang mit Verwundeten
- Versorgung der Zivilbevölkerung
- Zerstörungen an Privateigentum/öffentlicher Infrastruktur
- Bezug auf die Menschenrechte
- Bezug auf eigene Wertesysteme

S. 41, A
1. Beschreiben
Das Denkmal wurde in/an ▢ errichtet; entworfen ist es von ▢. Es soll vor allem an ▢ erinnern; dies geht aus der Hauptszenerie/Statue/Inschrift ▢ hervor. Die Maße des Denkmals betragen ▢; es ist vor allem aus ▢ errichtet. Aufgebaut ist das Denkmal folgendermaßen: ▢.

2. Untersuchen
Tipp: Du kannst zunächst die Hauptszene/-gruppe beschreiben und dann zu weiteren Elementen übergehen oder in einer bestimmten Reihenfolge (z. B. von oben nach unten) arbeiten.
Die Figur/Gruppe/Szene ▢ soll vor allem ▢ bedeuten/zielt vor allem ab auf ▢. Sie könnten symbolisch stehen für ▢. Der Betrachter/die Betrachterin soll vor allem an ▢ erinnert werden/folgende Emotionen empfinden: ▢. Viele der Figuren/Symbole sind verbunden mit der Thematik ▢. Daher ist mit dem Denkmal vielleicht folgende Aussageabsicht verbunden: ▢.

3. Deuten
Als übergreifende Botschaft kann man vielleicht festhalten, dass ▢. Besonders auffällig sind folgende Aspekte, die sicher so in Erinnerung bleiben sollen: ▢. Die Darstellung wirkt noch heute zeitgemäß, weil ▢./Die Darstellung wirkt veraltet, weil ▢. Vielleicht könnte man die Botschaft in die Gegenwart „übersetzen", indem ▢.

S. 43, A3
1. Überlege dafür:
- wer die Gedenkstätte errichtet und bezahlt hat
- welche Wirkung die Macher der Gedenkstätte erzielen wollten
2. Vergleiche die Ziele der Macher mit deinen Eindrücken und Erkenntnissen.

S. 44, Q1 Unter dem Mediencode 31033-118 findest du ein Arbeitsblatt, das den Text aus Q1 in unterschiedlichen Schwierigkeitsstufen anbietet.

S. 45, D2 Unter dem Mediencode 31033-119 findest du ein Arbeitsblatt, das den Text aus D2 in unterschiedlichen Schwierigkeitsstufen anbietet.

S. 45, A4 Gehe besonders ein auf die Reaktionen der Menschen, ihre Handlungen und Vorstellungen, wie es nach der Pandemie weitergehen wird.

S. 46, A2 Wenn du nicht weiterkommst, hilft dir der Mediencode 31033-120.

S. 47, A4 Bewerte aus deiner heutigen Sicht, welche Begriffe und Formulierungen im Klappentext des Buches du kritisch hinterfragen solltest. Beziehe den Hintergrund der Ereignisse, vor denen das Buch entstanden ist, mit ein.

Das Epochenjahr 1917

S. 49, A4 Nutze folgende Tabellenvorlage und betrachte mindestens eine der Revolutionen detailliert. Was veränderte sich durch die Revolution? Welche Bevölkerungsgruppen waren betroffen? Welche Errungenschaften folgten? Welche Ziele wurden verfolgt? Versuche, deine Aspekte als Oberbegriffe in Kategorien zusammenzufassen:

Du kennst bereits	Was veränderte sich durch die Revolution?	Entwickle für die Veränderung eine Kategorie, z. B. gesellschaftliche, politisch-systemische Veränderung usw.
Neolithische Revolution		
Amerikanische Revolution		
Französische Revolution		
Märzrevolution		
Industrielle Revolution		

S. 53, A3 Ihr könnt den Text Sergej Wittes dazu nutzen (Q4).

S. 53, A4 Überlegt einerseits, inwiefern die Februarrevolution das Leben der russischen Bevölkerung verbesserte, z. B. aufgrund des Endes der Zarenzeit und der Einrichtung eines Parlaments. Betrachtet aber andererseits auch die Probleme, so z. B. die ausbleibenden Reformen seitens der Regierung oder die andauernde politische Einflusslosigkeit der Bevölkerung.

S. 55, Q4 Unter dem Mediencode 31033-121 findest du ein Arbeitsblatt, das den Text aus Q4 in unterschiedlichen Schwierigkeitsstufen anbietet.

S. 55, A3 Du kannst bei der Interpretation eines Historiengemäldes ähnlich vorgehen wie bei der Analyse eines Herrscherbildes (vgl. Band 2, S. 122-123), also im Dreischritt beschreiben – untersuchen – deuten:
1. Beschreibe zunächst den Gesamtaufbau des Bildes, dann die einzelnen Bildelemente (Personen, Figurengruppen, Setting …).
2. Erkläre dann einzelne Elemente oder Symbole im Bild, z. B. Gestik von Personen.
Fasse deine Erkenntnisse dann zusammen: Wie sollte das Bild wirken?

S. 59, A5   Hier solltest du überlegen, inwiefern das Leben der einfachen Bevölkerung eine Verbesserung erfuhr (z. B. durch den Besitz eigenen Landes) – dies dürfte sicherlich für Zustimmung zu den Maßnahmen gesorgt haben. Andererseits fühlten sich sicherlich auch viele Bevölkerungsgruppen unterdrückt bzw. die Reformen funktionierten nicht so, wie man sich das vorgestellt hatte.

S. 60, A3   Notiert die Aspekte, die ihr ansprechen möchtet, und die dafür wichtigen Arbeitsergebnisse stichwortartig auf Karteikarten und überlegt euch eine sinnvolle Reihenfolge. Überprüft mögliche Überschneidungen.

S. 60, A4   Wählt zentrale Aspekte aus, die auf eurem Plakat Platz finden sollen. Erstellt zuerst auf einem Blatt Papier eine Skizze eures Plakats und achtet dabei besonders auf eine übersichtliche, klare Struktur. Übertragt anschließend eure ausgewählten Stichworte und Texte auf das Plakat. Denkt auch an Bildmaterial und/oder Skizzen.

S. 61, Q2   Unter dem Mediencode 31033-122 findest du ein Arbeitsblatt, das den Text aus Q2 in unterschiedlichen Schwierigkeitsstufen anbietet.

S. 65, A   1. **Beschreiben:**
Das Originalfoto Q1 ist eine Aufnahme von ⬜. Es wurde im Jahr ⬜ aufgenommen. Es zeigt ⬜. Auf der manipulierten Fotografie Q2 hingegen ⬜.
2. **Untersuchen:**
Die Originalfotografie wurde nachträglich ⬜. Der sitzende Lenin wurde wegretuschiert und durch ⬜ ersetzt. Auch ⬜ Stalins wurde verändert.
Das manipulierte Foto Q2 ⬜ die tatsächlichen Ereignisse. Es sieht nun so aus, als wäre Lenin nach seinen Schlaganfällen ⬜, sodass er ⬜. Stalin hingegen erscheint nun als ⬜. Die Manipulation ist typisch für ⬜.
3. **Deuten:**
Mit der Veröffentlichung des neuen Fotos sollte ⬜. Stalin sollte als ⬜ und Lenin als ⬜ dargestellt werden. Mit dem manipulierten Foto scheint Stalin versucht zu haben zu unterstreichen, dass ⬜.

S. 69, A2   Achte besonders darauf, wie der Präsident und der Senator argumentieren.

S. 69, A5   Recherchiere z. B. zum Eingreifen der USA im Iran 1953 (Sturz der Regierung Mohammad Mossadeghs) oder im Irak (Irak-Krieg 2003).

S. 71, Q4   Unter dem Mediencode 31033-123 findest du ein Arbeitsblatt, das den Text aus Q4 in unterschiedlichen Schwierigkeitsstufen anbietet.

S. 71, A1   Arbeite zunächst aus Wilsons Rede (Q4) heraus, welche Punkte er als Begründung für eine Aufgabe der Neutralitätspolitik nennt. Ordne diese dann in einem Schaubild:

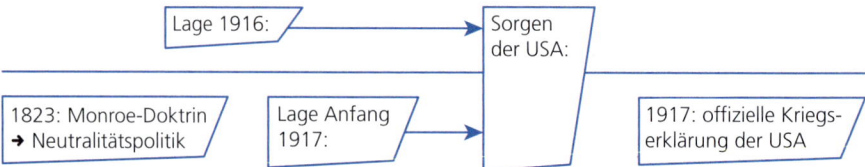

S. 71, A5   1. Erläutere die Folgen des Kriegseintritts der USA.
2. Bewerte die politischen Maßnahmen der USA bereits vor 1917: Handelte es sich schon um Eingriffe in den Krieg?
Schlussfolgere daraus, ob der Begriff „Epochenjahr" für 1917 gerechtfertigt ist.

S. 73, A

1. Beschreiben:
Der Text ist ein Ausschnitt aus ⬭ von ⬭ über das Buch ⬭. Er wurde ⬭ in ⬭ ver-öffentlicht. Krumeich nimmt zu der Frage Stellung, inwiefern ⬭. Hierbei argumentiert er, das ⬭. Außerdem kritisiert er, dass ⬭.

2. Untersuchen
In seiner Argumentation bezieht sich Krumeich vor allem auf ⬭. Besonders wichtig ist ihm, dass ⬭. Dies steht im Kontrast zu den Ausführungen von ⬭, weil ⬭.

3. Deuten
Krumeichs Argumentation ist ⬭, weil ⬭. Ein weiteres Argument ist ⬭.

S. 75, Q2

Unter dem Mediencode 31033-124 findest du ein Arbeitsblatt, das den Text aus Q2 in unterschiedlichen Schwierigkeitsstufen anbietet. 🖰

S. 75, A1

Formuliere als Dialog. Du kannst folgende Themen zum Gesprächsgegenstand machen: Inwiefern war ein karibischer Soldat am Krieg beteiligt? In welchem Maß hatten britische und karibische Soldaten Kontakt? Wie wurden die britischen Truppen beliefert? Welche Geschenke erhielten britische Truppen aus der Karibik? Wie nahmen die karibischen Soldaten die britische Armee wahr?

S. 77, Q2

Unter dem Mediencode 31033-125 findest du ein Arbeitsblatt, das den Text aus Q2 in unterschiedlichen Schwierigkeitsstufen anbietet. 🖰

S. 77, Q3

Die Legende der historischen Karte hilft dir zu verstehen, wie der damalige Kartograf 1919 die Sprachgruppen innerhalb Europas zuordnete:

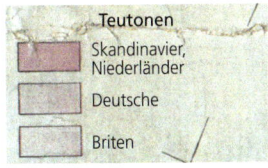

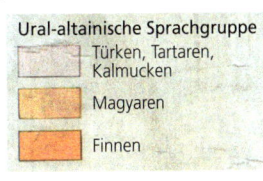

S. 77, A3

Die Karte Q3 ist eine sogenannte ethnografische Karte. Eine Ethnie bezeichnet eine Volks- oder Menschengruppe, die sich in der Regel durch eine gemeinsame Herkunft/Kultur/Sprache definiert. Es ist stets notwendig die Zugehörigkeit zu einer Ethnie kritisch zu hinterfragen.
Betrachte aufmerksam die Grenzverläufe zwischen den Ethnien in der ethnografischen Karte Q3 und vergleiche diese mit den Grenzen in der Karte D1, die in den Pariser Friedensverhandlungen festgesetzt wurden.

S. 77, A4

Folgende Fragen solltest du dir stellen:
Wer kartografiert eine Karte für eine Delegation? Welche Schwierigkeiten können bestehen, wenn ein Kartograf die Grenzen von Ethnien bestimmen möchte? Welchen Zweck hatten Karten bei den Pariser Friedensverhandlungen?

S. 77, A5

Beurteile das Recht der nationalen Selbstbestimmung auf der Grundlage deines Grenzvergleichs in A3. Beachte dabei eine mögliche Perspektive der verschiedenen Völker, die ab 1919 auf dem Gebiet Ungarns lebten.

S. 78, A3

Nutze die obenstehenden Formulierungshilfen, die in der Hilfestellung zu S. 65 angegeben sind.

Die Weimarer Republik

S. 83, A3   Berücksichtige bei deiner Untersuchung die Gebietsveränderungen, die auf der Karte zu erkennen sind, und überlege, welche politischen und wirtschaftlichen Auswirkungen sie haben könnten.

S. 85, Q4   Unter dem Mediencode 31033-126 findest du ein Arbeitsblatt, das den Text aus Q4 in unterschiedlichen Schwierigkeitsstufen anbietet.

S. 85, Q6   Unter dem Mediencode 31033-127 findest du ein Arbeitsblatt, das den Text aus Q6 in unterschiedlichen Schwierigkeitsstufen anbietet.

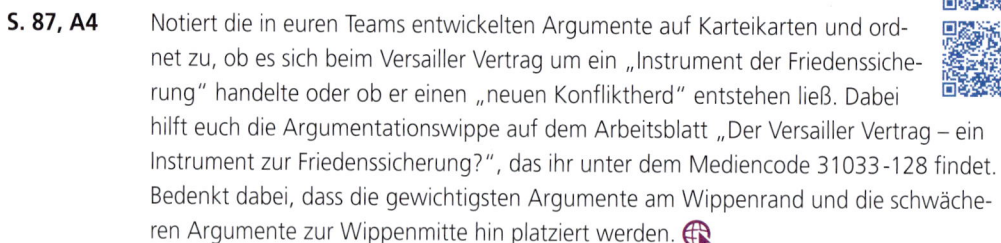

S. 87, A4   Notiert die in euren Teams entwickelten Argumente auf Karteikarten und ordnet zu, ob es sich beim Versailler Vertrag um ein „Instrument der Friedenssicherung" handelte oder ob er einen „neuen Konfliktherd" entstehen ließ. Dabei hilft euch die Argumentationswippe auf dem Arbeitsblatt „Der Versailler Vertrag – ein Instrument zur Friedenssicherung?", das ihr unter dem Mediencode 31033-128 findet. Bedenkt dabei, dass die gewichtigsten Argumente am Wippenrand und die schwächeren Argumente zur Wippenmitte hin platziert werden.

S. 89, A1   Zwar heben die abgebildeten Figuren alle die rechte Hand, allerdings handelt es sich hier nicht um den Hitlergruß. Die Geste soll eher den Aufruf des Plakates unterstützen. Die Verwendung der Nationalfarben Schwarz-Rot-Gold verweist auf die Unterstützung der Weimarer Republik.

S. 93, A5   Berücksichtige bei deiner Antwort sowohl die neuen politischen Rechte der Frauen als auch die nach wie vor bestehenden gesellschaftlichen Rollen von Frauen und Männern.

S. 97, A   Für deine Untersuchung musst du wissen, dass es sich bei dem Auftraggeber des Plakates um den Werbedienst der deutschen Republik handelte, der von der provisorischen Regierung 1918 gegründet wurde. Achte hierzu auf folgendes Element: In der rechten unteren Ecke des Plakates ist eine Fackel zu erkennen, die vom Auftraggeber als Signet (Firmenzeichen) benutzt wurde. Beachte weiterhin die Hinweise, die du in der Hilfestellung zu A1 auf S. 89 findest. Folgende Formulierungshilfen kannst du bei deiner Untersuchung verwenden:

1. **Beschreiben**

Der Auftraggeber, der durch ☐ gekennzeichnet ist, ☐ richtet sich mit ☐ an ☐.
Das Plakat entstand ☐ für ☐. Zu sehen sind ☐, die ☐. Die Inschrift lautet ☐.

2. **Untersuchen**

Die dargestellten Figuren ☐. Sie tragen die Farben ☐, die ☐ symbolisieren und auf ☐ verweisen. Diese Botschaft wird durch ☐ unterstützt.

3. **Deuten**

Das Plakat ruft zu ☐ auf. Es wirkt ☐ und soll ☐ demonstrieren.

S. 100, A1   So könnt ihr bei der Analyse des Plakates Q4 auf S. 102 in kleineren Schritten vorgehen:
1. Beschreibt zunächst die einzelnen Bildelemente.
2. Erläutert anschließend ihre Bedeutung für die Forderung der Arbeiter.
3. Erklärt, warum die Arbeiter einen Acht-Stunden-Tag fordern, wenn dieser doch bereits im Stinnes-Legien-Abkommen 1918 festgelegt worden war.
4. Betrachtet außerdem die Entwicklung der Arbeitslosenzahlen (D2 auf S. 102) und ordnet so die Forderung in den historischen Kontext um 1925 ein.

S. 100, A4 Ein Podcast nutzt nur die Audiospur. Aus diesem Grund habt ihr nur die Stimme des Sprechers oder der Sprecherin zur Verfügung, um die Hörerschaft anzusprechen und zu fesseln. Folgende Tipps helfen dem Sprecher oder der Sprecherin weiter:
1. Achte auf Tonlage und Betonung der Sätze. Markiere vorab wichtige Wörter, die dir wichtig sind, und sprich weder zu schrill noch zu tief.
2. Vermeide beim Einsprechen neben „Äh" und „Öh" auch schwammige Aussagen durch „vielleicht" oder unpersönliche Aussagen durch die Verwendung von „man". Sprich die Zuhörerschaft besser direkt an.
3. Übe das Sprechen ein paar Mal ein und probiere verschiedene Darstellungen aus. Folgende Formulierungen können euch bei der Erstellung des Skripts helfen:
Herzlich willkommen zum Podcast ▭. Heute werde ich euch darüber berichten ▭. In der heutigen Zeit ▭. In der damaligen Zeit ▭. In den zwanziger Jahren des 20. Jh. ▭. Wir konnten erfahren, dass ▭. Ich habe zudem herausgefunden, dass ▭. Ihr fragt euch bestimmt manchmal ▭. Viele Zuhörerinnen und Zuhörer wollen wissen ▭. Und jetzt erkläre ich euch/interviewe ich für euch/stelle ich für euch dar ▭. Zum Schluss fasse ich euch die wichtigsten Dinge noch einmal zusammen: ▭. Vergiss am Ende nicht, dich zu verabschieden.

S. 100, A5 Unter dem Mediencode 31033-129 findet ihr Links zu möglichem Material. Seht euch auch hier noch einmal die Anleitung zur Erstellung eines Podcasts auf S. 56-57 an.

S. 100, A6 Dafür bietet sich zum Beispiel das kostenlose Programm Audacity an, das ihr unter dem Mediencode 31033-130 findet. Zur Nutzung des Programms lest euch noch einmal die Hinweise auf S. 56-57 durch.

S. 103, Q6 Unter dem Mediencode 31033-131 findest du ein Arbeitsblatt, das den Text aus Q6 in unterschiedlichen Schwierigkeitsstufen anbietet.

S. 103, D3 Unter dem Mediencode 31033-132 findest du ein Arbeitsblatt, das den Text aus D3 in unterschiedlichen Schwierigkeitsstufen anbietet.

S. 105, Q4 Unter dem Mediencode 31033-133 findest du ein Arbeitsblatt, das den Text aus Q4 in unterschiedlichen Schwierigkeitsstufen anbietet.

S. 105, A3 Stelle grafisch dar, wie sich die Wirtschaft in der Weimarer Republik entwickelte. Zeichne in einem Koordinatensystem die Schwankungen im Wirtschaftswachstum und somit Aufschwung und Abschwung der Wirtschaft durch Punkte oder eine Kurve ein.

S. 105, A4 Folgende Formulierungen können dir die Perspektivübernahme von Pinneberg erleichtern:
Mein Name ist ▭ und ich komme aus ▭. Mein Leben lässt sich als ▭ charakterisieren. Nach meinem Besuch in der Stadt fühlte ich ▭. Ich denke/meine/fühle nun ▭. Kann ich ▭? Ich bin der Meinung, dass ▭. Vermutlich wird in Zukunft ▭. Werde ich ▭?

S. 107, A2 Du kannst entweder eine Stichpunktsammlung, einen Zeitstrahl oder ein Flussdiagramm zur Entwicklung des Machtausbaus erstellen. Kennzeichne hier einzelne Schritte im Aufbau des Faschismus.

S. 107, A3 Beschreibe das Bild zunächst ausgehend vom Vordergrund strukturiert bis in den Hintergrund. Vergleiche abgebildete Elemente mit der Situation in Deutschland zu Beginn des Aufstiegs der NDSAP.

S. 109, A3 Nimm deine Ergebnisse aus A1 und A2 zu Hilfe.

S. 109, A5 Ein Dossier ist ein Bericht auf der Grundlage von Zeitungsartikeln, Plakaten, Statistiken und Ähnlichem. Recherchiere über die vorhandenen Materialien hinaus im Internet. **MK**

S. 111, Q3 Unter dem Mediencode 31033-134 findest du ein Arbeitsblatt, das den Text aus Q3 in unterschiedlichen Schwierigkeitsstufen anbietet.

S. 111, A4 Liste zunächst alle Aktivitäten Hindenburgs in der Endphase der Weimarer Republik auf. Kennzeichne anschließend Einflüsse auf ihn als Führungsperson. Stelle das Endergebnis seiner Politik dar. Beurteile zuletzt, welche Rolle er in der Endphase einnimmt.

S. 113, A2 Nutze folgende Formulierungshilfen:

Beschreiben:
Bei der ersten Betrachtung fällt auf ▱. Im Vordergrund/Zentrum erkennt man ▱. In der rechten/linken Bildhälfte ▱. Im Hintergrund zeigt sich ▱. Die Perspektive der Aufnahme ist ▱.

Erklären:
Die abgebildete Szene soll ▱. Das Geschehen verweist auf ▱. Auf ▱ soll das Bildelement ▱ hinweisen. Das Foto verdeutlicht insgesamt ▱.

Deuten:
Das Foto vermittelt den Eindruck ▱. Die Szene erscheint für den Betrachtenden ▱. Das Bild transportiert ▱.

S. 115, D2 Unter dem Mediencode 31033-155 findest du ein Arbeitsblatt, das den Text aus D2 in unterschiedlichen Schwierigkeitsstufen anbietet.

S. 115, D3 Unter dem Mediencode 31033-156 findest du ein Arbeitsblatt, das den Text aus D3 in unterschiedlichen Schwierigkeitsstufen anbietet.

S. 115, A1 Teile dein Historikerurteil zunächst in Abschnitte ein.
- Welchen allgemeinen Standpunkt vertritt der Historiker zum Scheitern der Republik?
- Welche Argumente nennt er für seine Position?
- Auf welche Ereignisse und Entwicklungen beruft er sich dabei?
- Welche Aussagen tätigt der Autor zum Einfluss einzelner Personengruppen?

Fragen zu Tim B. Müller:
- Was könnte Müller mit „mangelnde demokratische Traditionen" meinen?
- „Mehr begeisterter Demokraten hätten ihr zweifellos gutgetan". Was ist gemeint?
- Wer ist mit „rechtem Bürgertum" gemeint? Vergegenwärtige dir das Parteienspektrum der Weimarer Republik.
- Woran scheiterte die Republik?

Fragen zu Hagen Schulze:
- Inwiefern unterschieden sich die Mentalitäten verschiedener politischer Gruppen?
- Was ist mit „den Anforderungen des Parlamentarismus nicht gewachsen" gemeint?
- Welche Entstehungsbedingungen könnte Schulze meinen?
- Unter welchen gesellschaftlichen und wirtschaftlichen Rahmenbedingungen lebte die Bevölkerung?
- Woran scheiterte die Republik?

Folgende Vorlage hilft dir bei der Erstellung deiner Tabelle:

	Argumentation Tim B. Müllers	Argumentation Hagen Schulzes
Äußere Quellenkritik: Informationen zu - Textgattung, Autor, Thema - Art der Publikation (z. B. Aufsatz in einer Zeitung, Monografie = Buch …) - Auf welchen Adressaten kannst du daraus schließen, wo der Text erschienen ist? - Erscheinungsjahr des Textes - mögliche Intention Diese Informationen findest du im Vorspann des Textes sowie in der Literaturangabe.		
Allgemeiner Standpunkt des Autors	Z. 15-16 sowie Z. 29-34	Z. 4-6 sowie 32-36
Argumente für die Position	Z. 6-15	Z. 7-10 sowie Z. 18-21
Genannte Ereignisse und Entwicklungen, die die Position unterstützen	Z. 8-12	Z. 11-18 sowie Z. 29-31
Aussagen zum Einfluss einzelner Personengruppen	Z. 19-23	Z. 21-24 sowie Z. 32-36

S. 116, A1 Mögliche Gliederungspunkte deiner „Geschichte der Weimarer Republik" könnten sein:
1. Die Novemberrevolution am Beginn der Republikgeschichte
2. Die Gründung der Weimarer Republik
3. Wirtschaftliche und politische Krisen der ersten Jahre
4. Eine Zeit der Erholung und Stabilisierung
5. Krisen und Belastungen in den letzten Jahren der Republik
6. Der Verfall der Demokratie
7. Das Ende der Weimarer Republik

S. 116, A2 Nutze die Formulierungshilfen, die in der Hilfestellung zu S. 97 angegeben sind.

Das nationalsozialistische Herrschaftssystem

S. 121, A3 Nenne zunächst, was auf der Fotografie dargestellt ist und wann sie aufgenommen wurde. Beschreibe sie anschließend möglichst detailliert. Um nun die Wirkung des Fotos zu erläutern, stelle dir folgende Fragen:
- Welche Wirkung wird durch die Massen an Soldaten und ihre Anordnung erzeugt?
- Welche Wirkung wird durch die Perspektive der Fotografie erzeugt?
- Wie wird das NS-Regime dadurch dargestellt?

S. 127, Q4 Unter dem Mediencode 31033-135 findest du ein Arbeitsblatt, das den Text aus Q4 in unterschiedlichen Schwierigkeitsstufen anbietet.

S. 127, A3 Nimm unter anderem auch deine Kenntnisse aus anderen Fächern wie den Naturwissenschaften zu Hilfe.

S. 127, A4 Das Zitat stammt von der „Vereinigung der Verfolgten des Naziregimes – Bund der Antifaschistinnen und Antifaschisten", ein Verband, der 1947 gegründet wurde und seinen Sitz in Berlin hat. Er wurde seit 1950 wiederholt von Verfassungsschutzbehörden des Bundes und der Länder beobachtet und als „linksextremistisch beeinflusste Organisation" eingestuft. Bis 2019 stellten alle Länder die Beobachtung ein – mit Ausnahme von Bayern, das erst 2021 nachzog.

S. 129, A3 Mithilfe von Propaganda sollten NS-Weltanschauung und -Politik verherrlicht und die Menschen im nationalsozialistischen Sinne beeinflusst werden. Stell dir bei der Untersuchung von Propagandamaterial deshalb immer die Frage, wie das jeweilige Material dazu beitragen sollte. Folgende Fragen helfen dir bei der Untersuchung von Q4 und Q5:
Q4:
- Wie wird der „Volksempfänger" in Szene gesetzt? Achte dabei vor allem auf die Größenverhältnisse.
- Was soll mit der Parole und den Menschenmassen, die um den „Volksempfänger" herumstehen, verdeutlicht werden?
- Welche Wirkung wird dadurch beim Betrachter oder der Betrachterin erzeugt?
Q5:
- Wie wird die Jazzmusik dargestellt? Denke dabei an die Darstellung der Person und die Bedeutung des Wortes „entartet".
- Welche rassistischen Stereotype werden in der Darstellung der Person aufgegriffen? Achte dabei vor allem auf das Gesicht und die Kleidung.
- Welche Wirkung wird dadurch beim Betrachter oder der Betrachterin erzeugt?

S. 131, A2 Jede Gruppe setzt sich mit einem der Begriffe auseinander.
- Die Gruppe, die die Definition zu Hate Speech recherchiert, findet unter dem Mediencode 31033-136 weiterführende Links.

- Zu besonders betroffenen Gruppen/Personen kann sich das entsprechende Team unter dem Mediencode 31033-137 informieren.

- Die dritte Gruppe findet Beispiele für Hate Speech zum Beispiel über den Link unter dem Mediencode 31033-138.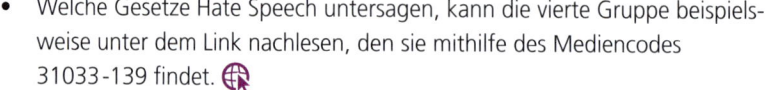

- Welche Gesetze Hate Speech untersagen, kann die vierte Gruppe beispielsweise unter dem Link nachlesen, den sie mithilfe des Mediencodes 31033-139 findet.
Seriöse Informationen findest du z. B. auf der Webseite der Bundeszentrale für politische Bildung. Gesetze kannst du ebenfalls im Internet nachlesen. Zu beidem führt dich der Mediencode 31033-140.

S. 135, A6 Am 1. August 2009 trat eine wichtige Änderung des Grundgesetzes in Kraft. Sie soll verhindern, dass unsere Politikerinnen und Politiker heute eine ähnlich unheilsame Finanzpolitik wie Hitler betreiben und hohe Schulden machen.
Diese Änderung wird auch als „Schuldenbremse" bezeichnet. Unter dem Mediencode 31033-141 findest du weitere Informationen.

S. 137, A

1. Beschreiben

Das Thema des vorliegenden Säulendiagrammes ist ▱. Die Abbildung umfasst den Zeitraum ▱ bis ▱. Die Daten zu ▱ werden als ▱ dargestellt. Durch verschiedene Farben der Säulen wird dargestellt, wie ▱. Die im Diagramm enthaltenen Zahlen werden in den Einheiten ▱ und ▱ angegeben.

2. Untersuchen

Die für die Jahre ▱ dargestellte Entwicklung weist folgende Auffälligkeiten auf: ▱. Während die Ausgaben für ▱ um ▱ sinken/steigen, fallen/erhöhen sie sich für den Bereich von ▱ um ▱.

3. Deuten

Das Diagramm zeigt/belegt, wie ▱. Dies stimmt mit meinem Hintergrundwissen insofern überein, als ▱. Aus den vorliegenden Daten lässt sich ferner die Schlussfolgerung ziehen, dass (vermutlich/wahrscheinlich) ▱. Dies ist dadurch zu erklären, dass ▱. Allerdings bleibt offen, ob/wie ▱.

S. 139, D2   Unter dem Mediencode 31033-142 findest du ein Arbeitsblatt, das den Text aus D2 in unterschiedlichen Schwierigkeitsstufen anbietet.)

S. 139, A3   Stelle dir folgende Fragen:
- Worauf beruhte die Stabilität des Regimes? Wie schafften es die Nationalsozialisten, dass der Großteil der Menschen in Deutschland der Diktatur zustimmte und sich bereitwillig anpasste? Denke dabei an die beiden Begriffe „Gefälligkeitsdiktatur" und „Zustimmungsdiktatur".
- Inwiefern war es durch die Maßnahmen realistisch und möglich, dass der Großteil der zeitgenössischen Bevölkerung die Diktatur kritisch hinterfragte oder sich sogar gegen sie zur Wehr setzte?

S. 141, Q3   Unter dem Mediencode 31033-143 findest du ein Arbeitsblatt, das den Text aus Q3 in unterschiedlichen Schwierigkeitsstufen anbietet.

S. 141, Q4   Unter dem Mediencode 31033-144 findest du ein Arbeitsblatt, das den Text aus Q4 in unterschiedlichen Schwierigkeitsstufen anbietet.

S. 141, A1   Zum Einstieg in die Recherche hilft dir der Link unter dem Mediencode 31033-145.

S. 141, A4   Du kannst in der Lokalpresse recherchieren, wenn die Internetseiten über eine gute Suchfunktion verfügen. Ein guter Anlaufpunkt ist auch das Stadtarchiv vor Ort. Die Archive haben ebenfalls oftmals eine Homepage, über die du gezielt nach Daten und Materialien suchen kannst.

S. 141, A5   Beziehe dich auf eigene Wertmaßstäbe wie Menschenrechte, individuelle Freiheit oder Demokratie.

S. 145, A4   Nutze für deine Beurteilung das Begriffslexikon sowie deine Ergebnisse aus Aufgabe 3.

S. 146, A2   Nutze die Formulierungshilfen, die du in der Hilfestellung zu S. 137 findest.

Der Zweite Weltkrieg und die Shoah

S. 151, A1   Lies im VT nach, wie viele Menschen dem Krieg zum Opfer gefallen sind und wer diese Menschen waren.

S. 153, A2 Achte besonders auf das Datum und den jeweiligen Adressaten.

S. 153, A3 Schau dir dazu noch einmal die außenpolitischen Ziele der Weimarer Republik auf S. 86-89 an. Achte besonders auf Aspekte, die die Wehrpflicht betreffen. Folgende Tabelle kannst du außerdem als Vorlage nutzen, um dir die Regelungen des Vertrages noch einmal zu vergegenwärtigen:

Seite und Zeile im Buch	Regelung im Versailler Vertrag
S. 86, Z. 38-39	Über die Kolonien besagt der Vertrag …
S. 86, Z. 40-41	Zum Territorium des Deutschen Reiches legt der Vertrag fest …
S. 86, Z. 42-43	Zur Besatzung findet sich im Vertrag folgende Regelung: …
S. 85, Z. 44-48	Mehrere Bestimmungen Militär und Wehrpflicht betreffend besagen, dass …
S. 86, Z. 49-52	Reparationszahlungen werden folgendermaßen festgelegt: …
S. 86, Z. 54	Die Kriegsschuld …

S. 155, Q3 Unter dem Mediencode 31033-146 findest du ein Arbeitsblatt, das den Text aus Q3 in unterschiedlichen Schwierigkeitsstufen anbietet.

S. 155, A3 Ist die Begründung aus heutiger Sicht gerechtfertigt?

S. 155, A4 Beachte dabei die Gründe für die Appeasement-Politik sowie die historischen Umstände.

S. 155, A5 Welche Gedanken und Argumente sind ihm wohl bei Hitlers Eroberung der sogenannten „Rest-Tschechei" im März 1939 durch den Kopf gegangen?

S. 157, A5 Welche langfristigen Ziele verfolgte Hitler mit dem deutsch-sowjetischen Nichtangriffspakt?

S. 159, A1 1. Beschreiben
Die hier vorliegende Rede wurde von ☐ am ☐ gehalten. Anlass der Rede war ☐. Die Adressaten der Rede waren ☐.
2. Untersuchen
Es geht um ☐. Der Redner nutzt viele Ausdrücke aus dem Wortfeld ☐. Er will damit erreichen/Dadurch soll ☐. Schlagwörter wie zum Beispiel ☐ erzeugen bei der Zuhörerschaft das Gefühl, dass ☐. Der Redner will damit betonen, dass ☐. Mit ☐ erweckt der Redner den Anschein, dass ☐. Die Zuhörerschaft soll glauben, dass ☐.
3. Deuten
Hinter diesen Worten kann man die Ideologie ☐ erkennen. Zeitlich lässt sich die Rede ☐ einordnen. Zu diesem Zeitpunkt hatten die Nationalsozialisten ☐. Aus heutiger Perspektive kann man sagen, dass ☐.

S. 161, Q4 Unter dem Mediencode 31033-147 findest du ein Arbeitsblatt, das den Text aus Q4 in unterschiedlichen Schwierigkeitsstufen anbietet.

S. 161, A1 Schau dir hierfür nochmal die wichtigen Merkmale zur NS-Ideologie auf S. 126-127 an.

S. 161, A4 Nutze dein Fachwissen, um anhand von Zitaten zu erklären, dass es sich bei den Taten um Kriegsverbrechen handelt.

S. 169, Q2 Unter dem Mediencode 31033-148 findest du ein Arbeitsblatt, das den Text aus Q2 in unterschiedlichen Schwierigkeitsstufen anbietet.

S. 169, A2 Schreibe zunächst alle Formulierungen heraus, die Fakten verschleiern sollten. Lege dann eine Tabelle an, die gegenüberstellt, welcher Begriff verwendet wird und was sich dahinter verbirgt. Beispiel:

Begriff im Protokoll	Dahinterstehende Bedeutung
Evakuierung (Z. 4)	Verschleppung in Konzentrationslager
…	…

S. 171, A2 Nutzt für eure Recherche seriöse Webseiten, die über ein Impressum verfügen. Ihr könnt auf der Seite beginnen, die ihr unter dem Mediencode 31033-149 findet.

S. 172, A2 Auf der Webseite des Krankenhauses Kalmenhof, die ihr unter dem Mediencode 31033-150 findet, erfahrt ihr, wie viele Kinder den Krankenmorden des NS-Regimes zum Opfer fielen.

S. 177, D2 Unter dem Mediencode 31033-151 findest du ein Arbeitsblatt, das den Text aus D2 in unterschiedlichen Schwierigkeitsstufen anbietet.

S. 183, Q2 Unter dem Mediencode 31033-152 findest du ein Arbeitsblatt, das den Text aus Q2 in unterschiedlichen Schwierigkeitsstufen anbietet.

S. 183, Q3 Unter dem Mediencode 31033-153 findest du ein Arbeitsblatt, das den Text aus Q3 in unterschiedlichen Schwierigkeitsstufen anbietet.

S. 183, A3 Frage insbesondere danach, wie das Publikum reagiert hat und was die Gründe dafür waren. Nutze für deine Untersuchung die Formulierungshilfen, die zu S. 159, A1 angegeben sind.

S. 187, A2 Berücksichtige hierbei deine bisherigen Kenntnisse zur Kriegsführung, insbesondere der deutschen Kriegsführung im Osten und ihrer ideologischen Grundlagen. Du kannst hierzu noch einmal auf S. 162-163 nachlesen.

S. 187, A4 Lege als Grundlage für deine Beurteilung eine Tabelle an und liste auf, für welche Personengruppen die deutsche Kapitulation Niederlage (= Besetzung durch feindliche Mächte) oder Befreiung von der NS-Herrschaft bedeutete.

S. 187, A6 Nützliche Links für deine Recherche zu Atombomben findest du unter dem Mediencode 31033-154.

S. 189, A2 Du hast schon gelernt, worin die „weltanschaulichen Differenzen" zwischen der kommunistischen Sowjetunion sowie den USA und Großbritannien liegen. Vergleiche dazu die politischen Systeme in den Ländern.

S. 191, A2 Der 14-jährige Günther versucht, gemeinsam mit seinem Vater im August 1945 Wertgegenstände gegen Nahrung zu tauschen.

Lexikon zur Geschichte – Begriffe

In allen Verfassertexten sind wichtige Begriffe **hervorgehoben** und in der Randspalte der jeweiligen Seite kurz erklärt. Ausführlichere Erklärungen findest du in diesem Lexikon. Da manche Begriffe zusammenhängen, verwenden wir in den Erklärungen manchmal einen anderen Eintrag aus dem Lexikon. Dies machen wir durch ein Pfeilsymbol ▸ deutlich.

Albtraum der Koalitionen: ▸Bismarcks Vorstellung von einer gegen das Kaiserreich gerichteten Bündnislage der Großmächte unter Einbeziehung Frankreichs („cauchemar des. coalitions"). Bismarck befürchtete insbesondere, dass das Deutsche Reich aufgrund seiner verwundbaren geografischen Position in der Mitte Europas in die Ecke gedrängt werden könne, und ging von einer prinzipiellen Gegnerschaft Frankreichs aus.

American Dream: Weitverbreitete Vorstellung, in den USA könne man mit Fleiß alles erreichen und sich einen hohen Lebensstandard unabhängig von der sozialen Schicht erarbeiten. Hierher rührt das Sprichwort „Vom Tellerwäscher zum Millionär".

Anti-Hitler-Koalition: Bündnis von 24 Staaten unter Führung der alliierten Hauptmächte USA, Großbritannien und Sowjetunion zum Kampf gegen das nationalsozialistische Deutschland.

Anti-Komintern-Pakt: Völkerrechtlicher Vertrag zwischen dem Deutschen Reich und dem Japanischen Kaiserreich von 1937, der die Bekämpfung der Kommunistischen Internationale (Komintern) zum Hauptziel hatte. Ihm traten später weitere Staaten, unter anderem das faschistische Italien (▸Faschismus), bei. Er sicherte Neutralität für den Fall eines Angriffs oder einer Angriffsdrohung der Sowjetunion zu.

Annexion: Gewaltsame militärische, widerrechtliche Einnahme eines Gebietes

Appeasement-Politik (engl. Beschwichtigung): Politik der britischen Führung gegenüber ▸Hitler und dem nationalsozialistischen Deutschland. Sie tolerierte die aggressive Annexionspolitik (▸Annexion) Hitlers bis 1938 in der Hoffnung, damit einen Krieg in Europa abzuwenden.

„arisch": Begriff aus der NS-Rassenideologie (▸Rassismus), der in Abgrenzung zu den als „minderwertig" verstandenen Völkern ein sogenanntes „höherwertiges" Volk beschrieb, das als hellhäutig, blond und hochgewachsen, stark und „rein" verstanden wurde (die „Arier").

Augusterlebnis: Patriotische und nationalistische Kriegsbegeisterung weiter Teile der Bevölkerung im Jahr 1914

Blankoscheck: Am 5. Juli 1914, am Vorabend des Ersten Weltkrieges, gab die deutsche Reichsführung ihrem Bündnispartner Österreich (im Rahmen des Dreibundes) freie Hand für militärische Aktionen gegen Serbien. Berlin knüpfte seine Unterstützung an keine Bedingungen (uneingeschränkte Vollmacht).

„Blitzkrieg": Propagandistischer Begriff, der unter anderem von den Nationalsozialisten für eine besonders schnelle Kriegsführung verwendet wurde. Die Vorstellung eines „Blitzkrieges" entstand im 20. Jh. als Resultat taktischer Überlegungen, wie man den ▸Stellungskrieg des Ersten Weltkrieges überwinden könnte. Der „Blitzkrieg" zielt vor allem auf die Einkesselung größerer gegnerischer Truppenverbände ab.

Börsencrash (Börsenkrach): Extremer Zusammenbruch der Aktienpreise an der Börse, der einige Tage bis hin zu wenige Wochen dauert. Börsencrashs treten meist am Ende einer ▸Spekulationsblase auf, können aber auch auf unerwartete negative Ereignisse folgen. Die Kurse fallen als Folge von Panikverkäufen schnell und plötzlich.

Bolschewiki (russ. „Bolschinstwo" = „Mehrheit"): Radikale kommunistische Fraktion unter Führung Wladimir ▸Lenins innerhalb der Sozialdemokratischen Arbeiterpartei Russlands (SDAPR). Der Begriff entstand 1903 im Zuge der Spaltung der Partei, als die Anhänger Lenins, die den politischen Umsturz forderten, die SDAPR in eine straff geführte Kaderpartei von Berufsrevolutionären umgestalten wollten. Es ergab sich eine knappe Mehrheit für die Sozialisten um Lenin, die sich von nun an Bolschewiki nannten. Den gemäßigten Flügel nannte man ▸Menschewiki.

Bücherverbrennungen: Demonstrative öffentliche Vernichtung unliebsamer Schriften durch Feuer. Nach Vorläufern in Antike und Mittelalter waren Bücherverbrennungen in der Reformation ein beliebtes und häufiges Mittel der Auseinandersetzung auf beiden Seiten. Am 10. Mai 1933 fand eine vom NS-Staat zentral geplante Bücherverbrennung statt, in der an über zwanzig Orten Schriften sozialistischer, republikanischer, pazifistischer und jüdischer Autor:innen öffentlich verbrannt wurden. Ihr ging eine systematische Entfernung nicht konformer Bücher aus öffentlichen Bibliotheken in ganz Deutschland voraus.

„Bund Deutscher Mädel" (BDM): Von der ▸NSDAP 1930 als Mädchenorganisation neben der ▸Hitler-Jugend gegründet. Der BDM diente der Erziehung der weiblichen Jugend zu Tugenden wie Gehorsam, Opferbereitschaft, Pflichterfüllung, Disziplin und Körperbeherrschung. Wie in der HJ wurde die Mitgliedschaft 1936 verpflichtend. 10- bis 13-jährige Mädchen gingen zu den Jungmädeln. Für 17- bis 21-jährige Mädchen schloss sich an den BDM das Werk „Glaube und Schönheit" an.

BWIR (British West Indies Regiment): Ein Freiwilligenregiment aus den britischen Kolonien der ▸West Indies, in dem etwa 16 000 Männer und Frauen dienten. Das BWIR wurde in erster Linie für niedere Arbeitseinsätze herangezogen.

„Displaced Persons" (DPs): Englischer Begriff für eine „Person, die nicht an diesem Ort beheimatet ist". Er bezeichnet im engeren Sinn ausländische Zivilpersonen, die sich am Ende des Zweiten Weltkrieges außerhalb ihrer Heimat aufhielten, beispielsweise nach Deportation, Verschleppung zur Zwangsarbeit oder da sie auf der Flucht waren.

„Dolchstoßlegende": Nach 1918 von rechtsradikalen Zeitungen verbreitete Behauptung, die deutsche Armee sei im Ersten Weltkrieg nicht an der Front besiegt, sondern durch fehlende Unterstützung aus der Heimat „von hinten erdolcht" und zur Kapitulation gezwungen worden. Die Geschichtsfälschung, durch die Generäle ▸Hindenburg und Ludendorff in Umlauf gebracht, verschweigt, dass führende Militärs bereits Ende September 1918 die Niederlage gegen die übermächtige Allianz der Gegner eingestanden hatten. Sie bildete den Nährboden für extremistische rechtsradikale Propaganda in der Weimarer Republik.

Dollarimperialismus: Wirtschaftliche Vormachtstellung der USA, die durch gezielte Verträge und Verschuldung abhängiger Staaten entstand. Aus der Überzeugung, dass direkter Kolonialismus zu teuer sei, entschlossen sich die USA, ihre überlegene Wirtschaftskraft für den Ausbau eines „Informal Empires" zu nutzen, das auf die wirtschaftliche Durchdringung eines wenig entwickelten Landes und eine daraus resultierende Abhängigkeit zielte.

Duce (ital. „Führer", „Anführer"): „Führer" der italienischen ▸Faschisten. Der Titel wird synonym für ▸Mussolini verwendet.

Duma: Unterhaus und damit Teil des russischen Parlaments. Das Parlament besaß unter dem ▸Zaren kaum Rechte. Nach der Revolution von 1905 stimmte Zar Nikolaus II. der Schaffung einer Staatsduma als zweiter Kammer neben dem Reichsrat zu. Dieses erste gesamtrussische Parlament wurde vom 26. März bis 20. April 1906 gewählt.

Einsatzgruppen: Ideologisch geschulte „Sondereinheiten", die im Auftrag ▸Hitlers für Massenmorde beim Überfall auf Polen 1939, im Balkanfeldzug 1941 und vor allem im Krieg gegen die Sowjetunion 1941-1945 aufgestellt und eingesetzt wurden. Sie dienten der schrittweisen Umsetzung der nationalsozialistischen Rassenideologie (▸Rassismus) und Völkermordpolitik (▸Holocaust/Shoah, ▸Völkermord).

„Endlösung": Tarnausdruck der Nationalsozialisten, um die Tatsache des ▸Völkermordes an den europäischen Jüdinnen und Juden zu verschleiern. Am 31. Juli 1941 erteilte Hermann ▸Göring dem Chef der Sicherheitspolizei der ▸SS den Auftrag, einen Gesamtplan zur „Endlösung der Judenfrage" zu erarbeiten. Im September 1941 wurden in Auschwitz erstmals Menschen in Gaskammern umgebracht. Auf einer Konferenz am Berliner Wannsee am 20. Januar 1942 wurden die beteiligten NS-Behörden in die Planungen zum Völkermord eingeweiht (▸Wannsee-Konferenz).

„Entartete Kunst": NS-Begriff für die Kunst der Moderne, die darin mit Begriffen der Rassenideologie diffamiert wird. Als „artgerechte" deutsche Kunst galten Realismus, Klassizismus, Monumentalität sowie die Darstellung deutscher Heldentaten und idealer Menschentypen. Als nicht „artgemäß" und somit „entartet" galten dagegen Expressionismus, Neue Sachlichkeit, Surrealismus oder Kubismus sowie die Darstellung von Not und Schrecken wie auch alle Werke jüdischer Künstler:innen.

Entente cordiale: Am 8. April 1904 zwischen dem Vereinigten Königreich und Frankreich geschlossenes Abkommen. Ziel war eine Lösung des Interessenkonflikts beider Länder in den Kolonien Afrikas („Wettlauf um Afrika"). 1907 entwickelte sich die Entente cordiale durch Beitritt Russlands zur ▸ Triple Entente, die eine der Kriegsparteien im Ersten Weltkrieg verkörperte.

Epidemie: Eine große Zahl an Menschen infiziert sich in einem bestimmten begrenzten Ausbreitungsgebiet mit einer Krankheit. Große Epidemien der Menschheitsgeschichte waren beispielsweise die „Große Pest", die 1348 begann, oder die Cholera-Epidemie 1862 in Hamburg.

Erinnerungskultur: Umgang des Einzelnen und der Gesellschaft mit ihrer Vergangenheit und ihrer Geschichte. Erinnerungskulturen sind die historisch und kulturell veränderlichen Ausprägungen eines kollektiven (gesamtgesellschaftlichen) Gedächtnisses.

Eurozentrimus: Im weiteren Sinn die Betrachtung inner- und außereuropäischer Gesellschaften aus herkömmlicher europäischer Perspektive und gemäß den von Europäern entwickelten Werten und Normen. Im engeren Sinn eine Forscherperspektive, die ihren Fokus auf Europa legt.

„Euthanasie" (abgeleitet von griech. „guter" oder „leichter Tod"): Mit diesem Begriff wurde während des „Dritten Reiches" die Ermordung behinderter, unheilbar erkrankter sowie altersschwacher Menschen verschleiert.

Expansionspolitik: Politik eines Staates, die auf Erweiterung und Ausbau des eigenen Machtbereiches abzielt. Dies geschieht unter Einsatz von Gewalt auf militärischem Weg.

Fahnenflucht (Desertion): Unerlaubtes Verlassen des Heeres. Fahnenflucht bezeichnet das Fernbleiben eines Soldaten von militärischen Verpflichtungen in Kriegs- oder Friedenszeiten – benannt nach der Flucht von der Regimentsfahne, unter der sich alle Soldaten zum Gefecht zu versammeln hatten. Der „fahnenflüchtige" Soldat wird als Deserteur bezeichnet.

Faschisten: Im engeren Sinne Anhänger der Kampfbünde „fasci di combattimento", im weiteren Sinne Anhänger eines Führerprinzips im Sinne einer faschistischen Ideologie, die antidemokratisch, antikommunistisch und extrem nationalistisch ausgerichtet war (▸ Faschismus).

Faschismus: Antidemokratische, totalitäre, rechtsradikale, antikommunistische und extrem nationalistische Bewegung mit der Herrschaftsform Diktatur. Ziel ist die totale Kontrolle durch den Staat (▸ totalitärer Staat).

Formationserziehung: Die für den Nationalsozialismus charakteristische Erziehungsauffassung, dass zum vorherbestimmten und gewünschten Typus nur in zentral vorgegebenen Vereinigungen und Organisationen erzogen werden könne. Systematisch kann Formationserziehung als eine hierarchisch strukturierte Sozialisationssteuerung in und durch politisch vorstrukturierte Sozialverbände verstanden werden, die das ganze Leben begleitet und in alle Bereiche des familiären Lebens hineinwirkt.

Freikorps: Paramilitärische Einheiten, die nicht zu den regulären Truppen gehörten und aus ehemaligen Berufssoldaten und Freiwilligen – Abenteurern, Studenten oder Schülern – bestanden. So formierten sich hier vor allem Männer, die nach dem Krieg kein Zuhause und keine Arbeit hatten und nicht in ein ziviles Leben zurückgefunden hatten.

Frontiers: Siedler:innen im Westen der USA, die schwer zugängliche Gebiete erschlossen

Führergedanke: Diesem liegt der Glaube zugrunde, dass ein von Gott und dem Schicksal auserwählter „Führer" unfehlbar richtige Entscheidungen trifft und daher uneingeschränkten Gehorsam verlangen kann. Der Führergedanke äußert sich in einem ausgeprägten Personenkult wie im Nationalsozialismus um ▸ Hitler (auch „Führermythos"). Eng damit verknüpft ist das Führerprinzip als Regel der nationalsozialistischen Gesellschaft, nach der ein Vorgesetzter von seinen Untergebenen unbedingten Gehorsam erwarten darf. Diskussionen oder Kritik wie in der Demokratie sind nicht vorgesehen.

Geheime Staatspolizei („Gestapo"): Politische Geheimpolizei im nationalsozialistischen Deutschland von 1933 bis 1945. Aufgabe der „Gestapo" war die Bekämpfung der politischen und ideologischen Gegner des Regimes. Sie war Teil des Unterdrückungsapparates im ▸ totalitären Staat.

Generalgouvernement: Bezeichnung für die Gebiete der früheren Zweiten Polnischen Republik, die 1939-1945 vom Deutschen Reich militärisch besetzt und nicht unmittelbar durch ▸ Annexion in das Reichsgebiet eingegliedert wurden. Es handelt sich dabei um besetzte Gebiete, in denen Ausbeutungs- und Vernichtungspolitik betrieben wurde.

„Gleichschaltung": So nannten die Nationalsozialisten ihre Maßnahmen, Staat und Gesellschaft mit ihrer Partei, der ▶ NSDAP, personell und ideologisch zu durchdringen und damit zu beherrschen. Die „Gleichschaltung" begann nach der Machtübertragung auf ▶ Hitler mit dem „Ermächtigungsgesetz" vom 23. März 1933 und beendete die demokratische Gewaltenteilung der Republik. Die Nationalsozialisten nahmen den Ländern ihre Eigenständigkeit, führten eine Einparteienherrschaft ein, kontrollierten die Medien, lösten alle Verbände und Einrichtungen auf und integrierten sie in ihre Organisationen.

Gleichstellung / Gleichberechtigung: Rechtliche Gleichstellung, die eine Benachteiligung wegen Geschlecht, Stand, Herkunft oder Religion verbietet. Die Weimarer Verfassung garantierte bereits die „grundsätzliche Gleichstellung" in Staat und Familie. Eine vollständige Gleichberechtigung war damit allerdings noch nicht gegeben, da Frauen erst viele Jahrzehnte später tatsächlich in allen rechtlichen und beruflichen Belangen offiziell mit Männern gleichgestellt wurden. Dennoch bleibt der Begriff „Gleichberechtigung" weiterhin unscharf, da er neben einer verfassungsmäßigen rechtlichen Ebene vor allem eine gesellschaftliche betrifft, die stark von individuellen Lebenssituationen abhängig ist.

„Heimatfront": Kurz nach Beginn des Ersten Weltkrieges verbreiteter propagandistischer Begriff, der als Umschreibung für die Einbeziehung der Zivilbevölkerung in den Krieg diente (u. a. durch Arbeit in der Rüstungsindustrie).

„Hitler-Jugend" (HJ): Von der NSDAP 1926 gegründete Jugendorganisation für Jungen ab 14 Jahren. Die Mitgliedschaft in der HJ wurde im Rahmen der ▶ Formationserziehung staatlicherseits zunächst vorangetrieben und Ende 1936 für alle Kinder und Jugendlichen im Alter zwischen zehn und 18 Jahren gesetzliche Pflicht. Jungen unter 14 Jahren besuchten das Jungvolk.

Holocaust/Shoah (griech. holócaustos: „völlig verbrannt" bzw. „Brandopfer"; hebr. Shoah: „Katastrophe"): Beide Begriffe werden heute synonym für die systematische Vernichtung von etwa sechs Millionen europäischer Jüdinnen und Juden sowie anderer Opfergruppen während des „Dritten Reiches" verwendet. 1996 wurde der 27. Januar in Deutschland zum „Holocaust-Gedenktag" erklärt. Das Datum erinnert an die Befreiung des ▶ Konzentrationslagers / Vernichtungslagers Auschwitz; seit 2006 ist der „Tag des Gedenkens an die Opfer des Holocaust" ein weltweiter Gedenktag.

Hungerstreik: Bis heute treten Gefangene in Hungerstreiks, um Ziele zu erzwingen. Zu Beginn des 19. Jh. verweigerten inhaftierte ▶ Suffragetten das Essen und wurden zwangsernährt.

Imperialismus (lat. „imperium": Herrschaft): „Großreichspolitik" in allen Epochen; im engeren Sinne die direkte oder indirekte Herrschaft der industriell entwickelten europäischen Staaten, aber auch Japans und der USA über unterlegene Regionen (ca. 1880 bis 1918).

Inflation (lat. Anschwellen): Wenn die Menge des Geldes, das sich im Umlauf befindet, die Menge der Güter, die zum Kauf angeboten werden, übersteigt, steigen die Preise und der Wert des Geldes sinkt (Geldentwertung). Opfer der Inflation sind vor allem Menschen, die von Ersparnissen leben. Steigt eine Inflation über 20 Prozent monatlich an, spricht man von einer galoppierenden Inflation. Steigen die Preise noch rasanter und verliert das Geld noch schneller an Wert, spricht man von einer Hyperinflation.

Julikrise: Zuspitzung der Konfliktlage zwischen den fünf europäischen Großmächten und Serbien, die auf die Ermordung des österreichischen Thronfolgers Franz Ferdinand am 28. Juni 1914 folgte und zum Ersten Weltkrieg führte

Konkordat: Abkommen zwischen Staat und Kirche über gegenseitige Rechte und Pflichten

Konzentrationslager („KZ"): Massenlager, die zunächst dazu dienten, politische Gegner gefangen zu halten und gefügig zu machen. Später wurden sie im Sinne der NS-Rassenpolitik und -ideologie (▶ Rassismus) dazu benutzt, angeblich minderwertige Volksgruppen durch Arbeit auszubeuten (Zwangsarbeit). Insgesamt gab es 24 sogenannte Stammlager und weit über 1000 Außenlager. Ab 1942 wurden reine Vernichtungslager aufgebaut (wie Auschwitz-Birkenau), die ausschließlich der massenhaften Tötung angeblich minderwertiger Menschen dienten.

KPD: Kommunistische Partei Deutschlands, die sich aus dem ▸ Spartakusbund und anderen linksradikalen Gruppen bildete. Sie strebte eine „Diktatur des Proletariats" nach sowjetrussischem Vorbild an. Nach der Vereinigung mit der ▸ USPD, der Unabhängigen Sozialdemokratischen Partei Deutschlands, wurde die KPD zu einer Massenpartei der Weimarer Republik.

Menschewiki (russ. „menschinstwo" = „Minderheit"): Gemäßigter Flügel der russischen Sozialdemokratie, der eine demokratisch-parlamentarische Partei anstrebte. Der Begriff entstand 1903 im Zuge der Spaltung der Sozialdemokratischen Arbeiterpartei Russlands (SDAPR). Die Anhänger ▸ Lenins, die den politischen Umsturz in Russland forderten, wollten die SDAPR in eine straff geführte Kaderpartei von Berufsrevolutionären umgestalten. Es ergab sich eine knappe Mehrheit (russ. „bolschinstwo") für die Sozialisten um Lenin, die sich von nun an ▸ Bolschewiki nannten.

Misstrauensvotum: So wird im Allgemeinen ein mehrheitlicher Parlamentsbeschluss bezeichnet, der die Regierung, den Regierungschef oder einen bestimmten Minister absetzt. In der Weimarer Republik konnte der Reichstag den Rücktritt des ▸ Reichskanzlers erzwingen.

Monroe-Doktrin: Außenpolitik der Vereinigten Staaten nach Präsident James Monroe (1817-1825), die eine dauerhafte Unabhängigkeit der Staaten auf dem amerikanischen Doppelkontinent von der Alten Welt betonte. Diesem lag die amerikanische Erwartung „Amerika den Amerikanern" zugrunde, die lange Zeit Leitlinie der US-amerikanischen Außenpolitik blieb.

„Moral bombing": Taktik der Flächenbombardierung von Städten mit dem Ziel, die Bevölkerung zu zermürben und ein rascheres Kriegsende, etwa durch einen politischen Umsturz, herbeizuführen. Die „Anweisung zum Flächenbombardement" wurde während des Zweiten Weltkrieges am 14. Februar 1942 vom britischen Luftfahrtministerium herausgegeben. Die Umsetzung begann mit dem Nachtangriff auf Essen am 8. und 9. März 1942 sowie weiteren Luftangriffen auf das Ruhrgebiet.

Neue Sachlichkeit: Strömung zur Zeit der Weimarer Republik (1918-1933) in Kunst, Wohnkultur und Mode, die als Reaktion auf den farbgewaltigen Expressionismus eine realistische Wirklichkeit überbetonte. Bedeutende Vertreter sind Otto Dix und George Grosz in der Kunst oder Hans Fallada in der Literatur.

Notverordnungen: Recht des ▸ Reichspräsidenten nach Artikel 48 der Weimarer Verfassung, in Ausnahmesituationen – also im Falle einer Gefährdung der öffentlichen Sicherheit und Ordnung – selbst (ohne das Parlament) Gesetze und Verordnungen zu erlassen und sogar verfassungsmäßig garantierte Grundrechte aufzuheben. Notverordnungen konnten vom Parlament aufgehoben werden. Zur Zeit der ▸ Präsidialkabinette nutzte Reichspräsident ▸ Hindenburg seine Notverordnungsvollmacht schließlich zur Auflösung des Reichstages selbst, sodass keine Instanz bestand, die seine Notverordnungen aufheben konnte.

Novemberpogrome: Vom NS-Staat zentral gesteuerter Ausbruch antisemitischer Gewalttaten gegen Synagogen sowie Jüdinnen und Juden am 9./10. November 1938. Die nationalsozialistische Propaganda bezeichnete die Taten wahrheitswidrig als „spontanen Volkszorn". In dieser sogenannten „Reichspogromnacht" wurden etwa 400 Menschen getötet, etwa 1400 Synagogen in Brand gesetzt und Tausende Personen in ▸ Konzentrationslager deportiert.

NSDAP (Nationalsozialistische Deutsche Arbeiterpartei): 1920 gegründete demokratiefeindliche, extrem nationalistische und antisemitische Partei, an deren Spitze seit 1921 Adolf ▸ Hitler stand. Nach der Weltwirtschaftskrise entwickelte sich die NSDAP zur Massenpartei. Seit 1932 stellte sie die stärkste Fraktion im Reichstag. Nach der Ernennung Hitlers zum ▸ Reichskanzler am 30. Januar 1933 trugen das „Ermächtigungsgesetz" und die ▸ „Gleichschaltung" zum Ende der ▸ parlamentarischen Demokratie und des Rechtsstaates sowie zum Aufbau eines ▸ totalitären Staates bei. Die nationalsozialistische Politik von 1933 bis 1945 war verantwortlich für die Verfolgung und Misshandlung politischer Gegner, den Zweiten Weltkrieg, für die Zwangsarbeit in den ▸ Konzentrationslagern sowie für den ▸ Völkermord an den Jüdinnen und Juden Europas (▸ Holocaust / Shoah), Sinti und Roma.

„Nürnberger Gesetze": Auf dem Reichsparteitag 1935 in Nürnberg beschlossene, antisemitische Gesetze zur umfassenden Diskriminierung und Entrechtung der jüdischen Bevölkerung in Deutschland. Jüdinnen und Juden unterlagen

Ehe- und Berufsverboten und ihnen wurden Wahlrecht und deutsche Staatsbürgerschaft entzogen.

Oder-Neiße-Linie: Grenzziehung nach dem Zweiten Weltkrieg durch die Sowjetunion zunächst zwischen Deutschland und Polen entlang der Flüsse Oder und Görlitzer Neiße, die die spätere politische Trennlinie zwischen West- und Ostblock markierte.

Pandemie: Im Unterschied zur ▸Epidemie ist eine Pandemie örtlich nicht beschränkt, sondern bezeichnet die weltweite starke Ausbreitung einer Infektionskrankheit (über Länder- und Kontinentalgrenzen hinweg) mit hohen Erkrankungszahlen und schweren Krankheitsverläufen.

Panslawismus: Romantisch-nationalistische Bewegung am Beginn des 19. Jh. mit dem Ziel der kulturellen, religiösen und politischen Einheit aller slawischen Völker in Europa. Aus der panslawistischen Bewegung gingen im 20. Jh. die Tschechoslowakei und Jugoslawien hervor. Sie gilt seit dem Zerfall dieser Staaten als politisch gescheitert.

Panthersprung (auch „Panthersprung nach Agadir"): Entsendung des deutschen Kanonenbootes „Panther" 1911 nach Marokko auf persönlichen Befehl Kaiser ▸Wilhelms II. hin, nachdem französische Truppen Fès und Rabat besetzt hatten. Die Drohgebärde des Kaiserreiches löste die zweite Marokko-Krise aus.

Pariser Friedenskonferenzen: Die Friedensverhandlungen in den Pariser Vororten, die nach dem Ende des Ersten Weltkrieges vom 18. Januar 1919 bis zum 21. Januar 1920 stattfanden und an denen 32 Staaten teilnahmen, hatten zum Ziel, den Krieg mit einem Friedensschluss zu beenden. Für das Deutschen Reich stand am Ende der Verhandlungen der ▸Versailler Vertrag. Mit Österreich schlossen die Alliierten am 10. September 1919 den Vertrag von Saint-Germain, mit Bulgarien am 27. November 1919 den Vertrag von Neuilly-sur-Seine und mit Ungarn am 4. Juni 1020 den Vertrag von Trianon. Der letzte der Pariser Vorortverträge wurde am 10. August 1920 mit dem Osmanischen Reich geschlossen (Vertrag von Sevres).

Parlamentarische Demokratie: Auch als repräsentative Demokratie bezeichnet; Staatsform, in der ein vom Volk frei gewähltes Parlament über die Politik entscheidet. Die ausführende Gewalt (Regierung) wird vom Staatsoberhaupt ernannt, ist aber von Mehrheiten im Parlament abhängig.

Präsidialkabinette: Von 1930 bis 1933 hatten die Regierungen in Deutschland keine Mehrheit im Parlament. Sie waren deshalb auf das Vertrauen des ▸Reichspräsidenten ▸Hindenburg angewiesen, der nach der Weimarer Verfassung ohne parlamentarische Zustimmung Verordnungen mit Gesetzeskraft (▸Notverordnungen) erlassen durfte.

Protektorat („Schutzgebiet"): ein einem anderen Staat unterstelltes Land, das ein abhängiges Territorium ist, aber formal noch ein Mitspracherecht hat – im Gegensatz zu einer Kolonie, die dem überlegenen Staat gehörte. Im letzten Viertel des 19. Jh. waren die Begriffe jedoch noch unscharf und nicht klar getrennt, sodass Gebiete als Protektorate bezeichnet wurden, die keine Staaten im modernen Sinne waren.

Räterepublik: Auch Rätedemokratie; meint eine Herrschaftsform der direkten Demokratie von oben nach unten, ein politisches System ohne Gewaltenteilung. Durch das Volk spontan gewählte Räte, also Ausschüsse von Arbeitern in Betrieben und Soldaten in Truppen, sind den Wähler:innen direkt verantwortlich und haben gesetzgebende, ausführende und rechtsprechende Gewalt auf allen Ebenen.

Rassenkunde: Im weiteren Sinne auch „Rassenlehre" als Theorie, die die Menschheit in verschiedene Rassen einteilt; im engeren Sinne Schulfach der NS-Zeit. Grundlage war die Behauptung vor allem von zwei Rassen: „Arier" und „die Juden".

Rassismus: Rassistisches Denken geht davon aus, dass die eigene Rasse einer fremden überlegen ist (Sozialdarwinismus). Kennzeichen von Rassismus sind: Benachteiligung, Ausgrenzung und Unterdrückung von Menschen wegen ihrer Herkunft, Hautfarbe oder Religion. Rassismus fand immer dort Anhänger, wo andere Bevölkerungsgruppen unterdrückt und entrechtet wurden, um eigene Machtpositionen zu behaupten oder zu erlangen.

Rat der Vier: Das auch die „Großen Vier" genannte wichtigste Entscheidungsgremium der ▸Pariser Friedenskonferenzen bestand aus den Regierungschefs der mächtigsten Siegernationen: dem britischen Premierminister David Lloyd George, dem italienischen Präsidenten Vittorio Emanuele Orlando (Italien), dem französischen Ministerpräsidenten Georges Clemenceau und dem amerikanischen Präsidenten Woodrow Wilson.

Reichsarbeitsdienst: Organisation der NS-Zeit: Das Gesetz für den Reichsarbeitsdienst wurde am 26. Juni 1935 erlassen. Ab 1935 hatten Männer zwischen 18 und 25 Jahren, ab 1939 Frauen des gleichen Alters für sechs Monate einen Pflichtdienst abzuleisten. Sie wurden im Straßenbau, in der Rüstungsindustrie oder in der Landwirtschaft eingesetzt.

Reichskanzler: Regierungschef des Deutschen Kaiserreiches und der Weimarer Republik von 1871 bis 1945. Im Deutschen Kaiserreich wurde er vom Kaiser ernannt und hatte gegenüber dem Reichstag eine starke Stellung. In der Weimarer Republik (1919-1933) wurde der Reichspräsident mitsamt seiner Regierung vom ▸Reichspräsidenten ernannt. Der Reichskanzler bestimmte die Richtlinien der Politik und hatte diese gegenüber Reichstag und Reichpräsidenten zu vertreten. Für seine Pläne benötigte er Mehrheiten im Reichstag. Adolf ▸Hitler schaltete als Reichskanzler die Opposition und das Parlament aus und regierte im Rahmen des ▸Führergedankens als uneingeschränkter Diktator (1933-1945).

Reichspräsident: Staatsoberhaupt des Deutschen Reiches von 1919 bis 1934, der vom Volk für sieben Jahre gewählt wurde. Nach der Weimarer Verfassung kam ihm eine starke Stellung zu: Er ernannte und entließ den ▸Reichskanzler. Er hatte das Recht, ▸Notverordnungen zu erlassen und damit die Verfassung zeitweilig außer Kraft zu setzen. Adolf ▸Hitler vereinigte 1934 nach dem Tod des Reichspräsidenten Paul von ▸Hindenburg die Ämter des Reichskanzlers und -präsidenten zum „Amt des Führers und Reichskanzlers (vgl. ▸Führergedanke).

Rote Armee: Revolutionäre Truppen der ▸Bolschewiki, organisiert von Leo Trotzki. Der Begriff für die anfängliche Bauern- und Arbeiterarmee wurde später zur Bezeichnung für das Heer und die Luftstreitkräfte Sowjetrusslands bzw. ab 1922 der Sowjetunion.

Rüstungsindustrie: Industriezweig, der Waffen und Munition produziert. In der NS-Zeit, die zu ihrem Beginn von hoher Arbeitslosigkeit gekennzeichnet war, entstanden in der Rüstungsindustrie die meisten Arbeitsplätze, was oberflächlich betrachtet als wirtschaftlicher Aufschwung wahrgenommen wurde.

Schützengraben: Feldbefestigung, meist in Form eines winkeligen Grabens, die den Soldaten durch vorderseitige und rückwärtige Deckung zur sicheren Schussabgabe und zum Schutz vor Geschossen dienen soll.

Schutzstaffel (SS): Leibgarde ▸Hitlers. Sie wurde 1925 als Wachabteilung zu dessen Schutz gegründet und war zunächst ein Teil der ▸Sturmabteilung (SA). Sie entwickelte sich zu einem elitären Verband, der Hitler und der NS-Ideologie besonders treu anhing. 1934 wurde die SS ein unabhängiger Teil der ▸NSDAP. Sie errichtete die ▸Konzentrationslager. Der Anführer der SS Heinrich Himmler war zugleich oberster Dienstherr der Polizei im nationalsozialistischen Deutschland.

„Schwarzer Freitag": Tag des ▸Börsencrashs an der Wall Street in New York: wegen der Zeitverschiebung aus den USA eigentlich „Black Thursday". Am Aktienmarkt an der Wall Street begannen in den 1920er-Jahren immer mehr Firmen und Privatpersonen, Geld in Aktien anzulegen. Teilweise nahmen sie dafür hohe Kredite auf. Die Spekulanten hofften, durch spätere Aktiengewinne ihren Kredit und die hohen Zinsen dafür wieder zurückzahlen zu können. Nachdem die Aktienkurse an der Wall Street nicht mehr weiter stiegen, verfielen die Aktienhändler in Panik und verkauften ihre Wertpapiere aus Angst zu sehr niedrigen Preisen. Die Börse brach zusammen.

Sowjets: Aus den Revolutionen von 1905 und 1917 hervorgegangene basisdemokratische Arbeiter- und Soldatenräte, die jedoch bald nach der Oktoberrevolution 1917 von den ▸Bolschewiki dominiert und entmachtet wurden.

Spartakusbund: Vereinigung marxistischer Sozialisten, die zum Ende des Deutschen Kaiserreiches am Ziel einer internationalen Revolution des Proletariats festhielten. 1914 hatte sich zunächst auf Initiative Rosa ▸Luxemburgs in der SPD eine oppositionelle Gruppe („Gruppe Internationale") gegründet, die sich ab 1916 „Spartakusgruppe" nannte. In der Novemberrevolution entstand dann daraus die Organisation „Spartakusbund", die eine ▸Räterepublik anstrebte. Am 1. Januar 1919 ging der Spartakusbund in der neu gegründeten Kommunistischen Partei Deutschlands (▸KPD) auf.

Spekulationsblase: Eine durch übermäßigen Einkauf entstehende Blase am Aktienmarkt, in der Waren zu viel höheren Preisen gehandelt werden, als sie wert sind: Investieren viele Anleger:innen in ein viel zu hoch bewertetes Wertpapier, entwickelt sich eine Spekulationsblase. Stellen die Anleger:innen fest, dass die Bewertung dem Wertpapier nicht gerecht wird, der Kurs also fällt, ziehen sie ihr Kapital in großen Mengen ab – die Blase platzt. Folge ist ein immer stärker fallender Kurs.

Sperrklausel: Regelung im Verhältniswahlrecht, nach der Parteien oder Listen unterhalb eines bestimmten Anteils an allen Stimmen nicht bei der Verteilung der Mandate berücksichtigt werden (so bei der 5-Prozent-Hürde im Grundgesetz der Bundesrepublik Deutschland). Damit soll einer „Zersplitterung" des Parlaments entgegengewirkt werden.

Stalinismus: Bezeichnung für die Merkmale der Herrschaft ▶Stalins in der Sowjetunion. Der Stalinismus ist geprägt von totaler Machtkonzentration in der Hand einer Person, Personenkult, systematischem Terror als Mittel zum Machterhalt, Zwangskollektivierung in der Landwirtschaft und erzwungener Industrialisierung.

Stellungskrieg: Starrer Frontverlauf, der im Gegensatz zum Bewegungskrieg eine defensive Form der Kriegsführung bezeichnet. Der Erste Weltkrieg war durch lange Phasen eines Stellungskrieges gekennzeichnet, in denen sich die Front immer nur um wenige Meter in die eine oder andere Richtung verschob.

Sturmabteilung (SA): Eine uniformierte und bewaffnete Kampforganisation (Paramilitärs), die aus ehemaligen ▶Freikorps und Angehörigen der bayerischen Reichswehr bestand. Sie diente der ▶NSDAP zur tätlichen Auseinandersetzung mit politischen Gegnern, bei Propagandaveranstaltungen und zur Einschüchterung der Bevölkerung. Sie trug entscheidend zum Aufstieg der NSDAP bei, wurde 1933 teilweise als Hilfspolizei eingesetzt und 1934 weitgehend entmachtet. Gleichzeitig gewann die ▶Schutzstaffel (SS) großen Einfluss.

Suffragetten: Frauenrechtsaktivistinnen vor über 100 Jahren in England. Der Begriff leitet sich abwertend von engl. „suffrage" („Wahlstimme") her und wurde auf Frauenrechtlerinnen auch anderer Länder übertragen.

Totalitärer Staat (lat. totus: ganz, völlig): Undemokratische und diktatorische Staatsform, in der keine Freiheit herrscht, keine freien Wahlen erlaubt sind und in der die Menschen mit allem, was sie sind, in den Dienst des Systems gestellt werden. Beispiele totalitärer Herrschaft sind der NS-Staat (▶NSDAP), aber auch der ▶Stalinismus in der Sowjetunion.

Triple Entente: Aus der ▶Entente cordiale und dem britisch-russischen Abkommen von 1907 entstandenes informelles Bündnis zwischen dem Vereinigten Königreich, Frankreich und Russland

Tscheka: Nach der Oktoberrevolution am 20. Dezember 1917 gegründete Staatssicherheit Sowjetrusslands, auf deren Tradition sich die politische Polizei der Ende 1922 gegründeten Sowjetunion berief.

Unternehmen Barbarossa: Deckname für den Überfall der deutschen Wehrmacht auf die Sowjetunion, der am 22. Juni 1941 begann und für den Millionen von Soldaten mobilisiert wurden. Er eröffnete den Deutsch-Sowjetischen Krieg. ▶Hitler hatte die Vernichtung des Bolschewismus zu einem seiner Hauptziele erklärt, sodass ein rassischer ▶Vernichtungskrieg hinter dem Unternehmen Barbarossa stand. Der gesamte europäische Teil der Sowjetunion sollte erobert, ihre politischen und militärischen Führungskräfte ermordet und große Teile der Zivilbevölkerung dezimiert und entrechtet werden. Die Verwirklichung dieses Kriegsplans scheiterte bereits in der Schlacht um Moskau im Dezember 1941.

USPD (Unabhängige Sozialdemokratische Partei Deutschlands): Diese Arbeiterpartei gründete sich 1917 als Abspaltung der SPD aus Protest gegen die weitere Zustimmung zu Kriegskrediten im Reichstag während des Ersten Weltkrieges. Die Partei löste sich bald auf, die linke Mehrheit vereinigte sich 1920 mit der ▶KPD.

Verhältniswahlrecht: Wahlsystem, bei dem das zu besetzende Gremium (etwa Parlament) möglichst genau die Stimmenanteile der gewählten Gruppierungen (etwa Parteien) widerspiegeln soll. Gegensatz: Mehrheitswahlrecht, hier reicht die relative Mehrheit für die Erlangung der Sitze.

Vernichtungskrieg: Kriegsführung mit der Zielsetzung, neben einem militärischen Sieg ganze Bevölkerungsgruppen auszulöschen. Der Vernichtungskrieg des nationalsozialistischen Deutschlands gegen die Sowjetunion war zum einen vom Rassegedanken der NS-Ideologie geprägt, der die slawische Bevölkerung als „minderwertig" und als „Untermenschen" ansah (▶Rassismus), zum anderen auf die Vernichtung der „jüdischen Bolschewisten" abzielte. Die Menschen wurden in die Zwangsarbeit gedrängt oder umgebracht.

Versailler Vertrag: Der Friedensvertrag mit dem Kriegsverlierer Deutschland vom 28. Juni 1919 als Ergebnis der Pariser Friedensverhandlungen wurde am 28. Juni 1919 im Schloss von Versailles unterzeichnet und trat am 10. Januar 1920 in Kraft. Gemeinsam mit den ▸Pariser Vorortverträgen beendete er den Ersten Weltkrieg und war Grundlage für den Völkerbund. Der Vertrag machte Deutschland und seine Verbündeten alleine für den Krieg verantwortlich (Kriegsschuld) und legte umfangreiche Gebietsabtretungen sowie Reparationen fest.

Vierzehn-Punkte-Programm: Der US-amerikanische Präsident ▸Wilson hatte am 8. Januar 1918 einen „14-Punkte-Plan" vorgelegt, in dem er seine Vorstellungen von den Grundlagen einer zukünftigen Friedensordnung in Europa formulierte. Dieser sollte auf dem Selbstbestimmungsrecht der Völker und dem Autonomie- und Nationalitätenprinzip basieren.

Völkermord (Genozid): Die gezielte Vernichtung eines ganzen Volkes, häufig von rassistischem Hass getragen (▸Rassismus). Völkermord, rechtlich definiert als der Versuch, „eine nationale, ethnische, rassische oder religiöse Gruppe als solche ganz oder teilweise zu zerstören", wird im Völkerrecht als „Verbrechen der Verbrechen" verstanden, das nicht der Verjährung unterliegt (also bis zum Tod der Täter:innen bestraft werden kann).

„völkisch": Begriff des regimeüblichen Vokabulars der NS-Zeit, der synonym zu „nationalsozialistisch" verwendet wurde, aber auch die deutsche Abstammung einschloss

„Volksgemeinschaft": Propagandabegriff, der eine homogene Gesellschaft beschwor und vorgab. Der Begriff war Ausgangspunkt der NS-Weltanschauung: Politik sollte nur den Angehörigen des deutschen Volkes dienen, das als „▸arische" Rassengemeinschaft verstanden wurde.

Wannsee-Konferenz: Konferenz am Berliner Wannsee am 20. Januar 1942; Zusammenkunft von ▸SS und Beamten unter der Leitung des stellvertretenden SS-Führers Reinhard Heydrich, auf der die Ermordung aller europäischen Jüdinnen und Juden geplant wurde.

Wehrdienst: Verpflichtung junger Männer, in manchen Ländern auch Frauen, zum Dienst im Militär für einen festen Zeitraum, meist nach Abschluss der Schulausbildung. Nachdem der ▸Versailler Vertrag die allgemeine Wehrpflicht untersagt hatte, führte die ▸NSDAP den Wehrdienst (ab 18 Jahren) dennoch 1935 wieder ein. Eine allgemeine Wehrpflicht für Männer gab es auch in der Bundesrepublik von 1956 bis 2011 (Grundwehrdienst).

Wehrmacht: Gesamtheit der Streitkräfte im nationalsozialistischen Deutschland. Sie ging durch das Gesetz für den Aufbau der Wehrmacht vom 16. März 1935 aus der Reichswehr der Weimarer Republik hervor und wird seit August 1946 offiziell als aufgelöst betrachtet. Sie gliederte sich in Heer, Kriegsmarine und Luftwaffe. Während infolge des ▸Versailler Vertrages Umfang und Bewaffnung der Reichswehr starken Beschränkungen unterlag, rüstete das nationalsozialistische Deutschland dessen ungeachtet ab 1935 massiv auf. Insgesamt wurden von 1939 bis 1945 über 17 Millionen Männer einberufen.

Weiße Armee: Militärische Streitkräfte der alten Elite und politischen Opposition im russischen Bürgerkrieg, auch als „Weiße Garde" bezeichnet. Sie vereinte politisch sehr unterschiedliche Kräfte der russischen Gesellschaft, die nur durch die Gegnerschaft zu den ▸Bolschewiki geeint wurden.

West Indies / Westindische Inseln: Sie bestehen aus mehreren Mittelamerika und Südamerika vorgelagerten Inselgruppen im Atlantischen Ozean. Zu Beginn des Ersten Weltkrieges umfasst der Begriff die ehemals britisch besetzte Inselgruppe in der Karibik.

Wirtschaftsembargo: Politisches Druckmittel, das der Bestrafung (Sanktionierung) eines Landes durch ein anderes dient: Indem keine Waren mehr an ein Land geliefert werden, gerät dieses in wirtschaftliche Not.

Zar: Früher der höchste Herrschertitel in Russland, Bulgarien und Serbien mit imperialem Anspruch, entsprechend dem Kaisertitel. Der Zar wird meist mit dem Moskauer Reich / Russland in Verbindung gebracht.

Lexikon zur Geschichte – Personen

Brüning, Heinrich (1885-1970): Führender Zentrumspolitiker, wurde 1930 mit ▸Hindenburgs Hilfe ▸Reichskanzler.

Bismarck, Otto Fürst von (1815-1898): preußischer Ministerpräsident und Minister des Auswärtigen 1862-1890, 1871-1890 auch ▸Reichskanzler; gilt als Gründer des Kaiserreiches. In seine Kanzlerschaft fallen die Sozialgesetzgebung und die Sozialistengesetze; außenpolitisch machte er sich mit seinem Bündnissystem einen Namen.

Chamberlain, Arthur Neville (1869-1940): Premierminister Großbritanniens 1937-1940. Er war durch seine ▸Appeasement-Politik gegenüber dem nationalsozialistischen Deutschland 1938 maßgeblich am Münchner Abkommen beteiligt.

Ebert, Friedrich (1871-1925): Ab 1913 Vorsitzender der SPD, nach Ausrufung der Republik am 9. November 1918 ▸Reichskanzler. Er wurde 1919 erster ▸Reichspräsident der Weimarer Republik.

Goebbels, Paul Joseph (1897-1945): Führender Politiker der ▸NSDAP und 1933-1945 Reichsminister für Volksaufklärung und Propaganda. 1943 verkündete er den „totalen Krieg".

Göring, Hermann (1893-1945): Führender Politiker der ▸NSDAP, ab Mai 1935 Oberbefehlshaber der Luftwaffe. Ab 1936/1937 übernahm er die Führung der deutschen Wirtschaft und des Reichswirtschaftsministeriums.

Hindenburg, Paul von (1847-1934): 1914-1916 Oberbefehlshaber Ost; 1916-1918 Chef des Generalstabes und Oberbefehlshaber aller deutschen Soldaten im Ersten Weltkrieg. Als Reichspräsident (1925-1934) ernannte er ▸Hitler am 30. Januar 1933 zum ▸Reichskanzler.

Hitler, Adolf (1889-1945): Deutscher Politiker österreichischer Herkunft; seit 1921 Vorsitzender der ▸NSDAP; ab dem 30. Januar 1933 ▸Reichskanzler, ab 1934 auch ▸Reichspräsident (Titel: „Führer und Reichskanzler"). Sein Antisemitismus, seine Rassenlehre (▸Rassismus) und ▸Expansionspolitik führten zu einem ▸totalitären Staat, zum ▸Vernichtungskrieg und zum ▸Holocaust.

Lenin, Wladimir I. (1879-1924): Kommunistischer Theoretiker, Mitbegründer der bolschewistischen Partei (▸Bolschewiki) und 1917 führender Revolutionär in der Oktoberrevolution.

Liebknecht, Karl (1871-1919): 1918 an der Gründung der ▸KPD beteiligt, setzte sich für einen auf Freiheit und Demokratie beruhenden Sozialismus ein und wurde im Januar 1919 ermordet.

Luxemburg, Rosa (1870-1919): Initiatorin des ▸Spartakusbundes und 1918 an der Gründung der ▸KPD beteiligt, setzte sich für einen auf Freiheit und Demokratie beruhenden Sozialismus ein und wurde im Januar 1919 ermordet.

Max von Baden (1867-1929): ▸Reichskanzler in der Schlussphase des Ersten Weltkrieges ab dem 3. Oktober 1918. Er gab die Abdankung des Kaisers bekannt, die in den Waffenstillstandsbedingungen der Alliierten gefordert war.

Mussolini, Benito (1883-1945): 1922-1943 Ministerpräsident des Königreiches Italien, Begründer und ▸Duce des italienischen ▸Faschismus.

Roosevelt, Franklin (1882-1945): von 1933 bis zu seinem Tod Präsident der Vereinigten Staaten, leitete nach dem ▸Börsencrash Sozial- und Wirtschaftsreformen ein („New Deal"). Nach dem japanischen Anschlag auf Pearl Harbor traten die USA unter Roosevelt in den Zweiten Weltkrieg ein.

Scheidemann, Philipp (1865-1935): Seit 1917 mit ▸Ebert im Vorstand der SPD. Am 9. November 1918 rief er die Republik aus. Als Ministerpräsident führte er die erste gewählte Reichsregierung.

Stalin, Josef W. (1878-1953): russischer Revolutionär, ab 1922 Generalsekretär der Kommunistischen Partei Russlands und Nachfolger ▸Lenins ab 1924. Er errichtete im Zuge des ▸Stalinismus einen ▸totalitären Staat.

Truman, Harry S. (1884-1972): 1945-1953 Präsident der Vereinigten Staaten. Er verhandelte als Nachfolger ▸Roosevelts mit ▸Churchill und ▸Stalin auf der Potsdamer Konferenz 1945 über die Friedensbedingungen mit dem Deutschen Reich.

Wilhelm II., Kaiser (1859-1941): 1888-1918 König von Preußen und Kaiser des Deutschen Reiches. Er setzte ▸Bismarcks Rücktritt durch und wollte die weltpolitische Geltung des Deutschen Reiches steigern. Nach der Niederlage im Ersten Weltkrieg wurde er zur Abdankung gezwungen.

Wilson, Woodrow (1856-1924): 1913-1921 amerikanischer Präsident und verantwortlich für den Eintritt der USA in den Ersten Weltkrieg. Er regte die Bildung des Völkerbundes an.

Sachregister

Personenregister

Die **hervorgehobenen** Seitenzahlen verweisen auf wichtige Personen, die in den Verfassertexten hervorgehoben sind und im „Lexikon zur Geschichte" erläutert werden.